Burkhard Lohr

Bewertung bauausführender Unternehmen:

Ein ganzheitliches entscheidungsorientiertes Konzept

Herbert Utz Verlag · München

Betriebswirtschaft

Bibliografische Information der Deutschen
Nationalbibliothek:
Die Deutsche Nationalbibliothek verzeichnet diese
Publikation in der Deutschen Nationalbibliografie;
detaillierte bibliografische Daten sind im Internet
über http://dnb.d-nb.de abrufbar.

Copyright © Herbert Utz Verlag GmbH · 2013

ISBN 978-3-8316-8015-3

Printed in EU
Herbert Utz Verlag GmbH, München
www.utzverlag.de

Vorwort

Die Idee zu der vorliegenden Dissertation entstand aus praktischen Erfahrungen im Zusammenhang mit der Bewertung von Bauunternehmungen. Die entsprechenden theoretischen Grundlagen habe ich seinerzeit am Lehrstuhl für Wirtschaftsprüfung an der Universität zu Köln erworben. Es zeigte sich freilich, daß die theoretischen Ansätze nicht ausreichten, um einige Probleme zu lösen, die im Zusammenhang mit Unternehmenskäufen und -verkäufen auftraten.

Ich bedanke mich beim Vorstand der Hochtief AG, daß er mich mit diversen Unternehmensakquisitionen betraut hat und mir so die Gelegenheit zur Vertiefung dieser Thematik gab.

Mein ganz besonderer Dank gilt Herrn Prof. Dr. Burkhard Huch, der bereit war, diese praxisorientierte Arbeit zu betreuen, und mich mit wertvollen Anregungen unterstützt hat.

Danken möchte ich auch Herrn Prof. Dr.-Ing. Rainer Wanninger, der im Rahmen des Promotionsverfahrens das Zweitgutachten erstellte.

Des weiteren bin ich Herrn Dr.-Ing. Martin Rohr zu Dank verpflichtet, der mir in vielen Diskussionen nicht zuletzt aufgrund seiner großen Erfahrung auf dem Gebiet der Führung und strategischen Steuerung von Bauunternehmungen eine große Hilfe war.

Herrn Dipl.-Wirtsch.-Ing. Daniel Beckmann danke ich für die hervorragende Unterstützung bei der Durchführung der empirischen Untersuchungen.

Abschließend danke ich meiner Frau Karin, meiner Tochter Svenja und meinem Sohn Jan für ihre emotionale Unterstützung .

München, den 02. Juli 2001   Burkhard Lohr

Inhaltsverzeichnis

Abkürzungsverzeichnis

Abb.	Abbildung
Abs.	Absatz
Abschn.	Abschnitt
AG	Aktiengesellschaft
AktG	Aktiengesetz
Anz.	Anzahl
APV	Adjusted Present Value
APT	Arbitrage Pricing Theory
ARGE	Arbeitsgemeinschaft
Art.	Artikel
Aufl.	Auflage
BB	Betriebs-Berater (Zeitschrift)
BBM	Bauspezifisches Bewertungsmodell
Bd.	Band
BewG	Bewertungsgesetz
BFH	Bundesfinanzhof
BFuP	Betriebswirtschaftliche Forschung und Praxis (Zeitschrift)
BGB	Bürgerliches Gesetzbuch
BGL	Baugeräteliste
BKartA	Bundeskartellamt
BKR	Baukontenrahmen
bspw.	beispielsweise
BStB	Bundessteuerblatt
BU	Bauunternehmung
BuW	Betrieb und Wirtschaft (Zeitschrift)
BWI	Betriebswirtschaftliches Institut der Bauindustrie
bzw.	beziehungsweise
CAPM	Capital Asset Pricing Model
CCA	Comparative Company Approach
ca.	circa
d.h.	das heißt
DB	Der Betrieb (Zeitschrift)
DBW	Die Betriebswirtschaft (Zeitschrift)
DCF	Discounted Cash Flow
DDR	Deutsche Demokratische Republik
DStR	Deutsches Steuerrecht (Zeitschrift)
DVFA	Deutsche Vereinigung für Finanzanalyse und Anlageberatung
e.V.	eingetragener Verein
EBT	Earnings before Taxes (Jahresüberschuß vor Steuern)
EBIT	Earnings before Interest and Taxes (Jahresüberschuß vor Steuern und Zinsen)
EDV	Elektronische Datenverarbeitung

EG	Europäische Gemeinschaft
EIC	European International Contractors
EStG	Einkommensteuergesetz
et al.	et alii
etc.	et cetera
EU	Europäische Union
EW	Ertragswertmethode
f., ff.	fortfolgende(r)
F&E	Forschung und Entwicklung
GbR	Gesellschaft bürgerlichen Rechts
GG	Grundgesetz
ggf.	gegebenenfalls
ggü.	Gegenüber
GuV	Gewinn- und Verlustrechnung
GWB	Gesetz gegen Wettbewerbsbeschränkungen
H.- u. Tb.	Hoch- und Tiefbau
HDB	Hauptverband der deutschen Bauindustrie e.V.
HFA	Hauptfachausschuß des Institutes der Wirtschaftsprüfer in Deutschland e.V.
HGB	Handesgesetzbuch
Hrsg.	Herausgeber
i.d.R.	in der Regel
IAS	Internatial Accounting Standards
IDW	Institut der Wirtschaftsprüfer in Deutschland e.V.
IPOM	Initial Public Offering Method
k.A.	keine Angabe
Kap.	Kapitel
KCV	Kurs-Cash Flow-Verhältnis
KGV	Kurs-Gewinn-Verhältnis
KLR	Kosten- und Leistungsrechnung
KM	Kombinationsmethoden
KonTraG	Gesetz zur Kontrolle und Transparenz im Unternehmensbereich
M&A	Mergers & Acquisitions
Mio.	Millionen
MM	Marktorientierte Methoden
MOE	Mittel-Ost-Europa
Mrd.	Milliarden
Nr.	Nummer
o.O.	ohne Ort
o.V.	ohne Verfasser
OECD	Organisation for Economic Cooperation and Development
P/E-Ratio	Price/Earning-Ratio
PMS	Produkt-Markt-Segment
RAM	Recent Acquisitions Method
Rdn.	Randnummer

ROI	Return on Investment
ROE	Return on Equity
RQ	Rücklaufquote
S.	Seite(n) und Siehe
SG	Schmalenbach-Gesellschaft
SCI	Standard Industrial Classification
Sp.	Spalte
SPCM	Similar Public Company Method
SV	Sachverständiger
SW	Substanzwertverfahren
Tab.	Tabelle
u.	und
u.a.	unter anderem
UB	Unternehmensberatung
UEC	Union Européenne des Experts Comptables Economiques et Financiers
US-GAAP	United States Generally Accepted Accounting Principles
UV	Unternehmensvermittlung
vgl.	vergleiche
VM	Vergleichsorientierte Methoden
VOB	Verdingungsordnung für Bauleistungen
WACC	Weighted Average Cost of Capital (gewichtete Kaptialkosten)
WISU	Das Wirtschaftsstudium (Zeitschrift)
WP	Wirtschaftsprüfungsgesellschaft
WP-Handbuch	Wirtschaftsprüferhandbuch
Wpg	Die Wirtschaftsprüfung (Zeitschrift)
WWW	World Wide Web
z.B.	zum Beispiel
ZfbF	Zeitschrift für betriebswirtschaftliche Forschung
ZfhF	Zeitschrift für handelsrechtliche Forschung
ZfO	Zeitschrift für Organisation
ZFP	Zeitschrift für Forschung und Praxis

Symbolverzeichnis

AIBV	Average Increase in Book Value
ß	Maß für die Risikoklasse eines Unternehmens
BIV_x	Betriebsnotwendiger Immaterieller Vermögensgegenstand X
B_j	Wertpapiersensitivität auf Änderungen des j-ten Risikofaktors
BMV_x	Betriebsnotwendiger materieller Vermögensgegenstand X
BV	Book Value
C_0	Regressionskonstante
C_1	Regressionskoeffizient einer linearen Funktion
C_{1j}	Regressionskoeffizient des Gliedes j-ten Grades
CV	Capital Value
DB	Gesamte geplante Deckungsbeiträge aus Projekten in einem Planjahr der Phase I
DYBV	Divided Yield on current Book Value
E	Ertrag, erwarteter Periodenerfolg
EE_x	Wert eines Einmaleffekts
EK	Marktwert des Eigenkapitals
e^r	Ewige Rente der geplanten uniformen Periodenergebnisse der zweiten Planungsphase
e_t	Geplantes Unternehmensergebnis der Periode t
e^u	uniforme Periodenergebnisse
EV	Expectancy Value
EW	Ertragswert
FCF_T	Geplanter Free Cash Flow der zweiten Planungsperiode
FCF_t	Geplanter Free Cash Flow der Periode t
F_j	Erwartungszinssatz des j-ten Risikofaktors
FK	Marktwert des Fremdkapitals
FK^P	Geplante fixe primäre Gemeinkosten
GE	Geldeinheiten
GK	Marktwert des Gesamtkapitals
i	Kapitalisierungszinssatz bzw. risikofreie Rendite
j	Index für die Istdaten verschiedener Perioden
J	Anzahl der Basis-Zahlenpaare
k	Kapitalisierungskostensatz
KGV	Kurs-Gewinn-Verhältnis
K_j	Bereinigte primäre Istgemeinkosten aus der Periode j
K^P	Gesamte geplante primäre Gemeinkosten
$K^{P`}$	1. Ableitung der gesamten geplanten primären Gemeinkosten
kv^P	Variable primäre Plangemeinkosten
ln	Natürlicher Logarithmus
m	Faktor berücksichtigt einen Zeitraum zwischen 3-8 Jahren
MP_B	Marktpreis des zu bewertenden Unternehmens nach der SPCM
MP_V	Börsenkurswert des Vergleichsunternehmens

n	Sichprobenumfang
NBV_x	Wert eines nicht betriebsnotwendigen Vermögensgegenstands X
n_i	Anzahl der Nennungen in Rang i
OC	Opportunity Costs
P_{kum}	Kumulierte Punktzahl
r	Zeilenanzahl
R^2	Bestimmtheitsmaß
r_{EK}	Rendite des Eigenkapitals bzw. Kapitalkosten der Eigentümer
r_{FK}	Kapitalkosten der Fremdkapitalgeber
r_M	Erwartete Marktrendite
r_{xy}	Pearsonsche Korrelationskoeffizient
ROE	Return on Equity
RW	Residualwert
Σ	Summe
s	Spaltenanzahl bzw. Standardabweichung
S_u	Ertragssteuersatz auf Unternehmensebene
SU_x	Schuldenpositionen X
SW	Substanzwert
t	Periode
T	Ende der ersten Planungsphase
Ü	Übergewinn
UW_{BBM}	Unternehmenswert nach dem bauspezifischen Bewertungsmodell
UW_e	Unternehmenswert nach der Ertragswertmethode
UWG_d	Gesamter Unternehmenswert nach der Discounted Cash Flow-Methode
UW_m	Unternehmenswert nach der Mittelwertmethode
UW_s	Unternehmenswert nach dem Schweizer Verfahren
$UW_ü$	Unternehmenswert nach der Methode der Übergewinnkapitalisierung
V	Cramérscher Kontingenzkoeffizient
V_B	Vergleichsgröße des zu bewertenden Unternehmens
V_V	Vergleichsgröße des Vergleichsunternehmens
W_A	Schiedswert (Arbitriumswert)
W_{AK}	Argumentationswert des Käufers
W_{AV}	Argumentationswert des Verkäufers
we_t	Geplantes wirtschaftliches Ergebnis der Planperiode
we^r	Ewige Rente der geplanten uniformen wirtschaftlichen Ergebnisse der zweiten Planungsphase
W_K	Grenzpreis des Käufers
W_V	Grenzpreis des Verkäufers
X	Anzahl der Vermögensgegenstände/Schulden bzw. Anzahl der Einmaleffekte
χ^2	Kontingenztafelwert
x_i	Realisation i eines Arguments X
x_M	Arithmetisches Mittel der n Realisationen eines Arguments X
xp	Istbezugsgröße bzw. geplante Ausprägung der Bezugsgröße

xp_j	Istbezugsgröße aus der Periode j
y_i	Realisation i eines Arguments Y
y_M	Arithmetisches Mittel der n Realisationen eines Arguments Y
ZF_t	Zahlungen an Fremdkapitalgeber in der Periode t

Abbildungsverzeichnis

Tabellenverzeichnis

Formelverzeichnis

1 Einleitung

1.1 Problemstellung

Die Bewertung einer Unternehmung[1] ist eine komplexe betriebswirtschaftliche Aufgabe, die durch die große Zahl an Unternehmenskäufen von hoher praktischer Bedeutung ist. Durch die Steuerfreiheit von Veräußerungsgewinnen bei Kapitalgesellschaften wird ab dem Jahre 2002 in Deutschland mit steigenden Zahlen an Unternehmensverkäufen und hierdurch erforderlichen Bewertungen zu rechnen sein.[2] Die Komplexität von Unternehmensbewertungen ergibt sich daraus, daß die wertbeeinflussenden Faktoren der gesamten Unternehmenskoalition[3] zu berücksichtigen sind. Dabei handelt es sich nicht nur um Vermögensgegenstände, sondern auch um die Beziehungen zu Absatz- und Beschaffungsmärkten. Außerdem erlangen mit zunehmender Tertiärisierung der führenden Industrienationen[4] das Führungsteam und die Mitarbeiter eine große Bedeutung für die Wertermittlung einer Unternehmung.[5]

Um diesen Anforderungen gerecht zu werden, haben betriebswirtschaftliche Lehre, praktische Erfordernisse und Rechtsprechung eine Vielzahl von Bewertungsmethoden[6] hervorgebracht.[7] Die ersten Verfahren legten den Fokus auf die Bewertung der Substanz der Unternehmung. Diese heute überwiegend abgelehnten Verfahren[8] wurden durch erfolgsorientierte Methoden weitgehend ersetzt. Mit zunehmender Internationalisierung der Märkte und durch US-amerikanische Unternehmensakquisitionen in Deutschland nahmen in jüngster Zeit marktorientierte Bewertungsmethoden Einfluß auf die Diskussion der Bewertungsmethoden im deutschsprachigen Raum.

Trotz der hohen theoretischen Durchdringung der Unternehmensbewertung werden in der Praxis weiterhin Verfahren verwendet, die nach einhelliger Meinung des betriebswirtschaftlichen Schrifttums nicht zum richtigen Wert einer Unternehmung führen.[9] Außerdem ist der Erfolg der Unternehmensakquisitionen häufig unbefriedigend, da sich der ermittelte Unternehmenswert in vielen Fällen nachträglich als falsch herausstellt.[10] Es ist unwahrscheinlich, daß dieser Zustand auf mangelnde betriebswirtschaftliche Kenntnisse der Bewerter zurückzuführen ist, da es sich um einen Vorgang von besonderer wirtschaftlicher Bedeutung für die Entscheidungsträger handelt und hierzu i.d.R. sachkundige Berater hinzugezogen werden. Vielmehr ist zu vermuten, daß die vorliegenden Verfahren wesentliche Defizite aufweisen.

---

[1] Unternehmen und Unternehmung werden im folgenden gleichbedeutend verwendet.
[2] Vgl. o.V. (Punkte 2000), S. 5.
[3] Vgl. Kloock/Sieben/Schildbach (Kosten 1999), S. 170 f.
[4] Vgl. OECD (Zukunftschancen 1981), S. 162 ff.
[5] Vgl. u.a. Institut der Wirtschaftsprüfer (WP-Handbuch 1992), S. 110; Kittner (Human 1997), S. 2285.
[6] Methode und Verfahren werden im folgenden gleichbedeutend verwendet.
[7] S. Kapitel 2.1, „Geschichtliche Entwicklung der Methodik zur Unternehmensbewertung".
[8] Vgl. u.a. Institut der Wirtschaftsprüfer (IDW Standard 1999), S. 202.
[9] Vgl. Suckut (Unternehmensbewertung 1992), S. 296.
[10] Vgl. Bamberger (Erfolg 1994), S. 279 ff.

Die Betriebswirtschaftslehre ist eine anwendungsorientierte Wissenschaft[11], deren Aufgabe es ist, den betrieblichen Entscheidungsträgern Instrumente an die Hand zu geben, damit sie zieloptimierte Entscheidungen treffen können. Wer einmal eine Unternehmensbewertung in der Praxis durchgeführt hat, kann beurteilen, daß die Theorie der Unternehmensbewertung diesem Anspruch meist nicht gerecht wird.

Die vorliegenden Bewertungsmethoden beschreiben die Generierung des Unternehmenswerts aus vorhandenen Eingangswerten, wobei i.d.R. unterstellt wird, daß diese Eingangswerte dem Rechnungswesen bzw. Controlling entnommen werden können. Tatsächlich stellen diese Eingangswerte Unternehmensdaten da, die nur durch eine intensive Analyse der Unternehmenskoalition gewonnen werden können. Zur Lösung dieses Problems trägt die betriebswirtschaftliche Literatur i.d.R. nur allgemeine und nicht operationalisierte Empfehlungen bei.[12] Aus diesem Grunde ist die Erweiterung der vorliegenden Bewertungsmethoden um Branchenspezifika erforderlich. Bisher liegen lediglich einige wenige Branchenlösungen vor, die zumeist aus der Praxis entwickelt wurden.[13] Auf diesem Gebiet sind weitere Forschungen erforderlich.

Die Baubranche ist eine volkswirtschaftlich bedeutende Branche mit einer hohen Anzahl von Unternehmungen bei gleichzeitigen Konzentrationsbestrebungen.[14] Außerdem weist sie einige Besonderheiten auf, die Modifikationen der gängigen Bewertungsmethoden erfordern.[15] Andererseits sind die bewertungsrelevanten Merkmale innerhalb der Baubranche sehr homogen, da durch die häufige Bildung von Arbeitsgemeinschaften[16] und durch einheitliche Richtlinien, die innerhalb der Branche zur Anwendung kommen (z.B. Verdingungsordnung Bau [VOB], Baugeräteliste [BGL], Grundsätze der Baubilanzierung etc.), alle Unternehmungen ähnliche Merkmale aufweisen.

Eine baubranchenspezifische Methode zur Unternehmensbewertung ist also ein Desiderat. Die Lücke in der Theorie der Unternehmensbewertung wäre so zu schließen.[17] Zwar kann der heutige Stand der Lehre zur Unternehmensbewertung für sich Branchenunabhängigkeit und somit Allgemeingültigkeit in Anspruch nehmen, aber dafür wird der Entscheidungsträger im konkreten Bewertungsfall mit einer wesentlichen betriebswirtschaftlichen Aufgabenstellung allein gelassen.

Mit Recht fordert Schildbach: „Theorie und Praxis müssen in Verbindung bleiben"[18].

---

[11] Vgl. Schanz (Erkennen 1988), S. 33.
[12] Bellinger/Vahl (Unternehmensbewertung 1992), S. 94, sprechen von einer stiefmütterlichen Behandlung der Erfolgsgrößenermittlung in der Literatur.
[13] U.a. Barthel (Handbuch 1998), Kapitel Umsatzverfahren u. Erfahrungssätze; Peemöller (Handbuch 1984), Branchenteil.
[14] S. Kapitel 1.3, „Die Baubranche als Anwendungsgebiet der Theorie der Unternehmensbewertung".
[15] S. Kapitel 4.1, „Bewertungsrelevante Besonderheiten in der Baubranche".
[16] Zum Begriff der Arbeitsgemeinschaften s. Kapitel 4.1.3.1, „Bauproduktion".
[17] Vgl. Knechtel (Wirtschaft 1984), S. 6.
[18] Schildbach (Funktionenlehre 1993), S. 38.

1.2   Grundlagen der Unternehmensbewertung

1.2.1   Gründe für Unternehmensbewertungen

In der Literatur finden sich unterschiedliche Ansätze, die Gründe für Unternehmensbewertungen zu systematisieren.[19] Im folgenden wird zwischen rechtlich dominierten
und freiwilligen Unternehmensbewertungen unterschieden. Diese Systematisierung
macht deutlich, bei welchen Bewertungsanlässen Gesetze, Richtlinien und Rechtsprechung Einfluß auf die Unternehmensbewertung nehmen und in welchen Fällen
die Bewertungsmethodik ausschließlich unter betriebswirtschaftlichen Gesichts-
punkten entwickelt werden kann. Überdies steht bei den rechtlich dominierten
Unternehmensbewertungen das Streben nach Objektivität im Vordergrund, um zu
möglichst allgemeingültigen Aussagen zu kommen.[20] Im Falle der freiwilligen
Unternehmensbewertung kommt der Subjektbezogenheit eine größere Bedeutung
zu. Der Entscheidungsträger steht hier im Mittelpunkt des Handelns. Die Tabelle 1
stellt die wesentlichen Bewertungsanlässe nach dieser Systematik dar.

Für rechtlich dominierte Unternehmensbewertungen stellen Aktiengesetz, Bürger-
liches Gesetzbuch, diverse steuerliche Gesetze und Richtlinien sowie aktuelle
Rechtsprechung, insbesondere die des Bundesfinanzhofes (BFH), die Grundlage
dar. Da diese Bewertungsanlässe auf den Jahresabschlüssen der zu bewertenden
Unternehmungen aufbauen, sind als Rechtsgrundlage auch die Vorschriften des
Handelsgesetzbuchs zu nennen, da es die wesentlichen Regelungen zur Erstellung
des Jahresabschlusses enthält. Diese Regelungen sind so gestaltet, daß zum
Schutz der Gläubiger im Jahresabschuß die tatsächliche Vermögens- und Ertragslage der Unternehmung abgebildet wird.[21] Sogar das Grundgesetz ist für die Bewertung von Unternehmungen relevant, da im Falle einer Enteignung eine Entschädi-
gung festzusetzen ist.[22]

Die rechtlich dominierten Unternehmensbewertungen lassen eine betriebs-
wirtschaftliche Diskussion bezüglich der Bewertungsmethodik nur in relativ engen
Grenzen zu. Die rechtlichen Rahmenbedingungen stellen zum Teil sehr konkrete
anlaßbezogene Vorgaben für die Bewertungsmethodik dar. So wurde z.B. das
Stuttgarter Verfahren[23] ursprünglich aus den Vermögensteuerrichtlinien entwickelt.
Auf dieses Verfahren nimmt die Finanzverwaltung bei der Bewertung von Anteilen an
Kapitalgesellschaften[24] und der BFH in mehreren Urteilen Bezug[25].

---

[19] Vgl. Münstermann (Wert 1966), S. 13 ff.; Bellinger/Vahl (Unternehmensbewertung 1992), S. 31;
   Engeleiter (Unternehmensbewertung 1970), S. 10 ff.; Künnemann (Objektivierte 1985), S. 52 ff.
[20] Vgl. Engeleiter (Unternehmensbewertung 1970), S. 11 f.
[21] § 238 HGB.
[22] Art. 14 GG, Abs. 3.
[23] § 6 und 7 Vermögensteuerrichtlinien.
[24] Vgl. Moxter (Grundsätze 1983), S. 65.
[25] U.a. BFH-Urteil vom 2.10.1981 III R 27/77, BStB1 II 1982, S. 8 f.

Rechtlich dominierte Unternehmensbewertungen		Freiwillige Unternehmensbewertungen	
Anlaß	Motivation	Anlaß	Motivation

• Abfindung
• Barabfindung
• angemessener Ausgleich
• Verschmelzung
• Vermögens-übertragung
• Umwandlung
• Abschluß eines Beherrschungs- oder Gewinnabführungs-vertrags
	• Minderheitsschutz nach Aktiengesetz	• Kauf
		• Verkauf
		• Fusion
			Gewinnmaximierung
			Über :
			• Synergien
			  - marktorientiert
			  - kostenorientiert
			  - steuerlich
			• Einzelwerte (Lizenzen, Marken, etc.)

• Ausscheiden eines Gesellschafters	• Bewertung des Geschäftsanteils nach Bürgerlichem Gesetzbuch	• wertorientierte Unternehmens-steuerung • wertorientierte Vergütung von Managern	• Shareholder Value-Ansatz[26]
• steuerliche Bewertungen	• Ermittlung der Besteuerungs-grundlage (EStG, BewG etc.)	• Kreditwürdigkeits-prüfung	• Vergabe von Darlehen • Werthaltigkeits-beurteilung von Forderungen • Risikomanagement
• Erbauseinander-setzungen • Ehescheidungen	• Anspruchs-ermittlung nach Bürgerlichem Gesetzbuch	• Ermittlung des ökonomischen Gewinns	• Eigenkapitalermitt-lung frei von handels- und steuerrechtlichen Bewertungs-vorschriften
• Enteignung	• Ermittlung der Entschädigung nach Grundgesetz	• Management Buy-Out	• Selbständigkeits-streben • Existenzsicherung
		• Unternehmensgrün-dung mit Einbringung eines Unternehmens oder Betriebes	• Wertermittlung der Sacheinlage
		• wirtschaftliche Schwierigkeiten	• Entscheidung zwischen Handlungsalterna-tiven (Sanierung oder Liquidation)

Tabelle 1: Anlässe der Unternehmensbewertung

Das Stuttgarter Verfahren und andere rechtliche Vorgaben zur Methodenwahl sind aus betriebswirtschaftlicher Sicht abzulehnen[27]. Während für steuerliche Bewertungs-anlässe einfach zu handhabende Verfahren zum Einsatz kommen und auch gerechtfertigt sind[28], können solche Verfahren bei freiwilligen Bewertungsanlässen zu falschen Entscheidungen führen. Es wird also deutlich, daß die Bewertungsmethode auch vom Bewertungsanlaß abhängt.

---

[26] S. Kapitel 5.7.1, „Der Shareholder Value-Ansatz nach Rappaport".
[27] Vgl. Moxter (Grundsätze 1983), S. 67 u. S. 71.
[28] Vgl. Engeleiter (Unternehmensbewertung 1970), S. 12.

Im folgenden werden Bewertungsmethoden, die einen rein steuerlichen Hintergrund haben, nicht Gegenstand unserer Diskussion sein.

Die Tabelle 1 macht deutlich, daß auch bei den freiwilligen Unternehmensbewertungen nicht nur der Eigentümerwechsel zur Bewertung Anlaß gibt. Wichtiges Entscheidungskriterium für Banken, Versicherungen und andere Kreditgeber ist die Kreditwürdigkeit von Unternehmungen. Diese Kreditwürdigkeitsprüfung erfolgt über branchenbezogene Analyseinstrumente. Eine solche Bewertung ist zentrales Element des Risikomanagementsystems der Unternehmen der Kreditwirtschaft.

Mit dem Shareholder Value-Ansatz kommt der Unternehmensbewertung auch für interne Prozesse zunehmende Bedeutung zu. Die wertorientierte strategische Planung und Steuerung sowie die wertorientierten Anreizsysteme für leitende Angestellte setzen Planung, Kontrolle und Steuerung des Unternehmenswerts und somit einen kontinuierlichen Unternehmensbewertungsprozeß voraus.

Der Eigentümer eines Unternehmens, das in wirtschaftliche Schwierigkeiten geraten ist, wird zur Beurteilung der Notlage und zur Wahl der geeigneten Maßnahmen Bewertungen vornehmen.[29] Hier handelt es sich um einen Bewertungsanlaß, der den Einsatz unterschiedlicher Methoden erforderlich macht, da die Fortführung des Unternehmens (going concern-Prinzip) nicht zwingend ist. Somit ist zwischen Eigentümernutzen bei Fortführung des Unternehmens und dem Nutzen der Alternativen (Liquidation, Vergleich oder Konkurs) abzuwägen.

Ein in der Literatur intensiv diskutierter Bewertungsanlaß ist der Unternehmenskauf. Das Ziel, das mit einer solchen Unternehmensübernahme beabsichtigt wird, ist die Gewinnmaximierung, die im Zusammenhang mit einer Unternehmensakquisition als langfristiges und strategisches Ziel zu verstehen ist. Die Motivation des Unternehmenskaufs ist als das „Vehikel" zu verstehen. Dabei sind die Akzente branchenbedingt sehr unterschiedlich. Während ein Produktionsunternehmen an einem effizienten Produktionsverfahren eines potentiellen Übernahmekandidaten interessiert sein kann, ist bei einem Handelsunternehmen der Unternehmenskauf unter Umständen dadurch motiviert, daß eine eigene logistische Lücke geschlossen werden soll.

Die freiwilligen Bewertungsanlässe, die mit einem Eigentümerwechsel verbunden sind, sind nicht frei von rechtlichen Rahmenbedingungen. Das Gesetz gegen Wettbewerbsbeschränkungen nimmt jedoch keinen Einfluß auf die Bewertungsmethodik, sondern auf das Akquisitionsverhalten[30] und findet aus diesem Grunde hier keine Berücksichtigung.

1.2.2 Funktionenlehre der Unternehmensbewertung

Nachdem bis in die fünfziger Jahre der Unternehmenswert ausschließlich als ein objektiver Wert betrachtete wurde[31], setzte sich im betriebswirtschaftlichen Schrifttum gegen Ende der fünfziger Jahre die Auffassung durch, daß der Unternehmenswert

---

[29] Vgl. Münstermann (Wert 1966), S.15.
[30] Vgl. Gassner (Kartellrecht 1999), S. 50 ff.
[31] Vgl. u.a. Mellerowicz (Wert 1952), S. 19 ff.; Mandl/Rabel (Unternehmensbewertung 1997), S. 6.

subjektbezogen aufzufassen und herzuleiten sei.[32] Damit waren die Voraussetzungen für einen neuen Ansatz in der Lehre von der Unternehmensbewertung gegeben. Die Zweckbestimmtheit dominierte in den siebziger Jahren die Diskussion der Unternehmensbewertungstheorie und fand in der Kölner Funktionenlehre ihren Ausdruck.[33] Sie beschreibt den Prozeß der Unternehmensbewertung unter Berücksichtigung der Funktion, in der ein Bewerter tätig wird. Die Funktionenlehre ist von einer wesentlichen Annahme getragen. Es wird unterstellt, daß die Bewertung durch einen Wirtschaftsprüfer durchgeführt wird, dessen Mandat der Funktion, in der er tätig ist, entspricht. Für die freiwilligen Bewertungsanlässe ist es nicht immer empfehlenswert, einen Dritten (Wirtschaftsprüfer oder Berater) die Bewertung vornehmen zu lassen. Die folgenden Ausführungen werden dies verdeutlichen. Da die Funktionenlehre fester Bestandteil der Literatur zur Unternehmensbewertung geworden ist und auch in die für Wirtschaftsprüfer bindenden Verlautbarungen des Berufsstands Eingang gefunden hat[34], wird sie im folgenden kurz dargestellt.

Die Kölner Funktionenlehre unterscheidet wie folgt in Haupt- und Nebenfunktionen der Unternehmensbewertung:[35]

Hauptfunktionen
- Beratungsfunktion
- Vermittlungsfunktion
- Argumentationsfunktion

Nebenfunktionen
- Informationsfunktion
- Steuerbemessungsfunktion
- Vertragsgestaltungsfunktion

Im Rahmen der Beratungsfunktion soll der Entscheidungswert des Bewertungssubjekts ermittelt werden.[36] Das Bewertungssubjekt ist der Träger der Entscheidung, die aus der Unternehmensbewertung abgeleitet wird. Hierbei kann es sich sowohl um ein Individuum als auch um ein Gremium einer juristischen Person handeln. Der Entscheidungswert ist der Grenzpreis, bei dem für das Bewertungssubjekt die Entscheidung im Vergleich zu anderen Handlungsalternativen gerade noch positiv ausfällt.[37] Er beschreibt die Grenze der Konzessionsbereitschaft des Entscheidungsträgers.

Im Falle einer Unternehmensakquisition – rationales Handel sowie Gewinnmaximierungszielsetzung vorausgesetzt – ist der Entscheidungswert des Käufers somit der maximale Kaufpreis, den er zu zahlen bereit ist. Bei jedem

---

[32] Vgl. u.a. Busse von Colbe (Zukunftserfolg 1957), S. 16 ff.
[33] Vgl. u.a. Sieben/Schildbach (Stand 1979), S. 455 u. 461.
[34] Vgl. Institut der Wirtschaftsprüfer (IDW Standard 1999), S. 202, sowie Institut der Wirtschaftsprüfer (WP-Handbuch 1992), S. 2 ff.
[35] Vgl. Sieben (Unternehmensbewertung 1993), Sp. 4316.
[36] Ebenda.
[37] Vgl. Sieben (Entscheidungswert 1976), S. 491 ff.

darüberliegenden Preis ist eine alternative Verwendung seiner Mittel vorteilhaft. Für den Verkäufer ist der Grenzpreis sein mindestens zu erzielender Verkaufserlös. Bei jedem niedrigeren Preis wird er die Fortführung des Unternehmens vorziehen. Eine Einigung zwischen den Parteien ist somit nur dann möglich, wenn der Grenzpreis des Verkäufers unter dem des Käufers liegt. Ist dies der Fall, so wird der Bereich zwischen den beiden Grenzpreisen als möglicher Einigungsbereich bezeichnet.[38]

Ziel in der Vermittlungsfunktion ist die Schaffung des Schiedswerts (Arbitriumwert), indem zwischen den divergierenden Interessen vermittelt wird.[39] Erfolgt eine Einigung innerhalb des möglichen Einigungsbereichs, so stehen beide Parteien besser da, als wenn keine Einigung zustande kommen würde. Hieraus leitet sich die Bedeutung des Vermittlers ab. Eine Einigung außerhalb eines möglichen Einigungsbereichs – wiederum rationales Handeln vorausgesetzt – ist nur bei rechtlich vorgeschriebenen Bewertungsanlässen möglich.[40]

Anders als bei der Vermittlungsfunktion ist der Wirtschaftsprüfer im Rahmen der Argumentationsfunktion nur für eine Partei tätig. Der Argumentationswert soll durch objektive Argumente im positiven Sinne vom Entscheidungswert des Mandanten abweichen. So soll eine Einigung möglichst nahe am Grenzwert der Gegenpartei ermöglicht werden.[41]

Die Abbildung 1[42] verdeutlicht mit einem Zahlenbeispiel die Hauptfunktionen gemäß der Funktionenlehre der Unternehmensbewertung.

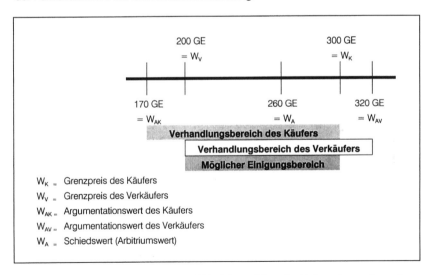

Abbildung. 1: Hauptfunktionen gemäß Funktionenlehre der Unternehmensbewertung

---

[38] Vgl. Sieben/Zapf (Unternehmensbewertung 1981), S. 2.
[39] Vgl. Moxter (Grundsätze 1983), S. 16 ff.
[40] Vgl. Sieben (Unternehmensbewertung 1993), Sp. 4319.
[41] Ebenda, Sp. 4319 u. Sieben/Schildbach (Stand 1979) S. 457 f.
[42] In Anlehnung an Sieben/Zapf (Unternehmensbewertung 1981), S. 2.

Im Rahmen der in der Literatur nur sehr unzureichend behandelten Nebenfunktionen der Unternehmensbewertung wird der Bewerter als neutraler Gutachter tätig, der einen objektivierten, von den individuellen Wertvorstellungen der betroffenen Parteien unabhängigen Wert des Unternehmens ermittelt.[43]

Bei der Informationsfunktion, die auch als Bilanzierungs- oder Kommunikationsfunktion bezeichnet wird[44], hat der Bewerter mittels handelsrechtlicher Normen ein Unternehmen in der Bilanz abzubilden, um verdichtete Informationen über Vermögens- und Ertragslage der Unternehmung zu vermitteln[45].

Die Steuerbemessungsfunktion dient der Ermittlung von Bemessungsgrundlagen unter Anwendung steuerlicher Vorschriften und unter Beachtung der Grundsätze der Rechtssicherheit und der Steuergerechtigkeit.[46]

Gegenstand der Vertragsgestaltungsfunktion ist die Auslegung von Abfindungsklauseln in Gesellschaftsverträgen.[47]

1.2.3 Systematisierung und Definition der Unternehmenswertbegriffe

Die mehrdimensionale Betrachtungsweise der Unternehmensbewertung hat eine Vielzahl an Unternehmenswertbegriffen hervorgebracht. Einige dieser Begriffe orientieren sich an den zugrundeliegenden Bewertungsmethoden. An dieser Stelle kann auf die Definition der so hergeleiteten Unternehmenswertbegriffe verzichtet werden, da sich die Definition aus der Darstellung der Bewertungsmethoden ergibt.

Im Zusammenhang mit den erfolgsorientierten Bewertungsmethoden wird man häufig auf den Zukunftserfolgswert[48] oder auch Zukunftsentnahmewert[49] stoßen. Hiermit soll das Prinzip der Zukunftsbezogenheit[50] der Unternehmensbewertung im Rahmen der erfolgsorientierten Bewertungsmethoden herausgestellt werden. Es bringt zum Ausdruck, daß nur zukünftige Erfolge für den Käufer der Unternehmung wirklich von Nutzen sind. In der Praxis wird der Unternehmenswert indes häufig aus vergangenen Erfolgen abgeleitet.

Dem Liquidationswert liegt, abweichend von allen anderen methodenbezogenen Unternehmenswertbegriffen, nicht das going concern-Prinzip zugrunde. Vielmehr ist er als Sonderfall der substanzorientierten Unternehmensbewertung zu verstehen und als Barwert der Nettoerlöse, der sich aus der Veräußerung der Vermögensgegenstände abzüglich Schulden und Liquidationskosten ergibt, definiert.[51] Eine Unternehmensliquidation ist dann vorteilhaft, wenn der Zukunftserfolgswert geringer ist als der Liquidationswert. Bei Unternehmungen mit geringer Ertragserwartung ist demnach ein Vergleich zwischen erfolgsorientierter Bewertung und Liquidationswert erforderlich. Der Liquidationswert ist als Ergänzung zu anderen Bewertungs-

---

[43] Vgl. Institut der Wirtschaftsprüfer (IDW Standard 1999), S. 202.
[44] Vgl. Mandl/Rabel (Unternehmensbewertung 1997), S. 9.
[45] Vgl. Gerling (Unternehmensbewertung 1985), S. 23.
[46] Ebenda.
[47] Vgl. Sieben (Unternehmensbewertung 1993), Sp. 4316.
[48] Vgl. Moxter (Grundsätze 1983), S. 13; Institut der Wirtschaftsprüfer (IDW Standard 1999), S. 208.
[49] Vgl. Münstermann (Zukunftsentnahmewert 1980), S. 114.
[50] Vgl. Ballwieser/Leuthier (Steuerberatung 1986), S. 548.
[51] Vgl. Institut der Wirtschaftsprüfer (IDW Standard 1999), S. 213.

methoden relevant, wenn für dem zu bewertenden Unternehmen eine begrenzte Lebensdauer unterstellt wird. In diesem Fall ist der Unternehmenswert, der sich aus der Lebensdauer ergibt, um die Barwerte der künftigen finanziellen Überschüsse zu ergänzen, die sich aus der späteren Aufgabe der Unternehmung erwirtschaften lassen.[52] Die Liquidationskosten können erheblich sein. Wenn Arbeitsplätze betroffen sind, ist nicht zuletzt die negative Öffentlichkeitswirkung zu berücksichtigen, auch wenn diese schwer quantifizierbar ist.

Die Funktionenlehre der Unternehmensbewertung hat weitere Unternehmenswertbegriffe geprägt, die im letzen Kapitel bereits dargestellt und erläutert wurden.

Die Objekt-/Subjektbezogenheit der Unternehmensbewertung ist als weitere Dimension bei der Systematisierung der Unternehmenswertbegriffe zu berücksichtigen. Durch die Diskussion der Frage, ob der Unternehmenswert vom Objekt, also von der zu bewertenden Unternehmung, oder vom Entscheidungsträger, also vom Subjekt der Unternehmensbewertung, abhängt, wurden der objektive, der objektivierte und der subjektive Unternehmenswert in das betriebswirtschaftliche Schrifttum aufgenommen.[53]

Daß der Wert eines Unternehmens objektiv sei, war bis in die fünfziger Jahre gängige Lehrmeinung. Mellerowicz hat den Wert als eine „an sich" anhaftende Größe angesehen.[54] Nach Bartels sollte der Unternehmenswert für jedermann gleichermaßen Gültigkeit besitzen.[55] Diese Werttheorie ging einher mit substanzorientierten Bewertungsmethoden. Daß sich heute die Subjektorientierung durchgesetzt hat, bedeutet nicht zwangsläufig, daß die damals vorherrschende Lehrmeinung falsch war. Folgender Analogieschluß kann aus Gutenbergs Prinzip der Dominanz des Engpaßfaktors in der Unternehmensplanung[56] abgeleitet werden: In solchen Zeiten, in denen die Bereitstellung der Produktionsfaktoren den betrieblichen Engpaßfaktor darstellt, wird der Wert eines Unternehmens im wesentlichen vom Wert eben dieser Faktoren – also der Unternehmenssubstanz – getragen. Eine Substanzbewertung ist somit gerechtfertigt, und der Subjektbezug tritt in den Hintergrund. Unterschiedliche rationale Entscheidungsträger würden unter diesen Bedingungen bei der Bewertung ein und derselben Unternehmung zu sehr ähnlichen substanzdominierten und somit objektiven Unternehmenswerten gelangen. Somit muß die objektive Werttheorie nicht zwangsweise im Widerspruch zur subjektorientieren Werttheorie stehen. Vielmehr ist der werttheoretische Wandel auf den Wandel der betriebswirtschaftlichen Rahmenbedingungen zurückzuführen.

Heute ist für fast alle Branchen der Absatzmarkt der Engpaßfaktor. Dazu kommt die Notwendigkeit, sich flexibel an geänderte Marktbedingungen anzupassen. Vor diesem Hintergrund treten Vermögensgegenstände als unternehmenswertbestimmende Faktoren in den Hintergrund. Ein hoher Bestand an materiellen

---

[52] Vgl. Institut der Wirtschaftsprüfer (IDW Standard 1999), S. 208.
[53] Vgl. Münstermann (Wert 1966), S. 21 ff.
[54] Vgl. Mellerowicz (Wert 1952), S. 11 ff.
[55] Vgl. Bartels (Behandlung 1961), S. 33 f.
[56] Vgl. Gutenberg (Grundlagen 1957), S. 163 ff.; Wöhe (Einführung 2000), S. 147 f.

Vermögensgegenständen kann die Flexibilität einer Unternehmung einschränken und somit „Wertevernichter" statt Träger des Unternehmenswerts sein.

Die subjektive Wertlehre ist entscheidungstheoretisch geprägt und unterstellt, daß der Wert der Unternehmung von individuellen Zielen, Daten und Risikopräferenzen des Entscheidungsträgers dominiert wird.[57] Zur Verdeutlichung dieser Sicht sei auf das Kapitel 2.3.1, „Entscheidungstheoretische Grundlagen", verwiesen.

In der neueren Literatur zur Unternehmensbewertung ist wieder ein Streben nach Objektivität erkennbar. Das Institut der Wirtschaftsprüfer empfiehlt in seinen Stellungnahmen zur Unternehmensbewertung, zunächst den sogenannten objektivierten Wert zu ermitteln, um von diesem zum subjektiven Unternehmenswert überzuleiten.[58]

In der ersten Phase der Unternehmensbewertung (Feststellungsphase[59]) soll mit dem objektivierten Wert ein einfacher, unparteiischer und nachprüfbarer Wert ermittelt werden[60], während in der zweiten Phase (Verhandlungsphase[61]) durch die Berücksichtigung subjektiver Pläne, Alternativen und Ziele des Bewertungssubjekts der individuelle Entscheidungswert hergeleitet werden soll[62]. Dieses Phasenmodell wird insbesondere von Vertretern der Kölner Funktionenlehre, die einen objektivierten Wert nicht kennt, kritisiert.[63] Mit der Trennung des Bewertungsprozesses in die dargestellten Phasen wird nur eine scheinbare Komplexitätsreduktion erreicht, da der schwierigere Teil der Unternehmensbewertung, die subjektbezogene Ertragsplanung, nicht umgangen, sondern vielmehr in die Verhandlungsphase verschoben wird.

Die Tabelle 2 stellt die wesentlichen Unternehmenswertbegriffe[64] dar. Sofern Begriffe im umfangreichen Schrifttum zur Unternehmensbewertung eine untergeordnete Rolle spielen oder unscharf definiert sind, wie dies vor allem bei einigen Wertbegriffen aus dem angloamerikanischen Raum der Fall ist[65], wurden sie nicht in die Tabelle mitaufgenommen. Die Bewertungslehre der USA kennt weder eine Funktionenlehre noch den werttheoretischen Objekt-Subjektbezug.

---

[57] Vgl. Engeleiter (Unternehmensbewertung 1970), S. 13; Künnemann (Objektivierte 1985), S. 27.
[58] Vgl. Institut der Wirtschaftsprüfer (WP-Handbuch 1992), S. 4.
[59] Ebenda, S. 5.
[60] Vgl. Schildbach (Funktionenlehre 1993), S. 29.
[61] Vgl. Institut der Wirtschaftsprüfer (WP-Handbuch 1992), S. 5.
[62] Ebenda, S. 30.
[63] Vgl. Moxter (Grundsätze 1983), S. 27 ff.; Schildbach (Funktionenlehre 1993), S. 30 ff.
[64] Die nicht näher erläuterten Begriffe sind entnommen aus: Münstermann (Wert 1966), S. 91, u. Miller (Bank 1988), S. 8 ff.
[65] Vgl. Beck (Unternehmensbewertung 1996), S. 127.

Methodenbezug	Funktionsbezug	Objekt-/Subjektbezug

Substanzorientierung
• Substanzwert bzw.:
  - Vermögenswert
  - Sachwert
  - Realwert
  - Kostenwert
  - (Teil-) Rekonstruk-
    tionswert
  - (Teil-) Reproduk-
    tionswert
• Net Asset Value
• Expectancy Value
• Capital Value
• Liquidationswert bzw.
  Liquidation Value
 	
Erfolgsorientierung
• Zukunftserfolgswert bzw.
  Zukunftsentnahmewert
• Ertragswert
• Discounted Cash Flow
 	
Kombination
• Mittelwert
• Übergewinn
 	
Marktwert
 	
Vergleichswert
	• Entscheidungswert bzw.
	  Grenzwert
	• Argumentationswert
	• Schiedswert auch
	  - Arbitriumswert
	  - Einigungswert
		• objektiver Wert
		• objektivierter Wert
		• subjektivierter Wert

Tabelle 2: Unternehmenswertbegriffe

1.3 Die Baubranche als Anwendungsgebiet der Theorie der Unternehmensbewertung

Die Baubranche ist in der deutschen Volkswirtschaft ein Wirtschaftsbereich von herausgehobener Bedeutung. Nicht nur ihr hoher Anteil am Bruttoinlandsprodukt, sondern auch eine Reihe von Besonderheiten verleihen ihr die Rolle eines „Schlüsselsektors": Enge Verflechtungen mit anderen Wirtschaftszweigen, die Langlebigkeit und „Auffälligkeit" ihrer Produkte sowie die Bedeutung der Gebäude und Tiefbauten als Produktionsvoraussetzung bzw. als Erfüllung des Grundbedürfnisses „Wohnen" sind hier in erster Linie zu nennen.[66] „Bauwirtschaft" bezeichnet den Teilbereich einer Volkswirtschaft, der sich mit der Errichtung, Erhaltung und Nutzung von Bauwerken sowie mit der Anpassung und Veränderung

---

[66] Vgl. Rußig/Deutsch/Spillner (Branchenbild 1996), S. 1.

von Bauwerksbeständen durch Bautätigkeit befaßt".[67] Unternehmen, die diesem Wirtschaftszweig angehören und deren Kerngeschäft die Errichtung und Erhaltung von Bauwerken ausmacht, werden im folgenden als „bauausführende Unternehmen" oder „Bauunternehmen" bezeichnet. Bei diesen Unternehmen sind oftmals ergänzende Geschäftsfelder wie Projektentwicklung/Bauträgergeschäft[68] und baunahe Dienstleistungen (z.B. Facility Management) vorzufinden.

Obwohl die Bauinvestitionen[69] seit 1995 sinken, ist die Baubranche immer noch einer der größten Wirtschaftszweige in Deutschland[70]. In den Jahren 1991 bis 1998 lag der durchschnittliche Anteil des Bruttoinlandsprodukts, der auf Bauinvestitionen verwendet wurde, bei 13%. Davon entfiel auf die neuen Bundesländer ein Durchschnittswert von 31,1%, auf die alten Bundesländer von 10,7%. Das gesamte Bauvolumen[71] lag 1998 bei 524 Mrd. DM. Differenziert nach Produzentengruppen entfielen hiervon 37% auf das Bauhauptgewerbe[72], 36% auf das Ausbaugewerbe, 9% auf das verarbeitende Gewerbe und 8% auf Architektenleistungen und Gebühren. Sonstige Bauleistungen machten 10% aus. Nach Produkt-Markt-Segmenten differenziert, entfiel der größte Anteil mit 55% auf den Wohnungsbau, gefolgt vom Wirtschaftsbau mit 29%. Etwa gleich große Anteile entfielen auf den öffentlichen Hochbau (6%), den Straßenbau (5%) und den sonstigen öffentlichen Tiefbau (5%). Auffällig ist die seit 1994 rückläufige öffentliche Bautätigkeit. Wegen geringer Mittel der öffentlichen Hände bei zumindest gleichbleibendem Bedarf für Neuinvestitionen und steigendem Reinvestitionsbedarf kommt privaten Finanzierungs- und Betreibermodellen zunehmende Bedeutung zu.

Die volkswirtschaftliche Relevanz der Baubranche kann auch dadurch verdeutlicht werden, daß trotz erheblichen Personalabbaus in den Bauunternehmungen von 1991 bis 1997 im Durchschnitt 8% aller Erwerbstätigen in Deutschland in der Bauwirtschaft beschäftigt waren.

Zu unterscheiden sind Baugewerbe und Bauindustrie. Dem Baugewerbe gehören die Unternehmen des Bauhandwerks an, die im Zentralverband des Deutschen Baugewerbes organisiert sind. Die Unternehmen der Bauindustrie sind im Hauptverband der deutschen Bauindustrie zusammengefaßt und sind überwiegend dem Hoch-, Tief- und Spezialbau zuzuordnen.

---

[67] Rußig/Deutsch/Spillner (Branchenbild 1996), S. 11.
[68] Beide Begriffe werden im folgenden gleichlautend verwendet. Zur Definition s. Kapitel 4.1.6, „Risiken" .
[69] Die Bauinvestition entspricht dem Bauvolumen abzüglich dem Volumen für nicht werterhöhende Reparaturen und Militärbauten. Vgl. Hauptverband der Deutschen Bauindustrie (Baustatistik 1999), S. 5.
[70] Alle statistischen Daten wurden folgenden Quellen entnommen: Hauptverband der Deutschen Bauindustrie (Bauwirtschaft 1999), Hauptverband der Deutschen Bauindustrie (Baustatistik 1999).
[71] „Der Teil der volkswirtschaftlichen Produktion, der der Errichtung, Verbesserung oder Reparatur von Anlagen dient, die unmittelbar mit Grund und Boden verbunden sind und nicht zur maschinellen Ausrüstung gehören." (Hauptverband der Deutschen Bauindustrie [Baustatistik 1999], S. 5).
[72] Hoch- und Tiefbau, Spezialbau, Stukkateurgewerbe, Gipserei, Verputzerei, Zimmerei, Dachdeckerei. Vgl. Hauptverband der Bauindustrie (Baustatistik 1999), S. 14.

Dabei ist die durchschnittliche Mitarbeiterzahl der Unternehmen der Bauindustrie im Vergleich zu anderen Branchen gering. Das gesamte Bauhauptgewerbe ist trotz des hohen Bauvolumens mittelständisch geprägt. 1996 umfaßte das Bauhauptgewerbe 73.070 Unternehmungen. Davon hatten lediglich 138 Unternehmen (0,2%) über 500 Beschäftigte. Auf diese Unternehmen entfiel allerdings ein Anteil am baugewerblichen Umsatz von 21,5%. Mehr als 81% der Unternehmen beschäftigten weniger als 20 Mitarbeiter. Insgesamt haben diese Unternehmen einen Anteil am baugewerblichen Umsatz von 23,4% erbracht. Die Anzahl der Betriebe[73], die für sich gesehen Gegenstand einer Unternehmensbewertung sein können[74], ist deutlich höher, da größere Bauunternehmungen in einem dezentralen Niederlassungsnetz organisiert sind.

Das Baugewerbe zeichnet sich durch eine hohe Insolvenzquote sowie durch Konzentrationsbestrebungen aus.[75] In den vergangenen Jahren hat es einige spektakuläre Unternehmensakquisitionen bzw. Übernahmeversuche gegeben.[76] Darunter waren auch Käufer aus dem europäischen Ausland. Es ist zu vermuten, daß bei verbesserten Rahmenbedingungen für die deutsche Bauwirtschaft weitere Übernahmen deutscher Bauunternehmungen vor allem durch ausländische Käufer erfolgen werden.

Seit Anfang der neunziger Jahre ist für das deutsche Baugewerbe eine starke Zu-nahme grenzüberschreitender Unternehmenstransaktionen und -beteiligungen zu registrieren. Für deutsche Unternehmensakquisiteure werden vor allem Unternehmensübernahmen in den Ländern Osteuropas immer wichtiger.[77]

Innerhalb Deutschlands wurden dem Bundeskartellamt 1998 31 Zusammenschlüsse von Unternehmen des Baugewerbes gemeldet, davon 17 von erwerbenden (8 horizontale, 6 vertikale u. 3 laterale)[78] und 22 von erworbenen Unternehmen (8 horizontale, 13 vertikale und 1 lateraler).[79] Da Zusammenschlüsse von Unternehmen mit gemeinsam weniger als eine Milliarde DM Umsatz in Deutschland keiner Fusionskontrolle unterliegen[80], ist aufgrund der geschilderten mittelständischen Strukturen anzunehmen, daß die tatsächliche Zahl der Unternehmenstransaktionen deutlich höher liegt.

Die Unternehmen der Baubranche weisen Besonderheiten auf, von denen hier nur einige beispielhaft aufgezählt werden sollen, da sie im Zusammenhang mit den

---

[73] Wie ein Unternehmen handelnd, aber nicht rechtlich selbständig.
[74] S. Kapitel 2.3.2, „Bewertungsgrundsätze für Wirtschaftsprüfer".
[75] S. Kapitel 4.1.4, „Finanzierung".
[76] Siehe z.B. die Übernahme der Wayss & Freytag AG durch die Hollandsche Beton Groep (HBG) sowie die versuchte Übernahme der Philipp Holzmann AG durch die Hochtief AG. Vgl. o.V. (Wayss 1996); Hoffmann/Student (Umbau 1998), S. 58.
[77] vgl. o.V. (Bau 1994), S. 103; EIC (Mergers 1996), S. 51 f., u. EIC (Mergers 1998), S. 65.
[78] In diesem Zusammenhang werden Übernahmen innerhalb des Baugewerbes als horizontal, aus vor- oder nachgelagerten Produktionsstufen als vertikal und Akquisitionen von Unternehmen mit nicht-verwandten Produkten als lateral bezeichnet. Vgl. auch Staehle (Management 1994), S. 626.
[79] Die acht horizontalen Zusammenschlüsse betreffen Erwerber und Erworbene, da die Zahlen sich lediglich auf innerdeutsche Zusammenschlüsse beziehen. Vgl. BKartA (Tätigkeitsbericht 1999), S. 176 f.
[80] Vgl. §35, Abs. 1, Nr.1 GWB.

Methoden der Unternehmensbewertung näher untersucht werden.[81] So ist das Baugewerbe durch eine Einzelfertigung mit ständig wechselnden Einsatzorten geprägt. In der Baubranche ist die gemeinsame Erstellung von Bauwerken mit Mitbewerbern in Arbeitsgemeinschaften[82] üblich. Außerdem haben viele Unternehmen dieser Branche eine geringe Eigenkapitaldecke.[83] Im Bauhauptgewerbe sind die Personalkosten der größte Kostenblock. 1997 lag deren Anteil mit 32,4% an den Gesamtkosten deutlich höher ist als in anderen Wirtschaftsbereichen.[84] Mit 30,3% sind die Kosten für Nachunternehmerleistungen der zweitgrößte Block. Zunehmend werden auch dann Leistungen an Nachunternehmer vergeben, wenn das Bauunternehmen diese Leistungen technisch selbst erbringen könnte. Die Nachunternehmervergaben sind bedingt durch Kostenvorteile der Nachunternehmer aus benachbarten Staaten der Europäischen Union (EU) und den sogenannten MOE-Staaten[85], bei hierdurch steigenden Risiken der Bautätigkeit[86].

Zusammenfassend läßt sich festhalten, daß es also gerade für eine anwendungsorientierte Wissenschaft wie der Betriebswirtschaftslehre dringend geboten scheint, sich mit der Baubranche näher zu beschäftigen.

1.4 Zielstellung und Vorgehensweise

Mit dieser Arbeit soll ein Beitrag zur Weiterentwicklung der Theorie der Unternehmensbewertung geleistet werden. Zu diesem Zweck wird ein Modell zur Bewertung von bauausführenden Unternehmen vorgelegt.

Zunächst ist es erforderlich, die Methoden der Unternehmensbewertung zu untersuchen. Es soll eine geeignete Methode ausgewählt werden, auf der das bauspezifische Bewertungsmodell basiert. Es werden sämtliche Verfahren analysiert, die entweder im deutschen oder im angloamerikanischen Sprachraum theoretische oder praktische Bedeutung gewonnen haben. Man findet in der Literatur unterschiedliche Ansätze der Systematisierung von Bewertungsmethoden[87]. In dieser Arbeit wird zwischen substanzorientierten, erfolgsorientierten, vergleichsorientierten, marktorientierten Verfahren und Kombinationsmethoden der Unternehmensbewertung unterschieden. Diese Systematik bietet sich an, da die Verfahren innerhalb dieser Gruppen vergleichbare Merkmale aufweisen. Die geschichtlichen Einflüsse können Berücksichtigung finden und somit in die Methodenanalyse einfließen.[88] Ein branchenspezifisches Bewertungsmodell muß zunächst den theoretischen Erfordernissen genügen. Nur dann kann es hinreichend modifiziert werden, um auch den Anforderungen einer konkreten Bewertungsaufgabe gerecht zu werden. Deshalb erfolgt nach einer differenzierten Darstellung der Bewertungs-

---

[81] S. Kapitel 4.1, „Bewertungsrelevante Besonderheiten der Baubranche".

[82] Vgl. Lange (Kooperation 1994), S. 241 f.

[83] Vgl. Deutsche Gesellschaft für Mittelstandsberatung (Bauwirtschaft 1996), S. 5, u. Kapitel 4.1.4, „Finanzierung", Abbildung 27.

[84] Vgl. Hauptverband der Deutschen Bauindustrie (Bauwirtschaft 1999), Grafik 12.

[85] Mittel-Ost-Europäische-Staaten.

[86] Vgl. Deutsche Gesellschaft für Mittelstandsberatung (Bauwirtschaft 1996), S. 28 f.

[87] Sehr differenziert systematisiert in Barthel (Handbuch 1998), Bewertungsverfahren, S. 4.

[88] S. Kapitel 2.1, „Geschichtliche Entwicklung der Methodik zur Unternehmensbewertung".

methoden eine Beurteilung aus theoretischer Sicht. Die Verfahren werden demnach daraufhin untersucht, ob sie betriebswirtschaftlichen Anforderungen genügen.

Da die deutschsprachige Literatur Beiträge zur Bewertung bauausführender Unternehmen bisher vermissen läßt, wird versucht, das Thema zunächst auf eine empirische Basis zu stellen. Eine erste Erhebung richtet sich an diejenigen, die bereits Erfahrungen auf dem Gebiet der Bewertung von bauausführenden Unternehmen sammeln konnten. Sie weist nach, welche Methoden bei der Bewertung von Bauunternehmungen zum Einsatz kommen, welche Probleme damit verbunden sind und welche Lösungen sich hierzu anbieten. Bei einer zweiten empirischen Erhebung lag der Erkenntnisschwerpunkt in der Frage, was aus Sicht der Eigentümer und leitenden Manager den Wert „ihrer" Bauunternehmung ausmacht.

Auf diesen Ergebnissen aufbauend wird ein Bewertungsmodell abgeleitet. Sein Schwerpunkt wird darin liegen, die Werttreiber[89] von Bauunternehmungen zu identifizieren, zu operationalisieren und methodisch zu berücksichtigen.

Abschießend wird untersucht, inwiefern das entwickelte bauspezifische Bewertungsmodell eine Grundlage für die wertorientierte strategische Steuerung von bauausführenden Unternehmen bilden kann.

Im Rahmen der vorliegenden Arbeit werden einige Aspekte der Unternehmens-bewertung, die branchenunabhängig sind, ausgespart. Hierbei handelt es sich um die Berücksichtigung von Steuern, die Thesaurierungsproblematik im Rahmen der erfolgsorientierten Methoden sowie die Berücksichtigung von inflationären Ten-denzen. Dies wurde in der Literatur bereits hinreichend diskutiert.[90]

Da mit dieser Arbeit den betrieblichen Entscheidungsträgern für den Entscheidungs-prozeß „Akquisition von Bauunternehmen" ein Arbeitsinstrument zur Verfügung gestellt werden soll, wird die Entscheidungstheorie wesentliche Grundlage der weiteren Ausführungen sein. Um den Zusammenhang zwischen Unternehmens-bewertung und Entscheidungstheorie zu verdeutlichen, wird das entscheidungs-theoretische Grundmodell im Zusammenhang mit der Ertragswertmethode erörtert.

Auch wenn die zu entwickelnde bauspezifische Bewertungsmethode für andere frei-willige Bewertungsanlässe einsetzbar ist, sei bezüglich des Grunds der Unterneh-mensbewertung im folgenden der Kauf einer Unternehmung oder von Unterneh-mensteilen unterstellt. Zum einen ist der Unternehmenskauf ein freies betriebswirt-schaftliches Entscheidungsproblem[91] in dem Sinne, daß für die Bewertungsmethodik keinerlei richterliche oder steuerrechtliche Rahmenbedingungen zu beachten sind, wie dies für andere Bewertungsanlässe durchaus der Fall ist[92]. Zum anderen handelt es sich hierbei um einen der häufigsten Bewertungsanlässe. Im folgenden wird in

---

[89] Der Begriff geht zurück auf den Shareholder Value-Ansatz. Es handelt sich um Komponenten, die Einfluß auf den Unternehmenswert nehmen können. Vgl. Mandl/Rabel (Unternehmensplanung 1997), S. 659.

[90] Vgl. u.a. Institut der Wirtschaftsprüfer (WP-Handbuch 1992), S. 64 ff., sowie z.B. speziell zu Steuern vgl. Helbling (Unternehmensbewertung 1995).

[91] Dies gilt auch für die anderen freiwilligen Bewertungsanlässe.

[92] S. Kapitel 1.2.1, „Gründe für Unternehmensbewertungen".

Bezug auf das zu kaufende Unternehmen davon ausgegangen, daß es fortgeführt werden soll. Eine intensive Diskussion des Unternehmenswerts als Liquidationswert ist im Rahmen der zugrundeliegenden Problemstellung nicht relevant. Diese Arbeit ist auf die unternehmerische Zielsetzung des Käufers ausgerichtet, da davon auszugehen ist, daß dieser von beiden Verhandlungsparteien, bezogen auf das Bewertungsobjekt, das größere Informationsdefizit hat.

Im Sinne der Funktionenlehre wird des weiteren davon ausgegangen, daß die Beratungsfunktion mit der Ermittlung des Unternehmenswerts einhergeht. Die weiteren Ausführungen werden deutlich machen, daß für die Bewertung einer Bauunternehmung fundierte Branchenkenntnisse erforderlich sind und daß die Bewertungsschritte überwiegend durch ein Due Diligence Team des Käufers zu leisten sind.[93]

Die zu entwickelnde Methode zur Bewertung von Bauunternehmungen soll im deutschsprachigen Raum uneingeschränkte Gültigkeit besitzen, da hier die unter Kapitel 4.1 dargestellten bewertungsrelevanten Besonderheiten gelten. Eine Anwendbarkeit über den deutschsprachigen Raum hinaus wird gesondert zu untersuchen sein.

---

[93] S. Kapitel 5.4, „Planung zukünftiger Erfolge (Zwei-Phasen-Modell)".

2   Methoden der Unternehmensbewertung

2.1   Geschichtliche Entwicklung der Methodik zur Unternehmens-bewertung

Die Problemstellung, ganze Unternehmungen, so wie sie „liegen und stehen", bewerten zu müssen, hat vermutlich eine etwa 4000 Jahre alte Geschichte, denn bereits 2000 v.Chr. gab es Organisationsformen, die wir heute als Unternehmung bezeichnen würden.[94] Ab dem 17. Jahrhundert stieg die Anzahl an Unternehmungen an.[95] Bei gleichzeitig wachsenden Unternehmensgrößen entstand die Notwendigkeit der Fremdfinanzierung, da bisher die Unternehmensfinanzierung fast ausschließlich mit Eigenmitteln erfolgte. Die Kapitalgeber wiederum wollten Informationen über die Unternehmen, die mit ihren Mitteln wirtschafteten.

Vor diesem Hintergrund ist es nicht überraschend, daß es bereits seit langem Überlegungen zur Methodik der Unternehmensbewertung gibt. Beeindruckend ist allerdings, daß diese den heutigen in vielerlei Hinsicht ähnlich sind. Schneider wies darauf hin, daß bereits im 18. Jahrhundert Verfahren existierten, die ein Vielfaches der Reinerträge als den Wert der Unternehmung ansahen.[96] Es handelt sich hierbei um frühe Überlegungen zur Ertragswertberechnung.

Die deutsche betriebswirtschaftliche Literatur war zu Beginn diesen Jahrhunderts dadurch geprägt, daß der Unternehmenswert als objektiv betrachtet wurde und durch eine Substanzbewertung herzuleiten sei.[97] Diese bis zu den fünfziger Jahren vorherrschende Meinung wurde bereits im Zusammenhang mit den Unternehmens-wertbegriffen vorgestellt.

Die Entscheidungstheorie hat auf einige betriebswirtschaftliche Disziplinen großen Einfluß genommen.[98] Mit ihr kam der Subjektbezug betriebswirtschaftlicher Entschei-dungen, und sie war Wegbereiter für die Investitionstheorie in der heutigen Form. Durch diese Einflüsse wurden gegen Mitte des 20. Jahrhunderts die erfolgsorien-tierten Ansätze der Unternehmensbewertung entwickelt.[99] Mellerowicz hat als erster einen ertragsorientierten Unternehmenswert definiert. „Der Wert dieser Unter-nehmung ist also gleich der Differenz der beiden Ströme: Ertrag und Aufwand, diskontiert auf einen bestimmten Stichtag. Der Ertragswert, der auf dieser Differenz beruht, ist der einzige und endgültige Wert der Unternehmung. Es ist kein anderer Wert neben ihm denkbar"[100].

Während die „reine Lehre" die erfolgsorientierten Methoden favorisierte, haben sich einige sogenannte Praktikerverfahren[101] entwickelt. Mit Vergleichsverfahren wird der Unternehmenswert über branchenspezifisches Benchmarking hergeleitet.[102]

---

[94] Vgl. Bellinger/Vahl (Unternehmensbewertung 1992), S. 3.
[95] Ebenda, S. 9.
[96] Vgl. Schneider (Geschichte 1981), S. 333 f.
[97] Vgl. Mandl/Rabel (Unternehmensbewertung 1997), S. 6.
[98] Vgl. Moxter (Grundsätze 1983), S. 14.
[99] Ebenda.
[100] Mellerowicz (Wert 1952), S. 19.
[101] Vgl. Serfling/Pape (Theoretische 1995), S. 819.
[102] Vgl. Barthel (Unternehmenswert 1996), S. 149 f.

Als Synthese aus dem theoretisch richtigen Ertragswert und dem vermeintlich praktikableren Substanzwert entstanden die Kombinationsverfahren.[103] Sie, die versuchen, beide Vorteile zu vereinen, und dabei nach Objektivität streben, sind auch heute noch in der Schweiz die am häufigsten verwendeten Methoden.[104]

Das Substanzwertverfahren hat in Deutschland zu Beginn der neunziger Jahre bei der Bewertung von Unternehmen der ehemaligen DDR eine Renaissance erlebt.[105]

In den Unternehmen der neuen Bundesländer bestand ein Großteil der betrieblichen Substanz aus Immobilien, deren Verkehrswerte in den letzten Jahren stark rückläufig waren. Vor diesem Hintergrund hat diese Bewertungspraxis vermutlich (aus heutiger Sicht) zu deutlich überhöhten Unternehmenswerten geführt.

Durch die steigende Anzahl an Unternehmensakquisitionen durch amerikanische Käufer, aber auch gefördert durch amerikanische Berater, haben die Bewertungsmethoden aus dem angloamerikanischen Sprachraum Eingang in den deutschsprachigen Raum gefunden.[106] Diese Bewertungsmethoden sind durch folgende Rahmenbedingungen geprägt:

- Der amerikanischen Bewertungslehre sind dogmatische Auseinandersetzungen, wie z.b. objektive versus subjektive Wertlehre, fremd. Sie orientiert sich vielmehr an Erfordernissen aus der Praxis.[107]

- Die angloamerikanischen Bilanzierungsgrundsätze sind nicht wie in Deutschland auf den Gläubigerschutz, sondern auf Informationenen der Anteilseigner ausgerichtet. So werden zum Beispiel immaterielle Vermögensgegenstände ständig bewertet und bilanziert[108].

- Die Zahl der börsennotierten Unternehmen sowie die Anzahl der Unternehmensübergänge ist in den USA, bezogen auf die Gesamtzahl an Unternehmungen, überproportional höher als in Deutschland.[109]

- In den USA existieren umfangreiche Unternehmensrankings, die differenziert nach einzelnen Industriesektoren Korrelationen hinsichtlich Kaufpreis, Umsatz, price-earning-ratio etc. ausweisen.[110]

Vor diesem Hintergrund ist es naheliegend, den Unternehmenswert als Marktwert herzuleiten, wie dies mit den marktorientierten Methoden in der überwiegenden Anzahl der Bewertungsfälle in den USA auch praktiziert wird.[111]

Neben den Marktwerten hat die Discounted Cash Flow-Methode als erfolgsorientiertes Verfahren hohe Bedeutung im angloamerikanischen Sprachraum. Nachdem auch in Deutschland die praktische Relevanz dieses Verfahrens

---

[103] Vgl. Mellerowicz (Wert 1952), S. 147 ff.
[104] Vgl. Barthel (Handbuch 1998), Bewertungsverfahren, S. 31.
[105] Vgl. Dörner (Anwendung 1991), S. 3.
[106] Vgl. Peemöller/Bömelburg/Denkmann (Unternehmensbewertung 1994), S. 742 f.
[107] Vgl. Bellinger/Vahl (Unternehmensbewertung 1992), S. 228.
[108] Vgl. Jung (Rechnungslegung 1979), S. 126.
[109] Vgl. Jaensch (Unternehmensbewertung 1992), S. 382 ff.
[110] Ebenda, S. 382.
[111] Vgl. Bellinger/Vahl (Unternehmensbewertung 1992), S. 231.

zugenommen hat und beinahe der des Ertragswertverfahrens entspricht[112], hat das IDW in seiner neuesten Stellungnahme zur Unternehmensbewertung diese Methode erstmals dem Ertragswertverfahren gleichgestellt[113].

In der langen Geschichte der Theorie der Unternehmensbewertung wurde eine Vielzahl von Methoden entwickelt. Vor allem im angloamerikanischen Sprachraum handelt es sich dabei aber oftmals um „Hilfsverfahren", die nur Teilaspekte der Unternehmensbewertung beleuchten bzw. andere Verfahren ergänzen. So werden etwa das CAPM-Verfahren oder alternativ das APT-Verfahren als Hilfsverfahren im Rahmen der Discounted Cash Flow-Methode eingesetzt und zum Teil fälschlicherweise als Methode zur Bewertung ganzer Unternehmen bezeichnet.[114]

Für die Systematisierung der gängigen Methoden der Unternehmensbewertung kommt erschwerend hinzu, daß einige Methoden in der Literatur unterschiedlich bezeichnet werden. So ist z.B. mit dem Berliner Verfahren und der Mittelwertmethode jeweils dasselbe gemeint[115].

Bei den im folgenden dargestellten Methoden handelt es sich um jeweils geschlossene Gedankenmodelle zur Bewertung von Unternehmungen, die auch in dieser Form in der Praxis zur Anwendung kommen. Es werden die in der Literatur gängigsten Namensgebungen gewählt.

2.2   Substanzorientierte Methoden

2.2.1   Substanzwertmethode

Im Gegensatz zu den erfolgsorientierten Bewertungsverfahren handelt es sich bei der Substanzwertmethode um die Herleitung eines synthetischen Werts, der sich aus der Summe von Einzelwerten ergibt. Diese Einzelwerte stellen das Produkt aus Mengen und Wertansatz der Vermögensgegenstände des zu bewertenden Unternehmens dar.[116]

Während beim Liquidationswert, bedingt durch die Aufhebung des going concern-Prinzips, eine Unterscheidung in betriebsnotwendige und nicht betriebsnotwendige Vermögensgegenstände irrelevant ist, bekommt diese Differenzierung beim Substanzwert eine besondere Bedeutung. Mellerowicz definiert die betriebsnotwendigen Vermögensgegenstände wie folgt: „Betriebsnotwendig sind die Vermögensteile, die zur Erwirtschaftung des Betriebsergebnisses laufend benötigt werden"[117]. Überwiegend wird die Auffassung vertreten, daß bei der Substanzbewertung nur die betriebsnotwendigen Werte zu berücksichtigen seien.[118] Diese Betrachtungsweise wird durch die im folgenden dargestellte Funktion des Substanzwerts unterstützt. Moxter hingegen hält die Einbeziehung der, wie er sie nennt, „überzähligen"

---

[112] Vgl. Peemöller/Bömelburg/Denkmann (Unternehmensbewertung 1994), S. 742.

[113] Vgl. Institut der Wirtschaftsprüfer (IDW Standard 1999), S. 209.

[114] Vgl. Barthel (Handbuch 1998), Bewertungsverfahren, S. 1 ff.

[115] Ebenda, S. 30.

[116] Vgl. Münstermann (Wert 1966), S. 91.

[117] Mellerowicz (Wert 1952), S. 31.

[118] Ebenda, S. 30.

Vermögensgegenstände für erforderlich, wobei diese allerdings mit ihren Veräußerungswerten zu berücksichtigen seien.[119]

Das betriebsnotwendige Vermögen setzt sich aus materiellen und immateriellen
Werten zusammen. Für die materiellen Vermögensgegenstände wird die Herleitung
aus der Handelsbilanz durch Umbewertungen der Aktiva und Passiva empfohlen[120],
wobei als Wertansätze Wiederbeschaffungswerte zu verwenden sind[121]. Dem Alter
der Vermögenswerte soll durch Abschläge von den Neuwerten Rechnung getragen
werden.[122] Die Abschläge sollen aus dem Verhältnis von Restnutzungszeit zu
Gesamtnutzungszeit bzw. Restnutzungspotential zu Gesamtnutzungspotential
abgeleitet werden. Im einschlägigen Schrifttum finden sich zahlreiche Empfehlungen
zur Bewertung materieller Vermögensgegenstände[123], so daß an dieser Stelle auf
diese Darstellung verzichtet werden kann.

Wenn mit dem Substanzwert nur der betriebsnotwendige Teil des Unternehmenswerts betrachtet wird, bezeichnet man ihn auch als Rekonstruktions- bzw.
Reproduktionswert.[124] Hiernach erfüllt der Substanzwert seine Aufgabe bei der
Entscheidung zwischen Unternehmenskauf oder Neugründung und Aufbau einer
vergleichbaren Unternehmung.[125] Sieben verdeutlicht diesen Ansatz, indem er den
Substanzwert als „vorgeleistete Ausgaben" bezeichnet.[126] Von diesem Wert läßt sich
ableiten, welche Mehraufwendungen einem Investor zukünftig entstehen, der, statt
das zu bewertende Unternehmen zu kaufen, ein Unternehmen mit entsprechenden
betrieblichen Kapazitäten selbst errichtet.[127] Da die nicht betriebsnotwendigen
Vermögensgegenstände durch einen Investor bei einer Unternehmensreproduktion
gar nicht wiederbeschafft würden, bleiben sie entweder völlig unberücksichtigt oder
werden außerhalb des Reproduktionswerts zu Veräußerungswerten erfaßt.

Aus der vergleichbar unproblematischen Bewertung der materiellen Substanz wird
die vermeintliche Praktikabilität und Objektivität dieses Verfahrens abgeleitet.[128]
Problematischer gestaltet sich die Bewertung der immateriellen Vermögensgegenstände, die aus Rechten (Konzessionen, Patenten, Lizenzen, Marken, etc.),
aber auch aus sogenannten „unsichtbaren Vermögensteilen" (Organisation,
Werbung, F&E, Human Capital, etc.) bestehen.[129] Da hierbei die Praktikabilität der
Substanzbewertung an ihre Grenzen stößt, bleiben immaterielle Werte teilweise oder
völlig unberücksichtigt.[130] Man spricht dann vom Teilreproduktionswert[131], dessen

---

[119] Vgl. Moxter (Grundsätze 1983), S. 41.
[120] Vgl. Münstermann (Wert 1966), S. 93.
[121] Vgl. Moxter (Grundsätze 1983), S. 41.
[122] Ebenda.
[123] Vgl. u.a. Institut der Wirtschaftsprüfer (WP-Handbuch 1992, S. 125 ff.
[124] Vgl. Sieben (Unternehmensbewertung 1993), Sp. 4327.
[125] Vgl. Institut der Wirtschaftsprüfer (IDW Standard 1999), S. 215 f.; Barthel (Handbuch 1998),
    Bewertungsverfahren, S. 15 f.
[126] Vgl. Sieben (Substanzwert 1963).
[127] Vgl. Sieben (Substanzwert 1992), S. 82. Sieben leitet den Substanzwert jedoch nicht von der
    Einzelbewertung, sondern von der Zukunftserfolgsbewertung her.
[128] Vgl. Münstermann (Wert 1966), S. 103 f.
[129] Ebenda, S. 93.
[130] Vgl. Institut der Wirtschaftsprüfer (IDW Standard 1999), S. 215 f.
[131] Ebenda.

betriebswirtschaftliche Relevanz sehr zweifelhaft ist und dem auch das IDW bei der Ermittlung des Unternehmenswerts keine eigenständige Bedeutung beimißt[132]. Hier wird das Dilemma zwischen Objektivierung und vollständiger Bewertung deutlich. Je stärker man objektiviert und von der Bewertung von nicht marktgängigen Vermögensgegenständen absieht, um so weniger wird der volle Reproduktionswert erfaßt.[133]

Die Differenz aus Zukunftserfolgswert und Teilreproduktionswert stellt den Goodwill (auch Geschäftswert oder originärer Firmenwert) dar[134]. Er umfaßt die nicht bilanzierungsfähigen immateriellen Wirtschaftsgüter sowie die Wertdifferenzen der bilanzierten Wirtschaftsgüter, die sich aus der Ertragsbewertung ergeben.[135]

Abschließend sei noch auf die Differenzierung zwischen Brutto- oder Nettosubstanzwert hingewiesen. Brutto und Netto unterscheidet in diesem Zusammenhang, ob die Substanz vor oder nach Abzug der Schulden ermittelt wird.[136]

Aus den dargestellten Aspekten läßt sich für den Substanzwert folgende umfassende Definition ableiten:

„Der Substanzwert (als Nettowert) ergibt sich als Wiederbeschaffungswert aller im Unternehmen vorhandenen und betriebsnotwendigen materiellen und immateriellen Werte, unter Abzug der Schulden und unter Einbeziehung aller nicht betriebsnotwendigen Vermögensgegenstände mit ihren Veräußerungswerten".

Die verschiedenen Dimensionen des Substanzwerts verdeutlicht die anschaulich dargestellte Formel 1.

---

[132] Vgl. Institut der Wirtschaftsprüfer (IDW Standard 1999), S. 216.
[133] Vgl. Moxter (Grundsätze 1983), S. 41.
[134] Vgl. Sieben (Substanzwert 1992), S. 83.
[135] Vgl. Wöhe (Einführung 2000), S. 681.
[136] Vgl. Münstermann (Wert 1966), S. 94.

$$SW \;=\; \sum_{x=1}^{X} BMV_x \;-\; \sum_{x=1}^{X} SU_x \;+\; \sum_{x=1}^{X} BIV_x \;+\; \sum_{x=1}^{X} NBV_x$$

Teilrekonstruktionswert

Gesamtrekonstruktionswert

Substanzwert im weiten Sinne

SW   = Substanzwert
BMV_x = betriebsnotwendiger materieller Vermögensgegenstand X
SU_x = Schuldenposition X
BIV_x = betriebsnotwendiger immaterieller Vermögensgegenstand X
NBV_x = nicht betriebsnotwendiger Vermögensgegenstand X
X   = Anzahl der Vermögensgegenstände bzw. Schuldenpositionen

Formel 1: Dimensionen des Substanzwerts

2.2.2   Substanzorientierte Bewertungsmethoden in den USA

In den USA kommt der substanzorientierten Unternehmensbewertung eine eher untergeordnete Rolle zu.[137] Lediglich bei der Bewertung von Industrieunternehmungen mit hohen Vermögenswerten, wie Unternehmen der Schwerindustrie oder Holdinggesellschaften, kommen diese Verfahren zum Einsatz.[138] Aber auch in diesen Fällen übernehmen sie häufig nur eine Hilfsfunktion als Kontrollrechnung.[139] Aus diesem Grunde werden diese Verfahren hier nur kurz skizziert.

Der Net Asset Value Approach entspricht der deutschen Substanzbewertung am ehesten. Er wird aus der Summe aller Vermögensgegenstände abzüglich der Schulden ermittelt, wobei die Bewertung zu Verkehrswerten erfolgt.[140]

Larsy geht bei der Ermittlung des *Expectancy Value* (s. Formel 2) von dem in der Bilanz ausgewiesenen Eigenkapital (Book Value) aus. Das Eigenkapital wird multipliziert mit dem Quotienten aus Eigenkapitalrendite (Return on Equity) und Opportunitätskosten (Opportunity Costs). Die Opportunitätskosten sollen dem Zinssatz entsprechen, der sich aus der Rentabilität einer ähnlich risikobehafteten Investition ableiten läßt.[141] Somit ergibt sich für die Höhe des Unternehmenswerts eine Abhängigkeit von der Rentierlichkeit des Eigenkapitals im Vergleich zur Rentabilität alternativer Investitionen. Der Expectancy Value ist kein reiner Substanz-

---

[137] Vgl. Sanfleber-Decher (Unternehmensbewertung 1992), S. 597 f. u. S. 602.
[138] Vgl. Burke (Valuation 1981), S. 33.
[139] Vgl. Sanfleber-Decher (Unternehmensbewertung 1992), S. 602.
[140] Vgl. Beck (Unternehmensbewertung 1996), S. 128.
[141] Vgl. Larsy (Valuing 1979), S. 62 ff.

wert. Er enthält entscheidungstheoretische Aspekte und eine gewisse Erfolgsorientierung.

Der *Capital Value* (s. Formel 2) stellt eine Variante des Expectancy Value dar[142]. Die
Eigenkapitalrendite wird durch die Summe aus der durchschnittlichen Wachstums-
rate des Eigenkapitals (Average increase in Book Value) und dem Verhältnis aus
ausgeschütteten und thesaurierten Gewinnanteilen (Divided yield on current Book
Value) ersetzt.[143] Durch eine Gewichtung der beiden Summanden ist es dem Investor
möglich, bei der Ermittlung des Unternehmenswerts persönliche Präferenzen
bezüglich der Gewinnausschüttung einfließen zu lassen.[144] Somit ist die Bewertung
mittels Capital Value der subjektiven Wertlehre zuzuordnen.

$$EV = BV \times \frac{ROE}{OC} \qquad\qquad CV = BV \times \frac{AIBV + DYBV}{OC}$$

EV	=	Expectancy Value
BV	=	Book Value
ROE	=	Return on Equity
OC	=	Opportunity Costs
CV	=	Capital Value
AIBV	=	Average Increase in Book Value
DYBV	=	Divided Yield on current Book Value

Formel 2: Expectancy und Capital Value

Trotz der Erfolgsorientierung der Unternehmensbewertung mittels Expectancy Value
und Capital Value handelt es sich nicht um Kombinationsmethoden in dem Sinne,
wie sie in Kapitel 2.4 vorgestellt werden.

2.2.3   Allgemeine Beurteilung der substanzorientierten Methoden

Der Substanzbewertung wird in der einschlägigen Literatur die Eignung abgesprochen, als eigenständiges Bewertungsverfahren verwendbar zu sein.[145] Die Kritik
konzentriert sich darauf, daß der Unternehmenswert in keiner Ausprägung des
Substanzwerts korrekt abgebildet werden kann.

Der Teilreproduktionswert, der in der Regel gemeint ist, wenn vom Substanzwert
gesprochen wird, ist zwar praktikabel, aber er bildet den Unternehmenswert nur
unvollständig ab. Durch die Ausgrenzung der immateriellen und nicht betriebsnotwendigen Vermögensgegenstände eignet er sich nicht zur Grenzpreisbildung.

---

[142] Vgl. Gerling (Unternehmensbewertung 1985), S. 65.
[143] Vgl. Beck (Unternehmensbewertung 1996), S. 128.
[144] Vgl. Gerling (Unternehmensbewertung 1985), S. 65.
[145] Vgl. u.a. Institut der Wirtschaftsprüfer (IDW Standard 1999), S. 215 f.; Moxter (Grundsätze 1983),
     S. 42 ff.; Busse von Colbe (Gesamtwert 1992), S. 56 f.

Zum einen wird der Verkäufer einen so ermittelten Unternehmenspreis nicht als Kaufpreis akzeptieren. Zum anderen begibt sich auch der Käufer in die Gefahr einer Fehlentscheidung, wenn er seine Grenze der Konzessionsbereitschaft auf Basis des Teilreproduktionswertes bildet, und der Zukunftserfolgswert, obwohl dieser in der Regel höher ist, die rentierlichste Mittelverwendung unter allen Investitions-alternativen darstellt. Es ist nicht verwunderlich, daß Investoren den Substanzwert als Argumentationswert verwenden. Zu Verhandlungszwecken ist das sicherlich richtig, aber um den tatsächlichen Grenzpreis zu erkennen, sind andere Bewertungs-methoden erforderlich. Verschiedentlich wird dem Teilreproduktionswert als Preis-untergrenze eine eigene Funktion im Rahmen der Unternehmensbewertung zugestanden.[146] Auch diese Auffassung ist falsch, weil die Bewertung zu Wieder-beschaffungswerten erfolgt. Liegt bei einem ertragsschwachen Unternehmen der Zukunftserfolgswert unter dem Teilreproduktionswert, wäre es ein unter Umständen teurer Trugschluß, diesen zum Unternehmenswert zu erheben, da er nicht den Wert einer Handlungsalternative widerspiegelt – und die Alternative zur Fortführung der Unternehmung ist bekanntlich die Liquidierung. Dabei sind nicht Wieder-beschaffungswerte, sondern Verkehrswerte und Liquidierungskosten relevant. Der Liquidationswert ist somit als Preisuntergrenze verwendbar. Zwischen diesen beiden Wertansätzen kann es zu erheblichen Abweichungen kommen. Die einzige Hilfsfunktion, die dem Teilrekonstruktionswert zugestanden werden muß, ist die Bewertung der „vorgeleisteten Ausgaben". Wie bereits dargestellt, geht es hierbei aber nicht um eine abstrakte Herleitung des Unternehmenswerts, sondern um den Vergleich zwischen Neuaufbau oder Kauf einer Unternehmung.

Obwohl eine Stellungnahme des Instituts der Wirtschaftsprüfer auch für Unterneh-mungen der ehemaligen DDR das Ertragswertverfahren als angemessene Bewer-tungsmethode empfahl[147], kam das Substanzwertverfahren für einen großen Teil dieser Bewertungsfälle zum Einsatz[148]. Die Orientierung an der Substanz schien der richtige Ausweg aus dem Dilemma, daß die Vergangenheitsdaten des plan-wirtschaftlichen Systems keine Anhaltspunkte lieferten und daß die Zukunfts-erwartungen unabsehbar erschienen.[149] Voigt hat die Bewertungspraxis in der ehemaligen DDR als „Waterloo des Ertragswertverfahrens" interpretiert.[150] Tat-sächlich hätte trotz der großen Prognoseprobleme durch intensive Beschäftigung mit den zukünftigen Erträgen die eine oder andere Fehlentscheidung und letztlich auch Insolvenz vermieden werden können. Bretzke bemerkt zu diesem Themenkomplex folgendes: „Wenn man vor einer Entscheidung die Wahl zwischen unsicheren, aber relevanten und sicheren, aber irrelevanten Informationen hat, dann sollte man sich auf jeden Fall für die unsicheren Informationen entscheiden."[151]

---

[146] Vgl. Mellerowicz (Wert 1952), S. 21; Hax/Wessels (Handbuch 1958), S. 524.
[147] Vgl. Institut der Wirtschaftsprüfer (DDR 1990), S. 58 ff.
[148] Vgl. Voigt (Intuition 1995), S. 7.
[149] Vgl. Dörner (Anwendung 1991), S. 1 ff.
[150] Ebenda.
[151] Bretzke (Prognoseproblem 1975), S. 202 f.

Der Gesamtreproduktionswert läßt die nicht betriebsnotwendigen Vermögenswerte unberücksichtigt. Falls diese zum Kaufgegenstand gehören, gilt das, was zur Unvollständigkeit des Teilreproduktionswerts angemerkt wurde, auch hier.

Der Substanzwert im weiten Sinne könnte den Unternehmenswert am korrektesten abbilden. Hier verkehrt sich jedoch die Praktikabilität der Einzelbewertung ins Gegenteil. Die Bewertung der immateriellen Vermögensgegenstände, für die keine Marktwerte vorliegen, wie z.b. die Organisation, Qualifikation der Mitarbeiter etc., setzt nicht nur die Kenntnis der zukünftigen Erträge[152], sondern auch die Zuordnung der auf die einzelnen immateriellen Vermögensgegenstände zurückzuführenden Ertragsbestandteile voraus. Somit wird auch für den Substanzwert eine Zukunftserfolgsbetrachtung erforderlich, die auf der Basis von Einzelwerten komplexer ist als eine Gesamtbewertung nach den im folgenden darzustellenden erfolgsorientierten Bewertungsmethoden.

In den USA spielen die substanzorientierten Ansätze eine untergeordnete Rolle.[153] Wegen der Ähnlichkeit zum Substanzwertverfahren gilt die Beurteilung dieses Verfahrens gleichermaßen für den Net Asset Value Approach.

Sowohl beim Expectancy Value als auch beim Capital Value handelt es sich um Größen, die auf dem in der Bilanz ausgewiesenen Eigenkapital und somit auch auf bilanzorientierten Bewertungen basieren. Gerling hat überdies nachgewiesen, daß die Annahmen, die diesem Modell zugrunde liegen, zu zweifelhaften Ergebnissen führen müssen. Folglich ist eine praktische Anwendung nicht zu empfehlen.[154]

2.3 Erfolgsorientierte Methoden

2.3.1 Entscheidungstheoretische Grundlagen

Da die erfolgsorientierten Methoden entscheidungstheoretisch geprägt sind, werden im folgenden die entscheidungstheoretischen Grundlagen kurz dargestellt.

Unter einer Entscheidung ist die Auswahl einer Alternative aus einer Menge zuvor definierter möglicher Alternativen zu verstehen.[155] Gegenstand der präskriptiven (oder normativen) Entscheidungstheorie ist demnach die Herleitung von rationalen Lösungsvorschlägen bei Entscheidungsproblemen.[156] Hierzu werden Entscheidungsmodelle verwendet, deren Aufgabe die Komplexitätsreduktion des jeweiligen Entscheidungsproblems ist.[157] Im folgenden wird das Grundmodell der Entscheidungstheorie unter der Annahme einer Einfachzielsetzung sowie dem Regelfall der Unsicherheit dargestellt. In der Literatur wird zwischen mehreren Unsicherheitszuständen unterschieden. Hier ist mit Unsicherheit eine Risikosituation gemeint, in der der Entscheidungsträger den denkbaren Zuständen Eintrittswahrscheinlichkeiten zuordnen kann.[158]

---

[152] Vgl. Moxter (Grundsätze 1983), S. 44.
[153] Vgl. Gerling (Unternehmensbewertung 1985), S. 43.
[154] Ebenda, S. 306 ff.
[155] Vgl. Mag (Entscheidungstheorie 1990), S. 3.
[156] Vgl. Laux (Entscheidungstheorie 1998), S. 2.
[157] Vgl. Ludwig (Unternehmensbewertung 1995), S. 33.
[158] Vgl. Laux (Entscheidungstheorie 1998), S. 23.

Im Grundmodell der Entscheidungstheorie wird zunächst das Entscheidungsfeld sowie der Zielplan (auch Zielsystem) abgebildet.[159]

Das Entscheidungsfeld besteht aus einem Aktionsraum, einem Umweltraum (oder auch Zustandsraum) sowie Ergebnissen.[160]

Der Aktionsraum umfaßt die Gesamtheit aller Handlungsalternativen, wobei ein Entscheidungsproblem erst dann vorliegt, wenn mindestens zwei Alternativen gegeben sind. Der Umweltraum umfaßt die Menge aller möglichen Umweltzustände, wobei diese unterschiedlichen Zustände nicht im Einflußbereich des Entscheidungsträgers liegen, jedoch die Konsequenzen seiner Handlungsalternativen beeinflussen.[161] Die Ergebnisse innerhalb des Entscheidungsfelds sind die Konsequenzen, die sich aus der Kombination der Handlungsalternativen mit den möglichen Umweltzuständen ergeben können, wobei diese Konsequenzen aus der jeweiligen Zielgröße des Entscheidungsträgers abzuleiten sind. Steht zum Beispiel eine Entscheidung bezüglich der Produktionsmengen zweier Produkte an, so werden die möglichen Umweltzustände (z.b. Annahmen bezüglich der Marktentwicklung) Konsequenzen sowohl auf den Umsatz als auch auf die Gewinne haben. Legt der Entscheider als Zielgröße den Gewinn fest, so werden nur die gewinnrelevanten Konsequenzen als Ergebnisse in das Entscheidungsfeld mit aufgenommen.

Im Grundmodell der Entscheidungstheorie werden die Elemente des Entscheidungsfelds in einer Ergebnismatrix abgebildet.[162]

Mit dem Zielplan erfolgt die Bewertung der Ergebnismatrix durch den Entscheidungsträger anhand seiner individuellen Präferenzen. Er ermöglicht somit die Formulierung einer Entscheidungsregel.[163] Hierzu sind Festlegungen bezüglich Höhen-, Zeit- und Sicherheitspräferenzen erforderlich.[164]

Mit der Höhenpräferenz trifft der Entscheidungsträger die Festlegung über die Rangfolge unterschiedlicher Ausprägungen der Ergebnisse des Entscheidungsfeldes (Ergebnishöhen). Der klassische Fall der Gewinnmaximierung ist somit Ausdruck der Höhenpräferenz, mit der gleichzeitig das Optimierungskriterium formuliert wird.[165]

Da Ergebnisse, die zu unterschiedlichen Zeitpunkten anfallen, grundsätzlich nicht vergleichbar sind, muß sich der Entscheider durch eine Zeitpräferenz festlegen. Mit der Sicherheitspräferenz läßt der Entscheidungsträger seine Risikoeinstellung in die Entscheidung einfließen und nimmt somit eine Gewichtung der (unsicheren) Umweltzustände vor.

Um die erfolgsorientierten Methoden der Unternehmensbewertung besser theoretisch durchdringen zu können, ist zu analysieren, welche Ausprägung der

---

[159] Vgl. Mag (Entscheidungstheorie 1990), S. 11 ff.
[160] Vgl. Laux (Entscheidungstheorie 1998), S. 20 ff.
[161] Vgl. Ludwig (Unternehmensbewertung 1995), S. 35 f.
[162] Vgl. Laux (Entscheidungstheorie 1998), S. 34 f.
[163] Ebenda, S. 23 ff.
[164] Vgl. Sieben/Zapf (Unternehmensbewertung 1981), S. 22 ff. Bei mehrfacher Zielsetzung müssen auch Festlegungen bezüglich der Artenpräferenz getroffen werden.
[165] Vgl. Laux (Entscheidungstheorie 1998), S. 25.

Elemente des entscheidungstheoretischen Grundmodells diesen Methoden zugrunde liegen. Das Ergebnis dieser Analyse ist in der Tabelle 3 dargestellt. Zusammenfassend kann festgehalten werden, daß ein Investor, der auf Basis der erfolgsorientierten Methoden eine Unternehmensbewertung vornimmt, Festlegungen bezüglich der Höhen- und Zeitpräferenzen übernimmt. Auch die Zielgröße ist bereits vordefiniert. Man kann diese Methoden somit als standardisierte Entscheidungshilfen bezeichnen[166]. Diese vordefinierten Annahmen sind sicherlich realistisch, aber man sollte sich ihrer Grenzen im konkreten Bewertungsfall doch bewußt sein.

Elemente des Grundmodells der Entscheidungstheorie	Ausprägung der Elemente in den erfolgsorientierten Methoden der Unternehmensbewertung
Handlungsalternativen	Kauf der zu bewertenden Unternehmung oder Investition des Kapitals in die rentierlichste alternative Anlageform[167]
Umweltzustände	Abhängigkeit vom Bewertungsfall
Zielgröße der Ergebnisse	Verzinsung des eingesetzten Kapitals
Höhenpräferenz	Die Alternative mit der höchsten Verzinsung ist zu wählen
Zeitpräferenz	Früher anfallende Erfolge werden vorgezogen
Sicherheitspräferenz	Individuell vom Entscheidungsträger festzulegen. Den Methoden liegen aber Empfehlungen bezüglich der Risikoabschläge zugrunde

Tabelle 3: Entscheidungstheoretische Fundierung der erfolgsorientierten Methoden

2.3.2   Bewertungsgrundsätze für Wirtschaftsprüfer

Der Berufsstand der Wirtschaftsprüfer betrachtet die Bewertung ganzer Unternehmen als seine Domäne. Das Institut der Wirtschaftsprüfer hat als berufsständische Vertretung mit den Stellungnahmen zur Unternehmensbewertung Grundsätze definiert, die bei einer Bewertung durch den Wirtschaftsprüfer in Deutschland bindend sind.[168] In diesen Stellungnahmen werden Entwicklungen der Theorie, der Praxis sowie der Rechtsprechung zur Unternehmensbewertung berücksichtigt. Die bei Abfassung dieser Arbeit gültige Stellungnahme stammt aus dem Jahr 1999. Durch Verlautbarungen der U.E.C.-Kommission für Fachfragen und Forschung wurden für Europa gültige Grundlagen der Unternehmensbewertung geschaffen, die weitgehend denen des IDW entsprechen.[169] Die Kenntnis der Grundsätze des IDW[170]

---

[166] Vgl. Sieben/Zapf (Unternehmensbewertung 1981), S. 25.
[167] Die Discounted Cash Flow-Methode weicht hiervon ab. S. Kapitel 2.3.4.5, „Allgemeine Beurteilung der Discounted Cash Flow-Methode".
[168] Vgl. Institut der Wirtschaftsprüfer (IDW Standard 1999), S. 201.
[169] S. U.E.C.-Kommission für Fachfragen und Forschung (Empfehlung 1980).
[170] Vgl. Institut der Wirtschaftsprüfer (IDW Standard 1999), S. 202–206.

empfiehlt sich auch für diejenigen Bewerter, die nicht dem Berufsstand der Wirtschaftsprüfer angehören.

Der Grundsatz der Maßgeblichkeit des Bewertungszwecks, der gegenüber der Stellungnahme aus dem Jahre 1983[171] neu aufgenommen wurde, verweist auf die Funktionenlehre der Unternehmensbewertung. Im Rahmen der Auftragserteilung ist festzulegen, in welcher Funktion der Wirtschaftsprüfer tätig wird, da je nach Funktion der Unternehmenswert von unterschiedlichen Annahmen getragen wird.

Nach dem Grundsatz der Bewertung der wirtschaftlichen Unternehmenseinheit ist das Unternehmen als organisierte Kombination von materiellen und immateriellen Faktoren in seiner Funktion insgesamt zu bewerten. Mit Ausnahme der Bewertung zu Zwecken der Liquidation wird der Unternehmenswert somit nicht aus der Summe der Einzelwerte bestimmt. Unmaßgeblich ist, ob der Bewertungsgegenstand eine rechtliche Einheit bildet. Es muß lediglich möglich sein, eine solche zu schaffen. Rechtlich unselbständige Betriebe oder Niederlassungen können also Gegenstand einer in sich geschlossenen Unternehmensbewertung sein, wenn diese im Rahmen eines Kaufs ausgegliedert werden sollen.

Der Unternehmenswert soll grundsätzlich zu einem festgelegten Stichtag ermittelt werden (Stichtagsprinzip). Die zu diesem Stichtag erkennbaren Verhältnisse der Unternehmung (insbesondere der zukünftigen Erfolgsentwicklung) sind bewertungsrelevant. Das Stichtagsprinzip soll außerdem eine Zuordnung der finanziellen Überschüsse zum bisherigen und zum neuen Eigentümer ermöglichen.

Den Schwerpunkt legt das IDW auf die Grundsätze zur Bewertung künftiger finanzieller Überschüsse. Dabei wird zwischen der Ermittlung von objektivierten Unternehmenswerten bzw. subjektiven Entscheidungswerten differenziert. Mit dieser Differenzierung, die ebenfalls gegenüber der Stellungnahme aus dem Jahre 1983 neu eingeführt wurde[172], unterstreicht das IDW seine Empfehlung, die Unternehmensbewertung in zwei Phasen aufzuteilen. Wir beschränken uns im folgenden darauf, die Grundsätze zur Bewertung künftiger finanzieller Überschüsse zusammenzufassen. Auf eine Darstellung der ertragssteuerlichen Hinweise wird vollständig verzichtet.

- Die Unternehmensbewertung hat sich an den Nettoeinnahmen zu orientieren, die das zu bewertende Unternehmen zu erwirtschaften in der Lage ist (Zahlungsstromorientierung). Mit diesem Grundsatz verpflichtet das IDW die Wirtschaftsprüfer im Falle der going concern-Annahme erfolgsorientierte Bewertungsmethoden zu verwenden. Unabhängig davon, ob das Ertragswertverfahren oder die Discounted Cash Flow-Methode verwendet wird, sind also diejenigen finanziellen Überschüsse zu ermitteln, die als Nettoeinnahmen in den Verfügungsbereich der Eigentümer gelangen.

- Zur Bewertung dürfen nur die Überschüsse herangezogen werden, die nicht zur Erhaltung der erfolgsbildenden Substanz notwendig sind. Der Grundsatz der Substanzbezogenheit des Erfolgs soll sicherstellen, daß die Bewertung unter

---

[171] Vgl. Institut der Wirtschaftsprüfer (St/HFA 2/1983), S. 469 ff.
[172] Ebenda, S. 469 ff.

Beibehaltung der notwendigen Leistungsfähigkeit erfolgt. Sollte Substanzverzehr als Einnahmeüberschüsse in die Bewertung mit einfließen, wird ein falscher bzw. zu hoher Unternehmenswert ermittelt. Um diesem Grundsatz zu genügen, sind die geplanten Abschreibungen zu Wiederbeschaffungswerten anzusetzen.[173]

- Für die Bewertung sind nicht nur die zum Stichtag bereits eingeleiteten Maßnahmen zur Stärkung der vorhandenen Ertragskraft zu berücksichtigen, sondern auch diejenigen Maßnahmen, die der Erwerber erkennt und einzuleiten beabsichtigt, da sie die finanziellen Überschüsse der Unternehmung und somit den Grenzpreis des Erwerbers beeinflussen.[174]

- Synergieeffekte stellen eine Veränderung der finanziellen Überschüsse dar, die sich aus der Verbindung von Unternehmungen ergeben können.[175] Für die Ermittlung des Entscheidungswerts des Kaufinteressenten ist es erforderlich, die Effekte zu bewerten und in der Grenzpreisbildung im vollen Umfang zu berücksichtigen.

- Grundsätzlich ist von einer Vollausschüttung auszugehen.[176] Die Annahme, daß die prognostizierten Ertragsüberschüsse in voller Höhe an die Eigner der Unternehmung ausgeschüttet werden, ist eine vertretbare Komplexitätsreduktion, da thesaurierte Gewinne Substanzmehrungen darstellen, die ihrerseits wieder zu zusätzlichen Erfolgen führen können.[177] Sind vom Erwerber Änderungen der Finanzierungsstruktur geplant, so sind die sich hieraus ergebenden Einflüsse auf die finanziellen Überschüsse (z.B. aus günstigen Fremdfinanzierungsmöglichkeiten) zu berücksichtigen.[178] Diese Finanzierungsannahmen können ein Aufheben der Vollausschüttungsannahme erforderlich machen.

- Oft hängt die Ertragskraft wesentlich von der persönlichen Qualifikation des Managements ab. Deshalb ist der Managementfaktor[179] bei der Unternehmensbewertung besonders zu beachten. Leider gibt das IDW in seinen Schriften zur Unternehmensbewertung keine konkreten Hilfestellungen, um diesem besonders wichtigen Grundsatz im konkreten Bewertungsfall Rechnung tragen zu können.

---

[173] Vgl. Institut der Wirtschaftsprüfer (WP-Handbuch 1992) S. 71 ff.

[174] Das IDW empfiehlt, die eingeleiteten Maßnahmen beim objektivierten Unternehmenswert und die geplanten, aber noch nicht eingeleiteten Maßnahmen beim subjektiven Entscheidungswert zu berücksichtigen. Vgl. Institut der Wirtschaftsprüfer (IDW Standard 1999), S. 204.

[175] Das IDW unterscheidet unechte und echte Synergieeffekte. Unechte Synergieeffekte lassen sich auch ohne den Verbund realisieren, der sich aus dem Bewertungsanlaß ergibt. Diese sind beim objektivierten Unternehmenswert zu berücksichtigen, wenn die synergiestiftenden Maßnahmen bereits eingeleitet sind. Synergieeffekte, die sich aus dem Bewertungsanlaß ergeben (echte Synergieeffekte), sind beim subjektiven Entscheidungswert zu berücksichtigen. Ebenda.

[176] Laut IDW nur bei der Ermittlung des objektivierten Unternehmenswerts. Ebenda.

[177] Ebenda, S. 473.

[178] Laut IDW nur bei der Ermittlung des subjektiven Entscheidungswerts. Ebenda, S. 204.

[179] Das IDW unterscheidet typisierte und individuelle Managementfaktoren. Die typisierten Managementfaktoren sind personenunabhängig und werden bei der Ermittlung des objektivierten Unternehmenswerts berücksichtigt. Der Personenbezug (individuelle Managementfaktoren) soll nur beim subjektiven Entscheidungswert Berücksichtigung finden. Vgl. Institut der Wirtschaftsprüfer (IDW Standard 1999), S. 204 f.

- Der Grundsatz der Zukunftsbezogenheit der Bewertung ist abweichend von der bisher gültigen Stellungnahme nicht mehr explizit erwähnt.[180] Die Ausführungen machen aber deutlich, daß sich die Bewertung, im Gegensatz zu manchen Praktikeransätzen[181], nur an zukünftigen Erfolgen orientieren darf, da auch nur diese dem neuen Eigentümer zufließen.

- Sofern nicht betriebsnotwendige Vermögensgegenstände (einschließlich Schulden) Gegenstand der Bewertung sein sollen und somit nicht aus dem Unternehmen herausgelöst werden, ist eine gesonderte Bewertung erforderlich (Grundsatz der gesonderten Bewertung des nicht betriebsnotwendigen Vermögens), da diese Werte nicht notwendigerweise vom Erfolgswert des Unternehmens abhängen. Wenn der Liquidationswert dieser Vermögensgegenstände den Barwert ihrer finanziellen Überschüsse bei Verbleib im Unternehmen übersteigt, erfolgt der Wertansatz zu Liquidationswerten, wobei Schulden, die den nicht betriebsnotwendigen Vermögensgegenständen zuzurechnen sind, in Abzug gebracht werden müssen.

- Der Grundsatz der Unbeachtlichkeit des (bilanziellen) Vorsichtsprinzips besagt, daß im Rahmen einer Unternehmensbewertung das handelsrechtlich geforderte Prinzip der Vorsicht nicht zur Anwendung kommen darf, da es grundsätzlich eine Partei benachteiligt. Dem Bedürfnis des Käufers, das Risiko, das mit einem Unternehmenskauf verbunden ist, zu berücksichtigen, wird in anderer Weise Rechnung getragen.[182]

- Mit dem Grundsatz der Nachvollziehbarkeit der Bewertungsansätze verweist das IDW auf eine ordnungsgemäße Berichterstattung des Wirtschaftsprüfers.

2.3.3 Ertragswertmethode

2.3.3.1 Definition der Erfolgsgröße

Unter den Vertretern der erfolgsorientierten Methoden der Unternehmensbewertung herrscht weitgehend Einigkeit darüber, daß diese aus der Investitionstheorie abgeleiteten Methoden auch wie eine Investitionsrechnung aufzubauen seien.[183]

Das bedeutet, daß der theoretisch richtige Unternehmenswert aus den Barwerten der dem Investor zufließenden Netto-Zahlungsströme abzuleiten ist.[184] Die Netto-Zahlungsströme ergeben sich als Differenz aus Einzahlungen und Auszahlungen. In der Literatur wird in diesem Zusammenhang überwiegend von Einnahmeüberschüssen gesprochen[185], obwohl in zunehmendem Maße zwischen Einnahmen und Einzahlungen sowie Ausgaben und Auszahlungen differenziert wird[186].

---

[180] Vgl. Institut der Wirtschaftsprüfer (St/HFA 2/1983), S. 469 ff.
[181] V.a. das Stuttgarter Verfahren ist fast ausschließlich vergangenheitsorientiert. Vgl. Beck (Unternehmensbewertung 1996), S. 120 f., u. Barthel (Handbuch 1998), Bewertungsverfahren, S. 32 f.
[182] S. Kapitel 2.3.3.3, „Kapitalisierung zukünftiger Erfolge".
[183] Vgl. u.a. U.E.C.-Kommission für Fachfragen und Forschung (Empfehlung 1980), S. 3.
[184] Ebenda.
[185] Vgl. u.a. Institut der Wirtschaftsprüfer (St/HFA 2/1983), S. 470; U.E.C.-Kommission für Fachfragen und Forschung (Empfehlung 1980), S. 3.
[186] Vgl. Kloock/Sieben/Schildbach (Kosten 1999), S. 24 ff.

Während bei einer Investitionsrechnung für einen einzelnen Vermögensgegenstand die periodengerechte Planung der sich hieraus ergebenden Einzahlungen und Auszahlungen möglich ist, stößt ein solches Vorhaben für ein ganzes Unternehmen auf große Schwierigkeiten, zumal oftmals die rein rechnungstechnischen Voraussetzungen nicht gegeben sind.[187]

Die Ertragswertmethode begegnet diesem Problem, indem als Erfolgsgröße das handelsrechtliche Ergebnis als Differenz aus Aufwendungen und Erträgen, abgeleitet aus der Gewinn- und Verlustrechnung, verwendet wird.[188] Im Gegensatz zur noch darzustellenden Discounted Cash Flow-Methode werden bei der Ertragswertmethode somit Netto-Erfolge verarbeitet.

Diese Erfolgsgröße hat Vorteile gegenüber der Verwendung von Zahlungsüberschüssen als Ausgangsgröße für die Bewertung ganzer Unternehmungen. In der Regel liegen geprüfte Vergangenheitswerte als Ausgangsbasis vor. Außerdem beinhaltet die Unternehmensplanung üblicherweise eine Plan-Gewinn- und Verlustrechnung, so daß im Rahmen der Unternehmensbewertung keine neue Planung erarbeitet werden muß, sondern lediglich die Plausibilität der vorliegenden Planung zu prüfen ist. Nicht zu unterschätzen ist die Tatsache, daß eine Planung an Qualität gewinnt, wenn der Planende sich an Größen orientieren kann, zu denen er einen direkten Bezug hat. Um es plakativ auszudrücken, plant es sich besser mit Werten, in denen man „denkt". Dies ist sicherlich eher mit Aufwendungen und Erträgen möglich als mit Einzahlungen und Auszahlungen.

Trotz der genannten Vorteile ist zu untersuchen, ob die Verwendung einer anderen als der theoretisch richtigen Erfolgsgröße vertretbar ist. Das Lücke-Theorem besagt, daß in der Totalrechnung (also über die gesamte Lebensdauer einer Unternehmung) Ausgaben und Aufwendungen identisch sind.[189] Wie bereits dargestellt, gehen die erfolgsorientierten Verfahren allerdings von einer fest definierten Zeitpräferenz aus (früher erzielte Erträge werden vorgezogen), so daß eine genaue Periodenabgrenzung erforderlich ist.

Die Abweichungen zwischen Auszahlungen und Aufwendungen sowie Einzahlungen und Erträgen ergeben sich aus Imparitäts- und Realisationsprinzip sowie aus handels- und steuerrechtlichen Auflagen bezüglich der periodengerechten Zuordnung von Ein- bzw. Auszahlungen.[190] So führt z.B. beim Kauf einer neuen Maschine der Kaufpreis im Jahr des Kaufs im vollen Umfang zu Auszahlungen. Aufwand entsteht aber entsprechend den Abschreibungen über mehrere Perioden verteilt. Wird hingegen eine gebrauchte Anlage zum Buchwert verkauft, entstehen Einzahlungen, die nicht Erträge sind. Während sich bei kurzfristigen Geschäftsvorfällen kaum Differenzen zwischen Zahlungs- und Verrechnungsvorgängen

---

[187] Vgl. Institut der Wirtschaftsprüfer (St/HFA 2/1983), S. 470; U.E.C.-Kommission für Fachfragen und Forschung (Empfehlung 1980), S. 3.

[188] Vgl. Institut der Wirtschaftsprüfer (IDW Standard 1999), S. 209 f.

[189] Der von Lücke verwendete Begriff Ausgaben kann mit Auszahlungen gleichgesetzt werden. Des weiteren gilt diese Aussage auch für Einzahlungen und Erträge. Vgl. Lücke (Investitionsrechnungen 1955), S. 324.

[190] Vgl. Kloock/Sieben/Schildbach (Kosten 1999), S. 26 ff.

ergeben, können bei langfristigen Geschäftsvorfällen die Abweichungen erheblich sein.

Eine Annäherung zwischen handelsrechtlichen Ergebnissen und Zahlungsüberschüssen wird durch den Grundsatz der Unbeachtlichkeit des (bilanziellen) Vorsichtsprinzips erreicht, da hiernach u.a. drohende Verluste vorzuverlagern wären, obwohl sich erst in späteren Perioden negative Zahlungssalden einstellen. Außerdem empfiehlt es sich, das zeitliche Auseinanderfallen von Aufwendungen und Auszahlungen bei großen Investitionen zu berücksichtigen. Dasselbe gilt für Zuweisungen zu Pensionsrückstellungen und Pensionszahlungen.[191] Die Vollausschüttungshypothese reduziert ebenfalls die theoretische Ungenauigkeit, die sich aus der Verwendung von Aufwand und Ertrag ergeben könnte. Wie Sieben dargestellt hat, läßt sich hieraus ein Grenzfall des Lücke-Theorems ableiten.[192]

Die Verwendung von handelsrechtlichen Ergebnissen als Erfolgsgröße einer Unternehmensbewertung führt unter der Annahme, daß diese „Korrekturen" vorgenommen werden, zu einer Annäherung an die Zahlungsüberschüsse.[193] Jedoch verringern solche Korrekturrechnungen die Praktikabilität der Ertragswertmethode, da im Hinblick auf eine realistische Unternehmensbewertung nicht auf die Prognose der künftigen Zahlungsüberschüsse verzichtet werden kann.[194] In den folgenden Ausführungen wird verdeutlicht, daß branchenspezifische Besonderheiten dieses Problem noch verstärken können.[195]

2.3.3.2 Planung zukünftiger Erfolge

Zentrale Aufgabe der Ermittlung des Ertragswerts im Sinne des Zukunftserfolgswerts ist die Planung der zukünftigen handelsrechtlichen Ergebnisse. Die Zuverlässigkeit der Eingangswerte in die Ertragsbewertung hat erheblichen Einfluß auf den Unternehmenswert und somit häufig auch auf den Erfolg oder Mißerfolg der Unternehmensakquisition.[196] Deshalb ist der Planung der zukünftigen Erfolge besondere Aufmerksamkeit zu widmen. Vorschläge, diese Planung durch einen pauschalen Ansatz einer Reihe von Gesamtergebnissen zu ersetzen[197], sind deshalb abzulehnen.

Grundsätzlich unterscheidet sich die Planung im Rahmen einer Unternehmensbewertung nicht von einer Unternehmensplanung, die zum Zwecke der Unternehmenssteuerung in den meisten Unternehmen regelmäßig durchgeführt wird. Signifikante Abweichungen zu einer solchen Unternehmensplanung ergeben sich allerdings aus folgenden Sachverhalten:

---

[191] Vgl. Institut der Wirtschaftsprüfer (St/HFA 2/1983), S. 470.
[192] Vgl. Sieben (Unternehmenserfolg 1988), S. 363 ff.
[193] Vgl. Institut der Wirtschaftsprüfer (St/HFA 2/1983), S. 470.
[194] Vgl. Sieben (Unternehmenserfolg 1988), S. 373.
[195] S. Kapitel 4.1, „Bewertungsrelevante Besonderheiten der Baubranche", sowie Kapitel 4.2.2, „Anwendbarkeit ertragsorientierter Methoden".
[196] Vgl. Matuschka (Risiken 1990), S. 104 ff.
[197] Vgl. Institut der Wirtschaftsprüfer (WP-Handbuch 1992), S. 53.

- unendlicher Planungshorizont
- Risikoberücksichtigung
  - „Real Case" - Planung
  - Abstimmung mit der Kapitalisierungsmethode
- keine Planung von Kosten und Leistungen, sondern von bereinigten Aufwendungen und Erträgen.

Da die Ertragswertmethode vom going concern-Prinzip ausgeht, setzt das theoretisch richtige Vorgehen einen unendlichen Planungshorizont voraus. Die Ungenauigkeiten, die sich in der Planung der weit in der Zukunft liegenden Jahre ergeben, werden durch die noch darzustellende Kapitalisierung der Planergebnisse relativiert.[198] Vor diesem Hintergrund erscheint eine in zwei Phasen aufgeteilte Planung sinnvoll.[199] Die erste Phase sollte den üblichen Planungshorizont der zu bewertenden Unternehmung abbilden. In den meisten Fällen sind dies drei bis fünf Planjahre. Wegen ihres hohen Einflusses auf den Unternehmenswert muß diese Phase analytisch betrachtet werden. Die zweite Phase stellt eine plausible Fortschreibung der ersten Planjahre dar.[200]

Während eine Unternehmensplanung oftmals Zielvereinbarungen für die Führungsebene darstellt und Grundlage für die erfolgsorientierte Vergütung ist, bedarf es für die Grenzpreisermittlung einer Abschätzung der realistischerweise zu erwartenden zukünftigen Ergebnisse. Bei der Planung als Grundlage der Unternehmensbewertung ist eine nach Unternehmensbereichen bzw. Produktgruppen differenzierte Risiko- und Chancen-Analyse erforderlich. Wenn nach einer solchen eingehenden Analyse, unter Berücksichtigung der Eintrittswahrscheinlichkeit von Risiken und Chancen, die Erwartungswerte der geplanten Ergebnisse herangezogen werden, ist das Risiko, das sich aus der Zukunftsbezogenheit der Bewertung ergibt, angemessen berücksichtigt. Moxter spricht dann vom sicherheitsäquivalenten Ertrag[201].

Ziel ist nicht die Beseitigung der Unsicherheit, sondern diese auf ein nicht weiter reduzierbares Maß zu beschränken und dieses Maß gleichzeitig offenzulegen.[202]

Alternativ ist auch die Risikoberücksichtigung bei der Kapitalisierung der Planergebnisse möglich. Hierauf wird im nächsten Kapitel näher eingegangen.

Die Ergebnisplanung muß so angelegt sein, daß alle ergebnisrelevanten Faktoren erfaßt werden. Hierzu gehören in erster Linie das operative Ergebnis, aber auch Ergebnisbestandteile, die auf die Realisierung von Synergieeffekten zurückzuführen sind, genauso wie Ergebnisbeiträge der immateriellen Vermögensgegenstände. Es wäre falsch, statt dessen einen Kaufpreis zunächst auf Basis des operativen Ergebnisses zu ermitteln, um dann strategisch begründete pauschale Zuschläge

---

[198] Vgl. Institut der Wirtschaftsprüfer (WP-Handbuch 1992), S. 51 f.
[199] vgl. Institut der Wirtschaftsprüfer (IDW Standard 1999), S. 207.
[200] Ebenda.
[201] Vgl. Moxter (Grundsätze 1983), S. 146 ff.
[202] Vgl. Bretzke (Nutzung 1977), S. 207.

vorzunehmen. Dieses Vorgehen birgt die Gefahr des „Schönrechnens" des Bewertungsobjekts mit vermeintlich strategischen Argumenten.[203]

Die Empfehlungen zur Verwendung von Planungsmethoden im Zusammenhang mit der Bewertung ganzer Unternehmungen sind vielfältig[204] und gehen bis zu komplexen statistischen Verfahren wie der multiplen Regressionsanalyse[205]. Um methodische Empfehlungen formulieren zu können, sind Kenntnisse der Markt- und Produktionsverhältnisse derjenigen Branche erforderlich, der das zu bewertende Unternehmen angehört. So kann es bei einem Konsumprodukthersteller sinnvoll sein, die Unternehmensergebnisse anhand statistischer Verfahren zu planen. Bei der langfristigen Einzelfertigung hingegen ist wegen des zu erwartenden geringen Bestimmtheitsmaßes der Einsatz eines solchen Instruments abzulehnen und lediglich für die Planung einzelner Aufwandspositionen zulässig.[206] Die Planung der zukünftigen Erfolge macht demnach branchenbezogene Empfehlungen erforderlich, wie sie z.B. von Kraus-Grünewald für Brauereien[207] und von Ludwig für Krankenhäuser[208] vorgelegt wurden.

2.3.3.3   Kapitalisierung zukünftiger Erfolge

„Bewerten heißt vergleichen."[209] Die bisher vorgestellten Elemente der Ertragswertmethode haben sich allerdings ausschließlich mit der zu bewertenden Unternehmung beschäftigt. Der Kaufinteressent hat aber i.d.R. Investitionsalternativen. Ein Abwägen zwischen den alternativen Verwendungen des Kapitals erfolgt über den Kapitalisierungszinssatz. Er wird aus der rentierlichsten Alternativinvestition abgeleitet.[210] Diese Alternative muß mit dem Bewertungsobjekt vergleichbar (äquivalent) sein. Risiken müssen bei der Alternativinvestition ebenso berücksichtigt werden wie beim Bewertungsobjekt (Risikoäquivalenz), und das Vergleichsobjekt muß ebenfalls über eine lange Laufzeit verfügen (Planungshorizontäquivalenz).[211] Aus diesem Grunde wird in der Regel die Orientierung an festverzinslichen Kapitalmarkttiteln empfohlen, die von Schuldnern höchstmöglicher Bonität ausgegeben wurden.[212] Dieser auch als landesüblicher Zins[213] bezeichnete Kapitalisierungsansatz erfüllt die Äquivalenzprinzipien allerdings nicht vollständig.[214]

Der Kapitalisierungszins kann auch aus einer Renditeerwartung des Investors abgeleitet werden.[215] Hierbei handelt es sich um eine Zielrendite, die sich auf eine imaginäre Alternativinvestition bezieht. Zu berücksichtigen ist, daß solche Zielrenditen, wie sie in vielen Unternehmungen festgeschrieben sind, in der Regel

---

[203] Vgl. Funk (Aspekte 1995), S. 494.
[204] Institut der Wirtschaftsprüfer (WP-Handbuch 1992), S. 53 ff.
[205] Sieben/Diedrich/Kirchner/Krauthauser (Expertensystem 1990), S. 2 f.
[206] Kapitel 5.4.2.2, „Planung nicht projektbezogener Ergebnisse".
[207] S. Kraus-Grünewald (Ertragsermittlung 1982), S. 44 ff.
[208] S. Ludwig (Unternehmensbewertung 1995), S. 140 ff.
[209] Moxter (Grundsätze 1983), S. 123.
[210] Vgl. Sieben/Zapf (Unternehmensbewertung 1981), S. 7 f.
[211] Vgl. Leuthier (Interdependenzproblem 1988), S. 33 ff.
[212] Vgl. Moxter (Grundsätze 1983), S. 146.
[213] Ebenda.
[214] Vgl. Sieben/Zapf (Unternehmensbewertung 1981), S. 8.
[215] Vgl. Institut der Wirtschaftsprüfer (WP-Handbuch 1992), S. 93.

bereits einen pauschalen Risikozuschlag beinhalten. Die Auffassung, daß „spezielle Risiken" bei den Planergebnissen und das „generelle Unternehmerrisiko" in Form eines Zuschlags auf den Kapitalisierungszinssatz zu berücksichtigen seien[216], ist verbreitet. Ein solches Vorgehen kann aufgrund doppelter Risikoberücksichtigung zu falschen Grenzpreisen und somit zu Fehlentscheidungen im Zusammenhang mit der Unternehmensakquisition führen und ist deshalb abzulehnen.[217] Wenn mit sicherheitsäquivalenten Erträgen gearbeitet wird, ist auf einen pauschalen Risikozuschlag auf den Kapitalisierungszins zu verzichten. Die analytische Risikoberücksichtigung im Rahmen der Planung ist der pauschalen Zinszuschlagsmethode vorzuziehen.

2.3.3.4 Berechnung des Unternehmenswerts nach der Ertragswertmethode

Der Unternehmenswert nach der Ertragswertmethode kann aus zwei Komponenten bestehen. Den wesentlichen Teil des Unternehmenswerts macht der Ertragswert aus, der den diskontierten Gegenwert der zukünftig durch das Bewertungsobjekt erwirtschafteten Gewinne darstellt. Sofern nicht betriebsnotwendige Vermögensgegenstände zum Bewertungsobjekt gehören und der Liquidationswert den Barwert ihrer finanziellen Überschüsse bei Verbleib im Unternehmen übersteigt, sind nach dem Grundsatz der gesonderten Bewertung des nicht betriebsnotwendigen Vermögens diese Komponenten außerhalb des Ertragswerts im Unternehmenswert zu berücksichtigen.[218]

Wegen der zukunftserfolgsneutralen Bewertung der nicht betriebsnotwendigen Vermögensgegenstände[219] gilt für Ertragswert und Unternehmenswert gleichermaßen, daß ein hieraus abgeleiteter Kaufpreis eine Verzinsung erwarten läßt, die der Verzinsung der rentierlichsten Alternative entspricht. Mit sinkendem Kaufpreis steigt die Rentabilität des eingesetzten Kapitals. Wenn alle ergebnisrelevanten Aspekte bei der Planung berücksichtigt wurden, ist bei jedem Kaufpreis, der oberhalb des ermitteltem Unternehmenswerts liegt, vom Kauf abzuraten und eine alternative Verwendung der Mittel zu empfehlen.

Durch die Berücksichtigung der Zinszahlungen an die Fremdkapitalgeber in den Ertragsüberschüssen wird durch die Ertragswertmethode anders als bei der Discounted Cash Flow-Methode direkt der Wert des Eigenkapitals (Nettorechnung) ermittelt.[220]

In der Formel 3 wird der Unternehmenswert nach der Ertragswertmethode dargestellt.[221]

---

[216] Vgl. Münstermann (Wert 1966), S. 57.
[217] Vgl. Moxter (Grundsätze 1983), S. 120.
[218] Vgl. Institut der Wirtschaftsprüfer (IDW Standard 1999), S. 206.
[219] Durch die Bewertung zu Liquidationswerten ist eine sofortige verlustfreie Veräußerung dieser Vermögensgegenstände möglich.
[220] Vgl. Sieben (Discounted 1995), S. 720.
[221] Vgl. Sieben (Unternehmensbewertung 1993), Sp. 4323 ff., sowie Institut der Wirtschaftsprüfer (WP-Handbuch 1992), S. 91 ff.

$$UW_e = \sum_{t=1}^{T} e_t (1+i)^{-t} + e^r (1+i)^{-(T+1)} + \sum_{x=1}^{X} NBV_x$$

mit :

$$e^r = e^u i^{-1}$$

UW_e	=	Unternehmenswert nach der Ertragswertmethode
e_t	=	geplantes Unternehmensergebnis der Periode t
t	=	Periode
T	=	Ende der ersten Planungsphase
i	=	Kapitalisierungszinssatz
e^r	=	ewige Rente der geplanten uniformen Periodenergebnisse der zweiten Planungsphase
NBV_x	=	Wert eines nicht betriebsnotwendigen Vermögensgegenstands zum Zeitpunkt 0
X	=	Anzahl der nicht betriebsnotwendigen Vermögensgegenstände
e^u	=	uniforme Periodenergebnisse

Formel 3: Unternehmenswert nach der Ertragswertmethode

Die Formel basiert auf einer Ergebnisplanung in zwei Phasen[222]. Der perioden-bezogenen Planergebnisermittlung und Kapitalisierung in der ersten Phase folgt eine aufgeschobene unendliche Rente, die um die Anzahl der Jahre zwischen der Periode I und dem ersten Jahr der Phase II abgezinst werden muß.

2.3.3.5   Allgemeine Beurteilung der Ertragswertmethode

In der Literatur ist man sich weitgehend darin einig, daß die Ertragswertmethode aus theoretischer Sicht geeignet ist, einen Unternehmenswert zu ermitteln, mit dem ein Entscheidungsträger das konkrete Entscheidungsproblem „Kauf eines Unterneh-mens" eindeutig lösen kann.[223]

Die Kritik, die gegen das Ertragswertverfahren vorgebracht wird, stammt im wesentlichen von den Vertretern der Praktikerverfahren. Kritik wird vor allem an der zu hohen Komplexität im Hinblick auf die Planung der zukünftigen Erfolge geübt.[224]

Des weiteren wird der Ertragswertmethode verschiedentlich vorgeworfen, daß die Erfolgsgröße sich zu sehr an handelsrechtlichen Definitionen orientiere. Dies führe dazu, daß das theoretische Ideal, die Zahlungsüberschüsse, nur durch umfangreiche Bereinigungen nachempfunden werden könne.[225]

Auf das Prognoseproblem wurde bereits an anderer Stelle ausführlich einge-gangen.[226] Ein pauschaler und somit flüchtiger „Blick in die Zukunft" ist für ein so

---

[222] S. Kapitel 2.3.3.2, „Planung zukünftiger Erfolge".
[223] Vgl. Moxter (Grundsätze 1983), S. 50.
[224] Vgl. Barthel (Handbuch 1998), Bewertungsverfahren, S. 8.
[225] Vgl. Löhr (Grenzen 1993), S. 282 ff.
[226] S. Kapitel 2.2.3, „Allgemeine Beurteilung der substanzorientierten Methoden", sowie 2.3.3.2, „Planung zukünftiger Erfolge".

wesentliches unternehmerisches Entscheidungsproblem wie den Kauf einer Unternehmung völlig unzureichend. Die handelsrechtliche Orientierung der Erfolgsgröße ist allerdings ein ernstzunehmendes Problem, das für die weiteren Ausführungen noch von entscheidender Bedeutung sein wird. Ob die Discounted Cash Flow-Methode dieses Problem besser zu lösen vermag, wird in den nächsten Kapiteln untersucht.

Abschießend bleibt anzumerken, daß die methodische Einbindung kapitalmarkt-theoretischer Modelle in die Ertragswertmethode überfällig scheint[227], während sie bei der Discounted Cash Flow-Methode als integrierter Bestandteil angesehen wird. Über einen allgemeinen Hinweis kommt das IDW auch in seinem Standard zur Unternehmensbewertung aus dem Jahre 1999 nicht hinaus[228], obwohl die Discounted Cash Flow-Methode erstmals zu einem dem Ertragswertverfahren gleichrangigen Bewertungsverfahren erhoben wird.

2.3.4   Discounted Cash Flow-Methode

Die Discounted Cash Flow-Methode gewinnt nicht nur als Verfahren zur Bewertung ganzer Unternehmen an Bedeutung, sie ist auch zentraler Bestandteil des Shareholder Value-Ansatzes nach Rappaport.[229] Ihre Elemente werden im folgenden erläutert.

2.3.4.1   Definition der Erfolgsgröße

Bei der Discounted Cash Flow-Methode wird im allgemeinen zunächst der Wert des Unternehmens unabhängig von der Finanzierungsstruktur (Eigenkapital/ Fremd-kapital) ermittelt.[230] Hierbei ist die zentrale Erfolgsgröße der Free Cash Flow.[231] Er soll denjenigen Finanzmittelüberschuß abbilden, der zur Zahlung von Fremdkapitalzinsen und Dividenden sowie zur Tilgung von Finanzverbindlichkeiten zur Verfügung steht[232], und wird folgendermaßen ermittelt[233]: Ausgangspunkt ist auch bei dieser Bewertungsmethode das handelsrechtliche Ergebnis. Vom Ergebnis vor Zinsen und Steuern werden die Ertragssteuern abgezogen. Die Abschreibungen sind hinzuzu-rechnen. Durch die Rücknahme der Effekte aus dem Bereich der langfristigen Rückstellungen (Zuführungen, Inanspruchnahmen, Auflösungen) gelangt man zum sogenannten Brutto Cash Flow. Von dieser Größe werden sowohl Investitionen in das Anlagevermögen als auch Erhöhungen des Working Capital abgezogen. So erhält man den Free Cash Flow. Das Working Capital ist als Differenz aus Umlaufvermögen und kurzfristigem Kapital (bzw. Umlaufkapital) definiert.[234] Sofern über die genannten Positionen hinaus wertmäßig bedeutsame zahlungsunwirksame

---

[227] Vgl. Sieben (Discounted 1995), S. 715.
[228] Vgl. Institut der Wirtschaftsprüfer (IDW Standard 1999), S. 208.
[229] S. Kapitel 5.7.1, „Der Shareholder Value-Ansatz".
[230] Vgl. Börsig (Unternehmenswert 1993), S. 85. Eine nach Eigen- und Fremdkapital differenzierende Bewertung erfolgt nach dem Konzept des angepaßten Barwerts (APV-Ansatz). Vgl. Institut der Wirtschaftsprüfer (IDW Standard 1999), S. 212 f.
[231] Vgl. Börsig (Unternehmenswert 1993), S. 90.
[232] Ebenda, S. 86.
[233] Vgl. Meyersiek (Unternehmenswert 1991), S. 235 f.
[234] Vgl. Börsig (Unternehmenswert 1993), S. 87 f.

Aufwendungen oder Erträge anfallen, empfiehlt es sich, diese ebenfalls zu berücksichtigen.[235]

Die Discounted Cash Flow-Methode geht also ebenso wie die Ertragswertmethode vom handelsrechtlichen Ergebnis aus, welches derart bereinigt wird, daß eine möglichst große Annäherung an die theoretisch ideale Erfolgsgröße, den Zahlungsüberschuß, erreicht wird. Bei der Discounted Cash Flow-Methode erfolgt diese Bereinigung jedoch nach eindeutigen Regeln, die allerdings voraussetzen, daß handelsrechtliche Gewinn- und Verlustrechnungen nach dem Gesamtkostenverfahren[236] verfügbar sind. Das ebenfalls zulässige Umsatzkostenverfahren[237] liefert nicht die für die Discounted Cash Flow-Methode erforderlichen Daten.

2.3.4.2   Planung zukünftiger Erfolge

Die Planung der zukünftigen Erfolge im Rahmen einer Discounted Cash Flow-Analyse unterscheidet sich nur unwesentlich von der Planung innerhalb der Ertragswertmethode. Für beide Verfahren gilt der unendliche Planungshorizont wie die Notwendigkeit, auf geplanten Jahresabschlüssen aufzusetzen. Außerdem gehen beide methodischen Ansätze von den gleichen Annahmen bezüglich der phasenorientierten Planung aus.[238] Auch bei der Discounted Cash Flow-Methode wird in der ersten Planungsphase, die nicht unter fünf Jahren liegen sollte, für jedes Jahr durch eine analytische Planung ein „individueller" Free Cash Flow ermittelt. Aus den Unternehmensdaten der zweiten Planungsphase wird der sogenannte Residualwert[239] ermittelt. Hierzu stehen folgende alternativen Vorgehensweisen zur Auswahl[240]:

Beim Perpetuity Value geht man wie bei der Ertragswertmethode von jährlich gleichen Free Cash Flows aus, auf deren Basis die aufgeschobene Rente ermittelt wird.

Der Exit Value geht von der hypothetischen Annahme aus, daß das Bewertungsobjekt am Ende der ersten Planungsperiode zum Marktwert veräußert wird. Der zu kapitalisierende Marktwert ist der Faktor aus dem Planergebnis zum Ende des Planungshorizonts und einem Kurs-Gewinnverhältnis (Price/Earning-Ratio), das aus repräsentativen Vergangenheitsjahren des zu bewertenden Unternehmens abgeleitet wird. Anstatt des Kurs-Gewinnverhältnisses (KGV) wird auch verschiedentlich das Markt-Buchwertverhältnis des Unternehmens verwendet.[241]

Die Planung der beiden erfolgsorientierten Bewertungsmethoden unterscheidet sich signifikant bei der Berücksichtigung des Risikos. Für die Discounted Cash Flow-Methode wird dies im nächsten Kapitel dargestellt.

---

[235] Vgl. Institut der Wirtschaftsprüfer (IDW Standard 1999), S. 212.
[236] Vgl. Kloock/Sieben/Schildbach (Kosten 1999), S. 172 ff. Das Gesamtkostenverfahren ist das übliche Verfahren zur Aufstellung der Gewinn- und Verlustrechnung.
[237] Ebenda, S. 174 f.
[238] Vgl. Peemöller (Stand 1993), S. 412.
[239] Vgl. Rappaport (Shareholder 1999), S. 48 ff.
[240] Vgl. Börsig (Unternehmenswert 1993), S. 86 f.
[241] Vgl. Rappaport (Shareholder 1999), S. 56.

Bei diesem (zumindest in Deutschland) relativ jungen Bewertungsverfahren liegt der Schwerpunkt der Diskussion noch mehr als beim Ertragswertverfahren auf methodischen Fragen. Die korrekte Generierung von Planwerten kommt auch hier – ungerechtfertigterweise – zu kurz. Die Literatur bietet lediglich zur Komplexitätsreduktion der Planung im Zusammenhang mit der Discounted Cash Flow-Methode einige Value Driver-Modelle an[242], die im weiteren noch näher untersucht werden[243].

2.3.4.3   Kapitalisierung zukünftiger Erfolge

Dem Discounted Cash Flow-Verfahren liegt ebenfalls die Annahme zugrunde, daß der Entscheidungsträger frühere Erfolge (in Form von Free Cash Flows) denen in zukünftigen Perioden vorzieht. Nachdem diese Zeitpräferenz methodische Grundlage ist, wird die Diskontierung der geplanten Cash Flows erforderlich.

Der Diskontierungssatz wird aus den Kapitalkosten abgeleitet, wobei diese getrennt nach Eigen- und Fremdkapital ermittelt werden.[244] Die Kosten für das Fremdkapital orientieren sich an der Rendite langfristiger Wertpapiere, während die Eigenkapitalkosten aus der Rendite risikofreier Anlagen unter Hinzurechnung einer Risikoprämie abgeleitet werden.[245] Die Eigenkapitalkosten sollen die Renditeerwartungen des Investors widerspiegeln.[246] Der Diskontierungssatz wird durch Gewichtung der Fremd- und Eigenkapitalkosten ermittelt, wobei für die Gewichtung die zukünftig erwartete Finanzstruktur des zu bewertenden Unternehmens zugrundegelegt wird.[247]

Zentrales Element der Discounted Cash Flow-Methode ist eine Risikoberücksichtigung innerhalb des Diskontierungssatzes. Somit verbietet sich der Einsatz von sicherheitsäquivalenten Free Cash Flows, da ansonsten eine mehrfache Berücksichtigung von Risiken droht.[248]

Zur Herleitung der Risikoprämie innerhalb der Eigenkapitalkosten dient üblicherweise das Capital Asset Pricing Model (CAPM)[249]. Nach diesem Ansatz (s. Formel 4) wird die Risikoprämie aus dem allgemeinen und dem unternehmensspezifischen Risiko hergeleitet.[250]

---

[242] Vgl. Mandl/Rabel (Unternehmensplanung 1997), S. 659 ff.

[243] S. Kapitel 5.7.1, „Der Shareholder Value-Ansatz".

[244] Vgl. Rappaport (Shareholder 1999) S. 56

[245] Wie noch dargestellt werden wird, ist dies eine Annahme des CAPM-Ansatzes.

[246] Vgl. Börsig (Unternehmenswert 1993), S. 87.

[247] Vgl. Peemöller (Stand 1993), S. 412 f.

[248] S. Kapitel 2.3.3.3, „Kapitalisierung zukünftiger Erfolge".

[249] In den USA wird als Alternative die Arbitrage Pricing Theory (APT) diskutiert. Vgl. Barthel (Handbuch 1998), Bewertungsverfahren, S. 12.

[250] Vgl. Ballwieser (Unternehmensbewertung 1998), S. 82.

$$r_{EK} = i + \beta(r_M - i)$$

r_{EK} = Rendite des Eigenkapitals

i = risikofreie Rendite

ß = Maß für die Risikoklasse des Unternehmens

r_M = erwartete Marktrendite

Formel 4: Berechnung der Eigenkapitalrendite nach der CAPM[251]

Das allgemeine Risiko spiegelt das mit Finanzanlagen in Aktien verbundene Risiko wider und errechnet sich als Differenz aus risikofreier Anlage und Aktienmarktrendite. Das unternehmensspezifische Risiko, das im ß-Faktor ausgedrückt wird, ergibt sich aus der relativen Renditeschwankung der Aktie des Bewertungsobjekts gegenüber der Gesamtheit aller Aktien. Besitzt das zu bewertende Unternehmen über dem Marktdurchschnitt liegende Risiken, so ist der ß-Faktor größer als eins.

Nach dem Grundsatz der Zukunftsbezogenheit müßten alle hier genannten Renditen geplant werden. In der Praxis wird aber in der Regel auf Aktienindizes sowie Vergangenheitswerte zurückgegriffen.[252]

Ein im Vergleich zum CAPM verbessertes, aber in der Anwendung anspruchsvolleres Modell zur Ermittlung der Eigenkapitalkosten liefert die Arbitrage Pricing Theory (APT). Der Unterschied liegt vor allem darin, daß mehrere Risikofaktoren berücksichtigt werden.[253] Die APT (s. Formel 5) hat einen umfassenderen Gültigkeitsanspruch als das CAPM, gleichwohl setzt die Anwendung eine präzise Beschreibung und Bestimmung der inländischen Risikofaktoren durch Korrelationsanalysen und makroökonomischer Variablen auf breiter Datenbasis voraus.[254]

---

[251] Vgl. Klien (Wertsteigerungsanalyse 1995), S. 118; Ballwieser (Unternehmensbewertung 1998), S. 82.
[252] Vgl. Institut der Wirtschaftsprüfer (IDW Standard 1999), S. 212.
[253] Vgl. Klien (Wertsteigerungsanalyse 1995), S. 134.
[254] Vgl. Barthel (Handbuch 1998), Bewertungsverfahren, S. 13 f.

$$r_{EK} = i + \sum_{j=1}^{k} \left[(F_j - i) \times B_j \right]$$

r_{EK}	=	Rendite des Eigenkapitals
i	=	risikofreie Rendite
F_j	=	Erwartungszinssatz des j-ten Risikofaktors (j=1,...,k)
B_j	=	Wertpapiersensitivität auf Änderungen des j-ten Risikofaktors (Quotient aus Kovarianz zwischen der Rendite des einzelnen Wertpapiers und dem Zinssatz des j-ten Risikofaktors F_j im Zähler und der Varianz der Rendite des j-ten Risikofaktors im Nenner)[255]

Formel 5: Berechnung der Eigenkapitalrendite nach der APT

2.3.4.4 Berechnung des Unternehmenswertes nach der Discounted Cash Flow-Methode

Bei der Discounted Cash Flow-Methode muß zwischen zwei Unternehmenswerten unterschieden werden. Der Unternehmenswert im weiten Sinne entspricht den diskontierten Free Cash Flows der ersten Planungsperiode und dem Residualwert. Diese Größe umfaßt die Werte des Eigenkapitals und des Fremdkapitals (Bruttorechnung bzw. „Entity Approach"). Durch Kapitalisierung des Free Cash Flows mit den gewichteten durchschnittlichen Kapitalkosten (WACC) ergibt sich der Marktwert des gesamten Kapitals. Der Kapitalisierungskostensatz setzt sich anteilig entsprechend der Kapitalstruktur aus Fremdkapitalkosten und Eigenkapitalkosten zusammen[256] (s. Formel 6).

$$WACC = k = r_{EK} \left(\frac{EK}{GK} \right) + r_{FK} \left(1 - s_u \right) \left(\frac{FK}{GK} \right)$$

k	=	Kapitalisierungskostensatz
r_{EK}	=	Kapitalkosten der Eigentümer
EK	=	Marktwert des Eigenkapitals
GK	=	Marktwert des Gesamtkapitals
r_{FK}	=	Kapitalkosten der Fremdkapitalgeber
s_u	=	Ertragssteuersatz auf Unternehmensebene
FK	=	Marktwert des Fremdkapitals

Formel 6: Kapitalisierungskostensatz nach WACC

---

[255] Vgl. Klien (Wertsteigerungsanalyse 1995), S. 135.
[256] Vgl. Klein/Jonas (Due 1998), S. 162 f.

Für die Renditeforderung der Fremdkapitalgeber (r_{FK}) sind die vereinbarten durchschnittlichen Zinsen anzusetzen. Für die Bestimmung der Rendite der Eigenkapitalgeber (r_{EK}) ist auf die Ausführungen zum CAPM bzw. zur APT zu verweisen.

Der für den Investor relevante Wert des Eigenkapitals (Unternehmenswert im engen Sinne) wird durch Differenzbildung zwischen Discounted Cash Flow und Wert des Fremdkapitals ermittelt.[257] Hinzuzurechnen ist der Liquidationswert der nicht betriebsnotwendigen Vermögensgegenstände. Weder die Investitionen in solche Vermögensgegenstände noch die Barwerte, die durch sie erwirtschaftet werden können, sind im Free Cash Flow berücksichtigt, der nach seiner Definition ein betrieblicher Cash Flow ist.[258]

Der Unternehmenswert im engen Sinne, also der Wert des Eigenkapitals, entspricht dem maximalen Kaufpreis als Entscheidungsgrenzwert. Bei jedem höheren Preis liegt die zu erwartende Rendite unterhalb der Kapitalkosten. Ein solcher Kaufpreis führt also bereits auf Basis der Planwerte zur „Kapitalvernichtung". Die Formel 7 stellt diesen Unternehmenswert dar.[259]

[257] Vgl. Börsig (Unternehmenswert 1993), S. 86.
[258] Vgl. Rappaport (Shareholder 1999), S. 40.
[259] In Anlehnung an Börsig (Unternehmenswert 1993), S. 86, und Sieben (Discounted 1995), S. 717.

$$UWG_d = \sum_{t=1}^{T}\left(FCF_t\left(1+k\right)^{-t}\right)+ RW + \sum_{x=1}^{X} NBV_x$$

$$RW = FCF_T\, k^{-1}\left(1+k\right)^{-(T+1)}$$

$$EK = UWG_d - FK$$

UWG_d	=	gesamter Unternehmenswert nach der Discounted Cash Flow-Methode (Bruttoansatz)
EK	=	Unternehmenswert im engen Sinne nach der Discounted Cash Flow-Methode (Nettoansatz/Marktwert des Eigenkapitals)
FK	=	Marktwert des Fremdkapitals
FCF_t	=	geplanter Free Cash Flow der Periode t
FCF_T	=	geplanter Free Cash Flow der zweiten Planungsperiode (gleichbleibend)
ZF_t	=	Zahlungen an Fremdkapitalgeber in der Periode t
RW	=	Residualwert
NBV_x	=	Wert eines nicht betriebsnotwendigen Vermögensgegenstands X
t	=	Periode
T	=	Ende der ersten Planungsphase
k	=	Kapitalisierungszinssatz (WACC)
r_{FK}	=	Fremdkapitalkostensatz
X	=	Anzahl der nicht betriebsnotwendigen Vermögensgegenstände

Formel 7: Unternehmenswert nach der Discounted Cash Flow-Methode

Im angloamerikanischen Sprachraum gewinnt der Kauf von Marken und anderen immateriellen Vermögensgegenständen zunehmend an Bedeutung.[260] Aus diesem Grunde erfolgt die Bewertung der immateriellen Vermögensgegenstände außerhalb der Bewertung der gesamten Unternehmung. Entsprechend dem Grundsatz der Bewertung der wirtschaftlichen Unternehmenseinheit[261] sind die Erfolgseinflüsse der immateriellen Vermögensgegenstände jedoch bei der Planung der zukünftigen Free Cash Flows zu berücksichtigen, so daß diese Werte im gesamten Unternehmenswert, wie er hier dargestellt wird, angemessen berücksichtigt sind.

[260] Vgl. Beck (Unternehmensbewertung 1996), S. 135.
[261] Vgl. Institut der Wirtschaftsprüfer (IDW Standard 1999), S. 202 f.

2.3.4.5 Allgemeine Beurteilung der Discounted Cash Flow-Methode

Der Discounted Cash Flow-Methode liegt ebenso wie dem Ertragswertverfahren der Ansatz zugrunde, daß der Kaufpreis aus den Barwerten der zukünftigen Zahlungsüberschüsse unter Berücksichtigung einer angemessenen Verzinsung abzuleiten ist. Somit stellt auch diese Methode eine Annäherung an die theoretisch ideale Problemlösung dar. Diese Annäherung erfolgt über ein Surrogat, den Free Cash Flow, der auch auf handelsrechtlichen Grundlagen basiert.

Es verwundert nicht, daß auch die Discounted Cash Flow-Methode mit Kritik an ihrer hohen Komplexität sowie den Unsicherheiten bei der Planung der zukünftigen Erfolge konfrontiert wird.[262] Diese Argumente wurden bereits im Zusammenhang mit dem Ertragswertverfahren ausführlich diskutiert.[263]

Das Entscheidungsmodell, auf dem dieses Verfahren basiert, verfügt über einen unvollständigen Aktionsraum. Indem sich der Kapitalisierungssatz nicht an der Verzinsung der rentierlichsten Alternativinvestition, sondern an den Kapitalkosten orientiert, wird das Bewertungsobjekt nicht mit der besten Alternative verglichen, sondern mit einer Investition, die einer Verzinsung in Höhe der Kapitalkosten entspricht.

Ein weiteres methodisches Problem ergibt sich aus der Bruttorechnung, die der Discounted Cash Flow-Methode zugrundeliegt.[264] Sie bedingt, daß zur Ermittlung des gewogenen Gesamtkapitalkostensatzes der Unternehmenswert bereits bekannt sein muß. Dieser erfordert allerdings die Kenntnis des Kapitalisierungssatzes. Diese Zirkularität kann nur durch ein aufwendiges iteratives Lösungsverfahren befriedigend gelöst werden.[265]

Die Kapitalmarktorientierung bei der Berücksichtigung des Risikos ist ein Vorteil der Discounted Cash Flow-Methode gegenüber anderen Verfahren. So wird verhindert, daß ausschließlich subjektive Risikopräferenzen des Entscheidungsträgers den Unternehmenswert bestimmen. Allerdings setzt ein solches Vorgehen voraus, daß das Bewertungsobjekt eine börsennotierte Unternehmung ist. In Deutschland ist aus diesem Grunde die Einsatzmöglichkeit dieses Verfahren wesentlich eingeschränkt.[266]

2.3.5 Fazit

Die Discounted Cash Flow-Methode ist an die Erfordernisse in den USA angepaßt, in denen das Rechnungswesen mehr auf den Ausweis von Cash Flows ausgerichtet ist, während in Deutschland die Gewinn- und Verlustrechnung eine größere Bedeutung hat und das Ertragswertverfahren prägt.[267] Aufgrund ihrer unterschiedlichen Herkunft und ihrer abweichenden methodischen Schwerpunkte könnte der Eindruck entstehen, daß es sich um zwei völlig unterschiedliche Konzeptionen der Unterneh-

---

[262] Vgl. Peemöller (Stand 1993), S. 413.
[263] S. Kapitel 2.3.3.2, „Planung zukünftiger Erfolge", sowie 2.3.3.5, „Allgemeine Beurteilung der Ertragswertmethode".
[264] Vgl. Sieben (Discounted 1995), S. 733.
[265] Vgl. Jonas (Unternehmensbewertung 1995), S. 95.
[266] Zum Vergleich der Börsennotierungen in den USA und in Deutschland s. Kapitel 2.1, „Geschichtliche Entwicklung der Methodik zur Unternehmensbewertung".
[267] Vgl. Beck (Unternehmensbewertung 1996), S. 133.

mensbewertung handelt.[268] Beide Verfahren basieren auf den gleichen, aus der Investitionstheorie abgeleiteten Grundlagen. Sieben hat nachgewiesen, daß trotz der Verwendung unterschiedlicher Erfolgsgrößen die Ertragswert- und die Discounted Cash Flow-Methode identische Ergebnisse und somit Kaufpreise erzeugen.[269] Sollte es dennoch zu Abweichungen kommen, sind diese auf unterschiedliche Bewertungsannahmen und Vereinfachungen zurückzuführen.[270]

Bei einem Methodenvergleich ist zu berücksichtigen, daß die Discounted Cash Flow-Methode einen entscheidungstheoretischen Mangel ausweist, während dem Ertragswertverfahren die Kapitalmarktorientierung fehlt.

Die Wahl zwischen diesen beiden Bewertungsmethoden ist vom konkreten Bewertungsfall abhängig zu machen. Wie noch zu zeigen sein wird, kommt es hierbei im wesentlichen auf die Branche, der das Bewertungsobjekt angehört, an.

2.4 Kombinationsmethoden

2.4.1 Grundlagen der Kombinationsmethoden

Die Kombinationsmethoden zeichnen sich dadurch aus, daß die Prinzipien der Erfolgs- und Substanzbewertung gemischt werden. Ihnen liegt die Annahme zugrunde, daß durch eine Verknüpfung beider Verfahren die jeweiligen methodenbedingten Vorteile nutzbar gemacht werden könnten. In einem formelhaften Kompromiß scheint ein Ausweg aus dem Dilemma zwischen den – unter der going concern-Prämisse – nicht brauchbaren Ergebnissen des Substanzwerts und den unsicheren – da zukunftsbezogenen – Ergebnissen des Ertragswerts gefunden worden zu sein.[271]

Zu den meistverbreiteten Kombinationsmethoden zählen die Mittelwertmethode und die Übergewinnkapitalisierung.[272]

2.4.2 Mittelwertmethode

Die Mittelwertmethode, die erstmals von Schmalenbach[273] formuliert wurde, stellt den einfachsten Fall der Kombinationsmethoden dar. Diese Methode ist auch als Berliner Verfahren bekannt und war seit Jahrzehnten im deutschen Steuerrecht die am häufigsten angewandte Unternehmensbewertungsmethode.[274] Nach diesem Verfahren wird der Unternehmenswert als arithmetisches Mittel des als Teil-reproduktionswert bestimmten Substanzwerts und des Ertragswerts errechnet (s. Formel 8).[275]

---

[268] Vgl. Sieben (Discounted 1995), S. 716.
[269] Ebenda, S. 714 ff.
[270] Ebenda, S. 737.
[271] Vgl. Serfling/Pape (Theoretische 1995), S. 819.
[272] Ebenda.
[273] Schmalenbach (Beteiligungsfinanzierung 1966) [1. Auflage 1921].
[274] Vgl. Barthel (Handbuch 1998), Bewertungsverfahren, S. 30.
[275] Vgl. Mandl/Rabel (Unternehmensbewertung 1997), S. 49.

$$UW_m = \frac{(SW + EW)}{2}$$

UW$_m$ = Unternehmenswert nach der Mittelwertmethode
SW = Substanzwert
EW = Ertragswert

Formel 8: Unternehmenswert nach der Mittelwertmethode

Weitere Arten des Mittelwertverfahrens ergeben sich aus der unterschiedlichen Gewichtung der einzubeziehenden Substanzwert- und Ertragswertkomponenten. Eine Modifikation ist das in der Schweiz zum überwiegenden Teil bei Unternehmensbewertungen angewandte Schweizer Verfahren (s. Formel 9).[276]

$$UW_s = \frac{(2EW + SW)}{3}$$

UW$_s$ = Unternehmenswert nach dem Schweizer Verfahren
SW = Substanzwert
EW = Ertragswert

Formel 9: Unternehmenswert nach dem Schweizer Verfahren

Bei dem Versuch, die Vorteile beider Methoden zu vereinen, werden auch die Fehler bzw. Nachteile beider Methoden addiert. Theoretisch ergibt sich keine überzeugende Begründung für die unterschiedliche Gewichtung der Komponenten, genausowenig wie für eine gleich hohe Gewichtung.[277]

Die entscheidende Kritik gegen die Mittelwertmethode liefert die Entscheidungstheorie. Wie bereits dargestellt, kann über die Ertragswertmethode eine Entscheidungsgrundlage für einen Unternehmenskauf unter der Annahme der Unternehmensfortführung hergeleitet werden, während der Substanzwert lediglich als Rekonstruktionswert oder als Liquidationswert im Rahmen einer Unternehmenszerschlagung Entscheidungsgrundlage sein kann. Auch wenn die Antworten auf zwei so unterschiedliche Fragestellungen noch so intelligent verknüpft werden, bleibt das Ergebnis falsch.

Auch das häufig vorzufindende Argument der einfachen Handhabung der Mittelwertmethode[278] ist falsch, da ja zunächst zwei vollständige Bewertungen erforderlich

---

[276] Vgl. Barthel (Handbuch 1998), Bewertungsverfahren, S. 31.
[277] Vgl. Helbling (Unternehmensbewertung 1991), S. 113.
[278] Vgl. Olbrich Unternehmensbewertung 1981), S. 75.

sind und sich hierdurch zusätzliche Problemfelder ergeben. Der Bewerter steht vor der Gefahr der doppelten Erfassung des gleichen Sachverhalts aus Ertrag und Aktivposten bzw. aus Aufwand und Passivposten. Beispielsweise sind drohende Verluste entweder im Ertragswert oder als Rückstellung im Substanzwert zu berücksichtigen, keinesfalls in beiden Werten gleichzeitig. Im Laufe der Bewertung ergeben sich zahlreiche Gefahren einer möglichen Doppelerfassung, z.b. bei der Berücksichtigung des unternehmerischen Risikos.[279] Ein weiterer kritischer Punkt des Mittelwertverfahrens ist, daß beim traditionellen Substanzwert ein Ansatz für immaterielle Wirtschaftsgüter, insbesondere für den Goodwill, unterbleibt. Tendenziell erfolgt z.b. bei dem Berliner Verfahren eine Unterbewertung in Höhe der Hälfte des Goodwills.[280] Demzufolge versagt das Mittelwertverfahren, wenn solche Wertpotentiale eine bedeutende Rolle spielen.

Auch wenn das Mittelwertverfahren in vielen Fällen zur Anwendung kommt[281], ist es weder aus theoretischer Sicht noch aus Gründen der Praktikabilität eine geeignete Methode zur Bewertung ganzer Unternehmen.

2.4.3   Methode der Übergewinnkapitalisierung

Die Methode der Übergewinnkapitalisierung, auch Wiener Verfahren genannt, ist ein substanzorientiertes Verfahren. Dieser Methode liegt die Vorstellung zugrunde, daß Unternehmen langfristig nur eine sogenannte Normalrendite des eingesetzten Kapitals erwirtschaften können. Darüber hinausgehende Mehrgewinne als Ausfluß überdurchschnittlicher Unternehmerleistungen, guter Konjunkturlage oder etwa einer Monopolstellung sind zeitlich begrenzt, da die Rendite sofort Konkurrenten mobilisieren wird.[282] Dem Substanzwert wird der Übergewinn[283] zugeschlagen. Bei dieser Größe handelt es sich um den Gewinn nach Abzug einer „ordentlichen" Verzinsung auf den Substanzwert, jenen Teil des künftigen Periodengewinns, der über den sogenannten „Normalertrag" hinaus vom Unternehmen erwirtschaftet werden kann (s. Formel 10).[284]

---

[279] Vgl. Olbrich Unternehmensbewertung 1981), S. 73 ff.
[280] Vgl. Barthel (Handbuch 1998), Bewertungsverfahren, S. 30.
[281] Vgl. Tichy (Unternehmensbewertung 1994), S. 42.
[282] Vgl. Serfling/Pape (Theoretische 1995), S. 819.
[283] Vgl. Mandl/Rabel (Unternehmensbewertung 1997), S. 50.
[284] Vgl. Beck (Unternehmensbewertung 1996), S. 121.

$$UW_{ü} = SW + Ü$$

$$mit \quad Ü = m(E - i \times SW)$$

$UW_{ü}$	= Unternehmenswert nach der Methode der Übergewinnkapitalisierung
SW	= Substanzwert
Ü	= Übergewinn
m	= Faktor berücksichtigt einen Zeitraum zwischen 3 − 8 Jahren[285]
E	= Ertrag, erwarteter Periodenerfolg
i	= Kalkulationszinsfuß

Formel 10: Unternehmenswert nach der Methode der Übergewinnkapitalisierung

In einem ersten Schritt wird der Substanzwert des Unternehmens ermittelt, damit der untere Kaufpreis bestimmt ist. Anschließend erfolgt eine Barwertermittlung der Übergewinne. Die Hebelwirkung des zugrundeliegenden Kapitalisierungszinsfußes ist im Vergleich zu den ertragsorientierten Verfahren geringer.[286] Das Prinzip, das den Übergewinnmethoden zugrunde liegt, ist volkswirtschaftlich begründbar und richtig. Als aktuelles Beispiel könnte die Ertragsentwicklung bei Energieerzeugern genannt werden. Methodisch gelten die gleichen Kritikpunkte wie bei den Mittelwertverfahren.

2.5   Vergleichsorientierte Methoden

2.5.1   Multiplikatoren

Die Unternehmensbewertung mittels Multiplikatoren beinhaltet Ansätze aus den erfolgsorientierten Bewertungsverfahren. In der Praxis stellt sich die vorgebliche Verwendung eines Ertragswertverfahrens mitunter als bloße Ermittlung des Kaufpreises anhand einer Vervielfältigung von durchschnittlichen Erträgen der Vergangenheit heraus. Grundsätzlich kommen als Vervielfältiger Erfahrungssätze ("Rules of Thumb") zur Anwendung. Die Multiplikatormethoden, die in der Praxis insbesondere zur Bewertung kleinerer und mittlerer Unternehmen zur Anwendung kommen, verwenden hierzu den branchenabhängigen Faktor.[287]

Die Multiplikatoren finden als Market Multiples oder als Gewinnmultiplikatoren Anwendung.

Über die Market Multiples berechnet sich der Unternehmenswert aus dem Produkt der Größe „Gewinn" bzw. „Cash Flow" und einem branchentypischen Multiplikator, der mit dem Unternehmenswert in Relation steht.[288] Die verwendeten Multiplikatoren stellen grobe Erfahrungssätze dar, die aus den in der Vergangenheit realisierten Preisen bei Unternehmenskäufen abgeleitet werden. Dabei ist eine Zuordnung des Unternehmens zu einem bestimmten Geschäftszweig und die Kenntnis der dort

---

[285] Vgl. Moxter (Grundsätze 1983), S. 56.
[286] Vgl. Barthel (Handbuch 1998), Bewertungsverfahren, S. 27 f.
[287] Vgl. Behringer (Unternehmensbewertung 1999), S. 99.
[288] Vgl. Barthel (Unternehmenswert 1996), S.157.

üblichen Branchen-Multiplikatoren vonnöten.[289] In den Multiplikatoren, die dem Kehrwert des um einen Risikozuschlag erhöhten Kalkulationszinsfußes entsprechen, kommen die marktüblichen Kapitalkosten, der entsprechende Risikozuschlag und das aktuelle Verhältnis von Angebot und Nachfrage zum Ausdruck.[290] Zur Herleitung der Multiplikatoren werden auch das Kurs-Gewinn-Verhältnis und das Kurs-Cash Flow-Verhältnis verwendet.

Bei der Bewertung auf der Basis des Kurs-Gewinn-Verhältnisses (KGV) bzw. der Price/Earning-Ratio (P/E-Ratio) dient der Quotient aus Kurswert und Jahresgewinn als entscheidende Größe zur Anteilsbewertung börsennotierter Unternehmen. Bei erstmaliger Börseneinführung wird der voraussichtliche durchschnittliche Jahresgewinn zugrundegelegt.[291] Die KGV-Größe gibt an, wie „teuer" eine Aktie gerade ist, bzw. was Investoren für bestimmte Gewinnaussichten zu zahlen bereit sind.[292] Je geringer das KGV ist, desto preisgünstiger erscheint dem potentiellen Erwerber die Aktie.

KGV = Schlußkurs der Aktie / letzter Jahresgewinn pro Aktie

Ein KGV von 5 bedeutet demnach, daß die Aktie mit dem Fünffachen ihres letzten Jahresgewinns bewertet wird. Wenn einzelne Aktien stellvertretend für ganze Unternehmen gesehen werden, entspricht dieser Verhältniswert bezogen auf das Ertragswertverfahren einem Kapitalisierungszinssatz von 20%.

Für inländische börsennotierte Unternehmen wird neuerdings zur Präzisierung statt der Größe „Gewinn" die Größe „DVFA/SG-Ergebnis" verwendet. Aus der Erkenntnis, daß der Unternehmensgewinn eine umstrittene und beeinflußbare Größe ist, hat die Arbeitsgemeinschaft der „Deutschen Vereinigung für Finanzanalyse und Anlageberatung" und die „Deutsche Gesellschaft für Betriebswirtschaft (Schmalenbach-Gesellschaft)" das Verfahren „Ergebnis nach DVFA/SG"[293] entwickelt. Dies entspricht dem nicht bereinigten Nach-Steuer-Ergebnis, welches gegenüber dem handelsrechtlichen Gewinnbegriff (Vor-Steuer-Ergebnis) für Vergleichszwecke erheblich präziser ist. Ausgangszahlen sind die Erträge und Aufwendungen der Gewinn- und Verlustrechnung, die um außerordentliche, ungewöhnliche und dispositionsbedingte Aufwendungen und Erträge zu bereinigen sind.[294] Kern einer solchen Bewertung ist damit eine Bilanz- bzw. Ergebnisanalyse, die sich an dem Schema der DVFA/SG zur Ableitung eines bereinigten Ergebnisses orientiert. Die Bewertung selbst besteht dann in der Multiplikation eines üblichen Kurs-Gewinn-Verhältnisses mit dem DVFA/SG-Ergebnis.[295]

---

[289] Vgl. Mandl/Rabel (Unternehmensbewertung 1997), S. 265.
[290] Vgl. Behringer (Unternehmensbewertung 1999), S. 99.
[291] Vgl. Barthel (Unternehmenswert 1996), S. 157.
[292] Vgl. Aigner/Holzer (Subjektivität 1990), S. 2231.
[293] Vgl. Busse von Colbe/Geiger/Haase/Reinhard/Schmitt (Ergebnis 1991), S. 2 ff.
[294] Vgl. Baetge/Krumbholz (Überblick 1991), S. 28.
[295] Vgl. Hafner (Unternehmensbewertungen 1993), S. 87 f.

Eine weitere Variante ist das Kurs-Cash Flow-Verhältnis (KCV) bzw. Price-Cash Flow-Ratio. Da die Größe „Gewinn" ein mehrdeutiger Begriff ist, für den weite Spielräume existieren, wird anstelle des KGV zunehmend das KCV für die Bewertung herangezogen. Cash Flow-Multiplikatoren haben den Vorteil, bei unterschiedlicher Ausnutzung von Bewertungsspielräumen frei von Einflüssen aus der Bilanzpolitik zu sein. Auch bei unterschiedlicher Gewinnausschüttungspolitik wird die Vergleichbarkeit weniger beeinträchtigt.[296]

Bei den Gewinnmultiplikatoren, die vielfach bei nicht börsennotierten Unternehmen Anwendung finden, wird als Vergleichsgröße der mittlere, um bestimmte Sondereinflüsse bereinigte Jahresgewinn vor Steuern herangezogen. Der Unternehmenswert ermittelt sich aus dem Produkt von Jahresgewinn und Multiplikator.[297] Durch die unterschiedliche Höhe des Gewinnmultiplikators werden vor allem Branchenspezifika wie z.B. Wettbewerbsintensität, Kostendegressionseffekte, Personalressourcen und Wachstumspotentiale der Branche berücksichtigt.[298] Er verändert sich wegen der Unterschiedlichkeit der Konjunkturverläufe in den einzelnen Branchen im Zeitablauf relativ schnell. „Der Multiplikator ist tendenziell um so höher, je besser die Marktposition, je weniger personenbezogen, je weniger zyklisch, je niedriger das Risiko und je geringer die Kapitalbindung ist."[299] Der Gewinnmultiplikator hat eine Spannweite von 4,00 – 8,00. Im Durchschnitt entspricht er mit einem Wert von 6,00 einem Kapitalisierungszins von 16,6%. Eine Übersicht über die in Deutschland gebräuchlichen Multiplikatoren wurde nach Erhebung von Barthel[300] aufgestellt. Darin wird z.B. für die Bauindustrie ein Mindestsatz von 3,75, ein Mittelsatz von 5,50 und ein Höchstsatz von 7,50 vorgeschlagen. Durch die Spannweite des möglichen Multiplikatoreinsatzes liegt es im Ermessen des Bewerters, einen adäquaten Wert auszuwählen. Folglich ergibt sich eine beträchtliche Bandbreite vertretbarer potentieller Marktpreise. Die Vorgehensweise ist einfach und leicht nachzuvollziehen. Dennoch wird die Vergleichbarkeit durch die Unterschiedlichkeit der Branchen, die verschiedenen Rechnungslegungskonzeptionen der Unternehmen und die Ungewißheit im Hinblick auf stille Reserven erschwert.[301]

Die Bewertung über Multiplikatoren führt zu einer nicht vertretbaren Ungenauigkeit, da sie auf vergangenheitsorientierten durchschnittlichen Unternehmenserfolgen basiert. Insbesondere für Unternehmen, die sich durch nicht kontinuierliche Ertragsströme auszeichnen, sind diese Verfahren ungeeignet. Aus theoretischer Sicht werden sie weitgehend abgelehnt, da sie gegen mehrere Bewertungsgrundsätze[302] verstoßen. Dennoch sind sie in der Praxis wegen ihrer einfachen

---

[296] Vgl. Barthel (Unternehmenswert 1996), S. 158.
[297] Vgl. Mandl/Rabel (Unternehmensbewertung 1997), S. 226.
[298] Vgl. Beck (Unternehmensbewertung 1996), S. 115.
[299] Niehues (Unternehmensbewertung 1993), S. 2248.
[300] Barthel (Unternehmenswert 1996), S. 159.
[301] Vgl. Barthel (Handbuch 1998), Bewertungsverfahren, S. 23 f.
[302] S. Kapitel 2.3.2, „Bewertungsgrundsätze für Wirtschaftsprüfer".

Handhabung und wegen der Berücksichtigung von Branchenspezifika weit verbreitet.[303]

2.5.2 Vergleichswertverfahren

Die Vergleichswertverfahren ähneln dem Gewinnmultiplikatorverfahren, allerdings verwenden sie nicht den „Gewinn" als Referenzgröße, sondern sie beziehen sich auf andere branchentypische Kennziffern, die sich in den jeweiligen Teilmärkten als relevant durchgesetzt haben.[304] Bei kleinen und mittleren Unternehmen wird dabei oft nur an eine einzige Größe angeknüpft, die im jeweiligen Teilmarkt als dominant, stabil und/oder wenig manipulierbar angesehen wird. So soll eine Komplexitäts-reduktion erzielt und die Vergleichbarkeit erhöht werden. Die Vergleichswertverfahren mit den drei Untervarianten (Umsatzverfahren, mengenmäßig orientierte Verfahren und geldeinheitenabhängige Verfahren) kommen als Ausgangsgröße für weitere Verhandlungen und in Fällen, in denen wenig Zeit zur Bewertung zur Verfügung steht, zum Einsatz.[305]

Das Umsatzverfahren – auch Umsatzmultiplikatorverfahren genannt – ist die weitest-verbreitete Variante der Vergleichswertverfahren. Fest etabliert hat sich diese Methode bei umsatzbezogenen Erfahrungssätzen und bei der Bewertung von inhabergeprägten Unternehmen.[306] Umsatzbezogene Erfahrungssätze wurden von Barthel[307] tabellarisch zusammengefaßt.

Das mengenmäßig orientierte Verfahren verwendet als Referenzgrößen Hektar, Stück, Anzahl, Filialen etc.. Vor allem für Großhandels- und Filialbetriebe ist das geldeinheitenabhängige Verfahren gedacht, das an den Rohgewinn oder andere verwaltete Budgets anknüpft. Beide Varianten spielen bei der Bewertung von Unter-nehmen eine untergeordnete Rolle.[308]

Die Herleitung eines Unternehmenswerts über Umsätze oder andere betriebswirt-schaftliche Kennzahlen ist nur dann vertretbar, wenn ein sehr enger und nach-weislicher Zusammenhang zwischen der Kennzahl und dem Unternehmensertrag existiert. Dies ist z.B. dann der Fall, wenn über Gebührenordnungen abgerechnet wird (z.B. in Arztpraxen und Anwaltskanzleien). Läßt sich ein solcher Zusammenhang nicht nachweisen, verbietet sich der Einsatz eines solchen Bewertungsverfahrens, da falsche Entscheidungsgrundlagen erzeugt werden.

2.6 Marktorientierte Methoden – Comparable Company Approach

Die marktorientierten Methoden stammen aus den USA und gewinnen dort zunehmend an Bedeutung. Diese Methoden unterscheiden sich von den vergleichs-orientierten Methoden dadurch, daß der Unternehmenswert unmittelbar oder mittelbar über die Börse abgeleitet wird. Die Marktorientierung der Multiplikator-

---

[303] Vgl. Beck (Unternehmensbewertung 1996), S. 116.
[304] Vgl. Barthel (Handbuch 1998), Bewertungsverfahren, S. 25.
[305] Vgl. Barthel (Unternehmenswert 1996), S. 159.
[306] Ebenda, S. 160 f.
[307] Ebenda, S. 163.
[308] Ebenda, S. 160.

methoden dient dagegen der Herleitung von Faktoren. Aus diesem Grunde sind sie von den vergleichsorientierten Methoden abzugrenzen.

Bei börsennotierten Unternehmen wird der Marktpreis direkt über den Börsenkurs ermittelt. Der Unternehmenswert ist dann das Produkt aus Börsenkurs und der Anzahl der emittierten Aktien.[309]

Die in den USA als Comparable Company Approach (CCA) oder auch als Market Approach bezeichneten Verfahren kommen zum Einsatz, wenn das zu bewertende Unternehmen nicht börsennotiert ist. In diesem Fall beruht die Bewertung auf dem Grundgedanken, den Wert über die Marktpreise vergleichbarer börsennotierter Unternehmen zu bestimmen.[310] Der CCA leitet die Vergleichspreise von drei verschiedenen Märkten her, den Preisen für öffentlich notierte Unternehmen (Similar Public Company-Methode), den Preisen für abgeschlossene Akquisitionen als Basis (Recent Akquisitions-Methode) und den Preisen für erstmalige Börsenplazierungen (Initial Public Offerings-Methode).

2.6.1 Similar Public Company-Methode

Die Similar Public Company-Methode (SPCM) beruht auf der Überzeugung, daß der Börsenkurs grundsätzlich zur Konkretisierung des Unternehmenswerts herangezogen werden kann.[311] Über Verhältniszahlen, die zunächst für die Vergleichsunternehmen (Comparative Companies) berechnet werden, werden Vergangenheitsergebnisse des zu bewertenden Unternehmens analysiert und mit denen von öffentlich notierten Unternehmen verglichen.[312] Die Verhältniszahlen setzen sich aus Schlüsselgrößen zusammen, die in erster Linie aus der Branche stammen, aber auch Größen sein können, die am Umsatz und/oder der Mitarbeiterzahl gemessen werden. Im Vordergrund steht nach dieser Methode nicht die Bewertung ganzer Unternehmen, sondern diejenige einzelner Anteile, die bei der Gesamtwertermittlung mittels Zu- und Abschlägen korrigiert werden müssen.[313]

Nach der SPCM erfolgt zunächst eine sogenannte Due Diligence. Sie enthält eine detaillierte Untersuchung der allgemeinen ökonomischen Lage und Entwicklung des Unternehmens und seines Umfelds sowie einer Beurteilung der rechtlichen Rahmenbedingungen.[314] Innerhalb der Studie werden auch die Branche des Unternehmens, die Wettbewerbssituation, die Absatzmärkte und die Qualität des Managements untersucht. Des weiteren werden die wichtigsten Informationen, wie z.B. die Daten des Finanz- und Rechnungswesens der letzten Jahre, zusammengetragen. Anschließend wird eine sorgfältige Finanzanalyse durchgeführt. Darunter fällt z.B. die Prüfung des Jahresabschlusses, der Gewinnmargen, der Erlöse und des Cash Flows.[315] Den nächsten Bewertungsschritt stellt eine Auswahl von börsennotierten Vergleichsunternehmen dar. Häufig ist es unwahrscheinlich, eines

---

[309] Vgl. Buchner (Marktorientierte 1995), S. 403 ff.
[310] Ebenda.
[311] Ebenda, S. 406.
[312] Vgl. Barthel (Handbuch 1998), Bewertungsverfahren, S. 22 f.
[313] Vgl. Barthel (Unternehmenswert 1996), S. 156.
[314] Vgl. Mandl/Rabel (Unternehmensbewertung 1997), S. 260.
[315] Vgl. Sanfleber-Decher (Unternehmensbewertung 1992), S. 598.

oder mehrere auch nur in den wesentlichen Bereichen identische Unternehmen zu finden. Demzufolge müssen verschiedene Vergleichskriterien bestimmt und gewichtet werden. Diese Kriterien für Vergleichbarkeit und Relevanz bestimmen sich in Hinblick auf Branche, Produkte, Markt, Unternehmensgröße, Rechtsform, Vermögens- und Kapitalstruktur, Umsatz- und Kundenstruktur und Chancen und Risiken.[316] In den USA leistet der vom US Departement of Commerce zur Klassifizierung der Unternehmen veröffentlichte SIC Code (Standard Industrial Classification Code) Hilfestellung bei der Auswahl von Unternehmen des gleichen oder ähnlichen Geschäftszweiges.[317] Nähere Informationen stehen in zahlreichen Datenbanken zur Verfügung, über die mittels Finanzkennzahlen eine weitere Eingrenzung vorgenommen werden kann. Abschließend sind zum Vergleich die Unternehmen heranzuziehen, deren Daten mit jenen des zu bewertenden Unternehmens weitestgehend übereinstimmen.[318] Nach der Eingrenzung des Kreises der Vergleichsunternehmen kann der Unternehmenswert bestimmt werden. Zunächst werden die Marktpreise der Vergleichsunternehmen erhoben und mit bestimmten Performance-Daten (z.B. Periodengewinnmarge, Cash Flow, Eigenkapitalrendite) in Relation gesetzt.[319] Diese hierdurch ermittelten Verhältniszahlen werden für alle Vergleichsunternehmen gebildet und dienen als Multiplikatoren für das zu bewertende Unternehmen. Dabei muß der Bewerter nach seiner Einschätzung repräsentative Werte aussuchen und gewichten.[320]

In einer Formel zusammengefaßt, ergibt sich der Marktpreis für das zu bewertende Unternehmen im Vergleich mit einem anderen Unternehmen folgendermaßen (s. Formel 11):[321]

$$MP_B = V_B \frac{MP_V}{V_V}$$

MP_B = Marktpreis des zu bewertenden Unternehmens

V_B = Vergleichsgröße des zu bewertenden Unternehmens

MP_V = Börsenkurswert des Vergleichsunternehmens

V_V = Vergleichsgröße des Vergleichsunternehmens

Formel 11: Unternehmenswert nach der SPCM

Abschließend werden eventuelle Adjustierungen durch Zu- bzw. Abschläge vorgenommen. Diese Korrekturen liegen im Ermessen des Bewerters.[322]

---

[316] Vgl. Barthel (Unternehmenswert 1996), S. 156.
[317] Vgl. Sanfleber-Decher (Unternehmensbewertung 1992), S. 599.
[318] Ebenda, S. 260.
[319] Vgl. Mandl/Rabel (Unternehmensbewertung 1997), S. 261.
[320] Vgl. Sanfleber-Decher (Unternehmensbewertung 1992), S. 600.
[321] Formel nach Mandl/Rabel (Unternehmensbewertung 1997), S. 261.
[322] Ausführlich dazu s. Sanfleber-Decher (Unternehmensbewertung 1992), S. 602 f.

Die weite Verbreitung dieses Verfahrens in den USA ist auf die hohe Anzahl der öffentlich notierten Unternehmen und den leichten Zugang zu den benötigten Daten zurückzuführen. [323] Allerdings können nur Experten diesen Ansatz verwenden, da die Auswertung der Informationen dem Beurteilungsvermögen des Bewerters unterliegt.[324] Im Inland ist die Anwendung mangels vergleichbarer börsennotierter Unternehmen und mangels Veröffentlichung der benötigten Daten zur Zeit noch stark eingeschränkt.[325]

2.6.2   Recent Akquisitions-Methode

Eine andere Variante des CCA ist die Recent Akquisitions-Methode (RAM), bei der die Wertfindung mit Hilfe der Preise aus realisierten Akquisitionen stattfindet. Es werden die tatsächlich gezahlten Marktpreise untersucht, die bei Akquisitionen für öffentlich und nicht öffentlich notierte Unternehmen aus ähnlichen Geschäftszweigen erzielt worden sind. Der potentielle Marktpreis für das zu bewertende Unternehmen wird aus den Transaktionspreisen vergleichbarer Unternehmen in der jüngeren Vergangenheit abgeleitet. Demnach liegt der Schwerpunkt bei der Bewertung nicht nur in der Vergleichbarkeit, sondern auch im Zeitpunkt der Bewertung.[326] Voraussetzung für eine brauchbare Anwendung dieser Methode ist das Vorliegen einer entsprechend großen Anzahl zeitnaher Transaktionen vergleichbarer Unternehmen sowie die Kenntnis der realisierten Kaufpreise.[327] Anhand der veröffentlichten Informationen, wird nach den unter Kapitel 2.6.1 dargestellten Schritten vorgegangen. Es werden Ratios gebildet, die das Verhältnis zwischen Kaufpreis und bestimmten Finanzdaten beschreiben. Anschließend werden diese Verhältniszahlen auf das zu bewertende Unternehmen bezogen.[328] Es werden im Gegensatz zur SPC-Methode keine Zu- bzw. Abschläge vorgenommen. Dieses speziell für Großunternehmen geeignete Verfahren gewinnt auch in Deutschland zunehmend an Bedeutung, da die benötigten Datenbanken zum Teil über Informationsbroker im Aufbau sind.[329]

2.6.3   Initial Public Offerings-Methode

Die Initial Public Offerings-Methode (IPOM) findet im Rahmen von Börseneinführungen Anwendung.[330] Der Unternehmenswert bzw. der potentielle Marktpreis leitet sich nach dieser Methode aus Emissionspreisen für Anteile an Vergleichsunternehmen ab, die neu an der Börse eingeführt wurden. Ebenso wie bei den beiden anderen Varianten werden auch hier nach der Auswahl der Comparative Companies[331] Multiplikatoren berechnet und auf das zu bewertende Unternehmen bezogen.[332] Die

---

[323] Z.B. veröffentlicht The W.T. Grimm & Co. Mergerstat Review Informationen über ca. 2000 – 3000 jährliche Transaktionen. Vgl. Sanfleber-Decher (Unternehmensbewertung 1996), S. 600.
[324] Ebenda, S. 603.
[325] Vgl. Barthel (Handbuch 1998), Bewertungsverfahren, S. 22 f.
[326] Vgl. Barthel (Unternehmenswert 1996), S. 157.
[327] Vgl. Mandl/Rabel (Unternehmensbewertung 1997), S. 264.
[328] Ebenda, S. 600.
[329] Vgl. Barthel (Handbuch 1998), Bewertungsverfahren, S. 22 f.
[330] Vgl. Buchner/Englert (Bewertung 1994), S. 1576 f.
[331] Anhand der in den USA zur Verfügung stehenden Informationsquellen wie z. B. „The IPO Reporter" oder „IDD Information services".
[332] Vgl. Sanfleber-Decher (Unternehmensbewertung 1992), S. 600.

sich hieraus ergebenden Werte sind im Vergleich zu Werten bereits langjährig notierter Anteile preisempfindlicher. Folglich ist die IPOM nur zur Schätzung von Unternehmenswerten verbreitet.[333]

Der international weitverbreitete Comparative Company Approach erlaubt wegen seiner Einfachheit und Direktheit die Ermittlung eines marktorientierten Werts innerhalb kürzester Zeit. Voraussetzung ist ein schneller Zugang zu den relevanten Marktdaten. In vielen Ländern müssen Unternehmen in Abhängigkeit von Größe, Börsenzulassung oder Branche die Preise für Unternehmensakquisitionen veröffentlichen.[334] Dagegen ist der CCA im deutschen Sprachraum aufgrund fehlender Datenbasis über geeignete Vergleichsunternehmen und einer häufig zu geringen Anzahl börsennotierter Unternehmen zum gegenwärtigen Zeitpunkt kaum anwendbar.

2.6.4 Allgemeine Beurteilung der marktorientierten Methoden

Preise für ganze Unternehmen sollten immer auch Marktpreise sein. Nicht zuletzt deshalb erfreuen sich die dargestellten Methoden, vor allem im angloamerikanischen Raum zunehmender Beliebtheit.[335]

Aber auch bei den dargestellten Methoden ergeben sich Probleme aus entscheidungstheoretischer Sicht. Ein Marktpreis ist nur selten, und wenn dann zufallsbedingt, mit dem Entscheidungsgrenzwert identisch, da Börsenkurse durch viele Marktteilnehmer beeinflußt werden, die entweder kurzfristige spekulative Interessen haben oder aber zu wenig Kenntnisse über die zukünftige Ertragslage des Unternehmens besitzen. Die Marktteilnehmer werden den Marktpreis wohl kaum so steuern können, daß er unter Beachtung der künftigen Erträge mit der rentierlichsten Alternativanlage vergleichbar ist. Verwendet man den Marktpreis als den richtigen Maßstab für die Bemessung des Unternehmenswerts, so akzeptiert man stillschweigend einen sich durch Kursschwankungen (mitunter täglich) fundamental verändernden Unternehmenswert. Noch kritischer ist eine marktorientierte Bewertung zu beurteilen, bei der nicht der Börsenkurs des Bewertungsobjekts, sondern derjenige von Vergleichsobjekten zugrundegelegt wird.

2.7 Zusammenfassende Beurteilung

Um eine fundierte Empfehlung für die Bewertung von Bauunternehmen entwickeln zu können, war eine breit angelegte Analyse der entsprechenden betriebswirtschaftlichen Literatur erforderlich. Die folgende Tabelle 4 trägt die Vor- und Nachteile der jeweiligen Methoden nochmals zusammen.

Sie verdeutlicht, daß die erfolgsorientierten Verfahren den theoretischen Ansprüchen in besonderem Maße genügen, aber auch mit einigen Nachteilen behaftet sind, die im konkreten Bewertungsfall problematisch werden können. Es ist zu vermuten, daß die marktorientierten Verfahren trotz ihrer Defizite zukünftig bei den großen Unternehmenskäufen eine bedeutendere Rolle spielen werden -vor allem wenn eine feindliche

---

[333] Vgl. Mandl/Rabel (Unternehmensbewertung 1997), S. 264.
[334] Vgl. Hafner (Unternehmensbewertungen 1993), S. 88 f.
[335] Ebenda.

Übernahme geplant ist, da in diesen Fällen die für eine erfolgsorientierte Methode erforderlichen internen Daten nicht verfügbar sind. Die Verwendung der Praktikerverfahren sowie der Substanzwertmethode ist nur in Ausnahmefällen zu rechtfertigen.

Im weiteren Verlauf der Arbeit wird auf die Spezifika der Baubranche eingegangen. An ihnen wird sich jede der diskutierten Methoden zur Unternehmensbewertung auszurichten haben.

Methode	Vorteile	Nachteile
Substanzwertmethode	• als Reproduktionswert zur Herleitung „vorgeleisteter Ausgaben" geeignet • als Liquidationswert bei Zerschlagungen geeignet	• als Reproduktionswert für Entscheidungen unter going concern-Annahme nicht geeignet • hohe Komplexität bei Substanzwert im weiten Sinne
Ertragswertmethode	• ermittelt Entscheidungsgrenzwert bei Kauf unter going concern-Annahme • theoretisch zulässige Komplexitätsreduktion durch Verwendung von Ertrags- statt Liquiditätsüberschüssen	• Planungsproblem • Kenntnis der Ertragsquellen (Branchenkenntnis) erforderlich • Orientierung an handelsrechtlichen Definitionen • fehlende Kapitalmarktorientierung
Discounted Cash Flow-Methode	• ermittelt Entscheidungsgrenzwert bei Kauf unter going concern-Annahme • theoretisch zulässige Komplexitätsreduktion durch Verwendung von Cash Flow statt Liquiditätsüberschüssen • Kapitalmarktorientierung	• Planungsproblem • Kenntnis der Ertragsquellen (Branchenkenntnis) erforderlich • mathematische Komplexität wegen Bruttorechnung • handelsrechtliche Größen als Grundlage • unvollständiger Aktionsraum
Mittelwertmethode		• hohe Komplexität • für kein Entscheidungsproblem geeignet
Methode der Übergewinnkapitalisierung	• volkswirtschaftlich korrekte Hypothese zur Ertragsentwicklung	• Verknüpfung von Substanz- und Zukunftsertrag; somit für kein Entscheidungsproblem geeignet • sehr pauschale Annahmen
Multiplikatormethode	• geringer Bewertungsaufwand	• Vergangenheitsorientierung • zu pauschal
Vergleichswertverfahren	• geringer Bewertungsaufwand	• zu pauschal • enger Zusammenhang zwischen Kennzahl und Ertrag muß nachweisbar sein
Marktorientierte Methoden	• geeignet zur externen Bewertung großer börsennotierte Unternehmen (unfriendly Takeover)	• Entscheidungsgrenzwert läßt sich über diese Methoden nicht herleiten (somit nur als ergänzende Wertermittlung zu empfehlen) • Beeinflußt von vielen (u.U. schlecht informierten) Marktteilnehmern

Tabelle 4: Vor- und Nachteile der Bewertungsmethoden

3 Stand der Bewertung bauausführender Unternehmen

3.1 Die Bewertung bauausführender Unternehmen in der deutschsprachigen Literatur

Wie sehr es die Besonderheiten der jeweiligen Branche bei einer Unternehmensbewertung zu berücksichtigen gilt wurde bereits erörtert. So liegen durchaus einige branchenbezogene Arbeiten zur Bewertung ganzer Unternehmen vor.[336]

Bezogen auf die Baubranche kommt Knechtel im Jahre 1984 zu folgender Erkenntnis: „Branchenspezifische bzw. branchentypische Bewertungsverfahren für bauausführende Unternehmen gibt es nicht."[337] Daran hat sich bis zum gegenwärtigen Zeitpunkt nichts geändert. Dies belegt eine umfassende Recherche wie eine Anfrage bei einigen Universitäten im deutschsprachigen Raum. Es bestand zwar Interesse an dieser Thematik[338], aber es wurde bislang kein entsprechender Forschungsauftrag erteilt. Die Auswahl der befragten Institute erfolgte über Lehrinhalte und Vorlesungsverzeichnisse. Auch die beiden Arbeitgeberverbände der Baubranche, der Zentralverband des Deutschen Baugewerbes und der Hauptverband der deutschen Bauindustrie, haben zu dieser Thematik keine relevanten Beiträge geleistet. Der einzige Aufsatz, der sich ihr widmet ist eine unvollständige Darstellung der Methoden zur Bewertung von Unternehmen.[339] Zum Branchenbezug Bau wird in diesem Aufsatz nicht Stellung genommen.

Es liegen Studien von Finanzanalysten über die börsennotierten Bauunternehmen vor, in denen zum Teil die Bewertung von Bauunternehmen diskutiert wird.[340] Da sie einem anderen Bewertungsanlaß als dem Unternehmenskauf dienen, auf die wenigen deutschen börsennotierten Bauunternehmen fokussieren und sich an öffentlich zugänglichen Daten orientieren, sind sie für den Bezugsrahmen dieser Arbeit nur bedingt relevant.

Zusammenfassend kann festgehalten werden, daß es weder wissenschaftliche Veröffentlichungen zur Bewertungsfrage bauausführender Unternehmen gibt noch praktische Verfahrenshilfen für Kaufinteressenten einer Bauunternehmung.

Um dennoch eine zielgerichtete – sowohl wissenschaftlich fundierte als auch praktisch relevante – Aufarbeitung dieser Thematik zu bewerkstelligen, wurden in Zusammenarbeit mit dem Institut für Wirtschaftswissenschaften der Technischen Universität Braunschweig empirische Erhebungen durchgeführt.[341] Die Problemfelder, die sich durch die Befragung herauskristallisierten, werden in Kapitel 4 konkretisiert. Im darauffolgenden Kapitel werden die Ergebnisse in ein bauspezifisches Bewertungsmodell überführt.

---

[336] U.a. Kraus-Grünewald (Ertragswertermittlung 1982); Ludwig (Unternehmensbewertung 1995); Peemöller (Handbuch 1984).

[337] Knechtel (Wirtschaft 1984), S. 6.

[338] Insbesondere an der Universität Wien.

[339] Vgl. Arbeitskreis Bau-Unternehmensbewertung (Bau 1995).

[340] U.a. Neubauer/Teichner (Baustudie 1996), S. 90 ff.

[341] Vgl. Beckmann/Lohr (Werttreiber 2000) sowie Beckmann/Rohr (Unternehmensbewertung 2000).

3.2 Vorgehensweise zur Gewinnung zusätzlicher Erkenntnisse

Ordnet man die bisherigen Darstellungen in den Bezugsrahmen dieser Arbeit ein, dann existieren die beiden Themengebiete Unternehmensbewertung und Besonderheiten der Baubranche weitgehend getrennt voneinander. Der Grund hierfür liegt darin, daß im Hinblick auf die Bewertung einer Bauunternehmung noch kein geschlossenes theoretisches Konzept existiert, mithin ein branchenbezogenes normatives Bewertungsmodell erst über eine deskriptive Erfassung der Bewertungspraxis entwickelt werden kann. Deshalb wurden folgende Befragungen durchgeführt:

In einer empirischen Primärerhebung, die als Befragung der Unternehmensbewerter bezeichnet wird, sollte herausgefunden werden, wie die „Praxis" vorgeht und welche Aussagen der „Theorie" für sie von Bedeutung sind. Hierbei sollen insbesondere Erkenntnisse über die methodischen Anforderungen an ein bauspezifisches Bewertungsmodell gewonnen werden. Die Schwächen herkömmlicher Verfahren bei der Bewertung von Bauunternehmungen sollten herausgearbeitet werden. Die Ergebnisse sind somit als „Maßnahmenkatalog für den Modifikationsbedarf" zu verstehen.

Eine zweite empirische Erhebung richtete sich an die Inhaber und leitenden Manager von Bauunternehmungen (Befragung der Bauunternehmer). Sie diente primär der Erforschung der Werttreiber[342] (Value Driver) von bauausführenden Unternehmen. Ein zu entwickelndes Bewertungsverfahren muß so konzipiert sein, daß es diese Werttreiber angemessen berücksichtigt.

3.3 Befragung der Unternehmensbewerter

3.3.1 Vorgehensweise

Zunächst werden die wesentlichen Inhalte der bisher getrennt voneinander behandelten Themenkomplexe Unternehmensbewertung und Besonderheiten der Baubranche in Form von Arbeitshypothesen[343] vereinigt. Dies geschieht anhand einer eingehenden Analyse der bewertungsrelevanten Besonderheiten der Baubranche[344] sowie unter Einbeziehung branchenneutraler Sekundärerhebungen.

Im Anschluß daran wird versucht, auf deduktivem Wege, d.h. anhand der empirischen Überprüfung der Ausgangshypothesen, Aussagen über die Bewertungsrealität zu gewinnen. Ergebnis dieser Deduktion können keine verifizierten, sondern nur (vorläufig) nicht falsifizierte Hypothesen mit allgemeinerem Aussagegehalt sein.[345]

Zur Verbreiterung der Datenbasis werden auch hier Sekundärerhebungen miteinbezogen. Dadurch besteht die Möglichkeit, den potentiellen Einfluß von Branchenbesonderheiten leichter zu identifizieren. Es ist allerdings zu beachten, daß der

---

[342] Zum Begriff Werttreiber vgl. Kapitel 5.7.1, „Der Shareholder Value-Ansatz nach Rappaport". Im Rahmen der Befragung wurde der Begriff „Wertbildende Faktoren" gleichbedeutend verwendet.

[343] Eine Hypothese wird in diesem Zusammenhang als plausibilitätsgeleitete „Vermutung über einen bestimmten Sachverhalt" aufgefaßt. Vgl. Stier (Forschungsmethoden 1999), S. 12.

[344] S. Kapitel 4, „Anwendbarkeit der Bewertungsmethoden in der Baubranche".

[345] Vgl. Henze (Marktforschung 1994), S. 15 f.

Bezugsrahmen der eigenen Erhebung ein anderer ist als der der Sekundärstatistiken. Dies hat zur Folge, daß es zu einer Beschränkung auf relevante Merkmale kommen mußte.[346]

Aus diesem Grunde bleiben die Befragungen von Suckut, Peemöller/Meyer-Pries, Helbling sowie Knüsel unberücksichtigt, obwohl auch sie grundsätzlich das Thema „Unternehmensbewertung" behandeln. Die Untersuchung von Suckut weist zum einen methodische Fehler auf, zum anderen läßt sie sich aufgrund ihres Spezialthemas „Internationale Akquisitionen" nur schwer mit der eigenen Erhebung vergleichen.[347] Peemöller/Meyer-Pries beschränken sich in ihrer Umfrage auf Steuerberater, wodurch lediglich deren Sichtweise zum Ausdruck kommt.[348] Helbling und Knüsel führten ihre Befragungen hauptsächlich unter schweizerischen Wirtschaftsprüfern und Treuhändern durch. Von diesen ist jedoch bekannt, daß sie sich traditionell an den Vorgaben ihrer Standesorganisation orientieren.[349]

Mit der eigenen Querschnittserhebung wird beabsichtigt, das prinzipielle Vorgehen, die Probleme und mögliche Schlußfolgerungen in bezug auf die Bewertung von bauausführende Unternehmungen zu ermitteln. Neben diesen inhaltlichen Fragestellungen werden auch die prozessualen Aspekte der Erhebung behandelt.

Folgende Arbeitshypothesen waren Grundlage der Befragung:

(1) Die Wahl einer Bewertungsmethode ist abhängig von der Branchenzugehörigkeit des Bewertungsobjekts. Für bauausführende Unternehmen sind darüber hinaus branchenspezifische Modifikationen erforderlich.

Zwar gelangen branchenübergreifende Erhebungen bisher zu keinem signifikanten Zusammenhang zwischen Bewertungsmethode und Branchenzugehörigkeit des bewerteten Unternehmens. Einzelne Tendenzen lassen sich jedoch nachweisen.

Beck führt in seiner 55 Antworten umfassenden Befragung zur Unternehmensbewertung im Rahmen von Großunternehmensakquisitionen eine Kontingenzanalyse zwischen angewandten Methoden und der Branchenzugehörigkeit des Akquisitionsobjekts durch. Seinen Berechnungen zufolge beeinflussen Branchenspezifika die Wahl der Bewertungsmethode nur in einem sehr geringen Maße.[350] Die Befragung von Peemöller/Bömelburg/Denkmann bezieht sich ebenfalls auf die Bewertung von Großunternehmen. Den verbalen Erläuterungen zu den 63 Antwort-Fragebögen ist ein klarer Zusammenhang zwischen Branche und Bewertungsmethode zu entnehmen.[351]

---

[346] Zum Vorgehen bei Sekundäranalysen vgl. Stier (Forschungsmethoden 1999), S. 232 ff.
[347] Vgl. Suckut (Unternehmensbewertung 1992), S. 278, 295, u. Beck (Unternehmensbewertung 1996), S. 159.
[348] Vgl. Peemöller/Meyer-Pries (Unternehmensbewertung 1995), S. 1202 ff.
[349] Vgl. Helbling (Unternehmensbewertung 1989), S. 561 ff.; Knüsel (Unternehmensbewertung 1992), S. 309 ff., u. Beck (Unternehmensbewertung 1996), S. 166.
[350] Vgl. Beck (Unternehmensbewertung 1996), S. 171, 189.
[351] Vgl. Peemöller/Bömelburg/Denkmann (Unternehmensbewertung 1994), S. 741, 747; Behringer (Unternehmensbewertung 1999), S. 148.

(2) Unter den klassischen Bewertungsmethoden kommt den erfolgsorientierten Methoden bei der Bewertung von Bauunternehmungen eine besondere Bedeutung zu.

(3) Die klassischen Bewertungsmethoden berücksichtigen die Spezifika der Baubranche unzureichend.

3.3.2 Ableitung der Fragen

Der Fragebogen wurde so aufgebaut, daß über die Beantwortung Erkenntnisse über die o.g. Hypothesen gewonnen werden konnten. Hierzu mußten zunächst Verhaltens- und Überzeugungsfragen formuliert werden. Diese Fragen wurden um sogenannte Eigenschaftsfragen ergänzt. Eigenschaftsfragen prüfen diejenigen Sachverhalte, welche die Antworten der befragten Person beeinflussen.[352] Als Eigenschaftsfragen ergaben sich in diesem Falle Fragen zur Branchenzugehörigkeit der Auskunftsperson (Frage 14)[353] sowie zur Höhe der von ihr ermittelten Unternehmenswerte (Frage 13). Die Anzahl durchgeführter Bauunternehmensbewertungen gab als Maß für die Bewertungserfahrung ebenfalls eine Eigenschaft der antwortenden Person wieder (Frage 3).

Die Verhaltens- und Überzeugungsfragen bezogen sich auf folgende Themengebiete:

(1) Anwendung der unterschiedlichen Bewertungsmethoden

Hinsichtlich der Bewertungsmethoden wurde gefragt, welche Verfahren in der Vergangenheit tatsächlich zum Einsatz gekommen waren. Um das Verständnis nicht zu erschweren, wurde der Detaillierungsgrad in bezug auf die Befragungstiefe so gering wie möglich gehalten (Frage 3).[354] Neben der Frage nach den verwendeten Methoden war zu prüfen, ob einzelne Verfahren zur Absicherung von Ergebnissen anderer Verfahren genutzt werden (Frage 4) und welche Bedeutung einzelne Kriterien für die Wahl einer Bewertungsmethode haben (Frage 8). Zur explorativen Erkundung der branchenabhängigen Nutzung von Bewertungsmethoden bot sich eine einleitende Überzeugungsfrage an (Frage 1).

(2) Ausprägungen erfolgsorientierter Methoden

Da sich die erfolgsorientierten Methoden einer Vielzahl einzelner Verfahrenskomponenten bedienen, mußte die Anwendung dieser Komponenten einer gesonderten Betrachtung unterzogen werden. Hierzu dient in erster Linie die Frage nach der Wahl der Erfolgsgröße (Fragen 3 u. 7). Weitere Fragen bezogen sich auf die Orientierung des Kapitalisierungszinssatzes (Frage 6) und auf die Weite des Prognosehorizonts (Frage 5).

---

[352] Vgl. Schnell/Hill/Esser (Methoden 1993), S. 333 ff., u. Stier (Forschungsmethoden 1999), S. 171 ff.
[353] Die in Klammern angegebenen Fragenummer entsprechen der Numerierung des Fragebogens. S. Anhang I.
[354] Vgl. Berekoven/Eckert/Ellenrieder (Marktforschung 1996), S. 100 f.

(3) Risikoberücksichtigung

In bezug auf die Einbeziehung von Risiken bei der Bewertung von Bauunternehmen war zu prüfen, welche Bedeutung einzelne Risiken des Baugewerbes für die Bewertungspraxis haben (Frage 9). Zudem wurde gefragt, in welcher Form Risiken in das Bewertungskalkül einfließen (Frage 10).

(4) Bewertungsprobleme und notwendige Konsequenzen

Um festzustellen, wo und in welcher Stärke die bisweilen abstrakt formulierten Bewertungsmethoden auf Anwendungsprobleme bei der Bewertung von Bauunternehmen stoßen, wurde nach den Schwierigkeiten hinsichtlich einzelner Bewertungsaspekte gefragt (Frage 11), des weiteren nach praktizierten Lösungsansätzen (Frage 12). Um den Informationsstand eines Bewerters zu erkennen, wurde nach dessen grundsätzlicher Informationsgrundlage gefragt (Frage 2).

3.3.3 Befragung

3.3.3.1 Form der Datenerhebung

Für die Belange der vorliegenden Arbeit boten sich das Interview sowie die schriftlich-postalische Befragung als Methode der Datenerhebung an.[355]

Ein Interview gibt den Befragten die Möglichkeit, individuell zu antworten. Hierdurch können die gewonnenen Informationen aufschlußreicher sein als Antworten einer schriftlichen Befragung. Problematisch ist allenfalls der große Zeitaufwand beim Befrager wie beim Befragten.[356]

Ein weiterer Nachteil des Interviews besteht in möglichen Antwortverzerrungen aus Mangel an Anonymität gegenüber dem Interviewer (Response Errors). Antwortverzerrungen sind vor allem von denjenigen Befragungsteilnehmern zu erwarten, die mögliche Rückschlüsse auf die eigene Bewertungspraxis verhindern wollen.[357] Aus diesem Grund wurde auf das Interview als grundsätzliche Datenerhebungsmethode verzichtet.

Die schriftlich-postalische Befragung (Mail Survey) ist generell dann angebracht, wenn zeitlicher Aufwand und Kosten der Primärerhebung ein anderes Vorgehen nicht erlauben.[358] Darüber hinaus existieren bei dieser Form der Befragung folgende methodische und inhaltliche Vorteile:[359]

- Es besteht eine breitere Datenbasis.

- Auch schwer erreichbare Personen können kontaktiert werden.

- Die Zusicherung von Anonymität steigert die Auskunftsbereitschaft und läßt eine Schmälerung der Antwortverzerrungen erwarten.

---

[355] Zu hier nicht weiter behandelten Datenerhebungstechniken vgl. Schnell/Hill/Esser (Methoden 1993), S. 32 ff.
[356] Vgl. Beck (Unternehmensbewertung 1996), S. 169.
[357] Vgl. Schnell/Hill/Esser (Methoden 1993), S. 361 ff.
[358] Ebenda, S. 367.
[359] Ebenda, u. Schmitt-Hagstotz/Pepels (Befragung 1999), S. 157 ff.

- Da der Fragebogen jederzeit ausgefüllt werden kann, sind überlegtere Antworten der Befragten die Folge.

Als wesentliche Nachteile der schriftlichen Befragung sind zu nennen:[360]

- Der Umfang eines Fragebogens ist begrenzt. Zu viele Fragen wirken abschreckend.

- Der Gegenstand einer Befragung muß sich zwangsläufig auf klare und leicht verständliche Sachverhalte beschränken. In der hier vorliegenden Erhebung trat vor allem die Schwierigkeit auf, klare Begriffsabgrenzungen vorzunehmen. (Synonyme für Bewertungsmethoden, unklare Definitionen von Erfolgsgrößen etc.).

Trotz alledem gab es letztendlich keine Alternative zur schriftlich-postalischen Befragung. Das Problem der unklaren Begriffsdefinitionen wurde versucht zu entschärfen, indem möglichst allgemein eingeführte Begriffe verwendet bzw. diese erläutert wurden, mit dem Ziel, Validität und Reliabilität weitestgehend zu sichern.[361] Um die Akzeptanz des Fragebogen zu erhöhen, wurde er vorab telefonisch angekündigt.

3.3.3.2 Gestaltung des Fragebogens

Die abgeleiteten Fragen wurden zunächst standardisiert. Bei einigen Fragen wurde zudem auf Rating-Skalen zurückgegriffen, um Wertungen und Einstellungen der befragten Personen zu ermitteln.

Bei Rating-Skalen werden qualitative Merkmale skaliert und in quantitative Größen überführt. Dieses Vorgehen ermöglicht eine direkte Messung der Bedeutung von einzelnen Argumenten (Items). Dabei ist zu beachten, daß Rating-Skalen aus theoretischer Sicht lediglich eine Rangfolge abbildende Angaben liefern. Werden die Abstände auf einer Rating-Skala jedoch, wie üblich, als äquidistante Einschätzungsintervalle betrachtet, können die Angaben als metrische Daten behandelt und ausgewertet werden.[362]

Im Fragebogen unserer Erhebung wurden die Rating-Skalen balanciert, um die Urteilsrichtung nicht zu beeinflussen. Um darüber hinaus bewußte Entscheidungen herbeizuführen und die oft beobachtbare „Tendenz zur Mitte" weitgehend einzuschränken, wurde eine gerade Anzahl an Kategorien gewählt.[363] Da eine optimale Kategorien-Anzahl nicht existiert, diese vielmehr von der Diskriminierungsfähigkeit

---

[360] Vgl. Beck (Unternehmensbewertung 1996), S. 168 f., u. Schmitt-Hagstotz/Pepels (Befragung 1999), S. 158 ff.

[361] Die Validität bezeichnet den Grad der Genauigkeit einer Messung, d.h. ob dasjenige gemessen wird, was man zu messen vorgibt. Reliabilität liegt vor, wenn eine Messung stabil ist, d.h. eine Person wiederholt gleiche Zuordnungen vornimmt oder vornehmen würde. Beide Gütekriterien gelten in der empirischen Sozialforschung als theoretische und kaum realisierbare Ideale. Vgl. Stier (Forschungsmethoden 1999), S. 32, 51 f., 56.

[362] Vgl. Berekoven/Eckert/Ellenrieder (Marktforschung 1996), S. 72, 74.

[363] Ebenda, S. 76 u. Stier (Forschungsmethoden 1999), S. 68 ff.

des Adressaten sowie der Differenziertheit des Sachverhaltes abhängt, wurden grundsätzlich sechs bzw. einmalig vier Kategorien für sinnvoll erachtet.[364]

Neben den Fragen auf Intervallniveau wurden auch standardisierte Fragen auf dichotomen Nominalniveau eingeführt (Ja/Nein-Fragen).[365] Zur „Öffnung" von geschlossenen Fragen dienten sogenannte Hybridfragen (Anmerkungen etc.). Der dadurch entstehende Freiraum ermöglichte es dem Beantworter, Fragen zu kommentieren und nicht aufgeführte Antwortalternativen hinzuzufügen.[366]

Entsprechend dem Prinzip der „Trichterung" wurden zunächst allgemeine Fragen zur Bewertung von Bauunternehmen gestellt, um anschließend in Fragen nach der Einbeziehung von Branchenbesonderheiten zu münden. Der Fragebogen begann mit relativ leicht zu beantwortenden Fragen. Die besonders bedeutsamen Fragen wurden in der Fragebogenmitte plaziert. Hier erschienen auch die Fragen, die die persönlichen Bewertungsprobleme der Befragten betrafen – unter der Annahme, daß sie vielleicht die zum Ende des Fragebogens möglicherweise nachlassende Motivation nochmals steigern könnten. Anonymität wurde zugesichert und die Möglichkeit zum Erhalt eines Kurzexposés geboten.[367]

Empfehlungen jüngerer Literatur folgend, wurde der Fragebogen auf schwach gelbem Papier im DIN A3-Format gedruckt.[368]

3.3.3.3   Auswahl der Befragten und Durchführung der Erhebung

Für die Beantwortung der erstellten und einem Pre-Test[369] unterzogenen Fragebögen wurden aufgrund der speziellen Fragestellung solche Personen kontaktiert, die sich ausdrücklich mit der Thematik Unternehmensbewertung in der Baubranche beschäftigen. Über Recherchen im World Wide Web (WWW), in Telefonbüchern sowie durch Hinweise von Praktikern konnten Teilnehmer aus folgenden Bereichen ermittelt werden:

- Bauunternehmen, die bereits selbst als Akquisiteure am Markt aufgetreten sind,

- Unternehmensberatungen mit dem Betätigungsfeld Mergers & Acquisitions,

- Wirtschaftsprüfungsgesellschaften,

- auf mittelständische Unternehmen spezialisierte Unternehmensvermittlungen und Rating-Agenturen

- sowie Sachverständige mit Erfahrung in der Bewertung von Bauunternehmungen.

Mit Ausnahme der Bauunternehmen, die, weil selber Unternehmensakquisiteure, zu den umsatzstärkeren Unternehmen ihres Wirtschaftszweiges gehören, sind die

---

[364] Vgl. Stier (Forschungsmethoden 1999), S. 66 ff.
[365] Vgl. Berekoven/Eckert/Ellenrieder (Marktforschung 1996), S. 71.
[366] Vgl. Stier (Forschungsmethoden 1999), S. 176.
[367] Zur Gestaltung von Fragebögen vgl. Stier (Forschungsmethoden 1999), S. 181 ff.
[368] Vgl. Schmitt-Hagstotz/Pepels (Befragung 1999), S. 162 f.
[369] Anhand eines Pre-Tests läßt sich die Praktikabilität eines Fragebogens überprüfen. Eine feste Vorgabe für die Größe der Teilnehmergruppe existiert nicht. Im Rahmen dieser Untersuchung führten drei Bewertungspraktiker einen Pre-Test durch. Vgl. Schnell/Hill/Esser (Methoden 1993), S. 358 f.

Befragungsteilnehmer keiner bestimmten Größenklasse zuzuordnen. Da nicht versucht wird, nach größenklassenbezogenen Kriterien in der ohnehin schon eingeschränkten Grundgesamtheit zu differenzieren, erscheint dieses Vorgehen vertretbar. Es stellt auch keinen Widerspruch zur Theorie der Unternehmensbewertung dar, weil eine derartige Gruppenabgrenzung in den Grundsätzen der Unternehmensbewertung nicht vorgesehen ist.[370]

Aus methodischer Sicht handelt es sich bei dieser Vorgehensweise um eine bewußte typische Auswahl.[371] Die Art der Teilnehmerermittlung basiert zwar im weitesten Sinne auf einem Zufallsprozeß, genügt jedoch nicht dem Anspruch einer Zufallsstichprobe im streng wissenschaftlichen Sinne, da keine Wahrscheinlichkeitsbetrachtung der Grundgesamtheit erfolgt.[372] Eine derartige Wahrscheinlichkeitsbetrachtung ist in diesem Falle auch nicht möglich, da die Grundgesamtheit potentieller Auskunftspersonen unbekannt ist, mithin eine hypothetische Grundgesamtheit[373] vorliegt. In diesem Zusammenhang gibt Beck zu bedenken, der streng wissenschaftliche Standpunkt übersehe, daß die Stichprobe aus einer bewußten typischen Auswahl „de facto eine der möglichen Zufallsstichproben ist"[374]. Aus diesem Grunde wird der Repräsentativitätsbegriff in der betriebswirtschaftlichen Empirie auch weniger eng ausgelegt.[375]

Nach der Auswahl der Befragten erfolgte der Versand der Fragebögen. Dies geschah vor allem unter Berücksichtigung eines möglichen Rücklaufproblems. Deshalb wurden der Praktiker-Literatur Anregungen entnommen, von denen die wesentlichen abschließend genannt werden sollen:[376]

• Beifügung eines personalisierten, Seriosität vermittelnden Anschreibens

• Erklärung des Befragungszwecks

• Angabe eines Ansprechpartners und Zusage eines Ergebnisberichts bei Beantwortung des Fragebogens sowie der Versand des mit Sonderbriefmarken versehenen Briefs an postschwachen Tagen (Wochenende) mit beigefügtem frankierten Rückumschlag.

3.3.3.4   Rücklaufergebnis und Prämissen der Auswertung

Die Umfrage wurde Ende 1999 innerhalb Deutschlands durchgeführt. Obwohl das Thema der Befragung von Fachleuten zuvor als äußerst sensibel eingestuft worden war, konnte eine hohe Rücklaufquote (RQ) von 52% erzielt werden. Insgesamt wurden 32 der 61 versandten Fragebögen beantwortet. Drei Unternehmen versagten

---

[370] Vgl. Beck (Unternehmensbewertung 1996), S. 172.
[371] Vgl. Schnell/Hill/Esser (Methoden 1993), S. 281 f.; Berekoven/Eckert/Ellenrieder (Marktforschung 1996), S. 57, u. Weis/Steinmetz (Marktforschung 1995), S. 56.
[372] Vgl. Rogge (Erhebungsverfahren 1999), S. 45, 62.
[373] Ebenda, S. 45.
[374] Vgl. Beck (Unternehmensbewertung 1996), S. 172.
[375] Vgl. Rogge (Erhebungsverfahren 1999), S. 45.
[376] Vgl. Schmitt-Hagstotz/Pepels (Befragung 1999), S. 161 f.

schriftlich ihre Mitarbeit. Sie begründeten dies mit Arbeitsüberlastung bzw. fehlender Erfahrung bei der Bewertung von Bauunternehmen.[377]

Unter Berücksichtigung der obigen Ausführungen zum Repräsentativitätsbegriff kann die Umfrage wegen des geringen Totalausfalls (Unit-Non-Response) im großen und ganzen als repräsentativ erachtet werden.[378] Mit mehr als 30 Antworten liegt auch eine große Stichprobe vor.[379]

Grundsätzlich sollten diejenigen Teilergebnisse lediglich als richtungweisend angesehen werden, deren dazugehörigen Fragen eine Häufung unsachgemäßer oder verweigerter Antworten (Item-Non-Responses) gegenübersteht.[380]

Versand und Rücklauf der Fragebögen differenziert nach Teilnehmern zeigt folgende Tabelle:

Befragungsteilnehmer	Kürzel	Versand	Rücklauf	RQ
Bauunternehmungen	BU	17	14	82%
Unternehmensberatungen	UB	12	5	42%
Wirtschaftsprüfungsgesellschaften	WP	13	4	31%
Unternehmensvermittlungen /Rating-Agenturen	UV	6	2	33%
Sachverständige	SV	13	7	54%
Gesamt		61	32	52%

Tabelle 5: Rücklauf der Fragebögen

Das Interesse der Bauunternehmungen war auffallend hoch (RQ = 82%). Die genannten zwei schriftlichen Absagen unterstreichen diese These. Damit kann diese Erhebung auf Stellungnahmen der größten deutschen Bauunternehmungen zurückgreifen. Dieser Sachverhalt ist von besonderer Bedeutung, weil diese Untersuchung somit auch eine brancheninterne und zugleich käuferbezogene Sichtweise widerspiegelt.

Die zwei Rücklauf-Fragebögen der Unternehmensvermittlungen und Rating-Agenturen (UV) werden im folgenden den Unternehmensberatungen (UB) zugeordnet. Dies erscheint sinnvoll, da schriftlichen Angaben zufolge die zwei Antwort-Bögen aus der Vermittlungsbranche stammen, die wiederum als Teilmenge der Unternehmensberatungen aufgefaßt werden kann.

Die ausgefüllten Fragebögen dienten als Basis für verschiedene statistische Berechnungen. Fragen, bei denen mit Hilfe einer Rating-Skala Gewichte angegeben werden konnten, wurden quasi-metrisch behandelt. Auf diese Weise konnten qualitative intervallskalierte Einschätzungen in Form von Bewertungszahlen wieder-

---

[377] Diese expliziten Absagen (1x Unternehmensberatung; 2x Bauunternehmung) wurden ebenfalls als Non-Response in die Berechnung der Rücklaufquote miteinbezogen.
[378] Hält man die Erhebung aufgrund der bewußten typischen Auswahl für nicht-repräsentativ, so sollte man die Ergebnisse als Tendenzaussagen werten. Vgl. Weis/Steinmetz (Marktforschung 1995), S. 56, u. Stier (Forschungsmethoden 1999), S. 198.
[379] Vgl. Hauser (Wahrscheinlichkeitstheorie 1979), S. 133.
[380] Vgl. Schnell/Hill/Esser (Methoden 1993), S. 361 ff.

gegeben werden. In diesen Fällen wurde das arithmetische Mittel berechnet (s. Formel 12):[381]

$$x_M = \frac{1}{n} * \sum_{i=1}^{n} x_i$$

x_M = arithmetisches Mittel der n Realisationen eines Arguments
n = Stichprobenumfang
x_i = Realisation i eines Arguments

Formel 12: Arithmetisches Mittel

Mit der stichprobenbezogenen Standardabweichung s (s. Formel 13) existiert auch ein Maß für die Streuung:[382]

$$s = \left[\frac{1}{n-1} * \sum_{i=1}^{n} (x_i - x_M)^2 \right]^{1/2}$$

s = Standardabweichung
x_M = arithmetisches Mittel der n Realisationen eines Arguments
n = Stichprobenumfang
x_i = Realisation i eines Arguments

Formel 13: Standardabweichung

Gegenüber der Varianz, die als mittlere quadratische Abweichung und somit als Quadrat der Standardabweichung definiert ist, besitzt die Standardabweichung den Vorteil, daß ihre Dimension mit derjenigen der Stichprobenwerte übereinstimmt. Dies erleichtert die Interpretation der Auswertungsergebnisse.[383]

Bei Fragen, die lediglich zwei qualitative Antworten wie „Ja" und „Nein" zuließen, wurden die stichprobenbezogenen Anteilswerte p berechnet. Um die zugehörigen Anteile in der Grundgesamtheit grob abzuschätzen, wurde analog zum Korridorverfahren der Deutschen Bundesbank eine Schätzung der Bandbreite[384] vor-

---

[381] Vgl. Henze (Marktforschung 1994), S. 71.
[382] Ebenda, S. 72.
[383] Vgl. Berekoven/Eckert/Ellenrieder (Marktforschung 1996), S. 197 f.
[384] $p_{1,2} = p \pm \sqrt{\dfrac{p * (1-p)}{n}}$

genommen. Dieses Vorgehen gilt in der Literatur als legitimer Weg, Konfidenzintervalle zu ermitteln, die sonst nur bei „echten" Zufallsstichproben möglich sind.[385] Wurde untersucht, ob signifikante Abhängigkeiten zwischen zwei nominal skalierten (qualitativen) Merkmalsgruppen bestanden, so geschah dies mittels Kontingenzanalyse. Dies wurde χ^2 über Kontingenztafeln berechnet. Mit χ^2 konnte dann das Cramérsche Kontingenzmaß (s. Formel 14) bestimmt werden:[386]

$$V = \sqrt{\frac{\chi^2}{n * (\min(r,s) - 1)}}$$

χ^2 = Kontingenztafelwert

n = Stichprobenumfang

r = Zeilenzahl

s = Spaltenzahl

Formel 14: Cramérsches Kontingenzmaß

Das Kontingenzmaß nimmt bei vollständiger Abhängigkeit den Wert 1, bei absoluter Unabhängigkeit den Wert 0 an.

3.3.3.5   Ergebnisse der Befragung

3.3.3.5.1   Bewertungsmethoden in der Praxis

Es sollte geprüft werden, welche Bewertungsmethoden bei der Bewertung von Bauunternehmungen in der Praxis verwendet, ob und ggf. warum im Rahmen einer Bewertung Verfahren simultan genutzt werden und welche Bedeutung einzelne Kriterien für die Wahl einer Methode haben. Ferner sollte die Einschätzung der Befragten in bezug auf einen möglichen Zusammenhang zwischen Branche des Bewertungsobjekts und Bewertungsmethoden untersucht werden. Aus allen Angaben zur letztgenannten Fragestellung (Frage 1, Item 1)[387] ging hervor, daß eine deutliche Mehrheit der Befragten eine Beziehung zwischen Branchenzugehörigkeit des Bewertungsobjekts und Bewertungsmethode sieht (s. Tabelle 6). Von den Bauunternehmungen wurden insbesondere Spezifika der eigenen Branche, wie z.B. die langfristige Auftragsfertigung und das Bauen in Arbeitsgemeinschaften, angeführt.[388]

---

[385] Vgl. Hauser (Wahrscheinlichkeitstheorie 1979), S. 132 ff., u. Beck (Unternehmensbewertung 1996), S. 177.

[386] Vgl. Hartung/Elpelt/Klösener (Statistik 1991), S. 451 f.

[387] Im folgenden werden die Items einer Frage als Ordnungsziffern dargestellt (z.B. Frage 1.1).

[388] Eine vollständige Auflistung der Anmerkungen zu einzelnen Fragen enthält Beckmann/Rohr (Unternehmensbewertung 2000), Anhang II.

	BU Anz./Anteil		UB Anz./Anteil		WP Anz./Anteil		SV Anz./Anteil		Gesamt Anz./Anteil	
Ja	13	93%	7	100%	3	75%	4	57%	27	84%
Nein	1	7%	0	0%	1	25%	3	43%	5	16%
Summe	14	100%	7	100%	4	100%	7	100%	32	100%

Tabelle 6: Einschätzung der Abhängigkeit von Branche und Bewertungsmethode (Frage 1.1)[389]

Zu einem ähnlichen Ergebnis kommt man bei Auswertung der Frage nach dem Zusammenhang zwischen Branchenzugehörigkeit des zu bewertenden Unternehmens und der Vorgehensweise bei der Bewertung (Frage 1.2). Auch hier sieht die Mehrheit der Befragten einen Zusammenhang (s. Tabelle 7). Jedoch ist hervorzuheben, daß das Ergebnis von insgesamt 86% Ja-Stimmen zu einem erheblichen Teil aus Stellungnahmen der Bauunternehmungen resultiert.

	BU Anz./Anteil		UB Anz./Anteil		WP Anz./Anteil		SV Anz./Anteil		Gesamt Anz./Anteil	
Ja	13	100%	5	71%	3	75%	4	80%	25	86%
Nein	0	0%	2	29%	1	25%	1	20%	4	14%
Summe	13	100%	7	100%	4	100%	5	100%	29	100%

Tabelle 7: Einschätzung der Abhängigkeit von Branche und Vorgehensweise bei der Bewertung (Frage 1.2)[390]

Eine der wichtigsten Fragen der Erhebung war die (Verhaltens-) Frage nach den tatsächlich praktizierten Bewertungsmethoden (Frage 3). Da bei der Beantwortung dieser Frage Mehrfachnennungen erlaubt waren und ferner eine Angabe der Verwendungshäufigkeit für den Zeitraum der letzten zehn Jahre[391] erwünscht war, lassen sich die Ergebnisse auf vielfältige Art und Weise darstellen.

Um einen Vergleich mit branchenneutralen Sekundärerhebungen vornehmen zu können, wurden zwei Darstellungsformen gewählt. Die eine basiert auf der angegebenen Anzahl der Verwendungshäufigkeit der einzelnen Bewertungsmethoden (s. Tabelle 8). Die andere bezieht sich auf die Anzahl der Nennungen von Bewertungsmethoden (s. Tabelle 9). Mit der zweiten Darstellungsweise läßt sich der

---

[389] Überträgt man diese Aussagen der Gesamt-Stichprobe auf die Grundgesamtheit aller potentiellen Auskunftspersonen, dann bejahen zwischen 71,5% und 97,2% der Befragten einen Zusammenhang zwischen Branche eines Bewertungsobjekts und angewandter Bewertungsmethode. S. Anhang II, Frage 1.1.

[390] Dieses Item der Frage 1 blieb dreimal unbeantwortet (1x BU; 2x SV). Bezogen auf die Grundgesamtheit liegt der Anteil der Ja-Stimmen in einem Intervall zwischen 73,4% und 99,0%. S. Anhang II, Frage 1.2.

[391] Die gewählte Spanne von zehn Jahren soll einen möglichst aktuellen Beobachtungszeitraum garantieren. Zudem fällt in diesen Zeitraum auch die Bewertung ehemaliger DDR-Betriebe, so daß die Grundgesamtheit der in dieser Studie erfaßbaren Bewertungen wächst.

Einfluß aus zahlenmäßig besonders hohen Angaben einzelner Befragungsteilnehmer eliminieren, ohne das Prinzip der Mehrfachnennungen aufzugeben.

Der Tabelle 8 ist zu entnehmen, daß dieser Befragung mehr als 408 Anwendungen der einzelnen Bewertungsverfahren im Rahmen von Bauunternehmensakquisitionen zugrundeliegen. Zwar darf diese Zahl aufgrund der Mehrfachnennungen nicht mit der Anzahl erfaßter Unternehmenstransaktionen gleichgesetzt werden. Aber selbst, wenn bei jeder erfaßten Unternehmensbewertung drei unterschiedliche Verfahren zum Einsatz gelangt wären, befände sich die Zahl der erfaßten Bewertungen noch immer im dreistelligen Bereich. Damit sind die Erwartungen an die Bewertungserfahrung der Teilnehmer voll erfüllt.

Eine Betrachtung der Anwendungshäufigkeit je Gruppe führt zu dem Ergebnis, daß grundsätzlich von einer vergleichbaren Erfahrung der Befragungsteilnehmer ausgegangen werden kann. Dennoch sprengen einzelne Befragte diesen Rahmen. Dies läßt sich aus den relativ hohen Standardabweichungen in bezug auf die Anwendungshäufigkeit ablesen.[392]

	BU		UB		WP		SV		Gesamt	
	Anz./Anteil		Anz./Anteil		Anz./Anteil		Anz./Anteil		Anz./Anteil	
Ertragswertmethode	32	46%	57	32%	12	48%	46	35%	147	36%
DCF-Verfahren	9	13%	18	10%	10	40%	27	20%	64	16%
Substanzorientierte Verfahren	14	20%	13	7%	0	0%	32	24%	59	14%
Vergleichsorientierte Verfahren	2	3%	36	20%	3	12%	9	7%	50	12%
Marktorientierte Verfahren	0	0%	23	13%	0	0%	0	0%	23	6%
Kombinationsmethoden	13	19%	33	18%	0	0%	19	14%	65	16%
Sonstige	0	0%	0	0%	0	0%	0	0%	0	0%
Summe	70	100%	180	100%	25	100%	133	100%	408	100%
Anz. Beantworteter Fragebögen[393]	14		7		4		5		30	

Tabelle 8: Anwendung der Bewertungsmethoden auf Basis der Verwendungshäufigkeit (Frage 3)

Bezogen auf die Verwendungshäufigkeit dominiert die Ertragswertmethode über alle Gruppen hinweg (32% - 48%). Discounted Cash Flow-Verfahren sowie Kombinationsmethoden besitzen offensichtlich eine weitaus geringere praktische Relevanz bei der Bewertung von Bauunternehmungen (beide 16%). Wiewohl die substanzorientierten Methoden stark unter wissenschaftlichen Beschuß geraten sind, ist ihr Anteil von insgesamt 14% beachtenswert. Unterrepräsentiert sind vergleichsorientierte (12%) und marktorientierte (6%) Methoden.

---

[392] In Klammern sind die mittlere Anwendungshäufigkeit und die Standardabweichung aufgeführt: BU (5,0;6,2); UB (25,7;46,4); WP (6,3;3,9); SV (26,6;29,5); Gesamt (13,6;26,3). S. Anhang II, Frage 3.
[393] Es lagen zwei Fragebögen ohne Beantwortung der Frage 3 vor (2x SV).

Auch wenn die nach Gruppen differenzierte Darstellung einen Vergleich des individuellen Bewertungsverhaltens nahelegt, sollte ein solches Vorgehen aufgrund der relativ kleinen Gruppen-Stichproben nur mit Vorsicht erfolgen.[394] Gleichwohl ist auffällig, daß der Berufsstand der Wirtschaftsprüfer die Ertragswertmethode (48%) sowie die DCF-Verfahren (40%) vorzieht und substanzorientierte Methoden (0%) ablehnt. Dies bestätigt die Orientierung an den Empfehlungen der berufsständischen Organisationen.[395]

Vergleicht man die ermittelten Bewertungsmethoden mit der branchen-unabhängigen, auf Großunternehmen bezogenen Erhebung von Peemöller/ Bömelburg/Denkmann, so sind zum Teil erhebliche Unterschiede zu konstatieren.[396] Zwar entsprechen die Gewichte der Ertragswertmethode (39%) sowie der vergleichsorientierten Multiplikatormethoden (5%) in etwa dem eigenen Ergebnis. Jedoch kommen DCF-Verfahren bei Peemöller et al. (inklusive dem gesondert aufgeführten APV-Ansatz) auf 34% und übertreffen damit klar den Anteil von 16% in unserer Befragung.

Faßt man bei Peemöller et al. die Einzelgewichte von Reproduktions-, Liquidations- und Substanzwertverfahren zu einem substanzorientierten Gesamtgewicht zu-sammen, so kommen sie lediglich auf ein Gewicht von 7% gegenüber 14% in unserer auf die Baubranche bezogenen Studie. Weitere Unterschiede ergeben sich sowohl bei den Kombinations- als auch bei den marktorientierten (Börsenwert, Ver-gleichspreise) Methoden. Peemöller et al. ermitteln für die Kombinationsmethoden einen Anteil von 1% gegenüber 16% in dieser Erhebung. Umgekehrt verhält es sich mit den marktorientierten Methoden (14% ggü. 6%).

	BU		UB		WP		SV		Gesamt	
	Anz.	/Anteil	Anz.	/Anteil	Anz.	/Anteil	Anz.	/Anteil	Anz.	/Anteil
Ertragswertmethode	12	86%	6	86%	4	100%	5	100%	27	90%
DCF-Verfahren	5	36%	3	43%	3	75%	2	40%	13	43%
Substanzorientierte Verfahren	6	43%	4	57%	0	0%	4	80%	14	47%
Vergleichsorientierte Verfahren	2	14%	2	29%	1	25%	1	20%	6	20%
Marktorientierte Verfahren	0	0%	2	29%	0	0%	0	0%	2	7%
Kombinationsmethoden	3	21%	2	29%	0	0%	1	20%	6	20%
Sonstige	0	0%	0	0%	0	0%	0	0%	0	0%
Anz. beantworteter Fragebögen	14		7		4		5		30	

Tabelle 9: Anwendung der Bewertungsmethoden auf Basis der Nennungen (Frage 3)

[394] Eine Kontingenzanalyse zwischen Teilnehmergruppen und Wahl der Bewertungsmethode führt zu einem Cramérschen Kontingenzmaß V von 0,27. Damit besteht in Relation zum maximalen Wert bei vollständiger Abhängigkeit (1,0) nur ein geringer Zusammenhang zwischen Teilnehmergruppe und Wahl der Methode. S. Anhang II, Frage 3.

[395] S. Kapitel 2.3.2, „Bewertungsgrundsätze für Wirtschaftsprüfer".

[396] Vgl. Peemöller/Bömelburg/Denkmann (Unternehmensbewertung 1994), S. 742 f. Darin enthalten sind zu diesem Fragenkomplex 59 auswertbare Antworten.

Betrachtet man die praktische Relevanz der Bewertungsmethoden im Hinblick auf die Nennungen, d.h. interpretiert man die von Null verschiedenen zahlenmäßigen Angaben als „Ja" und die Angabe einer Null als „Nein", so ergibt sich die zweite Darstellungsform (s. Tabelle 9). In ihr kommt eine noch stärkere Dominanz der Ertragswertmethode zum Ausdruck (90%). Besonders die Wirtschaftsprüfer und Sachverständigen scheinen von der Ertragswertmethode überzeugt zu sein (beide 100%).[397] Substanzorientierte Methoden besitzen jetzt das zweitgrößte Gewicht (47%). Sie werden von knapp jedem zweiten Bewerter angewandt.

DCF-Verfahren (43%) sowie Kombinationsmethoden (20%) bleiben gegenüber der Ertragswertmethode von geringer Bedeutung. Vergleichsorientierte (20%) und besonders die marktorientierten (7%) Methoden werden bei der Bewertung von Bauunternehmungen ebenfalls deutlich weniger angewandt.

Diese Form der Ergebnisdarstellung läßt auch einen Vergleich mit den Erhebungen von Prietze/Walker und Beck zu (s. Tabelle 10).[398]

| | Prietze/Walker | Beck | | Eigene Erhebung |
	Gesamt	Käufer	Berater	Gesamt
Ertragswertmethode	70%	77%	67%	90%
DCF-Verfahren	50%	63%	89%	43%
Substanzorientierte Verfahren	65%	23%	44%	47%
Vergleichsorientierte Verfahren	49%	46%	72%	20%
Marktorientierte Verfahren	k.A.	34%	61%	7%
Kombinationsmethoden	k.A.	6%	11%	20%
Anz. beantworteter Fragebögen	120	37	18	30

Tabelle 10: Anwendung der Bewertungsmethoden auf Basis der Nennungen im Vergleich[399]

Prietze/Walker bezogen in ihre Untersuchung die 500 größten deutschen Unternehmen ein. Beck befragte Käufer und Berater von Großunternehmen. Der tabellarischen Gegenüberstellung mit der eigenen Erhebung ist zu entnehmen, daß bei der Bewertung von Bauunternehmungen der Ertragswertmethode offenbar eine besondere Bedeutung zukommt (90% ggü. 67% - 77%).

---

[397] Auch diese Beobachtung sollte vor dem Hintergrund einer Kontingenzanalyse gesehen werden. Eine Gegenüberstellung von Teilnehmergruppen und Wahl der Bewertungsmethode führt, wie schon bei der ersten Darstellungsform, zu einem Cramérschen Kontingenzmaß V von 0,23. Damit läßt sich auch hier kein signifikanter Zusammenhang zwischen den beiden Variablengruppen feststellen. S. Anhang II, Frage 3.

[398] Vgl. Prietze/Walker (Kapitalisierungszinsfuß 1995), S. 199 ff., u. Beck (Unternehmensbewertung 1996), S. 171 ff., 186 f.

[399] Prietze/Walker differenzieren bei der Ertragswertmethode zwischen den Erfolgsgrößen Einnahmenüberschüsse, Gewinne, Dividendenzahlungen und freie Cash Flows. Die Barwertermittlung künftiger Einnahmenüberschüsse wird hier der Ertragswertmethode zugeordnet, die der freien Cash Flows findet sich bei den DCF-Verfahren.

DCF-Verfahren erscheinen für Unternehmen des Baugewerbes weniger geeignet (43% ggü. 50% - 89%). Demgegenüber bleiben Kombinationsmethoden von relativ großer Bedeutung (20% ggü. 6% - 11%).

Offensichtlich darf die große praktische Relevanz der substanzorientierten Methoden, vor allem im Hinblick auf die Ergebnisse von Prietze/Walker, nicht weiter als branchenspezifisch betrachtet werden (47% ggü. 65%).

Im Gegensatz dazu verfestigt sich allerdings die Einschätzung von der geringen Bedeutung vergleichsorientierter (20% ggü. 46% - 72%) und marktorientierter Methoden (7% ggü. 3% - 61 %). Diese Beobachtung hängt mit der mangelnden Vergleichbarkeit sowie der geringen Börsenkapitalisierung von Bauunternehmungen zusammen. Darüber hinaus dürfte auch die mittelständische Prägung der Baubranche für die geringe Relevanz der vergleichs- und marktorientierten Methoden ausschlaggebend sein. Den Antworten auf die Frage 13 ist zu entnehmen, daß die zugrundeliegenden Bauunternehmensakquisitionen mit durchschnittlichen Kaufpreisen bis zu 100 Mio. DM verbunden waren. Die von Sachverständigen begleiteten Unternehmenstransaktionen blieben sogar unter der Marke von 10 Mio. DM (Abbildung 2).

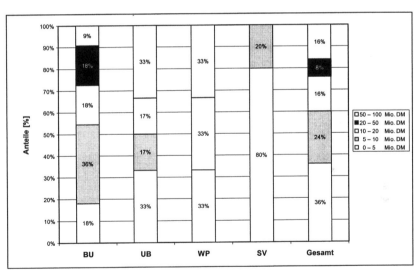

Abbildung 2: Durchschnittlich erzielte Kaufpreise der bewerteten Bauunternehmen (Frage 13)[400]

Aufschluß über die relativ große praktische Bedeutung der substanzorientierten Methoden liefern die Antworten auf Frage 4. Knapp 70% der Befragten geben an, im Rahmen einer Bauunternehmensbewertung mehr als ein Verfahren zu nutzen (s.

---

[400] Zu Frage 13 machten 7 der insgesamt 32 Auskunftspersonen keine Angaben (3x BU; 1x UB; 1x WP; 2x SV).

Abbildung 3). Sie begründeten dieses Vorgehen mit einer notwendigen Plausibilitätskontrolle erfolgsorientierter Unternehmenswerte. Vor allem die Vermögenssubstanz diene dabei als Kontrollinstrument.[401]

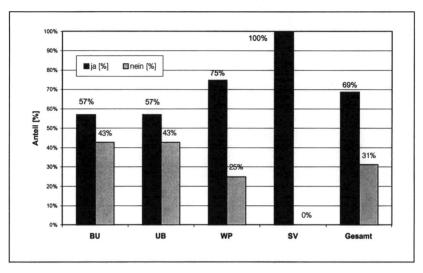

Abbildung 3: Simultane Anwendung von Bewertungsmethoden (Frage 4)[402]

Um zu überprüfen, welches Gewicht die Befragungsteilnehmer einzelnen Kriterien bei der Wahl einer Bewertungsmethode beimessen, wird die in Frage 8 vorgegebene Rating-Skala als quasi-metrisch betrachtet. Der Einschätzung „sehr wichtig" wird der Wert Sechs, der Einschätzung „eher unwichtig" der Wert Eins zugeordnet. Da der Unterschied zwischen den gruppenweise bestimmten Mittelwerten und den Mittelwerten der Gesamt-Stichprobe bei fast jedem Kriterium[403] deutlich kleiner Eins ist, wird auf eine nach Gruppen differenzierte Darstellung verzichtet. Das Auswertungsergebnis zeigt Abbildung 4.

---

[401] Zu Anmerkungen der Befragten vgl. Beckmann/Rohr (Unternehmensbewertung 2000), Anhang II.

[402] Bezogen auf die Grundgesamtheit, werden unterschiedliche Bewertungsmethoden von 52,4% - 85,1% der potentiellen Auskunftspersonen gleichzeitig angewendet. S. Anhang II, Frage 4.

[403] Ausnahmen bilden die Items „Theoretische Exaktheit" (x_M [WP] = 5,3 ggü. x_M [Gesamt] = 4,0), „Analyse von Werttreibern" (x_M (SV) = 5,0 ggü. x_M (Gesamt) = 3,7), „Vergangenheitsorientierung" (x_M [WP] = 3,8 ggü. x_M [Gesamt] = 2,7) sowie „Einbeziehung von Steuern" (x_M [WP] = 5,0 ggü. x_M [Gesamt] = 4,0). S. Anhang II, Frage 8.

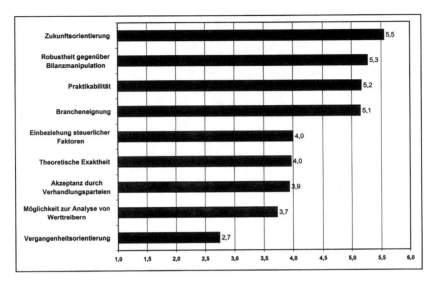

Abbildung 4: Bedeutung einzelner Kriterien für die Wahl einer Bewertungsmethode (Mittelwerte) (Frage 8)[404]

Danach bildet die Zukunftsorientierung mit einem arithmetischen Mittel x_M von 5,5 das wichtigste Kriterium zur Wahl der Bewertungsmethode. Die im Vergleich zu den anderen Kriterien äußerst geringe Standardabweichung s demonstriert die Einigkeit unter den Befragten (s = 0,6 ggü. s = 0,8 - 1,5).

Das Pendant zur Zukunftsorientierung bildet die Vergangenheitsorientierung. Dieser wird, gemessen an den anderen Kriterien, zwar nur eine geringe Bedeutung zugewiesen (x_M = 2,7). Dennoch erscheint der Schluß, Daten der Vergangenheit seien vollkommen unbedeutend, vor dem Hintergrund des noch immer respektablen Mittelwerts von 2,7 kaum gerechtfertigt.

Für annähernd so wichtig wie die Zukunftsorientierung wird die „Robustheit gegenüber Bilanzmanipulationen" gehalten (x_M = 5,3). Dieser Einschätzung ist zu entnehmen, daß bilanzpolitische Maßnahmen des zu bewertenden Unternehmens offenbar ein schwerwiegendes Problem bei dessen Bewertung darstellen.

Die Einstufung des Kriteriums „Praktikabilität" (x_M = 5,2) zeigt, daß im Vergleich zur „theoretischen Exaktheit" (x_M = 4,0) besonderer Wert auf die leichte Handhabung von Bewertungsverfahren gelegt wird.

---

[404] Anzahl unbeantworteter Items der Frage 8: Praktikabilität: 1 (1x BU); Exaktheit: 2 (2x BU); Brancheneignung: 4 (2x BU; 1x WP; 1x SV); Werttreiber: 3 (1x BU; 2x SV). Vergangenheitsorientierung: 1 (1x BU); Zukunftsorientierung: 1 (1x BU); Bilanzmanipulation: 2 (1x BU; 1x SV); Steuern: 1 (1x BU); Akzeptanz: 1 (1x BU). S. Anhang II, Frage 8.

Entsprechend den Antworten zu Frage 1 geht auch aus der hier behandelten Frage 8 ein klarer Zusammenhang zwischen der Branche des Bewertungsobjekts und der Wahl der Bewertungsmethode hervor („Brancheneignung" mit $x_M = 5,1$).

Im Vergleich zu den bereits genannten Kriterien weisen die Items „Einbeziehung steuerlicher Faktoren" ($x_M = 4,0$), „Akzeptanz durch Verhandlungsparteien" ($x_M = 3,9$) sowie die „Möglichkeit zur Analyse von Werttreibern" ($x_M = 3,7$) eine deutlich geringere Gewichtung auf. Auf die offene Frage nach weiteren Kriterien wurden „Nachvollziehbarkeit", „interne Akzeptanz" sowie „Risikoabdeckung" genannt.

3.3.3.5.2   Ausprägungen erfolgsorientierter Methoden

Die bisherigen Auswertungen haben gezeigt, daß die Vermutung von der hohen Bedeutung erfolgsorientierter Methoden bei der Bewertung von Bauunternehmungen in praxi zutrifft. Betrachtet man die substanzorientierten Methoden vor dem Hintergrund ihrer Funktion als Hilfsverfahren, so bilden Ertragswert- und DCF-Methode die zwei wichtigsten Bewertungsverfahren. Da diese Methoden aus mehreren Komponenten bestehen, ist nun zu überprüfen, welche Ausprägungen sie aufgrund unterschiedlicher Erfolgsgrößen und Diskontierungszinssätze annehmen und welche Zeitspanne die Prognose künftiger Erfolge umfaßt.

Um festzustellen, in welchem Maße bestimmte Erfolgsgrößen bei der Bewertung von Bauunternehmungen zum Einsatz kommen, wurde nach den üblicherweise verwendeten Erfolgsgrößen gefragt (Frage 7). Da sich die Begriffsabgrenzungen des Cash Flows in Literatur und Praxis z.T. erheblich unterscheiden[405] und eine Differenzierung zwischen einzelnen Cash Flow-Begriffen für diese Erhebung nicht zielführend erscheint, blieb die Frage auf die Ertragswertmethode beschränkt. Der Cash Flow erfährt somit auf Basis der Nennungen eine Anwendungsquote von 43% (s. Tabelle 9). Die Erfolgsgrößen der Ertragswertmethode sind demnach für 90% der Befragten von Bedeutung. Bezogen auf diese 90% Teilnehmer ergibt sich für Frage 7 folgendes Ergebnis(s. Abbildung 5):

---

[405] Vgl. Peemöller/Bömelburg/Denkmann (Unternehmensbewertung 1994), S. 744.

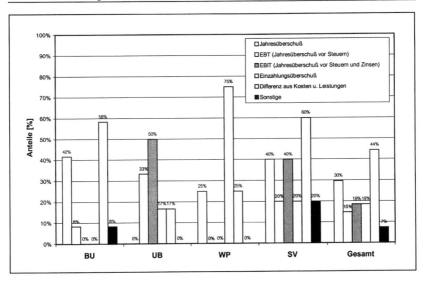

Abbildung 5: Erfolgsgrößen bei Anwendung der Ertragswertmethode (Frage 7)[406]

Aus der vorliegenden Graphik geht hervor, daß in toto die Differenz aus Kosten und Leistungen die am häufigsten prognostizierte Erfolgsgröße darstellt (44%). Diese Erkenntnis verwundert, da die mögliche Erfolgsgröße „Saldo aus Kosten und Leistungen" (Wirtschaftliches Ergebnis) keinen Diskussionsgegenstand in der Literatur darstellt.

Betrachtet man die Abbildung 5 näher, so fällt auf, daß der hohe Gesamtanteil der „Differenz aus Kosten und Leistungen" vor allem auf Nennungen der Bauunternehmungen zurückzuführen ist (7 Nennungen). Dies legt die Vermutung nahe, daß gerade Bauunternehmungen Erfolgsgrößen wie dem Jahresüberschuß oder dem modifiziertem Jahresüberschuß (EBT, EBIT) nur wenig Vertrauen entgegenbringen. Vor diesem Hintergrund kommt den Antworten zu Frage 8 besondere Bedeutung zu (s. Abbildung 4). Hier wird die Notwendigkeit herausgestellt, Bewertungsverfahren robust gegen Bilanzmanipulationen zu gestalten.

Bei den Wirtschaftsprüfern fällt auf, daß sie getreu den Vorgaben ihrer Standesorganisation in erhöhtem Maße auf Einzahlungsüberschüsse zurückgreifen (75%).[407] Unternehmensberater halten offenbar modifizierte Jahresüberschüsse für die aussagekräftigsten Erfolgsgrößen (EBT: 33%; EBIT: 50%). Eine Kontingenzanalyse zwischen Teilnehmergruppen und Wahl der Erfolgsgröße führt auch zu einem relativ

---

[406] Mehrfachnennungen waren erlaubt, da bspw. bei Sensitivitätsanalysen im Rahmen einer Unternehmensbewertung mehrere Erfolgsgrößen vonnöten sein können. In der Kategorie „Sonstige" gaben zwei Personen „um Sondereinflüsse bereinigter Jahresüberschuß" an. Vgl. Beckmann/Rohr (Unternehmensbewertung 2000), Anhang II.

[407] Vgl. Institut der Wirtschaftsprüfer (IDW Standard 1999), S. 203. Dort ist zwar die Rede von Einnahmenüberschüssen, gemeint sind aber Einzahlungsüberschüsse. S. Kapitel 2.3.3.1, „Definition der Erfolgsgröße".

hohen Cramérschen Zusammenhangsmaß von V = 0,49. Dies bestätigt die Aussage, daß zwischen den einzelnen Befragungsgruppen deutliche Unterschiede bei Wahl der Erfolgsgröße bestehen.

Ein Vergleich mit Sekundärerhebungen scheidet an dieser Stelle aus. Dafür ausschlaggebend sind der Mangel an Befragungen sowie unterschiedliche Frage- und Auswertungstechniken zum Themenkomplex „Erfolgsgrößen". Deshalb sei lediglich angemerkt, daß die in der eigenen Befragung ermittelte vorherrschende Erfolgsgröße „Differenz aus Kosten und Leistungen" in keiner der bisher genannten Umfragen Erwähnung findet.

Die Auswertungen zur Frage 6 betreffen die Zinssätze zur Diskontierung der künftigen Erfolge. Hier wurde nach der Orientierung des Kapitalisierungszinses gefragt. Das Ergebnis zeigt Abbildung 6.

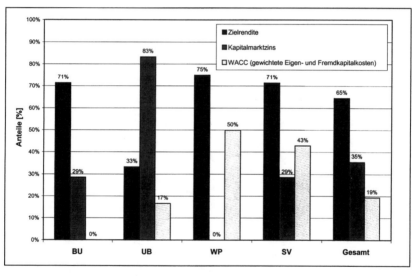

Abbildung 6: Orientierung des Kapitalisierungszinses (Frage 6)[408]

Es wird deutlich, daß die Zielrendite im Sinne einer vorgegebenen Mindestverzinsung die dominierende Größe bei der Kapitalisierung künftiger Erfolge darstellt (65%). Den zweiten Rang nimmt die Orientierung am Kapitalmarktzins, z.B. am Zinssatz langfristiger Staatspapiere, ein (35%). Diesem aus der traditionellen Unternehmensbewertung stammenden Ansatz folgen vor allem die Unternehmensberater (83%).

---

[408] Bezugsbasis sind die 28 Auskunftspersonen, die angaben, Ertragswert- oder DCF-Verfahren zu nutzen (13 BU; 6 UB; 4 WP; 5 SV), ein Befürworter von Kombinationsmethoden (1 BU) sowie die 2 Teilnehmer, die die Frage 3 unbeantwortet ließen (2 SV). Frage 6 blieb einmal ganz unbeantwortet (1x UB). Mehrfachnennungen waren möglich. Unter „Sonstige" fanden sich keine weiteren Eintragungen.

Der WACC ist als unternehmensspezifische Form des Kapitalisierungszinses mit einer Anwendungsquote von insgesamt 19% deutlich unterrepräsentiert. Lediglich Wirtschaftsprüfer (50%) und Sachverständige (43%) sowie ein geringer Teil der Unternehmensberater (17%) zeigen sich diesem -von der modernen Theorie bevorzugten- Verfahren gegenüber aufgeschlossen.

Besonders auffällig ist, daß die Verhalten der Bauunternehmungen trotz ihres Status als größte Befragungsgruppe weder Mehrfachnennungen lieferten noch den WACC als möglichen Kapitalisierungszins nannten. Vielmehr bevorzugen akquirierende Bauunternehmungen eine vorgegebene Zielrendite (71%). Diese Präferenz deutet auf eine sehr subjektive Festlegung des Zinssatzes hin. Aus theoretischer Sicht ist eine solche Vorgehensweise jedoch keineswegs zu verwerfen, sie läßt sich vielmehr als Opportunitätskostenüberlegung im Hinblick auf die bestrentierlichste Alternativinvestition (-akquisition) interpretieren.

Bringt man ganz allgemein Befragungsgruppen und Wahl des Kapitalisierungszinsfußes in Zusammenhang, so ergibt sich ein relativ hohes Cramérsches Kontingenzmaß von V = 0,40.[409] Dieser Wert unterstreicht den ermittelten Zusammenhang zwischen Zugehörigkeit zu einer der Teilnehmergruppen und Wahl des Zinssatzes.

Bei einem Vergleich mit Ergebnissen anderer Erhebungen lassen sich keine gravierenden Unterschiede feststellen. So nimmt die Zielrendite in den Veröffentlichungen von Prietze/Walker und Beck ebenfalls eine bedeutsame Rolle bei der Wahl des Kalkulationszinsfußes ein (s. Tabelle 11). Ferner ermittelt auch Beck für unterschiedliche Bewertungsperspektiven (Käufer/Berater) klar differierende Anwendungsquoten.[410]

	Prietze/Walker	Beck		Eigene Erhebung
	Gesamt	Käufer	Berater	Gesamt
Zielrendite	44%	53%	33%	65%
Kapitalmarktzins	26%	53%	39%	35%
WACC (gew. Eigen- u. Fremdkapitalkosten)	32%	k.A.	k.A.	19%
Anz. Beantworteter Fragebögen	120	37	18	31

Tabelle 11: Orientierung des Kapitalisierungszinses im Vergleich

Es fällt auf, daß alle 32 Befragungsteilnehmer eine Ergebnisprognose vornehmen. Dies läßt den Schluß zu, daß die Prognose zukünftiger Erfolge für die Bewertung von Bauunternehmungen unentbehrlich ist.

Aus Abbildung 7 ist abzuleiten, daß der vom Institut der Wirtschaftsprüfer (IDW) vorgeschlagene (Detail-) Prognosezeitraum von drei bis fünf Jahren auch bei der

---

[409] S. Anhang II, Frage 6.
[410] Vgl. Prietze/Walker (Kapitalisierungszinsfuß 1995), S. 205 f., u. Beck (Unternehmensbewertung 1996), S. 205 ff.

Bewertung von Bauunternehmungen bevorzugt wird (44%).[411] Insbesondere die befragten Wirtschaftsprüfer folgen der Vorgabe ihrer Standesvertretung (75%).

Die befragten Bauunternehmen lehnen nicht nur kurze Prognosezeiträume ab (1-2 Jahre: 0%), sondern sie bevorzugen darüber hinaus Zeitspannen von mehr als fünf Jahren (57%). In der Antwortkategorie „mehr als zehn Jahre" bilden sie sogar den größten Anteil (36%). Diese Präferenz für lange Prognosezeiträume könnte zwei Gründe haben. Zum einen ist eine langfristige Erfolgsbetrachtung für die strategische Ausrichtung einer Akquisition erforderlich. Zum anderen könnte die brancheninterne Perspektive zu der Einsicht geführt haben, daß Bauunternehmungen aufgrund der langfristigen Auftragsfertigung sowie der auftragsabhängigen Vorlauf- und Gewährleistungszeiten nur anhand eines möglichst weit gefaßten Prognosezeitraums sinnvoll bewertet werden können.[412]

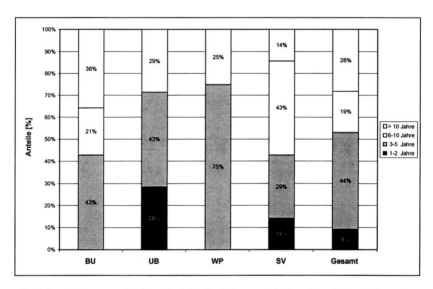

Abbildung 7: Prognosehorizont bei der Ermittlung zukünftiger Ergebnisse (Frage 5)

Eine Gegenüberstellung des eigenen Gesamtergebnisses mit dem von Peemöller et al.[413] bekräftigt diese Überlegung (s. Tabelle 12).

---

[411] Vgl. Institut der Wirtschaftsprüfer (IDW Standard 1999), S. 207.
[412] Allerdings bleibt diese Vermutung nicht auf die befragten Bauunternehmen beschränkt. Denn auch die anderen Befragungsteilnehmer geben relativ weite Prognosehorizonte an. Zudem ist rechnerisch nur ein schwacher Zusammenhang zwischen Teilnehmergruppe und Länge des Prognosehorizonts registrierbar (V = 0,33). S. Anhang II, Frage 5.
[413] Vgl. Peemöller/Bömelburg/Denkmann (Unternehmensbewertung 1994), S. 743.

	Peemöller et al. (Gesamt)		Eigene Erhebung (Gesamt)	
	Anzahl [-]	Anteil [%]	Anzahl [-]	Anteil [%]
1-2 Jahre	44	72%	3	9%
3-5 Jahre	17	28%	14	44%
6-10 Jahre	0	0%	6	19%
> 10 Jahre			9	28%
Summe	61	100%	32	100%

Tabelle 12: Planungshorizont im Vergleich

In der branchenneutralen Umfrage von Peemöller et al. gaben lediglich 28% der Befragten an, Ergebnisse über mehr als fünf Jahre zu prognostizieren (ggü. 47% in der eigenen Erhebung). Dabei darf allerdings nicht übersehen werden, daß es sich hierbei - nach statistischen Maßstäben zu urteilen - um keine „sichere" Erkenntnis handelt. Nimmt man beispielsweise eine auf die jeweilige Grundgesamtheit bezogene Bandbreitenschätzung vor, so ergibt sich für die Studie von Peemöller et al. eine Bandbreite von 16,5% bis 39,5% potentieller Auskunftspersonen, die einen Prognosehorizont von mehr als fünf Jahren wählen. Dieses Wahrscheinlichkeitsintervall überschneidet sich mit dem entsprechenden Intervall von 29,2% bis 64,5% der eigenen Befragung. Somit bleibt zwar für die vorliegende, auf die Baubranche bezogene Erhebung ein besonders weit gefaßter Prognosehorizont zu konstatieren. Eine weitere Validierung dieser Aussage erscheint jedoch erforderlich.

3.3.3.5.3   Risikobetrachtung

Im Hinblick auf die Berücksichtigung von branchenimmanenten Risiken war zu ermitteln, welche Bedeutung einzelne Risiken in der Praxis haben (Frage 9) und in welcher Form sie Eingang in die Bauunternehmensbewertung finden (Frage 10).

Dazu wird die in Frage 9 vorgegebene Rating-Skala wieder als intervallskaliert betrachtet. Der Einschätzung „von äußerst hoher Bedeutung" wird der Wert Sechs, „von äußerst geringer Bedeutung" der Wert Eins zugeordnet. Da die Mittelwerte der einzelnen Gruppen im Vergleich zur Gesamt-Stichprobe nur einmalig[414] eine Abweichung von größer Eins aufweisen, wird auf eine nach Teilnehmergruppen geordnete Darstellung verzichtet (s. Abbildung 8).

---

[414] Item „Technische Risiken" (x_M (SV) = 3,1 ggü. x_M (Gesamt) = 4,3). S. Anhang II, Frage 9.

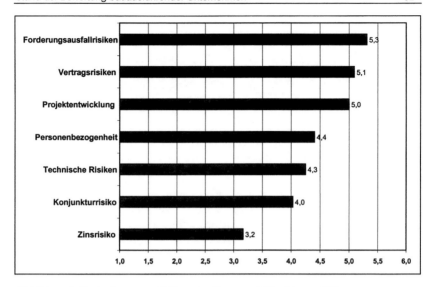

Abbildung 8: Bedeutung von Risiken des Baugeschäfts (Frage 9)[415]

Eine Standardabweichung von 0,7 bis 1,4 demonstriert ein relativ homogenes Antwortverhalten.

Als wichtigste zu beurteilende Risiken im Rahmen einer Bauunternehmensbewertung erachten die befragten Praktiker die auftragsbezogenen Forderungsausfall- und Vertragsrisiken (x_M = 5,3 u. 5,1), wie die zwei geringsten Standardabweichungen bei Frage 9 zum Ausdruck bringen (s = 0,7 u. 0,8). Ihre Einschätzung erscheint auch vor dem Hintergrund der mit Bauverträgen einhergehenden Risiken (z.B. Kalkulations- und Bonitätsrisiken) plausibel.

Das Gefahrenpotential der Projektentwicklung, nimmt einen bedeutenden Rang ein (x_M = 5,0). Daraus wird ersichtlich, daß die Analyse der mit Projektentwicklung verbundenen Risiken (Nachfrageentwicklung, Lage, Baurecht etc.) bei Unternehmen mit einem solchen Geschäftsfeld zwingend erforderlich ist.

Für noch immer relativ wichtig wird die „Personenbezogenheit des Baugeschäfts" gehalten (x_M = 4,4). Mittelständisch geprägte Wirtschaftszweige wie die Baubranche gelten allgemein als stark personenbezogen. Häufig wird der Begriff „Personen-bezogenheit" in Zusammenhang mit dem geschäftsfördernden Beziehungsnetz einzelner Verantwortlicher gebracht.[416] Diesem Thema widmet sich auch ein Teil der Befragung von Bauunternehmern[417].

Technischen Risiken wird ein ähnlich hohes Gewicht wie der Personenbezogenheit zugeordnet (x_M = 4,3). Betrachtet man Gewährleistungsrisiken als Teilmenge der

---

[415] Item „Projektentwicklung" blieb einmal (1x SV), Item „Zinsrisiko" zweimal (1x BU; 1x SV) unbeantwortet. S. Anhang II, Frage 9
[416] Vgl. Behringer (Unternehmensbewertung 1999), S. 11 ff., u. o.V. (Geschäfte 1999), S. 29.
[417] S. Kapitel 3.4, „Befragung der Bauunternehmer".

technischen Risiken, so lassen sich die weiten Prognosezeiträume mit der - absolut gesehen - noch immer großen Bedeutung der technischen Risiken erklären.

Gesamtwirtschaftlich begründete Konjunktur- und Zinsrisiken besitzen erwartungsgemäß die geringste Bedeutung (x_M = 4,0 u. 3,2). Sie sind zwar grundsätzlich relevant, ihre Einschätzung liefert jedoch keinen Beitrag zu einem betriebswirtschaftlichen Vergleich von Akquisitionsobjekten innerhalb des Baugewerbes.

An Antworten auf die offene Frage nach weiteren Branchenrisiken sind das „Abwertungsrisiko nicht abgerechneter Bauten", die „Preisentwicklung Materialbeschaffung" sowie die internationale Transaktionen betreffenden „Länder-" und „Währungsrisiken" zu nennen.[418]

Im folgenden soll der Versuch unternommen werden, einen Überblick über die rechnerische Einbeziehung von Risiken zu gewinnen (Frage 10). Dazu wurde den Teilnehmern ein Multiple-Choice-Katalog, aufgeteilt nach Risikoberücksichtigung im Nenner (Diskontierungszins) und Zähler (Erfolg) des Kapitalwertkalküls, vorgegeben. Ferner existierten freie Felder zur Angabe abweichender Vorgehensweisen. Mehrfachnennungen waren möglich. Hierdurch sollten aus zwingender Einfachnennung resultierende Antwortverzerrungen vermieden werden.[419]

Bei Auswertung der Frage 10 zeigte sich, daß der Großteil der Befragten genau eine Ankreuzmöglichkeit in der Kategorie „Zinszuschlag" und eine in „Berücksichtigung im künftigen Erfolg" wählte (21 von 32 Antworten). Interpretiert man diese Zweifachnennungen als Kombinationen, so folgen die Teilnehmer offenbar der Anmerkung eines der befragten Wirtschaftsprüfer. Dieser gab an, in der Planung abbildbare Risiken im Kapitalisierungszins (z.B. branchenbezogener Risikozuschlag) und in der Planung nicht abbildbare Risiken im Erfolg (z.B. differenzierte Bewertung einzelner Risiken) zu berücksichtigen.

Da die Antwortvorgaben zumeist Risikoscheu implizierten und von keinem der Befragten zusätzliche (risikofreudige) Möglichkeiten angegeben wurden, kann grundsätzlich von einem risikoaversen Bewertungsverhalten gesprochen werden.[420] Allerdings widerlegen Prietze/Walker die naheliegende Annahme, es könne sich hierbei um ein branchentypisches Phänomen handeln. Denn in ihrer branchenübergreifenden Untersuchung ließ sich ebenfalls eine ausgeprägte Risikoscheu der Unternehmensbewerter feststellen.[421]

Inhaltlich kommt bei der Risikoberücksichtigung im Diskontierungszins (s. Abbildung 9) eine Präferenz für „objektspezifische Risikozuschläge" zum Ausdruck (Anteil: 56%). Dieses Verhalten zeigen vor allem die Bauunternehmen und Sachverständigen (beide 71%).

---

[418] Vgl. Beckmann/Rohr (Unternehmensbewertung 2000), Anhang II.
[419] Beispielsweise könnte nur ein einziger Ansatz aufgeführt werden, obwohl in der Realität eine Kombination einzelner Ansätze stattfindet.
[420] Risikofreude würde durch Abschläge im Zins oder Zuschläge im Erfolg zum Ausdruck kommen.
[421] Vgl. Prietze/Walker (Kapitalisierungszinsfuß 1995), S. 206.

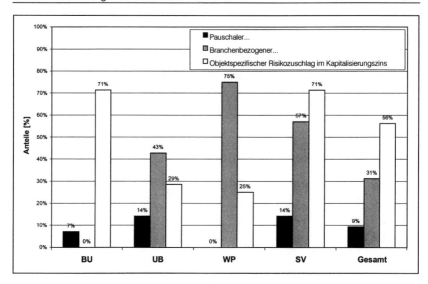

Abbildung 9: Risikoberücksichtigung im Diskontierungszins (Frage 10)

Die befragten Bauunternehmen unterstreichen mit ihrem hohen Anteil an „objekt-spezifischen Risikozuschlägen" sowie dem verschwindend geringen Anteil an alternativen Zuschlagsformen (7%) wieder ihre entscheidungstheoretisch korrekte Art der Unternehmensbewertung. Denn als Akquisiteur würde man mit der Wahl branchenbezogener oder gar pauschaler Risikozuschläge die Besonderheiten des einzelnen Bewertungsobjekts ignorieren. Branchenbezogene oder pauschale Zuschläge werden deshalb auch eher von den nicht unmittelbar als Käufer auftretenden Befragungsteilnehmern gewählt (siehe Abbildung 9). Dennoch verwundert das Vorgehen der „Transferagenten", weil insbesondere den branchen-bezogenen Risikozuschlägen vorgeworfen wird, es bestünden enorme Schwierig-keiten in deren Ermittlung (mangelnde Übertragbarkeit von Beta-Faktoren auf nicht-börsennotierte Unternehmen etc.).[422]

Die Abbildung 10 illustriert, daß die Bewertung eines Bauunternehmens nur selten ohne eine differenzierte Risikobetrachtung im prognostizierten Erfolg auskommt.

---

[422] Vgl. Behringer (Unternehmensbewertung 1999), S. 95, u. Beckmann/Rohr (Unternehmensbewertung 2000), Anhang II.

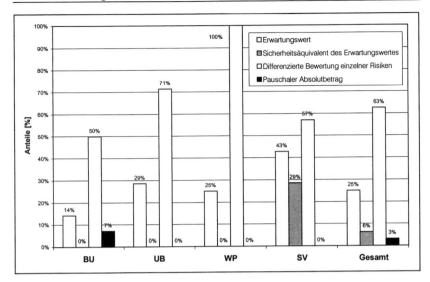

Abbildung 10: Risikoberücksichtigung im prognostizierten Erfolg (Frage 10)

Danach berücksichtigen mehr als 60% der Befragten Risiken differenziert im prognostizierten Erfolg. Der hohe Anteile an Unternehmensberatern und Wirtschaftsprüfern unterstreicht, daß auch sie für eine unternehmensspezifische Risikobetrachtung sensibilisiert sind (71% u. 100%).

Der theoretisch Risikoneutralität widerspiegelnde Erwartungswert stellt die zweithäufigste Form der Risikoberücksichtigung dar (25%). Diese Feststellung sollte jedoch vor dem Hintergrund gesehen werden, daß der Erwartungswert immer in Verbindung mit einem Zinszuschlag angegeben wurde. Mithin ist unter der Annahme der Kombination beider Größen auch hier von einem risikoaversen Verhalten auszugehen.

3.3.3.5.4   Bewertungsprobleme und notwendige Konsequenzen

Um festzustellen, zu welchen Aspekten ein künftiges Modell der Bewertung von Bauunternehmen weitere Hilfestellung geben sollte, war zu überprüfen, welche Bewertungshandlungen als schwierig empfunden, für wie groß etwaige Schwierigkeiten gehalten wurden (Frage 11) und welche Lösungsmöglichkeiten die Praxis bereits anbot (Frage 12). Im Hinblick auf eine klarere Beurteilung der Auswertungsergebnisse wurde die generelle Informationsbasis bei einer Bauunternehmensbewertung erhoben (Frage 2).

Grundlage der Auswertung von Frage 2 sind die Antworten auf die drei vorgegebenen Items sowie das offene Antwortfeld „Andere". Die Angaben werden nach dem Schlüssel „nie = 1,0" bis „immer = 4,0" metrisiert. Da es kein auffällig unterschiedliches Antwortverhalten bei den einzelnen Befragungsgruppen gab,[423] wird allein das Gesamtergebnis dargestellt (s. Abbildung 11).

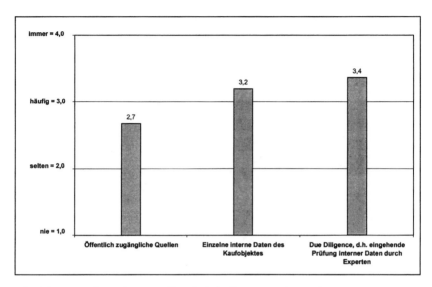

Abbildung 11:Informationsgrundlage bei der Bauunternehmensbewertung (Mittelwerte) (Frage 2)[424]

Für eine Vier-Punkte-Skala liegt eine verhältnismäßig heterogene Antwortstruktur vor (Standardabweichungen $s = 1{,}0/0{,}8/0{,}8$). Das Auswertungsergebnis sollte deshalb lediglich als richtungsweisend angesehen werden.

Aber selbst unter diesem Vorbehalt wird deutlich, daß die aus den USA stammende Due Diligence bei der Bewertung von Bauunternehmen einen breiten Anklang findet ($x_M = 3{,}4$). Von fast ebenso hoher Bedeutung ist die Analyse einzelner interner Daten ($x_M = 3{,}2$). Der Aussagegehalt öffentlich zugänglicher Informationen wird offenbar als gering eingestuft ($x_M = 2{,}7$).

Auf die Frage nach weiteren Informationsquellen antworteten zwei Vertreter der Bauunternehmen mit „Informationen aus Geschäftsbeziehungen" und „gemeinsame Arbeitsgemeinschaften".

Um die Größe branchenbezogener Bewertungsprobleme[425] quantitativ zu erfassen, wurde ebenfalls auf eine Rating-Skala zurückgegriffen (Frage 11). Sie besitzt

---

[423] Die Differenz aus Mittelwerten der Gesamtstichprobe und Einzelstichproben ist immer kleiner Eins. S. Anhang II, Frage 2.

[424] Bei Frage 11 lagen einmal keine Angaben zu „Öffentliche Informationsquellen" (1x BU), zweimal zu „Einzelne interne Daten" (2x BU) und zweimal zu „Due Diligence" vor (1x BU; 1x SV).

[425] Zu allgemeinen Problemen bei der Bewertung von Akquisitionsobjekten vgl. Beck (Unternehmensbewertung 1996) S. 91, 218 f.

Kategorien von „Eins = äußerst unproblematisch" bis „Sechs = äußerst problematisch".

Aus dem Ankreuzverhalten geht hervor, daß zwar keine wesentlichen Einschätzungs-unterschiede zwischen den einzelnen Teilnehmergruppen bestanden[426], aber dennoch die Einschätzungen der Bauunternehmungen grundsätzlich knapp einen halben Skalenpunkt über dem Durchschnitt lagen. Den relativ geringen Standard-abweichungen ist diese Tatsache nicht zu entnehmen (s = 0,9 bis 1,5). Das Befragungsergebnis zeigt Abbildung 12, getrennt nach methodischen (schwarz) und risikobezogenen (grau) Bewertungsproblemen.

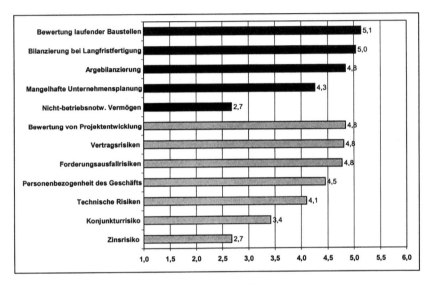

Abbildung 12: Methodische und risikobezogene Bewertungsschwierigkeiten (Mittelwerte) (Frage 11)[427]

Offenbar bereitete die Bewertung laufender Baustellen[428] die größten Probleme (x_M = 5,1). Eine Einbeziehung von Fachleuten zur Begutachtung von Baustellen erscheint daher bei der Bewertung von Bauunternehmen ratsam. Wie vermutet, bergen auch die Bilanzierung bei langfristiger Auftragsfertigung sowie das Bauen in Arbeitsgemeinschaften enorme Schwierigkeiten (x_M = 5,0 u. 4,8). Die Gründe dafür dürften in noch darzustellenden Rechnungslegungsvorschriften des HGB liegen[429]. Diese führen u.a. zu relativ großen Bewertungsspielräumen bei der

---

[426] Die Differenz aus Mittelwerten von Gesamt- und Einzelstichprobe ist - bis auf vier Ausnahmen (SV: „Bilanzierung Langfristfertigung" 4,0 ggü. 5,0; SV/WP: „Argebilanzierung" 3,2/6,0 ggü. 4,8; SV: „Bewertung Projektentwicklung" 3,8 ggü. 4,8) - kleiner Eins. S. Anhang II, Frage 11.

[427] Frage 11 blieb einmal unbeantwortet (1x SV), zusätzlich das Item „Bewertung laufender Baustellen" (1x BU). S. Anhang II, Frage 11.

[428] Die Begriffe Baustelle, Projekt und Auftrag werden im folgenden gleichbedeutend verwendet.

[429] S. Kapitel 4.1.3.2.1, „Handelsrechtliche Grundlagen".

periodengerechten Abgrenzung langfristiger Fertigungsaufträge und zu einer intransparenten Argebilanzierung. Auch hier sei wieder auf die Frage 8 verwiesen in der die „Robustheit ggü. Bilanzmanipulation" bereits als zweitwichtigstes Kriterium zur Wahl der Bewertungsmethode ermittelt wurde (s. Abbildung 4).

Mangelhafte Unternehmensplanung führt ebenfalls zu nicht unerheblichen Schwierigkeiten (x_M = 4,3). Ein befragter Sachverständiger ergänzte auf dem Fragebogen, daß ein Planungssystem bei Bauunternehmen nur in den seltensten Fällen vorhanden sei.[430] In der Literatur wird darauf hingewiesen, daß insbesondere kleine und mittlere Unternehmen nur selten auf eine betriebswirtschaftliche Planung zurückgreifen.[431] Da Unternehmen dieser Größe im deutschen Baugewerbe stark verbreitet sind, dürfte auch dies ein Grund für die hohe Gewichtung des Items „Mangelhafte Unternehmensplanung" sein.

Die Bewertung des nicht betriebsnotwendigen Vermögens stößt ebenfalls auf Ermittlungsprobleme. Diese werden jedoch bei weitem geringer eingeschätzt als die bisher aufgeführten (x_M = 2,7). Somit scheinen sich die Befragten mit der Vorgabe der Theorie zu arrangieren, wonach die Entscheidung über die Betriebsnotwendigkeit einzelner Wirtschaftsgüter allein dem Unternehmenskäufer vorbehalten bleibt.[432]

Bezüglich der Schwierigkeiten bei der Bewertung von Risiken ist festzustellen, daß Projektentwicklungs-, Vertrags- und Forderungsausfallrisiken die größten Bewertungsprobleme bereiten (x_M = 4,8). Die hohe Bedeutung dieser Risiken ging bereits aus den Antworten zur Frage 9 hervor (s. Abbildung 8).

Ebenfalls große Probleme bereiten Risiken im Zusammenhang mit der Personenbezogenheit des Baugeschäfts (x_M = 4,5) und die Beurteilung technischer Risiken (x_M = 4,1). Zins- und Konjunkturrisiken besitzen nicht nur eine geringe Bedeutung (s. Abbildung 13), sondern ihre Einschätzung ist offenbar auch mit geringeren Problemen verbunden (x_M = 2,7 u. 3,4).

Hält man sich vor Augen, daß schon Zins- und Konjunkturprognosen mit großer Unsicherheit verbunden sind, so wird deutlich, vor welche Probleme sich die befragten Bewerter gestellt sehen, wenn sie versuchen, einzelwirtschaftliche Risiken einer Bauunternehmung zu bewerten.

Um den Zusammenhang zwischen ermittelter Bedeutung von Risiken und der Problematik ihrer Erfassung zu verdeutlichen, werden beide Ergebnisse in Form von Koordinaten dargestellt (s. Abbildung 13).

[430] S. Anmerkungen zu Frage 12 in Beckmann/Rohr (Unternehmensbewertung 2000), Anhang II.
[431] Vgl. Institut der Wirtschaftsprüfer (Stellungnahme 1998), S. 27;, Bruns (Unternehmensbewertung 1998) S. 72, u. Behringer (Unternehmensbewertung 1999), S. 85.
[432] Vgl. Beck (Unternehmensbewertung 1996), S. 91, u. Bruns (Unternehmensbewertung 1998), S. 81 ff.

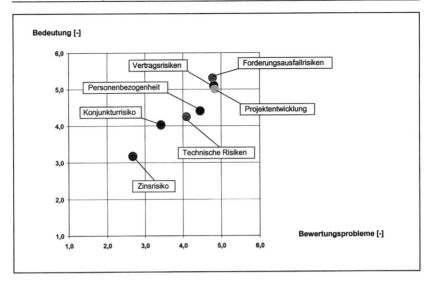

Abbildung 13: Matrix aus Bedeutung und Problemen der Bewertung von Branchenrisiken

Diese Abbildung zeigt, zu welchen Aspekten ein künftiges Bewertungsmodell Hilfestellung geben sollte (Dimension „Bewertungsprobleme") und wo ggf. Maßnahmen zur Komplexitätsreduktion (Dimension „Bedeutung") erfolgen können.

Um festzustellen, wie in der Bewertungspraxis zur Verringerung der Bewertungsprobleme vorgegangen wird, wurde nach diesbezüglichen Maßnahmen gefragt (Frage 12). In Tabelle 13 sind die Ergebnisse zusammengefaßt.

	BU Anteil	UB Anteil	WP Anteil	SV Anteil	Gesamt Anteil
Orientierung an KLR statt an Bilanz	57%	43%	75%	71%	59%
Überprüfung Planungssystem	21%	71%	75%	57%	47%
Begutachtung der Baustellen durch Experten	79%	71%	75%	14%	63%
Beurteilung des Führungspersonals	79%	86%	75%	71%	78%
Prüfung Risikomanagementsystem	64%	86%	50%	43%	63%
Anzahl der Fragebögen	14	7	4	7	32

Tabelle 13: Maßnahmen zu Verringerung der Bewertungsprobleme (Frage 12)

Bei den Antworten fällt auf, daß mehr als Dreiviertel aller Befragten eine Beurteilung des Führungspersonals vornehmen (78%). In diesem Punkt besteht weitgehende Einigkeit. Um die aus der Bilanzierung hervorgehenden Probleme zu umgehen, orientieren sich viele Teilnehmer eher an der Kosten- und Leistungsrechnung (KLR) des Bewertungsobjekts als an dessen Bilanz (59%). Dieses Vorgehen korrespondiert eng mit der Wahl von „Differenz aus Kosten und Leistungen" als bedeutendster Erfolgsgröße (s. Abbildung 5).

Obwohl ein Befragungsteilnehmer anmerkte, Risikomanagementsysteme seien nur selten vorhanden, gab die Mehrzahl der Befragten an, diese grundsätzlich zu überprüfen (63%). Uneinigkeit besteht offenbar in der Begutachtung von Baustellen durch Experten. Es war nur ein Sachverständiger, der dies vorschlug, während sich über alle Gruppen insgesamt 60 % der Befragten dafür aussprachen. In bezug auf die Überprüfung der Unternehmensplanung soll nicht unerwähnt bleiben, daß die befragten Bauunternehmen im Gegensatz zu den übrigen Befragungsgruppen nur selten die Konsequenzen ziehen, diese zu „durchleuchten" (21% ggü. insgesamt 47%).

3.4 Befragung der Bauunternehmer

3.4.1 Zielstellung und Vorgehensweise

Durch die zweite empirische Untersuchung sollten zusätzliche Erkenntnisse über die Werttreiber von bauausführenden Unternehmen gewonnen werden. Obwohl aus methodischen Gründen der Werteinfluß von Branchenrisiken in gesonderten Fragen abgehandelt wird, sind auch die Risiken als Werttreiber („negative Werttreiber") zu verstehen. Die Kenntnis dieser Determinanten (Schlüsselfaktoren) des Unternehmenserfolgs[433] ist eine wesentliche Grundlage für die Konzeption eines bauspezifischen Bewertungsmodells.

In einer solchen Untersuchung könnte auch das Management von Bauunternehmungen nach seiner Einschätzung des Zusammenhangs zwischen Merkmalen und Erfolg eines Unternehmens befragt werden. So könnten aus Angaben zu Unternehmensmerkmalen und tatsächlichem Erfolg maßgebende Wertbestimmungsfaktoren mittels einer korrelationsanalytischen Untersuchung ermittelt werden. Hierdurch würde „die intime Kenntnis finanzmathematischer Verfahren"[434] um das möglicherweise weitaus wichtigere Wissen über quantitative Auswirkungen relevanter qualitativer Eingangsdaten bereichert.

Ein derartig umfassendes Vorgehen kann im Rahmen der vorliegenden Arbeit nicht geleistet werden. Aus diesem Grunde ist die vorgenommene Folgeerhebung auch nicht der klassischen Erfolgsfaktorenforschung zuzuordnen. Die Wahl des Terminus „Werttreiber" soll dies unterstreichen. Einerseits wird auf diese Weise die für notwendig erachtete Distanz zum Begriff „Erfolgsfaktoren" geschaffen. Andererseits wird verdeutlicht, daß mit den Ergebnissen dieser Befragung gleichzeitig Grundlagen für ein bauspezifisches Value Driver-Modell geschaffen werden.[435] Des weiteren läßt sich mit dieser Begriffsbildung ein direkter Bezug zum Thema Unternehmensbewertung herstellen, ohne den Befragungsteilnehmern a priori die Überlegenheit einer erfolgsorientierten Unternehmensbewertung zu suggerieren.

---

[433] Fritz (Schlüsselfaktor 1990), S. 92.
[434] Bretzke (Risiken 1988), S. 823.
[435] S. Kapitel 5.7.2.2, „Bauspezifisches Shareholder Value Network".

Aufgrund des Mangels an vergleichbaren Sekundärerhebungen muß sich die Ergebnisinterpretation allein auf die Grundlage der eigenen Erhebung stützen. Stellenweise ergibt sich aber die Möglichkeit, zusätzlich auf die Ergebnisse der bereits beschriebenen ersten Befragung zurückzugreifen.

3.4.2   Ableitung der Fragen

Um den Zusammenhang zwischen dem Anwortverhalten der Befragungsteilnehmer und den Merkmalen der zugehörigen Unternehmen möglichst differenziert unter-suchen zu können, waren Eigenschaftsfragen[436] unerläßlich. Sie bezogen sich auf die Unternehmensgröße. Konkret wurde nach der „Höhe der Bauleistung" (Frage 2)[437], der „Anzahl der Beschäftigten" (Frage 3) und der „angehörige Bausparte" (Frage 4) gefragt. Als subjektiv empfundenes Merkmal der näheren Unternehmensumwelt wurde zusätzlich eine Einschätzung der aktuellen Wettbewerbssituation des Unter-nehmens erfragt (Frage 1).

Die in dieser Erhebung gestellten Überzeugungsfragen berücksichtigten folgende Aspekte:

(1) Erfolgs- versus substanzorientierte Wertauffassung von Bauunternehmen

Als Ergebnis der Befragung der Unternehmensbewerter hatte sich konstatieren lassen, daß der Substanzbetrachtung bei der Bewertung von Bauunternehmen in praxi eine besonders hohe Bedeutung zukommt.[438] Ob diese Vorgehensweise auch nach Einschätzung der Bauunternehmer gerechtfertigt ist, sollte die Frage 5 des erarbeiteten Fragebogens klären. Mit der zweiten Erhebung wurde u.a. das Ziel verfolgt, Angaben über den individuellen Wertbegriff der Befragungs-teilnehmer zu erhalten.

(2) Werttreiber (im engeren Sinne)

Den Kern der Untersuchung bildeten die Abgrenzung und die Beschreibung derjenigen Faktoren, die bei aller Multikausalität des Unternehmenswerts den Wert eines Unternehmens aus Sicht der Befragten am stärksten beeinflussen (Frage 6). Um diese Werttreiber übersichtlich zu strukturieren und möglichst überschneidungsfrei zu extrahieren, wurden nach subjektivem Ermessen ermittelte Faktoren unter der Maßgabe, nach innen gerichtet möglichst homogene und nach außen gerichtet möglichst heterogene Gruppen zu bilden, in die drei Rubriken „Auftragsakquisition", „Projektabwicklung" und „Verwaltung" unterteilt. Faktoren, die sich nach der genannten Regel nicht einordnen lassen, werden unter der Rubrik „Sonstige" zusammengefaßt. Mit der Formulierung „Ihres Unternehmens/Ihrer Niederlassung" wurde beabsichtigt, ausdrücklich einen Bezug zum Unternehmen der befragten Personen zu schaffen, um so valide Rückschlüsse auf den Zusammenhang zwischen den Angaben der Befragten und den Merkmalen des zugehörigen Unternehmens ziehen zu

---

[436] Zu Fragetypen vgl. Schnell/Hill/Esser (Methoden 1993), S. 333 ff., u. Stier (Forschungsmethoden 1999), S. 171 ff.
[437] Die in Klammern angegebene Fragenummer entspricht der Numerierung des Fragebogens. S. Anhang III.
[438] S. Kapitel 3.3.3.5.1, „Bewertungsmethoden in der Praxis".

können. Eine abschließende Extraktion der wichtigsten Faktoren erfolgte mit der Bitte um eine Rangfolgenbildung in Frage 7.

(3) Einfluß einzelner Branchenrisiken (negative Werttreiber)

Es kann unterstellt werden, daß Risiken wesentlichen Einfluß auf den Wert von Bauunternehmen haben.[439] Sie wurden als „negative Werttreiber" bezeichet. Die Beurteilung des Einflusses einzelner Branchenrisiken auf den Unternehmenswert wurde analog zur Befragung der externen Unternehmensbewerter vorgenommen.[440] Auch hier verfolgte die Formulierung „Ihres Unternehmens/Ihrer Niederlassung" die Absicht, im Rahmen der Fragebogenauswertung Zusammenhänge zwischen dem Antwortverhalten bezüglich der Einschätzung von Branchenrisiken und den entsprechenden Unternehmensmerkmalen besser aufzeigen zu können.

(4) Notwendige Analyseintensität einzelner Bewertungsinhalte

Die unechte Verhaltensfrage nach der subjektiv für angemessen gehaltenen Analyseintensität einzelner qualitativer Merkmale eines zu bewertenden Bauunternehmens diente der Überprüfung der in den vorangehenden Fragen ermittelten Ergebnisse und kann die bisherigen Erkenntnisse im Hinblick auf Lösungsmöglichkeiten zur Bewältigung der branchenspezifischen Bewertungsprobleme um eine interne Perspektive bereichern (Frage 9).[441]

3.4.3 Form der Datenerhebung und Gestaltung des Fragebogens

Um Aussagen von möglichst hoher Validität treffen zu können, sollte die zugrundeliegende Datenbasis möglichst breit sein. Da eine breite Datenbasis nach Effizienzgesichtspunkten nur postalisch gewonnen werden kann, wurde auch diese Erhebung in Form einer schriftlich-postalischen Befragung durchgeführt.

Analog zur ersten Erhebung wurden die abgeleiteten Fragen mittels vorgegebener Antworten standardisiert. Die Fragen 6 bis 9 wiesen zur „Öffnung" der geschlossenen Antworten die hybride Rubrik „Weitere/Andere" auf. Die mit Rating-Skalen versehenen Fragen 5 bis 9 erlaubten unter der üblichen Annahme einer Interpretation als äquidistante Einschätzungsintervalle eine metrische Auswertung der Daten.[442] Um die Urteilsrichtung der Befragungsteilnehmer nicht zu beeinflussen und die „Tendenz zur Mitte" weitgehend einzuschränken, wurde eine gerade Anzahl von sechs Kategorien gewählt.[443]

Dem „Trichterprinzip" folgend, begann der Fragebogen mit einstimmenden Fragen zu Merkmalen des Unternehmens. In Fragebogenmitte befand sich das Ankreuztableau zu den besonders bedeutsamen Werttreibern des eigenen Unternehmens. Am Fragebogenende waren weiterführende Fragen zum Einfluß der Branchenrisiken

---

[439] S. Kapitel 4.1.6, „Risiken".
[440] S. Kapitel 3.3.3.5.3, „Risikobetrachtung".
[441] S. Kapitel 3.3.3.5.4, „Bewertungsprobleme und notwendige Konsequenzen".
[442] Vgl. Berekoven/Eckert/Ellenrieder (Marktforschung 1996), S. 72, 74.
[443] Ebenda, S. 76, u. Stier (Forschungsmethoden 1999), S. 66 ff.

sowie zur Intensität einzelner Analyseinhalte einer Bauunternehmensbewertung plaziert.

Wie bei der ersten Erhebung wurde der Fragebogen auf schwach gelbem Papier gedruckt, um unaufdringliche Aufmerksamkeit zu erzeugen. Wegen der geringeren Anzahl an Fragen wurde DIN A4-Format gewählt. Einen Pre-Test führten zwei geschäftsführend tätige Praktiker der Hochtief AG sowie drei Angehörige des Instituts für Wirtschaftswissenschaften der Technischen Universität Braunschweig durch.

3.4.4 Auswahl der Befragten und Durchführung der Erhebung

Angeschrieben wurden die Geschäftsleitungen von Bauunternehmen und deren Niederlassungen, die dem Hoch- und Tiefbau angehören und im Hauptverband der Deutschen Bauindustrie (HDB) organisiert sind. Die einzelnen Landesverbände des HDB stellten freundlicherweise die notwendigen Anschriften zur Verfügung.

Aus den mehr als tausend Adressen wurde eine Zufallsstichprobe, bestehend aus 280 Hoch- und Tiefbauunternehmen, gezogen. Diese Stichprobe stellt zwar weil eine Wahrscheinlichkeitsbetrachtung der Grundgesamtheit fehlt, keine Zufallsstichprobe im engeren Sinne dar[444], aus Sicht betriebswirtschaftlich empirischer Forschung kann aber aufgrund der hohen Anzahl angeschriebener Unternehmen von einer dem verfolgten Untersuchungszweck genügenden repräsentativen Zufallsstichprobe ausgegangen werden[445]. Eine Wahrscheinlichkeitsbetrachtung der Grundgesamtheit ist schon deshalb nicht realisierbar, weil die Grundgesamtheit potentieller Auskunftspersonen bzw. –unternehmen und deren (Unter-)Niederlassungen nicht bekannt ist, mit anderen Worten eine „hypothetische Grundgesamtheit" vorliegt.[446]

Die Versendung der Fragebögen erfolgte im Juni 2000. Das Procedere war ähnlich wie bei der ersten Erhebung.[447]

3.4.5 Rücklaufergebnis und Prämissen der Auswertung

Während des Zeitraums von Juni bis September 2000 wurden 76 ausgefüllte Fragebögen zurückgesandt. Gemessen an den insgesamt 280 versandten Fragebögen war damit eine Rücklaufquote von 27% zu verzeichnen. Da die im allgemeinen als kritisch angesehene Zahl von 30 notwendigen Antwortbögen weit überschritten wurde, kann der erzielte Rücklauf auch als große Stichprobe gelten.[448]

Die beantworteten Fragebögen wurden verschiedenen statistischen Auswertungen unterzogen. Mit Rating-Skalen versehene Fragen werden als quasi-metrische behandelt, so daß sich die qualitativ intervallskalierten Angaben in Form kardinaler Bewertungszahlen ausdrücken ließen. Für die Auswertung und anschließende

---

[444] Vgl. Schnell/Hill/Esser (Methoden 1993), S. 282, u. Rogge (Erhebungsverfahren 1999), S. 45, 62.
[445] Eine Stichprobe wird für repräsentativ erachtet, wenn sie als verkleinertes Abbild der Grundgesamtheit gleiche Merkmale aufweist und umfangmäßig groß genug ist. Die Zusammensetzung der Rücklaufstichprobe entzieht sich dem Einfluß des Versenders. Vgl. Holland (Stichprobengüte 1999), S. 62, u. Berekoven/Eckert/Ellenrieder (Marktforschung 1999), S. 50.
[446] Vgl. Rogge (Erhebungsverfahren 1999), S. 45.
[447] S. Kapitel 3.3.3.3, „Auswahl der Befragten und Durchführung der Erhebung".
[448] Vgl. Hauser (Wahrscheinlichkeitstheorie 1979), S. 133.

Interpretation wurde das arithmetische Mittel x_M berechnet.[449] Als Maß für die Streuung dient die stichprobenbezogene *Standardabweichung s*.[450] Die Standardabweichung stimmt in ihrer Dimension mit der Dimension der Stichprobenwerte überein und läßt sich deshalb gegenüber der Varianz, definiert als Quadrat der Standardabweichung, leichter interpretieren.[451]

Im Rahmen der Auswertung war auch die Korrelation zweier in einer Grundgesamtheit normalverteilter Merkmale zu untersuchen. Um die Abhängigkeit zwischen den Merkmalen abzuschätzen, wurde für die Korrelation der zwei normalverteilten Zufallsvariablen X und Y der Pearsonsche Korrelationskoeffizient r_{xy} berechnet:[452]

$$r_{xy} = \frac{\sum_{i=1}^{n} x_i y_i - n * x_M * y_M}{\sqrt{\left(\sum_{i=1}^{n} x_i^2 - n * x_M^2\right)\left(\sum_{i=1}^{n} y_i^2 - n * y_M^2\right)}}.$$

r_{xy} = Pearsonscher Korrelationskoeffizient

n = Stichprobenumfang

x_i = Realisation i eines Arguments X

x_M = arithmetisches Mittel der n Realisationen des Arguments X

y_i = Realisation i eines Arguments Y

y_M = arithmetisches Mittel der n Realisationen des Arguments Y

Formel 15: Pearsonscher Korrelationskoeffizient

3.4.6 Ergebnisse der Befragung

3.4.6.1 Unternehmensmerkmale

Im ersten Teil des Fragebogens (Fragen 1 bis 4) wurden die Teilnehmer der Erhebung gebeten, Auskunft über allgemeine Unternehmensmerkmale zu geben. Neben objektiven Unternehmensmerkmalen wie Bauleistung (Frage 2), Beschäftigtenzahl (Frage 3) und Bausparte (Frage 4) wurde mit der Bitte um Quantifizierung der Wettbewerbsintensität auch nach einem subjektiven Eindruck gefragt (Frage 1). Die Frage nach der Bauleistung für das Jahr 1999 ließ Angaben von weniger als 1 Mio. DM bis hin zu mehr als 1.000 Mio. DM zu. Insgesamt wurden sieben Abstufungen vorgegeben. Für die Angabe der Anzahl der im Jahr 1999 durchschnittlich beschäftigten Mitarbeiter existierten ebenfalls sieben Kategorien. Die Beschäftigtenzahl erstreckte sich von weniger als 20 bis auf 1.000 und mehr. Keiner der 76

---

[449] S. Formel 12.

[450] S. Formel 13.

[451] vgl. Berekoven/Eckert/Ellenrieder (Marktforschung 1996), S. 197 f.

[452] Vgl. Hartung/Elpelt/Klösener (Statistik 1999), S. 546.

rückläufigen Fragebögen wies Bauleistungen von weniger als 1 Mio. DM oder eine Beschäftigungszahl von weniger als 20 Mitarbeitern auf. Die Verteilung der antwortenden Unternehmen nach Beschäftigtenzahl und Bauleistung zeigt Tabelle 14:

Beschäftigte [-]	Bauleistung [Mio. DM]						Summe	
	1-5	5-20	20-100	100-500	500-1.000	> 1.000	[-]	[%]
20 - 49	3	4	1	0	0	0	8	10,5%
50 - 99	0	12	9	0	0	0	21	27,6%
100 - 199	0	1	13	5	0	0	19	25,0%
200 - 499	0	0	6	12	0	0	18	23,7%
500 - 999	0	0	0	5	0	0	5	6,6%
> 999	0	0	0	0	1	4	5	6,6%
Summe [-]	3	17	29	22	1	4	76	
Summe [%]	4,0%	22,4%	38,2%	28,9%	1,3%	5,3%		100%

Tabelle 14: Verteilung der Unternehmen nach Bauleistung und Beschäftigen (Fragen 2 u. 3)

Die zwei dichotomen Variablen Bauleistung und Beschäftigtenzahl lassen sich als unterschiedliche Dimensionen der Größe eines Bauunternehmens auffassen. Um die Auswertungs- und Interpretationskomplexität der Erhebung zu reduzieren und ein einheitliches Maß für die Unternehmensgröße zu bilden, werden sie entsprechend den breiten Linien in Tabelle 14 zur Variablen „Unternehmensgröße" zusammenge-faßt. Die entstehenden sechs Unternehmensgrößenklassen sind in Abbildung 14 wiedergegeben. Aus der Abbildung geht hervor, daß die Klassen 2 bis 4, die eine Bauleistung von 5 bis 500 Mio. DM und eine Beschäftigtenzahl von 50 bis 499 umfassen, in der vorliegenden Erhebung dominieren. Dies korrespondiert mit der Mittelstandsprägung der Baubranche.

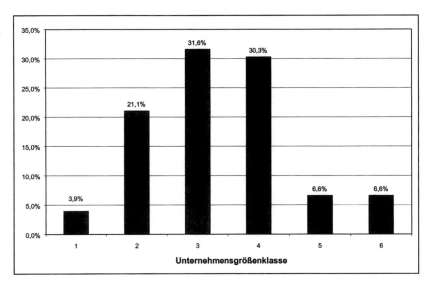

Abbildung 14: Verteilung der Unternehmen nach Unternehmensgrößenklassen

Daß die Zusammenfassung der zwei Größen Bauleistung und Beschäftigtenzahl zur Variablen „Unternehmensgröße" auch statistisch gerechtfertigt ist, demonstrieren die Ergebnisse der Berechnung des Pearsonschen Korrelationskoeffizienten in Tabelle 15. Die aggregierte Variable Unternehmensgröße korreliert mit der Bauleistung spürbar deutlicher als die ursprünglichen Indikatoren untereinander. Mit r = 0,98 herrscht sogar ein annähernd linearer Zusammenhang. Lediglich der Korrelationskoeffizient von Beschäftigtenzahl und Unternehmensgröße ist geringfügig (aber noch immer vertretbar) kleiner als derjenige der Ursprungsbeziehung zwischen Beschäftigtenzahl und Bauleistung.

Beziehung		Korrelationskoeffizient
Beschäftigtenzahl	– Bauleistung	r = 0,90
Beschäftigtenzahl	– Unternehmensgröße	r = 0,89
Bauleistung	– Unternehmensgröße	r = 0,98

Tabelle 15: Korrelationskoeffizienten nach Pearson[453]

Die Verteilung der Unternehmen nach Spartenzugehörigkeit illustriert Abbildung 15. Aufgrund der annähernd gleichverteilten Zahlen von 23, 27 und 26 antwortenden Unternehmen sind dem spartenbezogenen und dem ähnlich verteilten größenklassenbezogenen Rücklauf der Klassen 2 bis 4 weitgehend valide Rückschlüsse zu entnehmen. Die Auswertungen zu den Unternehmensgrößenklassen 1, 5 und 6 sollten als Tendenzaussagen gewertet werden.

---

[453] Zur Berechnung s. Anhang IV.

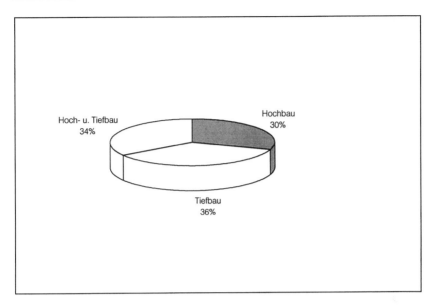

Abbildung 15: Verteilung der Unternehmen nach Spartenzugehörigkeit (Frage 4)

In einer nach Unternehmensgrößenklassen und Bausparten geordneten Gesamtsicht ergibt sich die Zusammensetzung des Rücklaufs entsprechend Tabelle 16.

Unternehmens- größenklasse	Sparte			Summe	
	Hochbau	Tiefbau	Hoch- u. Tiefbau	[-]	[%]
1	2	0	1	3	4,0%
2	5	8	3	16	21,0%
3	8	8	8	24	31,6%
4	6	8	9	23	30,2%
5	0	3	2	5	6,6%
6	2	0	3	5	6,6%
Summe [-]	23	27	26	76	
[%]	30,3%	35,5%	34,2%		100,0%

Tabelle 16: Verteilung der Unternehmen nach Klassen- und Spartenzugehörigkeit

Aus Tabelle 16 und der graphischen Veranschaulichung in der folgenden Abbildung 16 geht hervor, daß sich die antwortenden Unternehmen auch hinsichtlich der verschiedenen Unternehmensgrößenklassen relativ gleichmäßig auf die einzelnen Bausparten verteilen, so daß differenzierte Aussagen mit hinreichender Repräsentativität getroffen werden können.

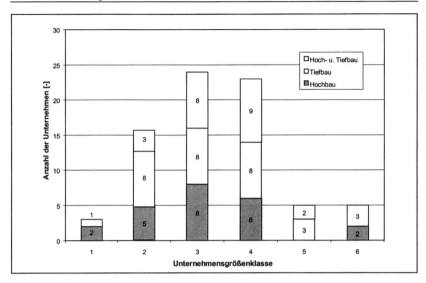

Abbildung 16: Verteilung der Unternehmen nach Klassen- und Spartenzugehörigkeit

Die zahlenmäßigen Angaben zur subjektiv empfundenen Wettbewerbsintensität (Einleitungsfrage 1) fielen höchst unterschiedlich aus und können in zusammengefaßter Form der Abbildung 17 sowie differenziert dem Anhang IV entnommen werden. Aufgrund der außerordentlich hohen Streuung sind allgemeingültige Aussagen nur eingeschränkt möglich. Es bleibt daher lediglich zu konstatieren, daß sich die Auskunftspersonen im Mittel ca. 48 direkten Wettbewerbern gegenübersehen. 60 der insgesamt 76 Befragungsteilnehmer[454] gehen von maximal 50 Konkurrenten aus. Der am häufigsten angegebene Wert (Modus) ist die 12.

---

[454] Frage 1 wurde von 68 Befragten beantwortet.

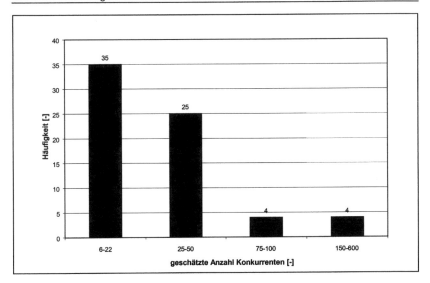

Abbildung 17: Einschätzung der Wettbewerbsintensität (Frage 1)

Im folgenden werden die Auswertungsergebnisse zunächst in aggregierter Form dargestellt und interpretiert. Sollten sich Auffälligkeiten hinsichtlich der gewählten Differenzierungsmerkmale „Unternehmensgrößenklasse" sowie „Spartenzugehörigkeit" ergeben, so werden diese aufgegriffen und analysiert. Unabhängig von dieser allgemeinen Vorgehensweise finden sich alle differenzierten Berechnungsergebnisse im Anhang IV wieder.

3.4.6.2 Erfolgs- versus substanzorientierte Wertauffassung von Bauunternehmen

Ziel der in Frage 5 vorgegebenen Rating-Skalen mit den Antwortkategorien „Nachhaltig positive Jahresergebnisse" und „Vorhandenes Vermögen" war es, die der Erhebung zugrundeliegende Wertauffassung der einzelnen Auskunftspersonen mit konkretem Bezug auf Bauunternehmen zu operationalisieren. Eine gegenüber dem Item „Vorhandenes Vermögen" höhere Bewertung der nachhaltig positiven Jahresergebnisse spiegelt eine überwiegend erfolgsorientierte Sichtweise des mehrdimensional auffaßbaren Unternehmenswerts wider. Umgekehrt spricht eine höhere Bewertung des vorhandenen Vermögens für ein überwiegend substanzorientiertes Begriffsverständnis.

Um zu überprüfen, welches Gewicht die Befragungsteilnehmer den zwei Wertdimensionen jeweils beimessen, wurden der von „nicht maßgebend" bis „maßgebend" reichenden Skala quasi-metrische Werte von Eins bis Sechs zugeordnet. Das Gesamtergebnis sowie eine Staffelung nach einzelnen Unternehmensgrößenklassen zeigt Abbildung 18.

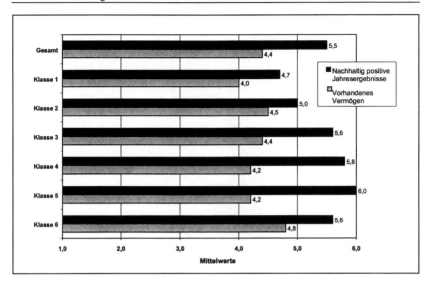

Abbildung 18: Erfolgs- versus substanzorientierte Wertauffassung von Bauunternehmen (Frage 5)

Aus der graphischen Darstellung geht hervor, daß dem Beurteilungskriterium „Nachhaltig positive Jahresergebnisse" mit einem arithmetischen Mittel von 5,5 ein höherer Stellenwert eingeräumt wird als dem vorhandenen Vermögen (x_M = 4,4). Demnach dominiert eine erfolgsorientierte Auffassung vom Wert eines Bauunternehmens.

Über alle Klassen und Sparten hinweg bewegen sich die arithmetischen Mittel zum erfolgsorientierten Item „Nachhaltig positive Jahresergebnisse" innerhalb der Spanne von minimal 4,7 für Klasse 1 bis maximal 6,0 für Klasse 5. Die Mittelwerte des Pendants „Vorhandenes Vermögen" variieren zwischen minimal 4,0 für Klasse 1 und der Sparte Hochbau sowie maximal 4,8 für Klasse 6. Die durchweg geringen Standardabweichungen mit Werten zwischen 0 und 1,5 können als Indiz für die Einigkeit innerhalb der einzelnen Befragungsgruppen gedeutet werden.[455]

Es bleibt anzumerken, daß die Bedeutung der Erfolgsgröße „Nachhaltig positives Jahresergebnis" offenbar mit wachsender Unternehmensgröße steigt. Das arithmetische Mittel dieses Items wächst annähernd treppenförmig.

Wenngleich fast alle Auskunftspersonen die erfolgsorientierte Wertauffassung favorisieren, so bleibt aufgrund der relativ geringen Differenz zwischen den Mittelwerten der beiden Items dennoch zu konstatieren, daß die befragten Manager eine Vermögensbetrachtung zur ganzheitlichen Ermittlung des Werts von Bauunternehmen für unverzichtbar halten. Dieses Ergebnis ist zwar nicht gleichzusetzen mit der Forderung nach einer expliziten Substanzwertermittlung, verdeutlicht aber die Notwendigkeit einer mindestens impliziten der Unternehmenssubstanz.

---

[455] S. auch die detaillierte Auflistung in Anhang IV.

Das vorliegende Ergebnis bestätigt weitgehend die Erkenntnisse der Befragung der Unternehmensbewerter, nach der de facto die Anwendung erfolgsorientierter Bewertungsmethoden dominiert, substanzorientierte Methoden aber überproportional häufig im Rahmen von Plausibilitätsprüfungen eingesetzt werden.[456]

3.4.6.3   Werttreiber in bauausführenden Unternehmen

3.4.6.3.1   Auftragsakquisition

In Frage 6 wurden die Befragungsteilnehmer gebeten, den Einfluß einzelner, in die Gruppen „Auftragsakquisition" (Frage 6.1), „Projektabwicklung" (Frage 6.2), „Verwaltung" (Frage 6.3) und „Sonstige" (Frage 6.3) eingeordneter Faktoren auf den Wert ihres Unternehmens zu beurteilen. Zur Auswertung und Interpretation der Befragungsergebnisse dient die sechsstufige Intervallskala von Eins für Faktoren mit einem für besonders gering erachteten Einfluß auf den Wert des eigenen Unternehmens und Sechs für Faktoren mit einem als außerordentlich hoch eingeschätzten Wertbeitrag.

In Teilfrage 6.1, „Auftragsakquisition", waren die Items „Akquisiteure Ihres Unternehmens/Ihrer Niederlassung", „Stammkundenbeziehungen", „Zusammenarbeit mit Behörden und Planern", „Kalkulatoren", „Marktanteil" sowie die hybride Kategorie „Weitere" vorgegeben. Das aggregierte Auswertungsergebnis zu den in frühen Phasen eines Projekts maßgeblichen Faktoren veranschaulicht Abbildung 19.

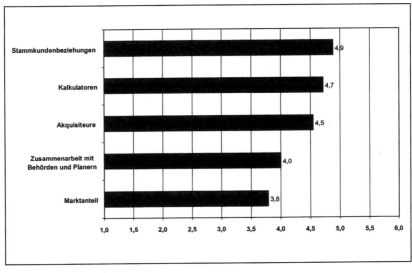

Abbildung 19: Werttreiber der Gruppe „Auftragsakquisition" (Mittelwerte) (Frage 6.1)

Neben der Gesamtdarstellung in Abbildung 19 illustriert die differenzierte Übersicht in Tabelle 17 die überdurchschnittlich hohe Bewertung des Faktors „Stammkunden-

---

[456] S. Kapitel 3.3.5.1, „Bewertungsmethoden in der Praxis".

beziehungen", dessen arithmetisches Mittel mit Werten zwischen 4,2 und 5,6 in fast jeder Bausparte sowie in den meisten Unternehmensgrößenklassen die Spitzenposition einnimmt. Die ebenfalls durchweg hohen Einstufungen der Items „Kalkulatoren" und „Akquisiteure" lassen eine leichte Abgrenzung gegenüber den geringer eingestuften Items „Zusammenarbeit mit Behörden und Planern" und „Marktanteil" zu. Speziell Tiefbauunternehmen scheinen einer qualitativ hochwertigen Auftragskalkulation besonderen Wert beizumessen. Der Werteinfluß von Stammkundenpflege und Angebotskalkulatoren steigt offenbar mit zunehmener Unternehmensgröße.

	Akquisiteure	Stammkunden-beziehungen	Zusammenarbeit mit Behörden u. Planern	Kalkulatoren	Markt-anteil
Gesamt	4,5	**4,9**	4,0	4,7	3,8
Hochbau	4,7	**5,3**	3,6	4,2	3,9
Tiefbau	4,3	4,3	4,3	**5,1**	4,0
H.- u. Tb.	4,6	**5,2**	4,1	4,8	3,4
Klasse 1	3,3	**4,7**	3,0	3,0	2,7
Klasse 2	4,7	**4,8**	3,9	4,6	3,5
Klasse 3	4,5	**5,0**	3,9	4,7	4,4
Klasse 4	4,6	**5,0**	4,3	**5,0**	3,6
Klasse 5	3,8	4,2	3,6	**5,2**	3,8
Klasse 6	**5,6**	5,0	4,4	4,2	3,3

Tabelle 17: Werttreiber der Gruppe „Auftragsakquisition" (Mittelwerte)

In der Kategorie „Weitere" wurden größtenteils eng mit den vorgegebenen Items verwandte Faktoren genannt, von denen die drei bislang nicht aufgeführten Faktoren „Beziehung zu Banken", „Bekanntheit für Qualität und Termin" sowie das „überregionale Großkundenmanagement" erwähnt werden sollten.[457]

3.4.6.3.2 Projektabwicklung

Im zweiten Teil der Frage 6 wurden die Befragungsteilnehmer aufgefordert, den Einfluß der unter dem Oberpunkt „Projektabwicklung" zusammengefaßten Faktoren „Projekt-/Bauleitungspersonal", „Gewerbliches Personal", „Kostenstruktur", „Gerätepark", „Einkäufer", „Zusammenarbeit mit Nachunternehmern und Lieferanten" sowie „Technisches Know how" zu beurteilen. Auch hier bestand die Möglichkeit, unter den Punkt „Weitere" subjektiv für bedeutsam erachtete Faktoren hinzuzufügen und mit einem Gewicht zu versehen. Abbildung 20 gibt eine Darstellung des Gesamtergebnisses, Tabelle 18 eine gruppierte Darstellung wieder.

---

[457] Zu den Eintragungen innerhalb der Rubrik „Weitere" vgl. Beckmann/Lohr (Werttreiber 2000), Anhang II.

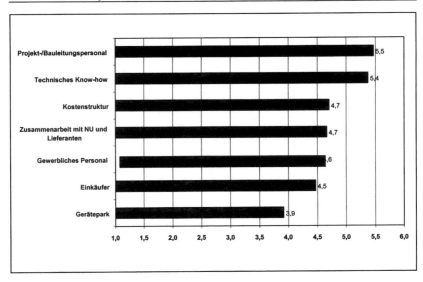

Abbildung 20: Werttreiber der Gruppe „Projektabwicklung" (Mittelwerte) (Frage 6.2)

Die Qualität des Projekt- und Bauleitungspersonals sowie des vorhandenen technischen Know hows werden bezüglich ihres Einflusses auf den Wert des eigenen Unternehmens sowohl in der Gesamt- als auch in der Gruppenauswertung am höchsten eingestuft. Jeweils 67 der insgesamt 76 Befragungsteilnehmer vergaben für die genannten Items Werte von Fünf und Sechs. Die Einigkeit der Teilnehmer unterstreichen die im Anhang IV aufgeführten, insbesondere im Vergleich zu den anderen Faktoren durchweg geringen Standardabweichungen. Das Ergebnis korrespondiert auch mit der in der Literatur[458] geäußerten These von der starken Personenbezogenheit mittelständisch geprägter Branchen wie dem Baugewerbe. Ein Grund für das ähnliche Abschneiden der beiden immateriellen Vermögensbestandteile „Projekt-/Bauleitungspersonal" und „Technisches Know how" könnte in der praktischen Interdependenz beider Faktoren liegen.

Neben den zwei dominierenden Faktoren „Projekt-/Bauleitungspersonal" und „Technisches Know how" lassen sich die Items „Zusammenarbeit mit Nachunternehmern und Lieferanten", „Kostenstruktur", „Gewerbliches Personal" und „Einkäufer" zu einer zweiten Untergruppe zusammenfassen, der mit Mittelwerten zwischen minimal 3,7 und maximal 5,2 noch immer eine verhältnismäßig hohe Bedeutung zukommt. Zu beachten sind allerdings die im Vergleich zur Zweiergruppe „Projekt-/Bauleitungspersonal" und „Technisches Know how" relativ hohen Standardabweichungen.

Dem substanzorientierten Faktor „Gerätepark" wird analog zu den Antworten auf Frage 5, die ein überwiegend erfolgsorientiertes Wertbegriffsverständnis der

---

[458] Vgl. Behringer (Unternehmensbewertung 1999), S. 11 ff.

Befragungsteilnehmer zum Ausdruck brachten[459], der geringste Einfluß auf den Wert der eigenen Bauunternehmung zugesprochen. Der Gerätebestand stellt zudem den Faktor mit den größten zu verzeichnenden Standardabweichungen innerhalb der Teilfrage 6.2 dar.[460]

	Projekt-/ Bauleitungs -personal	Gewerbl. Personal	Kosten- strukt.	Geräte- park	Ein- käufer	Zus.arbeit mit NU und Lieferanten	Techn. Know how
Gesamt	**5,5**	4,6	4,7	3,9	4,5	4,7	5,4
Hochbau	**5,3**	4,1	4,6	3,2	4,4	4,7	5,2
Tiefbau	5,4	4,8	4,8	4,7	4,5	4,5	**5,5**
H.- u. Tb.	**5,7**	4,7	4,7	3,7	4,5	4,8	5,4
Klasse 1	3,3	**4,7**	4,3	4,0	3,7	3,7	4,3
Klasse 2	**5,3**	4,9	4,6	4,3	4,2	4,1	**5,3**
Klasse 3	**5,6**	4,7	4,7	3,9	4,5	4,9	5,5
Klasse 4	**5,6**	4,1	4,8	3,7	4,5	4,8	5,3
Klasse 5	**5,4**	4,8	5,2	4,6	5,0	5,0	**5,4**
Klasse 6	**6,0**	4,2	4,6	3,0	5,0	5,2	5,6

Tabelle 18: Werttreiber der Gruppe „Projektabwicklung" (Mittelwerte)

3.4.6.3.3   Verwaltung

Mit Frage 6.3 werden die unter den Oberbegriff „Verwaltung" subsumierten institutionellen Faktoren „Rechtsabteilung", „Kaufmännische Verwaltung", „Risiko-management", „Controlling" sowie die „Elektronische Datenverarbeitung (EDV)" hinsichtlich des vermuteten Ausmaßes ihres Wertbeitrags untersucht. Abbildung 21 schildert graphisch das Gesamtergebnis. In Tabelle 19 sind zusätzlich die Sparten- und Klassenergebnisse aufgeführt.

---

[459] S. Kapitel 3.4.6.2, „Erfolgs- versus substanzorientierte Wertauffassung von Bauunternehmen".
[460] Zu den unkommentiert bleibenden Angaben in der Kategorie „Weitere" vgl. Beckmann/Lohr (Werttreiber 2000), Anhang II.

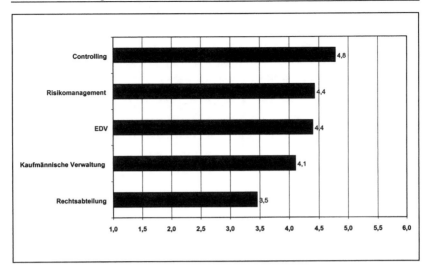

Abbildung 21: Werttreiber der Gruppe „Verwaltung" (Mittelwerte) (Frage 6.3)

Der höchste Werteinfluß wird bei gleichzeitig höchster Einigkeit, abzulesen an den geringsten Standardabweichungen, dem Controlling zugesprochen. Es folgen auf gleicher Höhe die Faktoren „Risikomanagement" und „EDV", wobei für den Faktor mit der noch relativ jungen Bezeichnung „Risikomanagement" eine etwas höhere Streuung zu verzeichnen ist.[461] Es folgt das Item „Kaufmännische Verwaltung". Die geringste Bedeutung in Bezug auf den Wert des eigenen Unternehmens wird der Rechtsabteilung beigemessen.[462] Dabei ist jedoch zu beachten, daß insbesondere die Mittelwerte des Faktors „Rechtsabteilung" mit steigender Unternehmensgröße zunehmen. Als einzige Angabe unter der Rubrik „Weitere" lassen sich „Public Relations" festhalten.[463]

---

[461] S. Anhang IV, Frage 6.3.
[462] Zudem streut der Faktor „Rechtsabteilung" maximal (s = 0,6 - 1,8). S. Anhang IV, Frage 6.3.
[463] Vgl. Beckmann/Lohr (Werttreiber 2000), Anhang II.

	Rechts-abteilung	Kaufmännische Verwaltung	Risikomanagement	Controlling	EDV
Gesamt	3,5	4,1	4,4	**4,8**	4,4
Hochbau	3,2	4,0	4,5	**4,8**	4,3
Tiefbau	3,4	4,2	4,5	**4,7**	4,3
H.- u. Tb.	3,7	4,2	4,3	**4,8**	4,6
Klasse 1	1,3	3,3	2,7	**4,3**	4,3
Klasse 2	3,3	4,2	4,2	**4,6**	4,1
Klasse 3	3,3	4,0	4,5	**4,8**	4,6
Klasse 4	3,8	4,2	4,6	**4,9**	4,5
Klasse 5	3,8	4,2	4,2	**4,6**	4,2
Klasse 6	4,4	4,4	**5,4**	5,2	4,4

Tabelle 19: Werttreiber der Gruppe „Verwaltung" (Mittelwerte)

3.4.6.3.4   Sonstige

In Ergänzung zu den bisher behandelten Faktorengruppen befaßt sich Frage 6.4 des Fragebogens mit denjenigen Faktoren, die sich keiner speziellen Gruppe zuordnen ließen. Hierzu gehörten „Werbung/Öffentlichkeitsarbeit", „Kapitalausstattung", „Umsatz" und „Arbeitsgemeinschaften". Die Auswertungsergebnisse sind in Abbildung 22 sowie Tabelle 20 zusammengestellt.

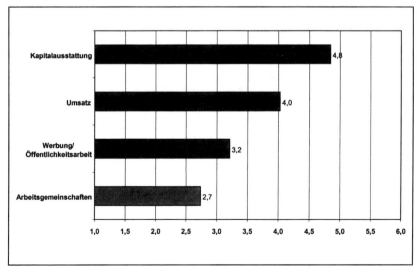

Abbildung 22: Werttreiber der Gruppe „Sonstige" (Mittelwerte) (Frage 6.4)

Sowohl im Gesamtergebnis als auch in den meisten Einzelauswertungen erhält die Kapitalausstattung bei verhältnismäßig geringer Streuung die höchsten Rangziffern. Sekundärstatistisch untermauern läßt sich dieses Ergebnis mit der zu verzeichnenden chronischen Unterkapitalisierung deutscher Bauunternehmen.[464] Die Eigenkapitalquote von meist weniger als 10% führt in Verbindung mit den problematischen Rahmenbedingungen der Finanzierung (baufortschrittsorientierte Abrechnungspraxis, diskontinuierlicher Zahlungseingang[465], hoher Vorfinanzierungsbedarf[466], eigenfinanzierte Projekte[467], mangelnde Zahlungsfähigkeit bzw. -bereitschaft seitens der Auftraggeber) regelmäßig zu neuen Höchstständen bei den Insolvenzzahlen für Bauunternehmen.[468]

	Werbung/ Öffentlichkeitsarbeit	Kapital- ausstattung	Umsatz	Arbeits- gemeinschaften
Gesamt	3,2	**4,8**	4,0	2,7
Hochbau	3,4	**4,7**	3,9	2,3
Tiefbau	2,6	**5,2**	4,1	2,7
H.- u. Tb.	3,3	**4,7**	4,0	3,1
Klasse 1	2,7	3,0	**3,7**	1,3
Klasse 2	3,1	**5,0**	3,7	2,4
Klasse 3	3,1	**4,9**	4,4	2,7
Klasse 4	3,2	**4,8**	4,0	3,0
Klasse 5	2,2	**5,0**	4,2	2,8
Klasse 6	3,8	**5,2**	3,8	3,4

Tabelle 20: Werttreiber der Gruppe „Sonstige" (Mittelwerte)

Die Umsatzhöhe wird mit einem arithmetischen Mittel von durchschnittlich 4,0 ähnlich hoch bewertet wie der verwandte Faktor „Marktanteil" (x_M = 3,8) aus dem Oberpunkt 6.1 „Auftragsakquisition".[469] Offenbar billigen die Befragten diesen beiden konkurrenzorientierten Größen keine primär wertbeeinflussende Rolle zu.

Für nur mäßig den Wert der eigenen Unternehmung steigernd wird die Werbung und Öffentlichkeitsarbeit gehalten (x_M = 3,2). Eine besonders geringe Einstufung dieses Items ist mit einem arithmetischen Mittel von 2,6 bei den reinen Tiefbauunternehmen zu verzeichnen. Die Leistungen dieser Unternehmenskategorie entziehen sich typischerweise einem traditionellen Marketingansatz.

---

[464] Vgl. Deutsche Gesellschaft für Mittelstandsberatung (Bauwirtschaft 1996), S. 76 f.
[465] Vgl. Schmidt (Entwurf 1993), S. 25; Mielicki (Liquiditätsinformation 1996), S. 9 f., u. Leimböck (Bilanzen 1997), S. 154.
[466] Vgl. Rheindorf (Controlling 1991), S. 17 f., u. Borchers/Vollradt (Konzerncontrolling 1998), S. 19 ff.
[467] Vgl. Diederichs (Grundlagen 1996), S. 357 ff.; o.V. (Milliardenverluste 1999), S. 25, u. Küting (Baubilanzen 2000), S. 45.
[468] Vgl. Termühlen (Controlling 1982), S. 106 f.; Marhold (Baumarketing 1996), S. 318, u. Hauptverband der Deutschen Bauindustrie (Baustatistik 1998), S. 98.
[469] S. Kapitel 3.4.6.3.1, „Auftragsakquisition".

Den Wertbeitrag von Arbeitsgemeinschaften, an denen das eigene Unternehmen beteiligt ist, schätzen die Befragten als leicht unterdurchschnittlich ein ($x_M = 2,7$).

Dieses Ergebnis erstaunt vor dem Hintergrund, daß die Bildung von Arbeitsgemeinschaften als Instrument zur Diversifikation des unternehmerischen Risikos, zur flexiblen Auslastung freier Kapazitäten sowie zur Erlangung fremden Know hows gilt.[470] In einem Fragebogen wurde unter der Kategorie „Weitere" die „Internationalsierung" als überdurchschnittlich werttreibender Faktor genannt.[471]

3.4.6.3.5 Gruppenübergreifende Zusammenstellung

Mit der in Frage 7 erbetenen gruppenübergreifenden Priorisierung aller Faktoren soll ermittelt werden, welche Items aus Sicht der Auskunftspersonen einen besonders großen Einfluß auf den Wert des eigenen Bauunternehmens ausüben. Somit lassen sich die gruppenbezogenen Erkenntnisse der Frage 6 aus einer übergeordneten Perspektive heraus relativieren. Bei Auswertung der Frage 7 erhielt jeder Faktor für eine Angabe in Rang 1 drei und für eine Auflistung in Rang 2 zwei Wertungspunkte. Rang 3 wurde mit einem Wertungspunkt versehen. Es ergab sich also für jeden der aufgeführten Faktoren eine kumulierte Punktzahl P_{kum}:

$$P_{kum} = 3 * n_1 + 2 * n_2 + n_3$$

P_{kum} = kumulierte Punktzahl

n_i = Anzahl der Nennungen in Rang i

Formel 16: Kumulierte Punktzahl

Das Ergebnis der Auswertung zeigt Abbildung 23.[472] Die unterschiedlichen Muster geben Auskunft über die Zugehörigkeit der aufgelisteten Faktoren zu den in Frage 6 gebildeten Gruppen „Auftragsakquisition", „Projektabwicklung", „Verwaltung" und „Sonstige".

---

[470] Vgl. Deutsche Gesellschaft für Mittelstandsberatung (Bauwirtschaft 1996), S. 30 f.; Leimböck (Bilanzen 1997), S. 154, u. Refisch (Kooperationen 1998), S. 1 ff.

[471] Vgl. Beckmann/Lohr (Werttreiber 2000), Anhang II.

[472] Zehn Befragte haben diese Frage anders verstanden und eine Gewichtung unter den Beurteilungskriterien „Auftragsakquisition", „Projektabwicklung" und „Verwaltung" gebildet. Vier Fragebögen machten zu Frage 7 keine Angabe, drei Teilnehmer benannten eigene Kriterien. In wenigen Fällen blieben auch einzelne Ränge unbesetzt. Vgl. Beckmann/Lohr (Werttreiber 2000), Anhang II.

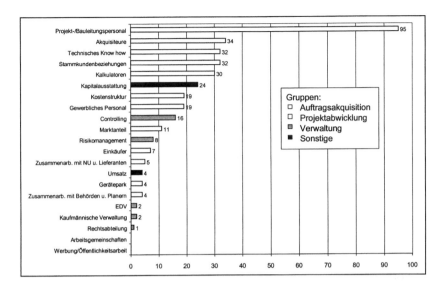

Abbildung 23: Rangliste der Werttreiber (kumulierte Punktzahl) (Frage 7)

Trotz des Übergangs von einer quasi-metrischen Intervallskala auf eine Ordinalskala deckt sich das Auswertungsergebnis stark mit den Resultaten aus Frage 6. Die Rangfolgen innerhalb der Gruppen „Verwaltung" und „Sonstige" wurden exakt, die der Gruppen „Auftragsakquisition" und „Projektabwicklung" annähernd exakt beibehalten.[473]

Dem Projekt- und Bauleitungspersonal wird analog zum Ergebnis der Frage 6.2 mit 95 Punkten die höchste Gesamtpunktzahl zugewiesen. Erst mit großem Abstand folgten die ebenfalls zum Humankapital eines Unternehmens zählenden Gruppen „Akquisiteure", „Stammkundenbeziehungen", „Technisches Know how" sowie „Kalkulatoren".

Die Gesamtdarstellung verdeutlicht, daß den operativen Projekttätigkeiten aus den Obergruppen „Auftragsakquisition" und „Projektabwicklung" ein überdurchschnittlich hohes Gewicht beigemessen wird. Institutionelle oder sonstige Faktoren erhalten hingegen geringe Einstufungen. Eine Ausnahme bildet das mit 24 Punkten ver-hältnismäßig hoch bewertete und Item „Kapitalausstattung", das in Frage 6.4 auch eine gruppenbezogene Spitzenbewertung erhielt.

Staffelt man die Angaben zu den einzelnen Faktoren nach Sparten- oder Klassenzu-gehörigkeit der Auskunftspersonen, wie in Anhang IV geschehen, so ist hinsichtlich der Bausparten ein relativ homogenes Antwortverhalten zu konstatieren. Andererseits bleibt in bezug auf die unterschiedlichen Unternehmensgrößenklassen festzuhalten, daß innerhalb der Klasse 1 dem gewerblichen Personal ein höherer Wertbeitrag

---

[473] S. Kapitel 3.4.6.3.1 bis 3.4.6.3.4.

zugesprochen wird als dem Bauleitungs- und Projektpersonal.[474] Eine Erklärung für diese Einschätzung könnte in der geringen Auftragsgröße und dem damit einhergehenden geringeren Management- und Koordinationsbedarf der zur Größenklasse 1 gehörenden Unternehmen liegen. Weiterhin fällt auf, daß die antwortenden Unternehmen der Klasse 6, deren Liquiditätsbedarf in der Regel durch eine Großbank gedeckt wird, das Item „Kapitalausstattung" in keinem der drei möglichen Antwortränge erwähnen.[475]

3.4.6.4   Einfluß einzelner Branchenrisiken

In Analogie zur Befragung der Unternehmensbewerter[476] behandelte die Frage 8 des Fragebogens die Sensitivität des Unternehmenswerts in Bezug auf branchenspezifische Risiken des Baugewerbes. Die Befragungsteilnehmer erhielten die Möglichkeit, die aufgeführten Risiken auf einer sechsstufigen Rating-Skala von äußerst gering (Wertigkeit Eins) bis äußerst hoch (Wertigkeit Sechs) zu bewerten. Abbildung 24 visualisiert das aggregierte Ergebnis; Tabelle 21 gibt eine differenzierte Übersicht.

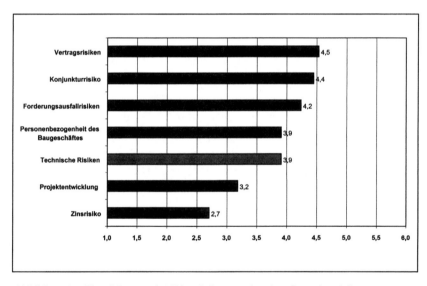

Abbildung 24: Einschätzung des Werteinflusses einzelner Branchenrisiken (Mittelwerte) (Frage 8)

Vertrags- und Konjunkturrisiken stellen demnach die höchsten Wagnisse des Baugewerbes dar. Die Forderungsausfallrisiken nehmen mit einem arithmetischen Mittel von 4,2 eine Zwischenposition ein. Als gleichwertig werden technische Risiken und

---

[474] Diese Aussage sollte jedoch auch vor dem Hintergrund der relativ kleinen Stichprobe von nur drei Unternehmen gesehen werden.
[475] Auch hier liegt eine Stichprobe von lediglich drei Unternehmen zugrunde.
[476] S. Kapital 3.3.3.5.3, „Risikobetrachtung".

die Personenbezogenheit des Baugeschäfts eingestuft. Ein weit unterdurchschnittlicher Einfluß werden der Projektentwicklung und dem Zinsrisiko beigemessen. Die Angaben zu sämtlichen Items unterliegen, wie in Anhang IV ersichtlich, einer relativ großen Streuung mit Standardabweichungen von bis zu 1,8.

	Vertrags-risiken	Forderungs-ausfallrisiken	Techn. Risiken	Personen-bezogenheit	Projekt-entwickl.	Zins-risiko	Konjunktur-risiko
Gesamt	**4,5**	4,2	3,9	3,9	3,2	2,7	4,4
Hochbau	**5,0**	4,7	3,6	4,0	3,1	2,8	3,9
Tiefbau	4,1	3,8	4,0	4,0	3,3	2,7	**4,8**
H.- u. Tb.	4,5	4,3	4,0	3,7	3,2	2,6	**4,6**
Klasse 1	3,0	**3,7**	2,7	**3,7**	2,0	2,0	3,0
Klasse 2	4,3	**4,8**	3,8	4,3	3,4	3,1	4,6
Klasse 3	4,4	4,3	3,8	3,7	2,8	2,4	**4,8**
Klasse 4	**4,8**	4,0	4,3	4,0	3,4	2,7	4,4
Klasse 5	**4,8**	3,8	3,8	2,8	4,0	2,8	4,4
Klasse 6	**5,4**	4,0	3,8	4,4	3,6	3,4	3,6

Tabelle 21: Einschätzung des Werteinflusses einzelner Branchenrisiken (Mittelwerte)

Unterteilt man die Analyseergebnisse wieder nach Bausparten und Unternehmensgrößenklassen, so zeichnen sich die dem Tiefbau sowie dem Hoch- und Tiefbau angehörenden Unternehmen durch eine signifikant höhere Einschätzung konjunkturbedingter Wertrisiken aus. Unternehmen des Hochbaus hingegen stufen Vertragsrisiken besonders hoch ein. Die Bewertung vertraglicher Risiken nimmt zudem mit wachsender Unternehmensgröße zu. Ein Grund für den letztgenannten Zusammenhang könnte darin gesehen werden, daß mit zunehmender Unternehmensgröße die Auftragsvolumina sowie die Komplexität der zu erbringenden Leistungen steigen und die damit verbundenen Vertragsrisiken ebenfalls zunehmen.

Eine weitere spartenabhängige Auffälligkeit läßt sich bei der Bewertung der Forderungsausfallrisiken registrieren: Die in erhöhtem Maße von der Zahlungsfähigkeit privater Auftraggeber abhängigen Hochbauunternehmer vergeben im Mittel 4,7 Bewertungspunkte gegenüber 4,3 wie die Hoch- und Tiefbauunternehmer und 3,8 wie die reinen Tiefbauunternehmer, deren Hauptauftraggeber überwiegend die Öffentliche Hand mit ihrer spezifisch hohen Bonität ist.[477]

Bezogen auf die Größe läßt sich konstatieren, daß insbesondere die Befragungsteilnehmer aus der Unternehmensgrößenklasse 1 aufgrund der unverhältnismäßig geringen arithmetischen Mittelwerte von 2,0 bis maximal 3,7 offenbar die geringste Risikosensibilisierung aufweisen.

---

[477] Vgl. Hauptverband der Deutschen Bauindustrie (Bauwirtschaft 1998), S. 8.

Im Vergleich zu den Antworten auf dieselbe Frage bei der ersten Befragung der externen Unternehmensbewerter[478] läßt sich feststellen, daß die in der zweiten Erhebung befragten unternehmensinternen und geschäftsführend tätigen Personen die vorgegebenen Risikoursachen grundsätzlich um einen halben Skalenpunkt niedriger taxierten als die ebenfalls branchenerfahrenen Bewertungsexperten.

Vor diesem Hintergrund können die Einstufungen der Vertrags- (x_M = 5,1 in der ersten ggü. 4,5 in der vorliegenden Erhebung) und Forderungsausfallrisiken (x_M = 5,3 ggü. 4,2), der Personenbezogenheit des Baugeschäfts (x_M = 4,4 ggü. 3,9) sowie der technischen Risiken (x_M = 4,3 ggü. 3,9) als ähnlich hoch angesehen werden. Übereinstimmend niedrig fällt das arithmetische Mittel für das Zinsrisiko aus (x_M = 3,2 ggü. 2,7). Unterschiede ergeben sich hinsichtlich der Beurteilung von Risiken aus eigener Projektentwicklung. Die unternehmensexternen professionellen Unternehmensbewerter schätzen die aus der Entwicklung eigener Projekte induzierten Verlustgefahren mit einem arithmetischen Mittel von 5,0 weitaus höher ein als die befragten Bauunternehmens-Manager, deren errechnetes Mittel lediglich bei 3,2 liegt. Unterschiedlich sind auch die Einschätzungen in bezug auf Konjunkturrisiken. Während die Unternehmensbewerter zu einem Mittelwert von 4,0 gelangen, ist den obigen Ergebnissen ein arithmetisches Mittel von 4,4 zu entnehmen.

Über die vorgegebenen Branchenrisiken hinaus sehen zwei Befragungsteilnehmer die „Wirtschafts- und Steuerpolitik" eines Landes sowie das „Entwurfsverfasserrisiko" als besonders wertsensitiv an.[479]

3.4.6.5   Notwendige Analyseintensität einzelner Bewertungsinhalte

Analog zur Frage 12 der ersten Erhebung[480] wurde in Frage 9 gebeten, zur persönlich als nötig erachteten Intensität einzelner Bewertungsmaßnahmen Stellung zu nehmen. Die Befragungsteilnehmer konnten auf einer sechsstufigen Rating-Skala zwischen äußerst geringer (Wertigkeit Eins) bis äußerst hoher (Wertigkeit Sechs) Analyseintensität wählen. In Abbildung 25 ist das aggregierte, in Tabelle 22 das differenzierte Auswertungsergebnis dargestellt.

---

[478] S. Kapitel 3.3.3.5.3, „Risikobetrachtung".
[479] Vgl. Beckmann/Lohr (Werttreiber 2000), Anhang II.
[480] S. Kapitel 3.3.3.5.4, „Bewertungsprobleme und notwendige Konsequenzen".

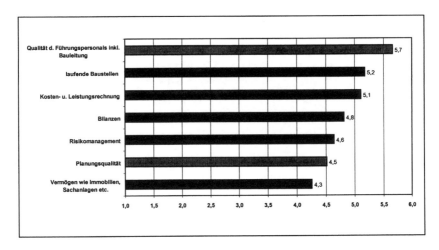

Abbildung 25: Notwendige Analyseintensität einzelner Bewertungsinhalte
          (Mittelwerte) (Frage 9)

Kongruent zu den Ergebnissen aus Frage 6.4 und Frage 7 wird eine Analyse der Fähigkeiten des technischen und betriebswirtschaftlichen Führungspersonals durchweg für am wichtigsten gehalten.[481] Die mit Abstand geringste Standardabweichung von nur 0,5 unterstreicht die Einigkeit der Befragten. Bereits in der Befragung der professionellen Unternehmensbewerter erhielt die Beurteilung des Führungspersonals als geeignete Maßnahme zur Reduzierung von Bewertungsproblemen die meisten Nennungen.[482] Daraus läßt sich schließen, daß die Überprüfung der Träger des unternehmensbezogenen Wissensfundus ein unverzichtbarer Bestandteil eines bauspezifischen Bewertungsmodells ist.

An zweiter Stelle erscheint die Überprüfung der laufenden Baustellen, die in der ersten Befragung ebenfalls die zweite Position einnahm.[483] Mithin kann auch hier von einer notwendigen Einbeziehung in ein Bewertungskonzept ausgegangen werden.

Mit geringem Abstand folgt die Kontrolle der Kosten- und Leistungsrechnung, der offenbar gegenüber der Bilanzanalyse ein (wenn auch nur geringfügig) höherer Informationsgehalt attestiert wird. Diese Feststellung entspricht den Erkenntnissen der ersten Erhebung, wonach die Mehrheit der antwortenden Unternehmensbewerter das Zahlenwerk der Kosten- und Leistungsrechnung gegenüber einer Baubilanz als Informationsgrundlage vorzieht.[484]

---

[481] S. Kapitel 3.4.6.3.2, „Projektabwicklung", u. 3.4.6.3.5, „Gruppenübergreifende Zusammenstellung".
[482] S. Kapitel 3.3.3.5.4, „Bewertungsprobleme und notwendige Konsequenzen".
[483] Ebenda.
[484] Ebenda. Zur mangelnden Aussagekraft von Baubilanzen aufgrund der vorwiegend langfristigen Auftragsfertigung, des Bauens in Arbeitsgemeinschaften sowie des Saisoncharakters der Bauwerkserstellung vgl. Leimböck (Bilanzen 1997), S. 38 u. 154; Jacob (Finanzanalyse 1985), S. 49-57; Jacob (Bilanzierung 1988), S. 189; Peemöller (Bilanzanalyse 1993), S. 145 f.; Mielicki (Liquiditätsinformation 1996), S. 10, u. Küting (Baubilanzen 2000), S. 45.

Der eingehenden Analyse des vorzufindenden Risikomanagementsystems und der eng damit verbundenen Qualität der Unternehmens- und Projektplanung wird trotz einer Plazierung auf den vorletzten Rängen bei Mittelwerten von beachtlichen 4,6 und 4,5 noch immer eine verhältnismäßig hohe Bedeutung zugesprochen. Auch dieses Ergebnis deckt sich weitgehend mit demjenigen der ersten Erhebung, nach der entsprechende Überprüfungen von 63% beziehungsweise 59% der befragten Unternehmensbewerter durchgeführt werden.[485]

	laufende Baustellen	Planungs-qualität	Qualität Führungs-personal	Bilanzen	KLR	Vermögen	Risikomgt.
Gesamt	5,2	4,5	**5,7**	4,8	5,1	4,3	4,6
Hochbau	5,0	4,4	**5,4**	4,8	5,0	4,1	4,8
Tiefbau	5,2	4,6	**5,7**	4,8	5,0	4,2	4,5
H.- u. Tb.	5,3	4,5	**5,8**	3,9	5,4	4,4	4,7
Klasse 1	4,3	4,7	**5,0**	**5,0**	4,7	4,0	3,5
Klasse 2	4,9	4,4	**5,7**	4,9	5,0	4,2	4,1
Klasse 3	5,2	4,5	**5,7**	5,1	5,0	4,5	4,8
Klasse 4	5,4	4,9	**5,7**	4,6	5,2	4,1	4,9
Klasse 5	**5,4**	4,0	**5,4**	4,4	5,0	4,0	4,2
Klasse 6	5,4	3,8	**5,6**	4,6	**5,6**	4,4	5,4

Tabelle 22: Notwendige Analyseintensität einzelner Bewertungsinhalte (Mittelwerte)

Es bleibt zu konstatieren, daß die Auskunftspersonen aus Unternehmen der Größenklasse 1 in Übereinstimmung mit dem Ergebnis aus Frage 8[486] einem sowohl funktional als auch institutionell interpretierbaren Risikomanagement eine vergleichsweise geringe Bedeutung beimessen. Die Notwendigkeit einer intensiven Untersuchung des vorhandenen materiellen Vermögens kann in Verbindung mit dem Ergebnis aus Frage 5[487] dahingehend gedeutet werden, daß aus unternehmensinterner Perspektive die substanzorientierte Einzelbewertung von Vermögensgegenständen einen festen Bestandteil innerhalb einer Bauunternehmensbewertung bilden sollte. Daß diese Erkenntnis bereits zahlreiche Unternehmensbewerter in die Tat umsetzen, zeigt wiederum das Ergebnis der ersten Erhebung, wonach speziell bei Bauunternehmen auf eine wenigstens sekundär plausibilitätskontrollierende, substanzbezogene Unternehmensbewertung zurückgegriffen wird.[488]

Innerhalb der offenen Rubrik „Weitere" gaben die befragten Bauunternehmer ihre persönlichen Präferenzen für Analyseinhalte an: „Altersstruktur, Beweglichkeit und

---

[485] S. Kapitel 3.3.3.5.4, „Bewertungsprobleme und notwendige Konsequenzen".
[486] S. Kapitel 3.4.6.4, „Einfluß einzelner Branchenrisiken".
[487] S. Kapitel 3.4.6.2, „Erfolgs- versus substanzorientierter Wertauffassung von Bauunternehmen".
[488] S. Kapitel 3.3.3.5.1, „Bewertungsmethoden in der Praxis".

Spürsinn der Mitarbeiter", „Bewertung von Leistungsstand, Zahlungen und Liquidität" sowie „Vision und Strategie des Zielunternehmens".[489]

3.5 Zusammenfassung der empirischen Erkenntnisse

Abschließend sind zunächst die Ergebnisse aus der **Befragung der Unternehmensbewerter**, bezogen auf die eingangs formulierten Arbeitshypothesen, zu überprüfen:

(1) Die Wahl der Bewertungsmethode ist abhängig von der Branchenzugehörigkeit des Bewertungsobjekts. Für bauausführende Unternehmen sind darüber hinaus branchenspezifische Modifikationen erforderlich.

Diese Hypothese – die gleichzeitig zu vorliegender Arbeit den Anstoß gab – wird durch die Antworten auf die Fragen 1 und 11 der empirischen Untersuchung eindeutig bestätigt.[490] 84% der Befragten sehen einen Zusammenhang zwischen der Branchenzugehörigkeit des zu bewertenden Unternehmens und der anzuwendenden Bewertungsmethode. 86% richten ihre Vorgehensweise bei der Unternehmensbewertung nach der Branche aus, der das Bewertungsobjekt angehört. Im Rahmen der Bewertung eines Bauunternehmens bereiten 10 von 12 vorgegebenen Faktoren überdurchschnittlich große Probleme. Dies macht deutlich, daß der heutige theoretische Stand zur Unternehmensbewertung bei weitem nicht ausreicht, um konkrete Entscheidungsprobleme zu lösen. Bei den genannten Problemen handelt es sich nicht nur um Sachverhalte, die in der Risikosphäre der Bauunternehmen begründet liegen, sondern auch um methodische Schwierigkeiten.

(2) Unter den klassischen Bewertungsmethoden kommen den erfolgsorientierten Methoden bei der Bewertung von Bauunternehmungen eine besondere Bedeutung zu.

Von den Befragungsteilnehmern wird der Ertragswertmethode die höchste Bedeutung bei der Bewertung von Bauunternehmungen beigemessen.[491] Bezogen auf die 408 Bewertungen innerhalb der Baubranche, die durch Befragungsteilnehmer durchgeführt wurden, liegt die Ertragswertmethode mit 36% deutlich vor allen anderen Verfahren. Auf beide erfolgsorientierten Methoden gemeinsam entfällt ein Anteil von 52%. Auch diese Hypothese kann demzufolge als bestätigt betrachtet werden.

Einen Hinweis auf die bevorzugte Methodenwahl geben die Antworten auf Frage 8.[492] Hier wird die Zukunftsorientierung als entscheidendes Kriterium für die Wahl einer Bewertungsmethode angeführt. Dieses Kriterium erfüllen nur die erfolgsorientierten Verfahren in vollem Umfang.

---

[489] Vgl. Beckmann/Lohr (Werttreiber 2000), Anhang II.
[490] S. Kapitel 3.3.3.5.1, „Bewertungsmethoden in der Praxis", u. Kapitel 3.3.3.5.4, „Bewertungsprobleme und notwendige Konsequenzen".
[491] S. Kapitel 3.3.3.5.1, „Bewertungsmethoden in der Praxis".
[492] Ebenda.

Der Anteil der substanzorientierten Verfahren ist mit noch 14% relativ hoch. Es ist zu vermuten, daß diese Verfahren in Ergänzung zur erfolgsorientierten Bewertung nach wie vor zum Einsatz kommen. Dies könnte in den häufig hohen Immobilienbeständen und den Aktivitäten im Geschäftsfeld Projektentwicklung begründet liegen. Dennoch nehmen die substanzorientierten Verfahren auch bei der Bewertung von Bauunternehmungen lediglich eine „Nebenrolle" ein.

(3) Die klassischen Bewertungsmethoden berücksichtigen die Spezifika der Baubranche unzureichend.

Fast alle Bewertungsteilnehmer haben sich für Maßnahmen zur Verringerung der Bewertungsprobleme ausgesprochen (Frage 12).[493] Vier von fünf angebotenen Antworten wurden mit deutlich über 50% als erforderliche Maßnahme bestätigt. Die Antworten auf die Fragen 11 und 12 bestätigen somit auch diese Arbeitshypothese.

Eine interessante Aussage läßt sich durch die Verknüpfung der Antworten aus den Fragen 7, 8 und 11 ableiten.[494] Auf den Plätzen eins bis drei unter den größten methodischen Bewertungsschwierigkeiten liegen die „Bewertung laufender Baustellen", die „Bilanzierung bei Langfristfertigung" und die „Argebilanzierung". Die zweithäufigsten Nennungen bei der Frage nach den Kriterien für die Wahl einer Bewertungsmethode entfielen auf die „Robustheit gegenüber Bilanzmanipulationen". 59% der Befragungsteilnehmer empfehlen zur Verringerung der Bewertungsprobleme eine Orientierung an der Kosten- und Leistungsrechnung und nicht an der Bilanz. Hierbei handelt es sich um einen begründeten und wesentlichen Modifikationsvorschlag der klassischen Bewertungsmethoden. Es darf allerdings nicht unberücksichtigt bleiben, daß die Befragung unter dem Eindruck der „Beinahe-Insolvenz" der Philipp Holzmann AG stand, bei der hohe bilanzielle Verluste lange Zeit – auch von der zuständigen Wirtschaftsprüfungsgesellschaft – unerkannt blieben.[495]

In einem weiteren Schritt lassen sich die Erkenntnisse aus der **Befragung der Bauunternehmer** folgendermaßen zusammenfassen:

(1) Erfolgs- versus substanzorientierte Wertauffassung von Bauunternehmen

Unter den befragten Bauunternehmern dominiert die Erfolgs- über die Substanzorientierung. Da letztere ebenso wie bei den befragten Unternehmensbewertern dennoch nicht eben gering ausgeprägt ist, muß bei der Bewertung von bauausführenden Unternehmen die Substanz angemessen berücksichtigt werden.[496]

---

[493] S. Kapitel 3.3.3.5.4, „Bewertungsprobleme und notwendige Konsequenzen".
[494] S. Kapitel 3.3.3.5.1, „Bewertungsmethoden in der Praxis"; Kapitel 3.3.3.5.2, „Ausprägung erfolgsorientierter Methoden", u. Kapitel 3.3.3.5.4, „Bewertungsprobleme und notwendige Konsequenzen".
[495] Vgl. Hoffmann/Student (Umbau 1998), S. 54 ff.
[496] S. Kapitel 5.2, „Quantifizierung und methodische Berücksichtigung von Einmaleffekten".

(2) Werttreiber (im engeren Sinne)

Projektbezogen tätige Mitarbeiter werden als die maßgeblichen Werttreiber einer Bauunternehmung angesehen. Als einer der wenigen materiellen Faktoren erzielt lediglich die Kapitalausstattung verhältnismäßig hohe Einstufungen. Institutionellen Faktoren, wie z.b. der Qualität der Zentralabteilungen, wird nur ein außerordentlich geringer Einfluß auf den Unternehmenswert zugebilligt.[497]

(3) Einfluß einzelner Branchenrisiken (negative Werttreiber)

Bei den Branchenrisiken dominieren hinsichtlich des vermuteten Einflusses auf den Unternehmenswert die Vertrags-, Konjunktur- und Forderungsausfallrisiken. Eine mittlere Position nehmen die Personenbezogenheit des Baugeschäfts sowie die technischen Risiken ein. Für relativ gering wertsensitiv werden Projektentwicklungs- und Zinsrisiken gehalten.[498]

(4) Notwendige Analyseintensität einzelner Bewertungsinhalte

Befänden sich die Befragungsteilnehmer in der Situation, ein fremdes Bauunternehmen zu bewerten, so würden sie die Qualität des Führungspersonals am intensivsten prüfen. Die Analyse laufender Baustellen gilt ebenfalls als unverzichtbarer Bestandteil der Bewertung eines Bauunternehmens. Als Bewertungsgrundlage wird die Aussagekraft der aus dem internen Rechnungswesen stammenden Kosten- und Leistungsrechnung deutlich höher eingeschätzt als der Informationsgehalt der extern orientierten Bilanz. Eine noch immer relativ hohe Bedeutung wird der Überprüfung des Risikomanagements, der Planungsqualität und der Unternehmenssubstanz beigemessen.[499] Die Ergebnisse bestätigen in erstaunlicher Deutlichkeit die Aussagen der befragten Unternehmensbewerter.

Beide Befragungen führen vor Augen, daß die gängige Literatur viele Problemfelder der Bewertung von Bauunternehmen bisher nicht behandelt hat. Sie liefern gleichzeitig weitreichende Erkenntnisse darüber, welche Elemente ein bauspezifisches Bewertungsmodell beinhalten sollte.

---

[497] S. Kapitel 3.4.6.3, „Wertbildende Faktoren in Bauunternehmen".
[498] S. Kapitel 3.4.6.4, „Einfluß einzelner Branchenrisiken".
[499] S. Kapitel 3.4.6.5, „Notwendige Analyseintensität einzelner Bewertungsinhalte".

4   Anwendbarkeit der Bewertungsmethoden in der Baubranche

4.1   Bewertungsrelevante Besonderheiten der Baubranche

4.1.1   Akquisition und Auftragsvergabe

4.1.1.1   Vorbemerkungen

Die Auftragsakquisition in der Baubranche unterscheidet sich grundsätzlich von der in den meisten anderen Branchen. Im öffentlichen Bereich gibt es ein sehr detailliertes Regelungswerk zur Vergabe von Bauleistungen. Seit dem 1.1.1999 sind des weiteren Regelungen zur europaweiten Ausschreibung von öffentlichen Bauleistungen hinzugekommen. Private Auftraggeber sind zwar grundsätzlich frei in ihrer Vorgehensweise, wenn sie Bauleistungen vergeben, sehr häufig verläuft die Auftragsvergabe im privaten Bereich dem öffentlichen Ausschreibungsverfahren vergleichbar.

Wie noch nachzuweisen sein wird, spielt für die Bewertung von Bauunternehmungen die Art der Auftragsvergabe eine wichtige Rolle. Aus diesem Grund wird im folgenden die Vergabe von Bauleistungen ausführlich beschrieben. Das Schwergewicht liegt dabei beim öffentlichen Vergabeverfahren. Die öffentliche Baunachfrage nimmt zwar ab, ist aber immer noch bedeutsam.[500] Nicht zuletzt läßt die Komplexität der Thematik „ Vergabe von Bauleistungen" keine oberflächliche Darstellung zu.

4.1.1.2   Vergabe von Bauleistungen durch öffentliche Auftraggeber

4.1.1.2.1 Grundlagen des Vergaberechts für Bauleistungen

Das Gesetz gegen Wettbewerbsbeschränkungen (GWB) regelt aufgrund EU-Vorgabe seit dem 1.1.1999 das öffentliche Auftragsvergabewesen für die Verfahren zur Vergabe von Bauleistungen.[501] Dabei sind nach dem Schwellenwert-Prinzip[502] diese Regelungen nur für Bauaufträge anzuwenden, die einen geschätzten Auftragswert von 5 Mio. Euro erreichen oder überschreiten. Gemäß dieser Vergabeverordnung müssen die in § 98 GWB bezeichneten diversen öffentlichen Auftraggeber bei der Vergabe eines Bauauftrags die Vorschriften von VOB[503] Teil A, gekoppelt mit zusätzlichen Bestimmungen nach der EG-Baukoordinierungsrichtlinie bzw. nach der EG-Sektorenrichtlinie (Bereich Wasser-, Energie- und Verkehrsversorgung sowie Telekommunikation), anwenden. Hierbei handelt es sich um die sogenannten Basisparagraphen.

Der Auftraggeber-Begriff des nationalen Haushaltsrechts (für Aufträge unterhalb des Schwellenwerts) ist ein institutioneller Begriff in dem Sinne, daß alle staatlichen

---

[500] S. Kapitel 1.3, „Die Baubranche als Anwendungsgebiet der Theorie der Unternehmensbewertung".
[501] Vgl. GWB Teil 4, § 97 ff.
[502] Vgl. § 100, Absatz 1 GWB in Verbindung mit § 127 GWB.
[503] Die Verdingungsordnung für Bauleistungen (VOB) wurde geschaffen, um einheitliche Vorschriften bei der Vergabe und der Durchführung von Bauaufträgen festzulegen. Vgl. Vygen (Bauvertragsrecht 1991), S. 12 ff. Die VOB besteht aus drei Teilen: Teil A (VOB/A): Allgemeine Bestimmungen für die Vergabe von Bauleistungen, Teil B (VOB/B): Allgemeine Vertragsbedingungen für die Ausführung von Bauleistungen, Teil C (VOB/C): Allgemeine Technische Vorschriften für Bauleistungen. Allerdings muß der Teil B im Bauvertrag genannt werden, um Bestandteil desselben zu werden, da die VOB weder Gesetz noch Rechtsverordnung ist.

Institutionen, die öffentliches Haushaltsrecht anwenden, an die Vergaberegeln gebunden sind. Der auf den EG-Richtlinien beruhende Auftraggeber-Begriff des § 98 GWB (für Aufträge oberhalb des Schwellenwerts) ist dagegen ein funktionaler Begriff, da das gesetzgeberische Ziel der EU und des GWB war, die verschlossenen Vergabemärkte aufzubrechen und für den gemeinsamen Binnenmarkt fruchtbar zu machen. Für die EU-Interessen ist entscheidend, ob die auf dem Markt als Auftraggeber auftretende Einheit staatliche Funktionen wahrnimmt oder nicht.

Die nachstehenden Grundsätze gebieten die Formalisierung eines Vergabeverfahrens:

Der Wettbewerbsgrundsatz verlangt, daß in einem - formalisierten - Verfahren möglichst vielen Bietern die Gelegenheit gegeben wird, ihre Leistung anzubieten.[504] Deshalb genießt die öffentliche Ausschreibung den Vorrang.

Alle Bieter sind gleich zu behandeln (Gleichbehandlungsgebot):[505] „Bei der Vergabe von Bauleistungen darf kein Unternehmer diskriminiert werden"[506]. „Die Teilnehmer an einem Vergabeverfahren sind gleich zu behandeln, es sei denn, eine Benachteiligung ist aufgrund dieses Gesetzes ausdrücklich geboten oder gestattet"[507].

Bei der Vergabe dürfen keine vergabefremden Kriterien herangezogen werden.[508] Neben der Wirtschaftlichkeit des Angebots dürfen nur Fachkundigkeit, Leistungsfähigkeit und Zuverlässigkeit des Bieters Berücksichtigung finden.

Die Vergabevorschriften verbieten den Auftraggebern grundsätzlich, mit den Bietern zu verhandeln (Verhandlungsverbot).[509] Zulässig sind Gespräche mit Bietern nur zu dem Zweck, Zweifel über Angebote oder Bieter auszuräumen.

Nach dem Gebot der Losvergabe sollen umfangreiche Aufträge in einzelne Fach- und Teillose aufgeteilt werden, um kleineren und mittleren Unternehmen die Möglichkeit zu eröffnen, sich im Rahmen ihrer Leistungsfähigkeit zu bewerben.[510] Dieser Grundsatz dient der Mittelstandsförderung.

Der Grundsatz der Wirtschaftlichkeit besagt, daß der Zuschlag auf das wirtschaftlichste Angebot erteilt wird.[511] Die VOB/A konkretisiert dies wie folgt: „In die engere Wahl kommen nur solche Angebote, die unter Berücksichtigung rationellen Baubetriebs und sparsamer Wirtschaftsführung eine einwandfreie Ausführung einschließlich Gewährleistung erwarten lassen. Unter diesen Angeboten soll der Zuschlag auf das Angebot erteilt werden, das unter Berücksichtigung aller technischen und wirtschaftlichen, gegebenenfalls auch gestalterischen und funktionsbedingten Gesichtspunkte als das annehmbarste erscheint. Der niedrigste Angebotspreis allein ist nicht

---

[504] Vgl. § 2, Nr. 1, Satz 2 VOB/A.
[505] Vgl. § 8, Nr. 1, Satz 1 VOB/A.
[506] § 2, Nr. 2 VOB/A.
[507] § 97, Abs. 2 GWB.
[508] Vgl. § 8, Nr. 1, Satz 2 VOB/A sowie § 2, Nr. 1, Satz 1 VOB/A und § 97, Absatz 4 GWB.
[509] Vgl. § 24, Nr. 1, Absatz 1 VOB/A.
[510] Vgl. § 4, Nr. 1 bis 3 VOB/A sowie § 97, Absatz 3 GWB.
[511] Vgl. § 97, Absatz 5 GWB.

entscheidend"[512]. Zu letzterem Satz ist unter Würdigung der Vergabepraxis anzumerken, daß die öffentlichen Auftraggeber in der Regel den Zuschlag für den Auftrag auf den niedrigsten Angebotspreis erteilen.

4.1.1.2.2 Verfahrensarten für die Vergabe

Für die Vergabe unterhalb des EU-Schwellenwerts gelten nach § 3 VOB/A die folgenden drei Verfahrensarten:

- öffentliche Ausschreibung

- beschränkte Ausschreibung

- freihändige Vergabe

Der Auftraggeber kann zwischen den Verfahrensarten grundsätzlich nicht frei wählen. Vielmehr ist die jeweilige Verfahrensart nur dann anwendbar, wenn die in § 3 VOB/A hierfür jeweils genannten Voraussetzungen erfüllt sind.

Bei der öffentlichen Ausschreibung werden Bauleistungen im vorgeschriebenen Verfahren nach öffentlicher Aufforderung einer unbeschränkten Zahl von Unternehmer zur Einreichung von Angeboten vergeben. Die öffentliche Ausschreibung muß stattfinden, wenn nicht die Eigenart der Leistung oder besondere Umstände eine Abweichung rechtfertigen.[513]

Bei beschränkter Ausschreibung werden Bauleistungen im vorgeschriebenen Verfahren nach Aufforderung einer beschränkten Zahl von Unternehmern zur Einreichung von Angeboten vergeben, gegebenenfalls nach öffentlicher Aufforderung, Teilnahmeanträge zu stellen (beschränkte Ausschreibung nach Öffentlichem Teilnahmewettbewerb). Die beschränkte Ausschreibung ist zulässig, wenn

- die öffentliche Ausschreibung für den Auftraggeber oder die Bewerber einen Aufwand verursachen würde, der zu dem erreichbaren Vorteil oder dem Wert der Leistung im Mißverhältnis stehen würde,

- die öffentliche Ausschreibung kein annehmbares Ergebnis gehabt hat,

- die öffentliche Ausschreibung aus anderen Gründen (z.B. Dringlichkeit, Geheimhaltung) unzweckmäßig ist.[514]

Die beschränkte Ausschreibung nach öffentlichem Teilnahmewettbewerb ist zulässig, wenn

- die Leistung nach ihrer Eigenart nur von einem beschränkten Kreis von Unternehmern in geeigneter Weise ausgeführt werden kann, besonders wenn außergewöhnliche Zuverlässigkeit oder Leistungsfähigkeit (z.B. Erfahrung, technische Einrichtungen oder fachkundige Arbeitskräfte) erforderlich ist,

- die Bearbeitung des Angebots wegen der Eigenart der Leistung einen außergewöhnlich hohen Aufwand erfordert.[515]

---

[512] § 25, Nr. 3 Absatz 3 VOB/A.
[513] vgl. § 3, Nr. 2 VOB/A.
[514] Vgl. § 3, Nr. 3 VOB/A.
[515] Ebenda.

Bei freihändiger Vergabe werden Bauleistungen ohne ein förmliches Verfahren vergeben. Die freihändige Vergabe ist zulässig, wenn die öffentliche Ausschreibung oder beschränkte Ausschreibung unzweckmäßig ist, besonders weil

- für die Leistung aus besonderen Gründen (z.B. Patentschutz, besondere Erfahrung oder Geräte) nur ein bestimmter Unternehmer in Betracht kommt,

- die Leistung nach Art und Umfang vor der Vergabe nicht eindeutig und erschöpfend festgelegt werden kann,

- sich eine kleine Leistung von einer vergebenen größeren Leistung ohne Nachteil trennen läßt,

- die Leistung besonders dringlich ist,

- nach Aufhebung einer öffentlichen Ausschreibung oder beschränkten Ausschreibung eine erneute Ausschreibung kein annehmbares Ergebnis verspricht,

- die auszuführende Leistung Geheimhaltungsvorschriften unterworfen ist.[516]

Bei Vergaben oberhalb des EU-Schwellenwerts kommen gemäß § 101 GWB folgende Verfahrensarten zur Anwendung:

- offene Verfahren

- nichtoffene Verfahren

- Verhandlungsverfahren

Bei den offenen Verfahren werden eine unbeschränkte Anzahl von Unternehmen öffentlich zur Abgabe von Angeboten aufgefordert.

Bei nichtoffenen Verfahren wird öffentlich eine beschränkte Anzahl von Unternehmen zur Angebotsabgabe aufgefordert.

Verhandlungsverfahren sind Verfahren, bei denen sich der Auftraggeber mit oder ohne vorherige(r) öffentlicher Aufforderung zur Teilnahme an ausgewählte Unternehmen wendet, um mit einem oder mehreren über die Auftragsbedingungen zu verhandeln.

Zu den Anwendungs- und Zulässigkeitsvoraussetzungen legt – für die Aufträge oberhalb des Schwellenwerts – § 101 Absatz 5 GWB zunächst als Grundsatz fest, daß öffentliche Auftraggeber das offene Verfahren anzuwenden haben. Das offene Verfahren ist somit die Regel. Das nichtoffene Verfahren und das Verhandlungsverfahren können nur unter bestimmten Voraussetzungen gewählt werden. Die jeweiligen Voraussetzungen sind ähnlich ausgestaltet wie die Voraussetzungen, die im einzelnen bereits für die Vergabearten nach § 3 des Abschnittes 1 von VOB/A aufgeführt sind.[517]

---

[516] vgl. § 3, Nr. 4 VOB/A.
[517] Vgl. § 3 a und b des Abschnitts 1 von VOB/A.

4.1.1.3 Vergabe von Bauleistungen durch private Auftraggeber

Für private Auftraggeber gilt das dargestellte Vergaberecht nicht. Insbesondere für große institutionelle private Auftraggeber gelten oft interne Verfahrensanweisungen, die sich am öffentlichen Vergaberecht orientieren. Das am häufigsten vorzufindende Vergabeverfahren im privaten Bereich kann als beschränkte Ausschreibung mit anschließendem Verhandlungsverfahren bezeichnet werden. Nicht selten finden mehrere Verhandlungsrunden statt, in denen die Auftraggeber jeweils eine verbesserte Wirtschaftlichkeit der Angebote anstreben. Während dies in den ersten Verhandlungsrunden noch mit technischen Sondervorschlägen erreicht werden kann, werden in späteren Verhandlungen hauptsächlich durch Preisnachlässe (Abgebote) die Auftragschancen der Anbieter gewahrt. Oft werden die Konditionen des jeweils wirtschaftlichsten Angebotes offengelegt, um die Unterbietung der Konkurrenzpreise zu fördern.

Da dieses Verfahren für den Auftraggeber die Gefahr beinhaltet, den Auftrag an ein Unternehmen mit geringer wirtschaftlicher Leistungsfähigkeit vergeben zu müssen, strebt dieser häufig an, zumindest ein leistungsfähiges Unternehmen mit dem „Bestbieter" in einer Arbeitsgemeinschaft zu binden. Dieses Unternehmen haftet dann gesamtschuldnerisch für die Verpflichtungen aus dem Auftrag.

Um die dargestellte Vergabepraxis zu umgehen, werden Stammkundenbeziehungen mit einer hohen Bindung an das Bauunternehmen angestrebt. Ziel ist die freihändige Vergabe und die frühzeitige Einbindung in eine Bauaufgabe. In der Regel wird dies nur über persönliche Beziehungen zwischen Kundenvertretern und Vertretern der Bauunternehmung (Beziehungsmanagement) ermöglicht. Durch Optimierungen in einer frühen Planungsphase entstehen dem Auftraggeber Vorteile, die den Verzicht auf eine Ausschreibung plausibel oder mehr als plausibel erscheinen lassen können.

4.1.1.4 Bewertungsrelevante Konsequenzen

Bei öffentlichen Auftraggebern dominiert die öffentliche Ausschreibung bzw. das offene Verfahren. Von den geschilderten Ausnahmen wird selten Gebrauch gemacht, da diese ebenso wie die Ausgrenzung von Bietern wegen Bedenken hinsichtlich ihrer Leistungsfähigkeit Ansatzpunkte für Klagen der nicht zum Zuge gekommenen Bieter liefert. Solche Klagen können ein Vergabeverfahren lange blockieren. Die Bieter begeben sich durch eine Klage nicht in das Risiko bei zukünftigen öffentlichen Ausschreibungen nicht berücksichtigt zu werden, da der Grundsatz der „Nichtberücksichtigung vergabefremder Kriterien" dies verbietet.[518]

Da Verhandlungen ausgeschlossen sind, kommt in der Regel nur der Bieter zum Zuge, der bei technisch vergleichbaren Angeboten den geringsten Preis vorgelegt hat oder technische Sondervorschläge präsentieren kann, die sein Angebot zum wirtschaftlichsten machen. In diesem Sinne beinhalten die Angebote im öffentlichen Verfahren in der Regel Grenzpreise, worunter ein Preis zu verstehen ist, der die Kosten deckt und minimale Kalkulationsansätze für Risiko und Gewinn enthält.

---

[518] S. Kapitel 4.1.1.2.1, „Grundlagen des Vergaberechts für Bauleistungen".

Für private Anbieter können die Angebote zwar noch einen kalkulatorischen Verhandlungsspielraum beinhalten, jedoch darf dieser nicht so bemessen sein, daß der Bieter keine Einladung zu anschließenden Verhandlungen erhält. In den dann folgenden Verhandlungsrunden wird in der Regel der Grenzpreis erreicht.

Sowohl bei öffentlichen als auch bei privaten Auftraggebern gilt also, daß die Bauunternehmung nur eine Auftragschance hat, wenn sie eine günstige Kostenstruktur und/oder ein hohes technisches Know how hat, um Sondervorschläge ausarbeiten zu können. Beide Aspekte haben somit bei der Bewertung von Bauunternehmungen eine zentrale Bedeutung.

In Anlehnung an die Ausführungen zum Verhalten der Marktteilnehmer[519] ist auch folgender bewertungsrelevanter Aspekt zu beachten. Häufig findet sich sowohl bei öffentlichen als auch bei privaten Auftraggebern mindestens ein Bieter, der bereit ist unter dem Grenzpreis anzubieten (Unterpreis). Die Gründe hierfür können vielfältig sein. Zum einen sind schlicht Kalkulationsfehler möglich, die erst in der Auftragsausführung offensichtlich werden. In der Regel kann der Auftragnehmer hieraus keinen erhöhten Vergütungsanspruch geltend machen.[520] Zum anderen setzen Bieter, die sich in einer schlechten Auftragslage befinden, unter Umständen nicht den vollen Gemeinkostensatz[521] an, um im Auftragsfall zumindest eine Teildeckung dieser Kosten zu erzielen. Auch mangelnde betriebswirtschaftliche Durchdringung einzelner Bieter kann zu unterpreisigen Angeboten führen. Ein Beispiel hierfür sind Geräteabschreibungen, die entweder gar nicht oder nicht zu Wiederbeschaffungswerten kalkuliert werden. Nicht auszuschließen sind auch illegale Preisvorteile einzelner Bieter, die z.B. durch ein Unterschreiten der Mindestlöhne begründet sein können.[522]

Aus unterschiedlichen Ursachen kann also auch ein Bauunternehmen mit günstiger Kostenstruktur und technischem Know how bei mehreren Aufträgen nicht zum Zuge kommen. Es ist somit ganz entscheidend, bei der Bewertung von Bauunternehmungen auch die Flexibilität bei der Anpassung von Kapazitäten zu untersuchen und die Konsequenzen zu hinterfragen, die eine längere Phase der Erfolglosigkeit bei Vergabeverfahren mit sich bringt. Eine Anpassung an die dargestellte Situation ist möglich, wenn Kapazitäten mit einer planmäßigen Unterdeckung ausgestattet sind. Hierunter ist zu verstehen, daß Beschäftigungsspitzen durch zugekaufte Kapazitäten abgedeckt werden. In beschäftigungsschwachen Zeiten können so kurzfristige Anpassungen erfolgen. Eine andere Maßnahme kann in der regionalen Flexibilität der Kapazitäten liegen (atmende Unternehmung). Dies setzt allerdings voraus, daß die Grenzen regionaler Einheiten (Niederlassungen oder Hauptniederlassungen) durchlässig und nicht starr sind.

---

[519] S. Kapitel 4.1.2, „Verhalten der Marktteilnehmer – ein volkswirtschaftlicher Exkurs".

[520] Nach § 15 VOB/A erfolgt eine angemessene Vergütung bei wesentlichen Änderungen der Preisermittlungsgrundlage. Sogenannte Kalkulationsirrtümer des Bieters fallen nicht darunter. Vgl. Ingenstau/Korbion (VOB-Kommentar 1993), A, § 15, Rdn. 14. Meist liegen diese Kalkulationsirrtümer im Bereich der dem Bauunternehmen zuzuordnenden Risikoübernahme. Vgl. Ingenstau/Korbion (VOB-Kommentar 1993), A, § 19, Abs. 3, Rdn. 23.

[521] In der Baubranche wird hier häufig von Geschäftskosten gesprochen.

[522] Vgl. Deutsche Gesellschaft für Mittelstandsberatung (Bauwirtschaft 1996), S. 32.

Eine weiteres Desiderat für Bauunternehmungen, der im Rahmen einer Unternehmensbewertung berücksichtigt werden muß, ist die Fähigkeit, den Grenzpreis korrekt zu ermitteln. Dies setzt eine leistungsfähige Kalkulation voraus, die in Zeiten steigender Nachunternehmeranteile auch die korrekte Einschätzung bezüglich der Entwicklung der Beschaffungsmärkte beinhaltet. Dies ist auch deshalb von Bedeutung, da zwischen der Auftragsvergabe und der Vergabe von Nachunternehmerleistungen häufig große Zeitspannen liegen.

Abschließend ist die Bedeutung von Stammkundenbindungen (Beziehungsmanagement) herauszuheben, da nur diese eine Umgehung von Ausschreibungen und somit Aufträge mit befriedigender Preisqualität ermöglichen.

Alle hier dargestellten Sachverhalte haben erheblichen Einfluß auf zukünftige Erfolge und somit auf den Wert von Bauunternehmungen. Sie sind also bewertungsrelevant.

4.1.2   Verhalten der Marktteilnehmer – ein volkswirtschaftlicher Exkurs

Wenn man die Baubranche über die letzten Jahrzehnte beobachtet hat, mag man den Eindruck gewonnen haben, daß das Verhalten der Marktteilnehmer anderer Branchen nicht auf sie übertragbar ist. So werden einerseits immer wieder Marktabsprachen aufgedeckt, andererseits führen heftige Preiskämpfe zu Insolvenzen oder zumindest zu existenzbedrohenden Ertrags- und Liquiditätsproblemen, die in jüngster Vergangenheit auch einige der großen Bauunternehmungen betroffen haben.[523] Beides ist für die Bewertung von Bauunternehmungen von besonderer Bedeutung und läßt sich volkswirtschaftlich erklären.

Warum Preiskämpfe auf den Märkten eines zu bewertenden Bauunternehmens bewertungsrelevant sind, liegt auf der Hand. Marktabsprachen stellen neben den strafrechtlichen Risiken für die handelnden Personen und der negativen Öffentlichkeitswirkung ein erhebliches Risiko für die zukünftige Ertragslage der beteiligten Unternehmungen dar. Bei nachgewiesener Preisabsprache für öffentlichen Aufträge wird davon ausgegangen, daß hieraus ein Preisvorteil von 3% (bezogen auf die Auftragssumme) erzielt wurde, sofern nicht ein Vorteil in anderer Höhe nachweisbar ist.[524] Dieser ist an die öffentliche Hand zurückzuzahlen. Überdies droht der Ausschluß bei zukünftigen öffentlichen Vergaben.[525] Es wird demzufolge deutlich, daß sich der Bewerter eines Bauunternehmens intensiv mit dieser Thematik befassen muß.

Das Tübinger Institut für angewandte Wirtschaftsforschung hat im Auftrag des Bundesministers für Wirtschaft ein Gutachten erstellt, das am Beispiel der Zementindustrie die volkswirtschaftlichen Ursachen für Marktabsprachen und Preiskämpfe analysiert.[526] Die Ergebnisse sind nicht vollständig auf die Baubranche übertragbar.

---

[523] Vgl. Hoffmann/Student (Umbau 1998) S. 54 ff.
[524] Vgl. Heiermann/Riedl/Rusam (Handkommentar 1992) VOB/A, § 2.1, Rdn. 32; Leinemann/Weihrauch (Vergabe 1999), S. 189n, Rdn. 668.
[525] Nach herrschender Meinung liegt dann eine koordinierte Auftragssperre bei öffentlichen Aufträgen vor.
[526] Vgl. Rall/Wied-Nebbeling (Preisbildung 1977), S. 8.

Sie bieten aber dennoch einen theoretischen Erklärungsansatz für ein vergleichbares Verhaltensmuster in der Baubranche.

Das Gutachten stellt fest, daß Märkte durch „Parallelverhalten" der Marktteilnehmer bis hin zu Absprachen (Kartellbildung) oder durch ruinöse Preiskämpfe gekennzeichnet sind, wenn folgende Bedingungen erfüllt sind:[527]

- Nur wenige Anbieter sind auf dem Markt (Oligopol)

- Es existiert eine starre bzw. preisunelastische Nachfrage (Abnehmer nehmen bei niedrigen Preisen keine höheren Mengen ab).

- Es werden homogene Massengüter angeboten (eine Produktdifferenzierung ist wegen der Homogenität nicht oder nur in geringem Umfang möglich).

- Die Anbieter haben einen hohen Fixkostenanteil und somit stark degressive Stückkosten.

- Der Markt ist ausgereift. D.h. es ist mit keinen nennenswerten Produktinnovationen zu rechen, die eine Differenzierung eines Anbieters von der Konkurrenz ermöglichen würden. [528]

- Wegen der hohen Markttransparenz und der Homogenität des Produktes kann fast von einem vollkommenen Markt gesprochen werden, bei dem der einzige Entscheidungsparameter der Nachfrager der Preis ist.[529]

Dies alles setzt ein stillschweigendes Übereinkommen unter den Anbietern voraus. Es erfolgt eine parallelgeschaltete Preisbildung, und die Marktverhältnisse sind „ungestört".[530]

Folgende Sachverhalte können eine Störung dieses Marktzustands herbeiführen:[531]

- das Ausscheren eines Anbieters, um einen höheren Marktanteil auf sich zu ziehen

- ein Rückgang der Gesamtnachfrage und somit eine Unterauslastung der Anbieterkapazitäten

- der Markteintritt eines neuen Marktteilnehmers.

Die Reaktion am (vollkommenen) Zementmarkt ist ein ruinöser Preiswettbewerb. Ein Preis, der – wenn auch nur marginal – höher ist als der Konkurrenzpreis führt zu einem deutlichen Verlust an Absatzmengen, da beim jeweils preisgünstigen Anbieter bis zu dessen Kapazitätsgrenzen nachgefragt wird und sich das Gesamtnachfragevolumen durch sinkende Preise nicht erhöht.[532] Die Anbieter werden gezwungen, ihre Produktionskosten zu senken und diese Kostenvorteile in Form von Preisnachlässen an den Markt weiterzugeben. Wegen der hohen Markttransparenz wird die Konkurrenz diese Vorteile kurzfristig aufholen. Dieser Prozeß kann nur durch Parallelverhal-

---

[527] Vgl. Rall/Wied-Nebbeling (Marktabsprachen 1977), S. 4.
[528] Vgl. Rall/Wied-Nebbeling (Preisbildung 1977), S. 8 ff.
[529] Vgl. von Böventer/Illing (Einführung 1997), S. 23 ff.
[530] Vgl. Rall/Wied-Nebbeling (Marktabsprachen 1977), S. 4.
[531] Ebenda.
[532] Ebenda.

ten der Anbieter beendet werden, das sich durch stillschweigende Übereinkunft oder Absprachen ausdrückt.[533] Ermöglicht wird dieses Verhalten durch die geringe Anzahl an Anbietern.

Ein Vergleich zwischen Zement- und Bauabsatzmärkten zeigt einige Parallelen auf. Auf den regionalen Baumärkten findet man oligopolistische Strukturen vor. Die im empirischen Teil dieser Arbeit befragten Bauunternehmen bestätigen dies. Befragt nach der Anzahl der Konkurrenten, verwiesen sie am häufigsten auf das Cluster „6 - 22".[534] Bei einem konkreten Angebot dürfte die Zahl der Mitbewerber noch geringer sein.

Die Baunachfrage ist preisunelastisch. Die angebotenen Güter sind zwar keine Massengüter, dafür aber homogen, da alle Anbieter das jeweils ausgeschriebene Produkt anbieten.[535] Hierin liegt ein entscheidender Unterschied zu anderen in Einzelfertigung arbeitenden Branchen wie etwa dem Maschinen- und Anlagenbau. Während die Leistungen der Bauunternehmungen für den Auftraggeber durch die Mitbewerber weitgehend substituierbar sind, verfügen Maschinen- und Anlagenbauer häufig über patentierte Verfahren, die eine Produktdifferenzierung ermöglichen.

Die Bauproduktion ist ebenso wie der Zementmarkt ausgereift. Eine Differenzierung eines Anbieters von der Konkurrenz durch Produktinnovationen ist nur in geringem Maße möglich. Das Hauptkriterium der Nachfrager ist der Preis. Vergleichbar ist auch die hohe Markttransparenz, die in der Baubranche zusätzlich durch die Art der Auftragsvergabe erhöht wird.[536]

Ein Unterschied zur Zementindustrie liegt jedoch im Fixkostenanteil. Für neue Wettbewerber auf den Absatzmärkten der Zementindustrie sind hohe Investitionen erforderlich. Für die Absatzmärkte der Baubranche trifft dies nicht zu. Das bedeutet, daß die gleichgerichtete Preisbildung unter Bauunternehmen noch schneller durch neue Marktteilnehmer gestört wird. Das „Gleichgewicht" innerhalb der Zementindustrie scheint stabiler zu sein als in der Baubranche.

Aufgrund der vergleichbaren Merkmale von Bau- und Zementmärkten scheint die im zitierten Gutachten gelieferte volkswirtschaftliche Erklärung für ruinöse Preiskämpfe, Absprachen und andere wettbewerbsbeschränkende Maßnahmen auf die Baubranche übertragbar zu sein. Deshalb kann davon ausgegangen werden, daß dieses Marktverhalten nicht auf einzelne Bauunternehmen beschränkt ist. Bei der Bewertung von Bauunternehmungen darf dies somit nicht unberücksichtigt bleiben.

---

[533] Vgl. Rall/Wied-Nebbeling (Marktabsprachen 1977), S. 4.
[534] S. Kapitel 3.4.6.1, „Unternehmensmerkmale".
[535] Geringe Produktdifferenzierungen lassen sich lediglich mit technischen Sondervorschlägen realisieren.
[536] S. Kapitel 4.1.1, „Akquisition und Auftragsvergabe".

4.1.3   Bilanzierung

Bilanz und Gewinn- und Verlustrechnung (GuV) sind als Bestandteil des externen Berichtswesens für Außenstehende oft die einzige Informationsquelle zur Beurteilung der wirtschaftlichen Lage eines Unternehmens. Diese Informationsquelle verliert jedoch gerade bei Bauunternehmen aufgrund branchenbedingter Besonderheiten an Aussagekraft. Die Ursachen hierfür sind:

- die vorwiegend langfristige Auftragsfertigung,

- das Bauen in Arbeitsgemeinschaften,

- der Saisoncharakter der Bauerstellung. [537]

Zunächst sollen die Besonderheiten der Bauproduktion dargestellt werden, da die Baubilanzierung diese abbildet.

4.1.3.1   Bauproduktion

Der Produktion entspricht in der Baubranche die betriebliche Leistungserstellung eines Bauwerks aufgrund von Aufträgen externer Auftraggeber auf Basis von Preisangeboten der ausführenden Firma. Hauptcharakteristikum des Bauens ist die Einzelfertigung. Das Baugewerbe ist ein Bereitstellungsgewerbe, das keinen Einfluß auf Inhalt und Zeit der auszuführenden Leistung hat. Bauausführende Unternehmen kennen kein Produktionsprogramm, denn jedes Bauwerk ist ein Unikat. Um so mehr, als es an unterschiedlichen örtlichen Gegebenheiten erstellt wird und immer andere Bodenverhältnisse zu berücksichtigen sind.

Die Produktion findet in einer Fertigungsstätte außerhalb des Firmensitzes der ausführenden Baufirma und nicht in eigenen Werkshallen statt und erfordert deshalb eine besondere Planung. Jede Baustelle ist ein organisatorisches Subsystem der Unternehmensorganisation. Selbst bei gleichartigen Bauwerken besteht kaum die Möglichkeit einer Lagerfertigung.[538] Auch Teilleistungen, die unter Umständen von verschiedenen Unternehmen zu erbringen sind, können nicht zwischengelagert werden, sondern sind in der Regel notwendige Voraussetzung für andere Leistungen. Eine Grundaufgabe der Planung liegt folglich darin, ständig Kapazitäten für „unerwartete" Aufträge bereitzuhalten. Kapazitätserweiterungsinvestitionen sind kurzfristig ökonomisch begründbar, erhöhen aber längerfristig die Fixkosten und reduzieren somit die Fähigkeit des Unternehmens auf Beschäftigungsschwankungen zu reagieren.[539] So ergibt sich der Kreislauf, daß die Annahme von Aufträgen „um jeden Preis" zur Auslastung der Kapazitäten die Möglichkeiten der Bauunternehmen einschränkt, gebundenes Kapital für lukrative Aufträge einzusetzen. Heute wird aus diesen Gründen verstärkt auf Geräteanmietung und –leasing zurückgegriffen bzw. bei Personalengpässen auf Subunternehmer ausgewichen.

---

[537] Vgl. Leimböck (Bilanzen 1997), S. 154.
[538] Nach Rheindorf (Controlling 1991), S. 10, erfolgen 90% der Produktion als Auftragsfertigung und nur 10% als Markt- oder Lagerfertigung.
[539] Vgl. Marhold (Baumarketing 1996), S. 317.

Die Qualität und Intensität der menschlichen Arbeit haben im Baugewerbe aufgrund der geringen „Eigenfähigkeit der technischen Apparatur" mehr Einfluß auf die Produktivität als in anderen Industriezweigen. Demgegenüber spielt der Faktor Sachkapital im Vergleich zu anderen Industriebranchen eine geringe Rolle.[540] Die für andere Branchen typische Form des technischen Fortschritts, die Einsparung von Arbeit und ihre Substitution durch Kapital, leistet im Baugewerbe einen geringen Beitrag zum Produktivitätsfortschritt. Dies ist bedingt durch den hohen Individualitätsgrad der Fertigung, die kaum Automatisierung und Technisierung im allgemeinen Bau zuläßt. Folglich spielen die wiederkehrenden Einarbeitungskosten eine große Rolle, da Wiederholeffekte kaum genutzt werden können.[541]

Eine weitere Besonderheit in der Produktion, die für die Bewertung von Unternehmen eine große Rolle spielt, ist die Langfristfertigung. Bei Großprojekten belaufen sich die Bauzeiten nicht selten über mehrere Jahre. Diese lange Laufzeit ist mit Risiken verbunden. So kann die ursprüngliche Kalkulation hinfällig geworden sein, der Bauherr zahlungsunfähig werden usw.[542]

Eine weitere Besonderheit der Baubranche sind Arbeitsgemeinschaften (Argen). Sie sind rechtlich selbständige Gesellschaften, in der zwei oder mehrere selbständige Unternehmen (Arge-Partner oder Konsorten) zeitlich begrenzt zur gemeinsamen Realisierung eines konkreten Bauauftrags kooperieren. Sie werden meist in der Rechtsform einer BGB-Gesellschaft zur Abwicklung bestimmter Projekte gegründet. Im Rahmen des Argevertrags werden für die Dauer des Projekts Baukapazitäten der beteiligten Unternehmen in Form von Personal, Geräten, Übernahmen von Transportleistungen und -kosten auf die Arge übertragen. Zusätzlich leisten die beteiligten Unternehmen Beiträge für Bürgschaften und zur Bereitstellung finanzieller Mittel.[543] Die Arge ist eine typische Maßnahme zur Risikostreuung sowie zur Bündelung unterschiedlichen Kapitals und Know hows. Wesentliches Kriterium der Arge ist die gesamtschuldnerische Haftung der beteiligten Unternehmen gegenüber dem Bauherrn. Aus diesem Grund werden auch oft auftraggeberseitig Argen gebildet, um wirtschaftlich leistungsstarke Unternehmen mit „Billigbietern" zu verbinden. Weitere Gründe für die Bildung von Argen können sich aus zu geringen eigenen Kapazitäten (Personal, Geräten, Kapital) oder der technischen Schwierigkeiten (Know how-Erhöhung) ergeben. Große Unternehmen können in Argen ihre „starken" Konkurrenten binden und zu Partnern machen; kleine und mittelgroße Unternehmen haben eventuell durch finanzstarke Partner die Chance, an großen Projekten mitzuarbeiten.

---

[540] Vgl. Malkwitz (Frühindikatoren 1995), S. 36.
[541] Vgl. Schmidt (Entwurf 1993), S. 15.
[542] Vgl. Rheindorf (Controlling 1991), S. 14.
[543] Vgl. Lange (Kooperation 1994), S. 241 f.

4.1.3.2   Langfristige Fertigung

4.1.3.2.1   Handelsrechtliche Grundlagen

Eine allgemein gültige Definition der langfristigen Fertigung existiert nicht. Jedoch wird in der Literatur dieser Begriff im Zusammenhang mit Aufträgen zur Herstellung von Sachen oder Dienstleitungen verwendet, deren Herstellungszeit länger als ein Geschäftsjahr ist, zumindest aber über einen Bilanzstichtag hinaus andauert.[544] Gelegentlich werden langfristige Fertigungsaufträge auch nach Komplexität, Größe, Technik, Anzahl der Beteiligten, erschwerter Preisfindung und der Höhe des Risikos charakterisiert.[545] Wie die folgenden Ausführungen noch verdeutlichen werden, ist der zeitliche Aspekt der aus handelsrechtlicher Sicht dominierende Gesichtspunkt.

Der langfristigen Fertigung liegen einzelne Auftragsverhältnisse zugrunde, und es gelten die handelsrechtlichen Vorschriften zur Einzelbewertung.[546] Somit muß jeder unfertige Bauauftrag für sich einzeln bewertet werden, unabhängig von seiner Größe und Dauer. Unfertige Bauten werden handelsrechtlich als unfertige Erzeugnisse betrachtet und somit dem Umlaufvermögen zugeordnet.[547] Die Bewertung von Vermögensgegenständen des Umlaufvermögens erfolgt zu Anschaffungs- bzw. Herstellungskosten.[548] Unfertige Bauten werden somit zu Herstellungskosten bewertet. Da oftmals 50% der nicht um Anzahlungen gekürzten Bilanzsumme auf unfertige Bauten entfallen, hat die Herstellungskostenbewertung für den handelsrechtlichen Erfolg von Bauunternehmungen eine sehr hohe Bedeutung.[549] Die Bewertung aller übrigen Aktiva und Passiva steht dahinter zurück.

Die handelsrechtlichen Prinzipien, die die Gewinn- bzw. Verlustrealisierung regeln (Imparitäts- und Realisierungsprinzip), nehmen ebenfalls entscheidenden Einfluß auf den handelsrechtlichen (Perioden-) Erfolg.

Nach dem **Imparitätsprinzip** müssen drohende Verluste, sobald sie nach vernünftiger kaufmännischer Beurteilung mit hoher Wahrscheinlichkeit eintreten werden, bilanziell berücksichtigt werden.[550] Bei unfertigen Bauten ist zunächst eine Abwertung auf den niedrigeren beizulegenden Wert vorzunehmen.[551] Rückstellungen wegen drohender Verluste[552] werden nur für den Teil des zu erwartenden Verlusts gebildet, der über die Herstellungskosten zum Bilanzstichtag hinausgeht. Bei den Rückstellungen für drohende Verluste handelt es sich somit um eine „Nettogröße", die keine Auskunft über das Gesamtvolumen der zu erwartenden Verluste aus laufenden Bauaufträgen gibt.

---

544 Vgl. Schindlbeck (Bilanzierung 1988), S. 5.
545 Vgl. Kölblinger-Engelmann/Müller/Pirker (Bilanzierung 1997), S. 101 f.
546 § 252, Abs. 1, Satz 3 HGB.
547 § 238, Abs. 1 und § 264, Abs. 2 HGB in Verbindung mit § 246, Abs. 1 HGB.
548 § 253, Abs. 3 HGB.
549 Vgl. Jacob (Bilanzierung 1988), S. 189.
550 § 252, Abs.1, Satz 4 HGB . Vgl. Heddäus (Grundsätze 1997), S. 62 ff.
551 § 253, Abs. 3, Satz 2 HGB regelt das strenge Niederstwertprinzip des Umlaufvermögens.
552 § 249, Abs. 1, Satz 1 HGB.

Das **Realisationsprinzip** besagt, daß die Realisierung von Gewinnen als positive Differenz aus Erlösen und Kosten erst mit dem Gefahrenübergang erfolgen darf.[553] Bei Bauaufträgen erfolgt der Gefahrenübergang von Bauunternehmer zum Auftraggeber grundsätzlich mit der Abnahme. Erst dann kommt es zur Gewinn- und Umsatzrealisierung für Bauunternehmungen. Wurde eine Abnahme nicht erklärt, so kann nur durch die Inbetriebnahme des Bauwerks (z.B. durch den Bezug eines Wohnhauses oder die Eröffnung eines Hotels) die Gewinnrealisierung erfolgen. In allen anderen Fällen gilt der Bau weiterhin als unfertig. Der handelsrechtliche Erfolg, der bei Abnahme oder Inbetriebnahme realisiert wird, ist höher als das Baustellenergebnis. Die nicht aktivierungsfähigen sowie Teile der nicht aktivierungspflichtigen Aufwendungen werden in der Periode ihrer Entstehung direkt ergebnismindernd in den betrieblichen Aufwand gebucht. Die Ausübung von Bewertungswahlrechten nimmt somit erheblichen Einfluß auf den handelsrechtlichen Erfolg.

Diesen für die Analyse von Baubilanzen relevanten Zusammenhang verdeutlicht die Abbildung 26.

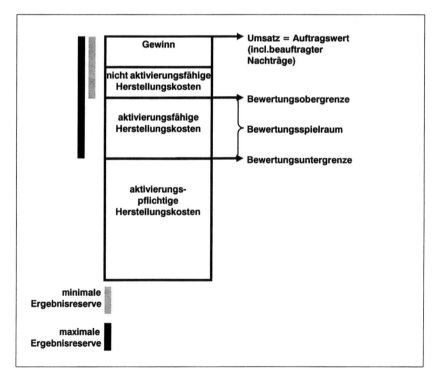

Abbildung 26: Herstellungskostenaktivierung bei unfertigen Bauten

---

[553] § 252, Abs. 1, Satz 4 HGB. Vgl. Kohl (Gewinnrealisierung 1994), S. 107 ff.

Zu den aktivierungspflichtigen Herstellungskosten zählen die Material- und Fertigungskosten sowie die Sonderkosten der Fertigung.[554] Ein Aktivierungswahlrecht bietet das Handelsrecht bei Materialgemeinkosten, Fertigungsgemeinkosten, Abschreibungen, allgemeinen Verwaltungskosten, Aufwendungen für soziale Einrichtungen, für freiwillige soziale Leistungen, für betriebliche Altersvorsorge sowie für Zinsen für Fremdkapital, das zur Herstellung des Vermögensgegenstands benötigt wird (nur für den Zeitraum der Herstellung).[555] Vertriebskosten und sonstige Kosten, z.B. Leerkosten dürfen nicht aktiviert werden. Ebensowenig darf ein anteiliger Gewinn bis zur Realisierung des Umsatzerlöses in die Bewertung mitein-bezogen werden.[556] Die Summe der nicht aktivierten Herstellungskosten sowie der nicht realisierten Gewinne wird branchenüblich als „Ergebnisreserve" bezeichnet.

Folgende Besonderheiten bringt das Realisierungsprinzip für die Bilanzierung von Bauunternehmungen mit sich:

- Unfertige Bauten belasten durch die nicht aktivierten Herstellungskosten (nicht aktivierungsfähige und aktivierungsfähige aber, nicht aktivierte) das handelsrecht-liche Ergebnis. Bei Großaufträgen ist dieser Effekt entsprechend bedeutsam.

- Mit der Abnahme werden Ergebnisbestandteile aus Vorperioden realisiert. Die Handelsbilanz von Bauunternehmungen gibt nicht die Ertragslage der aktuellen Periode wieder.

- Bei der Abnahme von Verlustprojekten kann es zu positiven handelsrechtlichen Ergebnisbeiträgen kommen. Dies ist der Fall, wenn der Verlust geringer ist als die in den Vorperioden nicht aktivierten Herstellungskosten.

Das dargestellte handelsrechtliche Realisierungsprinzip im Zusammenhang mit langfristiger Fertigung wird als Completed Contract-Methode bezeichnet.[557] Hier steht der Gläubigerschutz im Vordergrund. Im angloamerikanischen Raum sind die Bilanzierungsgrundsätze vom Informationsbedürfnis der Anteilseigner dominiert.[558] Aus diesem Grunde kommt bei Anwendung der International Accounting Standards (IAS) oder der US-GAAP die Percentage of Completion-Methode zur Anwendung.[559] Hierbei muß die Bewertung unfertiger langfristiger Bauaufträge grundsätzlich in Höhe des Fertigstellungsgrads, multipliziert mit den gesamten Erlösen des Auftrags zum Bauende, erfolgen. Der Gewinn wird somit als eine kontinuierlich anwachsende Größe entsprechend dem Fertigstellungsgrad angesehen.[560] In Deutschland ist diese Methode nur anwendbar, wenn die voraussichtlich anfallenden Kosten und Erlöse sicher geschätzt werden können.[561] Dies ist bei den von Risiken geprägten Bauprojekten selten der Fall. Eine vollständige Bilanzierung nach IAS oder US-GAAP ist börsennotierten Konzern-Muttergesellschaften vorbehalten.[562] Weil sie in der

---

[554] § 255, Abs. 2, Satz 2 HGB.
[555] § 255, Abs. 2, Satz 3 und 4 sowie Abs. 3, Satz 2 HGB.
[556] § 252, Abs. 1, Satz 4 HGB regelt das strenge Realisationsprinzip.
[557] Vgl. Achleitner/Behr (Accounting 1998), S. 154 ff.
[558] Vgl. Coenenberg (Jahresabschluß 1997,) S. 20 u. 45 ff.
[559] Vgl. Achleitner/Behr (Accounting 1998), S. 155ff.
[560] Vgl. Richter (Gewinnrealisierung 1998), S. 155.
[561] Vgl. Peemöller (Bilanzanalyse 1993), S. 145.
[562] § 292a HGB in Verbindung mit § 290 HGB.

deutschen Bauindustrie äußerst selten zum Einsatz kommen, werden die Percentage of Completion-Methode, IAS und US-GAAP im folgenden ausgeklammert.

4.1.3.2.2 Kosten- und Leistungsrechnung als Grundlage für die Baubilanzierung

Die Kosten- und Leistungsrechnung in der deutschen Bauindustrie folgt einem Standard, der mit der KLR Bau vorliegt.[563] Diese von der gesamten Branche akzeptierte und praktizierte Methodik ist zum einen als kurzfristige Erfolgsrechnung Grundlage für das Controlling in den einzelnen Betrieben, also ein Berichts- und Steuerungsinstrument. Zum anderen liefert sie die wesentlichen Grundlagen für die Bilanzierung von bauausführenden Unternehmen, indem sie die Daten für die Herstellungskostenbewertung und die Gewinn- und Verlustrechnung zusammenträgt. Außerdem ist sie Grundlage für Angebots-, Auftrags-, und Nachkalkulationen und als solche für die Dotierung von Abwertungen und Rückstellungen für drohende Verluste maßgeblich.

Um dies leisten zu können, ist das Rechnungswesen der Bauunternehmungen als Vollkostenrechnung konzipiert. Dabei wird in zwei Buchungskreisen gearbeitet, um sowohl den Anforderungen aus der Kosten- und Leistungsrechnung als auch denen der externen Unternehmensrechnung gerecht zu werden.

Die Grundelemente der KLR Bau sind Kostenarten, Kostenstellen und Kostenträger. Auch wenn branchenüblich nicht von Kostenträgern, sondern von Baukonten gesprochen wird, so übernehmen diese doch die klassische Aufgabe der Kostenträger. Die Gliederung der Kostenarten erfolgt nach dem Baukontenrahmen 87 (BKR). Der BKR berücksichtigt das 1987 in Kraft getretene Bilanzrichtliniengesetz und entspricht der Gliederung des Jahresabschlusses.[564] Die Kostenstellen werden in Verwaltungskostenstellen, Hilfsbetriebe und Verrechnungskostenstellen gegliedert. Kostenträger werden für die einzelnen Baustellen gebildet.

Als kurzfristige Erfolgsrechnung liefert die KLR Bau ein periodengerechtes, sachziel-bezogenes Ergebnis je Baustelle und aggregiert je Profit Center (Niederlassung, Geschäftsstelle etc.). Hierzu werden Imparitäts- und Realisationsprinzip aufgegeben und periodisch Kosten und Bauleistung gegenübergestellt. Die Bauleistung stellt den Gegenwert der zum Ergebnisermittlungsstichtag erbrachten Auftragsarbeiten dar[565] und ist bei Abnahme identisch mit den baustellenbezogenen Umsatzerlösen.

Anders als bei der Baubilanz werden auch die Argen mit den jeweiligen Partneranteilen in die Erfolgsrechnung miteinbezogen. Die KLR Bau bildet somit die Ertragslage vollständig und periodenbezogen korrekt ab.

Die Fertigungseinzelkosten werden unmittelbar dem Kostenträger zugeordnet, die Gemeinkosten werden aus den Kostenstellen über den Betriebsabrechnungsbogen auf die Kostenträger umgelegt. Die KLR Bau ist somit eine Vollkostenrechnung auf Umlagebasis.[566] Bezugsobjekt für die umzulegenden allgemeinen Verwaltungs-

---

[563] Vgl. Leimböck/Schönenbeck (KLR Bau 1992), S. 28.

[564] Ebenda, S. 59.

[565] Ebenda, S. 16.

[566] Vgl. Franz (Kostenverursachung 1993), Sp. 2424.

kosten, die im folgenden auch als Geschäftskosten bezeichnet werden, ist der Kostenträger. Bezugsgröße für die Höhe der Geschäftskostenumlage ist die Bauleistung. Bei dem bisher üblichen Verfahren werden die angefallenen Geschäftskosten durch die erbrachte Bauleistung des Bauunternehmens dividiert, um den Geschäftskostensatz in % zu ermitteln. Im Zuge der Ergebnisrechnung wird die Bauleistung der einzelnen Bauaufträge mit diesem Prozentsatz multipliziert und der so ermittelte Betrag als Geschäftskosten auf den jeweiligen Kostenträger umgelegt. Dieses Verfahren führt zu einer vollständigen Aufteilung der angefallenen Geschäftskosten auf die Kostenträger, weshalb man von einem Stückgewinn nach Vollkosten spricht.[567] Der Stückgewinn ist demnach der Überschuß der Vergütung über die entstandenen Kosten (auch der indirekten) der dafür erbrachten Leistung.[568]

Zwischen der internen Kostenrechnung und der externen Unternehmensrechnung besteht ein direkter Zusammenhang. Das Zahlenmaterial der Kostenrechnung bildet die wesentliche Bilanzierungsgrundlage. In der externen Unternehmensrechnung werden die Zahlen jedoch anders gruppiert und bezeichnet als in der internen Kostenrechnung. Dies wird realisiert, indem in zwei voneinander getrennten Buchungskreisen gearbeitet wird. Über die sogenannte „Brücke" wird das Ergebnis der Kosten- und Leistungsrechnung zum handelsrechtlichen Ergebnis übergeleitet und abgestimmt. Diese Ergebnisüberleitung ist folgendermaßen aufgebaut:

Ergebnis der KLR Bau

– nicht bilanzwirksame Ergebnisbestandteile (z.B. Ergebnisse von nicht konsolidierten Beteiligungsgesellschaften)
+-Veränderung der Ergebnisreserven (aus eigenen Bauten und Argen)
+-Veränderung der Herstellungskostenabwertungen
+-Veränderung der Rückstellungen für drohende Verluste
+-Korrektur nicht aufwandsgleicher Kosten (kalkulatorische Kosten)
+-Einbeziehung neutraler Aufwendungen und Erträge, denen keine Kosten und Leistungen gegenüberstehen

= Handelsrechtliches Ergebnis

Den kostenrechnerischen Begriff der Bauleistung gibt es in der Unternehmensrechnung nicht. Die Herstellungskosten der Unternehmensrechnung sind pagatorischer Art und enthalten nur aufwandsgleiche Kosten, während in der Kostenrechnung der wertmäßige Kostenbegriff zugrundegelegt wird.[569] Der wertmäßige Kostenbegriff enthält kalkulatorische Kosten wie kalkulatorische Zinsen oder das unternehmerische Wagnis, die in den pagatorischen Kosten nicht enthalten sein dürfen.[570] Zur bilanziellen Bewertung müssen die unfertigen Bauaufträge von der Kostenrechnung derart zur bilanziellen Bewertung übergeleitet werden, daß alle

---

[567] Vgl. Ahlert/Franz/Kaefer (Grundlagen 1991), S. 46.
[568] Vgl. Wöhe (Bilanzierung 1997), S. 94.
[569] Vgl. Ahlert/Franz (Kostenrechnung 1992), S. 20.
[570] Vgl. Franz (Kosten1993), Sp. 1043.

kostenrechnerischen Bestandteile, die nicht den Bewertungsvorschriften entsprechen, eliminiert werden.

4.1.3.2.3 Probleme im Zusammenhang mit unfertigen Bauten

Aus der langfristigen Fertigung ergeben sich einige Probleme, die der originären Aufgabe der Bilanz im Wege stehen, nämlich einen Einblick in die tatsächliche Vermögens-, Finanz- und Ertragslage eines Unternehmens zu gewähren.

Das Realisationsprinzip geht mit stark schwankenden Umsätzen und handelsrechtlichen Ergebnissen einher. Aus diesem Grunde ist die Vergleichsgrundlage für Unternehmen der Bauindustrie nicht der Umsatz, sondern die Bauleistung. Konstante handelsrechtliche Ergebnisse lassen auf Bilanzpolitik schließen. Hierzu steht mit den Bewertungsspielräumen bei den nicht aktivierungspflichtigen Herstellungskosten eine wertmäßig bedeutsame „Spielwiese" zur Verfügung. Wie bedeutend diese Volumina sind, läßt sich daran messen, daß das Volumen der unfertigen Bauten etwa 50% der Bilanzsumme ausmacht und die nicht aktivierungspflichtigen Herstellungskosten je nach Struktur des Projekts zwischen 5 und 20% der Auftragssumme ausmachen. Die Ankündigung im Geschäftsbericht, die Grundsätze zur Bewertung der Herstellungskosten seien geändert worden, läßt demnach auf eine bedeutsame bilanzpolitische Maßnahme schließen.

Das Imparitätsprinzip im Zusammenhang mit langfristigen Bauaufträgen ist behaftet mit Bewertungsproblemen ganz anderer Art. Im Fall einer Verlustvermutung muß der zu erwartende Verlust zum Bauende ermittelt werden. Bei Abrechnungsaufträgen ist dies eher unproblematisch, da sie mit differenzierten Leistungsverzeichnissen hinterlegt sind, aus der die zu erbringenden Einzelleistungen hervorgehen (Einheitspreisverträge). Bei den immer häufiger verwendeten Pauschalaufträgen[571] fehlt eine solche detaillierte Leistungsbeschreibung. Durch einen externen Prüfer oder Bewerter ist eine korrekte Bewertung solcher Aufträge fast unmöglich. Wie hoch die noch zu erwartenden Kosten für die Fertigstellung sein werden, können nur die Projektbeteiligten beurteilen, die alle Verträge sowie Nachtragsankündigungen von Lieferanten und Nachunternehmern und die exakten Leistungsstände sämtlicher Teilleistungen kennen.

Aufgrund des aus dem Imparitätsprinzip abgeleiteten Vorsichtsprinzips dürfen Nachtragsforderungen an den Auftraggeber, wenn sie weder dem Grunde noch der Höhe nach anerkannt sind, nicht in die Bewertung unfertiger Bauaufträge einbezogen werden. Ist zum Bewertungsstichtag nur dem Grunde nach, nicht jedoch über die Höhe eines Nachtrags, Einigkeit erzielt worden, besteht ein weiteres Bewertungsproblem. Das Handelsrecht sieht für diesen Fall die vernünftige kaufmännische Beurteilung vor.[572] Somit ist auch bei Pauschalaufträgen die Bewertung durch Externe kaum prüfbar bzw. nachvollziehbar. Im Umkehrschluß läßt sich feststellen, daß das Imparitätsprinzip dem Bauunternehmer diverse Möglichkeiten zur Bilanzpolitik an die Hand gibt.

---

[571] Zum Begriff Pauschalauftrag s. Kapitel 4.1.6, „Risiken".
[572] § 253, Abs. 3, Satz 3 HGB.

4.1.3.3 Argebilanzierung

Die Berücksichtigung von Arbeitsgemeinschaften in den Bilanzen der Partner-gesellschaften ist ein nicht unumstrittenes Branchenspezifikum, das bei der Unternehmensbewertung entsprechend berücksichtigt werden muß.

Als eigenständige Gesellschaften müssen Argen eigene Abschlüsse erstellen. Diese Arge-Abschlüsse sind jedoch nicht in die Konzernabschlüsse der Partner-gesellschaften einbezogen, da Argen als BGB-Gesellschaften (keine Handels-gesellschaft) nicht den Buchführungspflichten des HGBs unterworfen sind.[573] Nur die Einlagen in Arbeitsgemeinschaften sowie Forderungen und Verbindlichkeiten an Argen werden bilanziert.[574] Daher erfolgt für die Bilanzen während der Bauzeit zu Bilanzstichtagen der Partnergesellschaften keine Herstellungskostenermittlung. Arbeitsgemeinschaften werden auch nicht den assoziierten Unternehmen zugeordnet. Das bedeutet, daß die Bestände an unfertigen Bauten und die Umsatz-erlöse nicht in den Jahresabschlüssen der Partnergesellschaften ausgewiesen werden. Nach der Abnahme fließt nur der Gewinnanteil als Umsatz in die Gewinn-und Verlustrechnung ein. Bis zur Abnahme stellen die nicht realisierten Gewinne somit ebenfalls eine Ergebnisreserve dar. Falls Verluste aus Arbeitsgemeinschaften drohen, müssen dafür jedoch Rückstellungen direkt bei den Gesellschaftern der Argen gebildet werden. Hierbei ist zu berücksichtigen, daß nur für den jeweiligen Verlustanteil Rückstellungen gebildet werden. Dem Risiko, das sich aus der gesamtschuldnerischen Haftung in Verbindung mit einer möglichen Insolvenz eines Arge-Partners (Konsorten) ergibt, wird keine Rechnung getragen.

Obwohl die Bauaktiengesellschaften oft in erheblichem Umfang langfristige Bauauf-träge in Arbeitsgemeinschaften durchführen[575], enthalten die Jahresabschlüsse nur geringe Angaben über unfertige Bauvolumina, Umsatzerlöse, Bestands-veränderungen, Ergebnisbeiträge, Rückstellungen und Haftungsverhältnisse aus Argen. Der tatsächliche Bestandteil an unfertigen Bauaufträgen ist also wesentlich höher als im Vorratsvermögen ausgewiesen. „Zudem spielt bei den Argen die Festlegung von Verrechnungssätzen eine Rolle. Denn je nachdem, mit welchen Sätzen die Leistung der Konsorten vergütet werden, kann Einfluß auf die Erfolgs-situation genommen werden."[576]

Die Jahresabschlüsse ergeben im Hinblick auf die Geschäftstätigkeit in Arbeits-gemeinschaften kein vollständiges Bild der Vermögens-, Finanz- und Ertragslage.

---

[573] Für die Bilanzierung von Argen in der Rechtsform einer BGB-Gesellschaft gibt es bisher keine anerkannten Grundsätze. Zwar weist § 721 BGB den BGB-Gesellschaften die Pflicht zur periodischen Rechnungslegung zu. Es ist jedoch nicht abschließend geklärt, ob BGB-Gesellschaften Unternehmen im Sinne des Handelsrechts sind. Vgl. Institut der Wirtschaftsprüfer (Bilanzierung 1993), S. 441 ff.

[574] Vgl. Küting/Weber (Handbuch 1995), § 265, S. 1259, Rdn. 50.

[575] Die in Arbeitsgemeinschaften erbrachte Bauleistung liegt im Branchendurchschnitt bei etwa 15-20%. Vgl. Neubauer/Teichner (Baustudie 1996), S. 91

[576] Küting (Baubilanzen 2000), S. 45.

4.1.3.4 Saisoncharakter der Bauerstellung

Die Bilanz als stichtagsbezogene Informationsquelle spiegelt bei Bauunternehmen nicht das Bild eines typischen Geschäftsjahrs wider, sondern vielmehr das eines Ausnahmetags.[577] Der Bilanzstichtag deutscher Bauunternehmen ist fast ausnahmslos der letzte Tag des Kalenderjahrs und liegt somit im beginnenden Winter. In dieser Zeit ist die Bautätigkeit aus witterungsbedingten Gründen entweder bereits stark zurückgegangen oder aber ganz zum Erliegen gekommen. Ferner werden viele Bauleistungen kurz zuvor fertiggestellt, vom Bauherrn abgenommen und abgerechnet. Dies bedeutet, daß die Bilanzposition „nicht abgerechnete Bauten" zu diesem Zeitpunkt einen geringeren Wert als im Jahresdurchschnitt aufweist. Da die erstellten Rechnungen von den Auftraggebern i.d.R. nicht sofort beglichen werden, ist die Position „Forderungen aus Lieferungen und Leistungen" entsprechend groß. Die Liquidität ist ebenfalls aufgrund des saisonabhängigen Verlaufs der Ein- und Auszahlungsströme am Bilanzstichtag höher als im Jahresdurchschnitt.[578] Der Verschuldungsgrad fällt, d.h. Auftragslage sowie Erfolgs- und Finanzausweis haben im Baugewerbe einen antizyklischen Verlauf.[579]

4.1.3.5 Fazit

Diese Ausführungen haben verdeutlicht, daß bereits die Analyse einer Baubilanz mit vielen Schwierigkeiten behaftet ist, da nur ein verzerrter bzw. eingeschränkter Einblick in die jeweilige Vermögens-, Finanz- und Ertagslage möglich ist. So kommt es durch das Realisierungsprinzip zu Periodenverschiebungen von handelsrechtlichen Ergebnisbestandteilen. Die Wahlrechte bei der Herstellungskostenaktivierung lassen einen großen Spielraum für bilanzpolitische Maßnahmen. Die korrekte Dotierung von Abwertungen und Rückstellungen für drohende Verluste ist schwer nachprüfbar. Durch die Besonderheiten der Argebilanzierung finden nennenswerte Anteile des Auftragsbestands überhaupt keinen Eingang in die Baubilanz, die zudem durch den „nicht repräsentativen" Stichtag beeinflußt ist. Küting trifft zu diesen Sachverhalten folgende Aussage: „Eine sachgerechte Bau-Bilanzanalyse bleibt also für den Analysten komplex und schwierig. Für den normalen Bilanzleser ist unerklärlich, wie etwa aus einem operativen Verlust in dreistelliger Millionenhöhe plötzlich ein Gewinn gezaubert werden kann und wie plötzlich Unterdeckungen in Milliardenhöhe auftreten können. Bei solchen Handlungsspielräumen ist die Frage berechtigt, ob das deutsche Bilanzrecht noch glaubwürdig ist."[580]

Diese Probleme im Zusammenhang mit der Bilanzierungspraxis in der Bauwirtschaft potenzieren sich bei einer Planung. Bei Bauunternehmungen sollten bei einer Planung die Baustellen im Mittelpunkt stehen, was für die Verwendung der Kosten- und Leistungsrechnung spricht. Allein die Struktur der Baustellen zu planen, um die korrekte Höhe der nicht aktivierten Herstellungskosten zu ermitteln, ist eine schier nicht zu lösende Aufgabe. Unter Würdigung der weiteren Planungsprobleme, die die

---

[577] Vgl. Leimböck (Bilanzen 1997), S. 154.
[578] S. Kapitel 4.1.4, „Finanzierung".
[579] Vgl. Mielicki (Liquiditätsinformation 1996), S. 10.
[580] Küting (Baubilanzen 2000), S.45.

Baubilanzierung mit sich bringt, ist die These angemessen, daß eine Unternehmens-bewertung auf Basis handelsrechtlicher Ergebnisse nicht handhabbar ist.

Einmal mehr zeigt sich, wie dringlich geboten eine Modifikation der in der Literatur empfohlenen Bewertungsmodelle ist.

Die KLR Bau ist bei aller Kritik, die man an ihr üben kann (z.b. fehlende Deckungs-beitragsrechnung, fehlende moderne Ansätze wie eine Prozeßkostenrechnung) nach wie vor das „Herzstück" des Rechnungswesens beinahe aller deutschen Bauunter-nehmungen. Es wurde gezeigt, daß die Baubilanz sich aus ihr heraus entwickelt hat. In diesem Zusammenhang kommt es aber darauf an, daß sie eine vollständige und periodengerechte Ergebnisrechnung ist. Bilanzplanungen entstehen in der Regel auf Basis der Kosten- und Leistungsplanung, indem Spezialisten weitere plausible Annahmen hinzufügen. Mit welchen Problemen dies behaftet ist, wurde vor Augen geführt. Die Kosten- und Leistungsrechnung bietet gegenüber der Baubilanzierung einen weiteren entscheidenden Vorteil: Die Projektverantwortlichen denken, handeln und planen in ihren Strukturen.

Abschießend soll darauf hingewiesen werden, daß die dargestellten Möglichkeiten, Intransparenz zu schaffen, es geradezu verbieten, eine Bewertung ohne Due Diligence vorzunehmen. Die häufig anzufindende Unternehmensbewertung auf Basis der Bilanzen der letzten Jahre ist bei Bauunternehmungen immer mit einem hohen Risiko von Fehlbewertungen verbunden.

4.1.4 Finanzierung

Die Kapitalproblematik in der Bauwirtschaft ist ambivalent. Trotz einer im Vergleich mit anderen Industriezweigen geringen Investitionsquote und Kapitalbindung ist die Baubranche wenig krisenresistent. Sie weist vielmehr die höchste Insolvenzquote aller Wirtschaftszweige aus, wobei die Anzahl der Insolvenzen in den neunziger Jahren deutlich angestiegen ist[581] (s. Abbildung 27).

---

[581] Vgl. Hauptverband der deutschen Bauindustrie (Baustatistik 1999), S. 98.

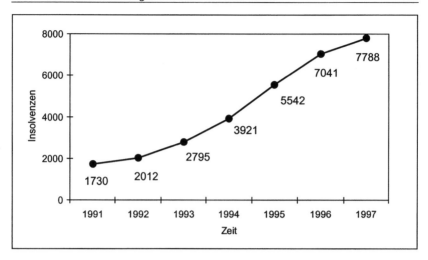

Abbildung 27: Insolvenzen im Baugewerbe

Zurückzuführen ist dies zum einen auf eine „chronische Unterkapitalisierung" im Mittelstand. Unternehmen der Baubranche haben die geringste Eigenkapitalquote aller Wirtschaftszweige. Es kann mit einem Minimum an Eigenkapital durch den großen Produktionsanteil manueller Fertigung ein verhältnismäßig hoher Umsatz realisiert werden.[582] Der bei einer Vielzahl von Bauunternehmen unter 10% liegende Eigenkapitalanteil führt zu hoher Risikoanfälligkeit.[583] Bei Auftragsverlusten oder längeren Leerzeiten sowie bei unkalkulierten Produktionsbedingungen, die den Finanzbedarf kurzfristig massiv steigern, kann diese geringe Eigenkapitaldeckung unvermittelt in die Insolvenz führen. Hierbei ist zu berücksichtigen, daß in der Regel die Abschlagszahlungen der Auftraggeber offen von den unfertigen Bauten abgesetzt werden.[584] Hierdurch kommt es zu einer Bilanzkürzung, die die Eigenkapitalquote verbessert. Der gleiche Effekt wird durch die dargestellte Methodik der Argebilanzierung erzielt. Im Umkehrschluß heißt das, daß bei hiervon abweichenden Verfahrensweisen die Eigenkapitalquoten der deutschen Bauunternehmungen noch um einiges geringer ausfallen würden.

Eine weitere Ursache für die große Anzahl von Insolvenzen und folglich eine nicht zu unterschätzende Gefahr bei der Unternehmensbewertung in der Baubranche ist der hohe Vorfinanzierungsbedarf bei größeren Projekten. Zwar werden sogenannte Abschlagszahlungen[585] vereinbart; der Bauherr kann allerdings bis zu 10% der Werklohnforderung des Bauunternehmens als Sicherheitsleistung einbehalten.[586] Regelmäßig sind demzufolge die Geldeingänge bis zum Ende der Gewährleistungsfrist um

---

[582] Vgl. Schmidt (Entwurf 1993), S. 24.
[583] Vgl. Deutsche Gesellschaft für Mittelstandsforschung (Bauwirtschaft 1996), S. 76.
[584] § 268, Abs. 5, Satz 2 HGB.
[585] Dieses sind leistungsbezogene Anzahlungen während der Bauphase, die auf die Schlußzahlung angerechnet werden. Vgl. § 16, Nr.1 VOB/B.
[586] Vgl. § 17 VOB/B.

5 – 10% niedriger als die bisher angefallenen Kosten. Eine Ablösung dieser Forderung mit Bankbürgschaften führt zu einer Anrechnung der Avale auf den Kreditrahmen und damit zu einer weiteren finanzpolitischen Verschärfung. Darüber hinaus wird der Avalrahmen durch die Vertragserfüllungsbürgschaften belastet, die nach VOB/B § 17, Nr. 2 durch den Auftraggeber in Höhe von 10% der Auftragssumme verlangt werden können (und in aller Regel auch verlangt werden). Die Rückgabe dieser Bürgschaft ist erst mit der Abnahme vorgesehen. Ein rechtlich und wirtschaftlich gesicherter Anspruch auf die vollständige Auftragssumme besteht außerdem erst ab Abnahme bzw. Inbetriebnahme des Bauwerks.[587]

Da die Zahlungsströme nicht kontinuierlich fließen, wird das Liquiditätsrisiko vielfach als das größte Wagnis der Bauunternehmen bezeichnet. Ausgabeströme wie Personal-, Material- und sonstige Kosten sind planbar, dagegen ist die Einnahmeseite störanfällig. Bei Störungen im Bauablauf bleiben geplante Einzahlungsströme aus, denen feste Auszahlungsströme gegenüberstehen.[588] Größte Bedeutung hat folglich die kurzfristige Liquidität, die zahlungsstromorientiert ist und die über die weitere Existenz des Unternehmens entscheidet. Des weiteren nehmen saisonale Besonderheiten Einfluß auf die Liquiditätslage von Bauunternehmen. In den arbeitsintensiven Sommermonaten überwiegen Auszahlungen, dagegen besteht im Winter ein Einzahlungsüberschuß, da viele Baustellen im Winter abgerechnet werden und vor allem die öffentlichen Auftraggeber ihre Rechnung bevorzugt gegen Ende des Haushaltsjahrs bezahlen. Hierauf sind die zum Bilanzstichtag (31.12.) üblicherweise hohen Bestände an „liquiden Mitteln" zurückzuführen.[589] Diese Mittel sind banküblich zu verzinsen und wiederum durch Bankbürgschaften zu besichern.

Saisonale Ein- und Auszahlungsströme verlaufen sinusförmig mit einer Phasenverschiebung von etwa einem Quartal (s. Abbildung 28) und weisen regelmäßig einen Liquiditätsengpaß aus, der im Frühjahr ansteigt und im Frühsommer einen maximalen Betrag ergibt.

---

[587] Vgl. Rheindorf (Controlling 1991), S. 17.
[588] Vgl. Schmidt (Entwurf 1993), S. 24.
[589] Vgl. Küting (Baubilanzen 2000), S. 45.

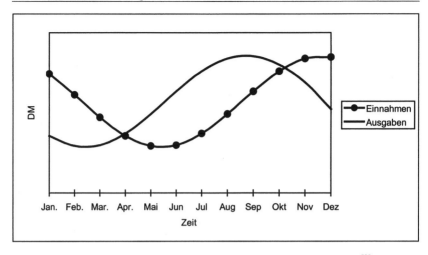

Abbildung 28: Saisonale Ein- und Auszahlungsströme in der Baubranche[590]

Es besteht ein – wenn auch phasenverschobener – Zusammenhang zwischen Auszahlungen und Kosten sowie Einzahlungen und Bauleistung. Die Phasenverschiebung läßt sich durch die dargestellten saisonalen Einflüsse erklären, aber auch über das Procedere der Rechnungsstellung, Rechnungsprüfung und Zahlungsfreigabe. Der gleiche Zusammenhang gilt nicht für Zahlungssalden und bilanzielle Ergebnisse.[591] Dieser Sachverhalt wird bei der Konzeption eines bauspezifischen Bewertungsverfahrens noch von Bedeutung sein.[592] Verstärkt wird diese Diskrepanz dadurch, daß häufig Änderungswünsche des Bauherrn und Verzögerungen oder Behinderungen im Bauablauf zu zusätzlichen Leistungen des Bauunternehmens führen, die über ein Nachtragsangebot an den Bauherrn abgerechnet werden. Diese Nachträge stellen ein zusätzliches Kalkulationsrisiko dar, denn die Annahme durch den Bauherrn ist trotz erbrachter Leistung nicht sichergestellt, da die Leistung nicht vertraglich vereinbart war. Bei Anerkennung der Nachträge, die bei den meisten Projekten ca. 5 – 10% des gesamten Bauvolumens ausmachen[593], erfolgt die Zahlung häufig erst am Ende der Bauzeit und somit oft mit starker Verzögerung zur Leistung.

Wegen der geringen Eigenkapitaldecke und der Notwendigkeit der Vorfinanzierung ist häufig ein hoher Fremdkapitalanteil notwendig. Dabei hat der Zinsaufwand beträchtlichen Einfluß auf den Erfolg im Baugewerbe – wegen langfristiger Investitionsrisiken (langer Bauzeit und Gewährleistung) und der traditionell hohen Überschuldung. Ob der geringen Anzahl börsennotierter Bauaktiengesellschaften ist dieser Kapitalmarkt zur langfristigen Mittelbeschaffung dem Baugewerbe weitgehend verschlossen. Überdies fehlt es an beleihungsfähigen Werten, da die auf

---

[590] In Anlehnung an Jacob (Finanzanalyse 1985), S. 14.
[591] Vgl. Hauschildt/Leker/Clausen (Bau 1995), S. 290.
[592] S. Kapitel 5.3, „Definition der Erfolgsgröße".
[593] Vgl. Küting (Baubilanzen 2000), S. 45.

wechselnden Baustellen arbeitenden Geräte eine schwache Kreditumlage darstellen. Von Besonderheit ist auch, daß nach Sachenrecht § 94 BGB das Bauwerk mit seiner Herstellung Bestandteil des Grundstücks wird und so der Verfügungsgewalt der Bauunternehmen entzogen ist. Die Baustoffe, die mit dem Grund und Boden des Bauherrn fest verbunden werden, gehen während der Bauzeit in das Eigentum des Bauherrn über. Den Bauunternehmen wird das Recht auf Eigentumsvorbehalt abgesprochen[594] – und somit sind die bereits verbauten Baustoffe nicht als Pfand gegenüber Kreditgebern geeignet.

Besondere Liquiditätsrisiken ergeben sich durch die schwache Position des Baugewerbes im Kreditbereich. Die Überbrückung der Liquiditätsanpassung durch Fremdkapital ist schwierig. Einerseits besteht eine besonders starke Abhängigkeit von Fremdmitteln, um die laufend fälligen kurzfristigen Verbindlichkeiten zu decken oder zusätzliche produktivitätssteigernde Investitionen vorzunehmen. Andererseits ist das für langfristige Kredite benötigte Anlagevermögen häufig nicht ausreichend. Des weiteren beeinflußt das hohe Risikopotential bauausführender Unternehmen die Kreditwürdigkeitsprüfung durch die Kreditinstitute (schlechtes Branchen-Ranking).

Folglich kommt der Bereitstellung von Eigenkapital eine besondere Rolle zu. Die Geschäftsgrundlage kann allein dadurch beschränkt sein, daß durch hohe Vorleistungen (Angebotsbearbeitungen, Auftragsanarbeitungen etc.), denen keine Einzahlungen gegenüberstehen, und durch ausgeschöpfte Avalrahmen die erforderlichen Bürgschaften für Neuaufträge nicht beigebracht werden können.[595]

Eine Unterkapitalisierung ist bei der Bewertung zu berücksichtigen.

4.1.5 Personenbezogenheit

Die Mitarbeiter gewinnen für die Wertschöpfung von Unternehmen zunehmend an Bedeutung. Nachdem nicht mehr die Produktion, sondern der Absatz als Engpaßfaktor anzusehen ist, tritt die Bedeutung des Kapitals in den Hintergrund.[596] Die Personalkosten übersteigen die kapitalbezogenen Kosten in der Regel deutlich.[597] Nur das Unternehmen wird sich am Markt durchsetzen, das in den Schlüsselpositionen die besseren Mitarbeiter vorweisen kann.

Für die Baubranche gilt dies in besonderem Maße. Die befragen Bauunternehmer unterstreichen dies, indem sie das projektbezogen tätige Personal als den entscheidenden Werttreiber ihrer Unternehmung/Niederlassung herausstellen.[598] Bei dieser Befragung waren von den fünf bedeutendsten Werttreibern vier personenbezogen. Erst an fünfter Stelle folgte die Kapitalausstattung. Der Gerätepark, der bis in die siebziger Jahre eine dominierende Rolle gespielt hatte, wurde nun für den Unternehmenswert als unbedeutend erachtet.

Diese Einschätzung durch die Bauunternehmer läßt sich darauf zurückführen, daß der überwiegende Teil der Geschäftsprozesse in der Baubranche personenbezogen

---

[594] Vgl. Rheindorf (Controlling 1991), S. 17.
[595] Vgl. Termühlen (Controlling 1982), S. 25 f.
[596] Vgl. Nölting (Mensch 2000), S. 154 ff.
[597] Ebenda, S. 159.
[598] S. Kapitel 3.4.6.3.5, „Gruppenübergreifende Zusammenstellung".

ist. Unter Personenbezogenheit soll dabei der deutliche Einfluß einzelner Mitarbeiter auf den Unternehmenserfolg verstanden werden.

Selbst von weltweit tätigen Bauunternehmen wird bestätigt, daß die Baumärkte in der Regel einen starken lokalen Bezug haben und somit persönliche Verbindungen der leitenden Mitarbeiter von großer Bedeutung sind (Beziehungsmanagement).[599] Auch ist ein nicht zu unterschätzender Faktor für den Unternehmenserfolg die Qualität der Kalkulatoren. Fehlkalkulationen können zu erheblichen Verlustpotentialen führen. Wegen der oft knappen Zeit und der hohen Kosten für die Angebotsbearbeitung, sind „Kontrollkalkulationen" in der Regel nicht möglich. Die Grundlage für die Angebotspreisbildung wird somit ausschließlich durch die zuständigen Mitarbeiter der Kalkulation gelegt.

In der Projektabwicklungsphase ist die Projektleitung mit hohen Entscheidungsbefugnissen ausgestattet. Enge Termine, aber auch die Vielzahl der Detailkenntnisse, die erforderlich sind, um projektbezogene Entscheidungen fällen zu können, führen zu hoher Budgetverantwortung einzelner Mitarbeiter. Die Deutsche Gesellschaft für Mittelstandsberatung führt hierzu aus: „Der wichtigste Produktionsfaktor in der Bauwirtschaft sind die Erwerbstätigen. Die Qualität und Intensität der menschlichen Arbeit haben in der Bauwirtschaft – aufgrund der geringen Eigenfähigkeit der technischen Apparatur – mehr Einfluß auf die Produktivität als in der sonstigen Industrie".[600]

In den folgenden Ausführungen wird verdeutlicht, daß die Geschäftstätigkeit von Bauunternehmen mit einem stark ausgeprägten Risikopotential verbunden ist. Die Mitarbeiter bestimmen dabei durch Risikomanagement und risikoorientiertes Handeln auf allen Ebenen diesen „negativen Werttreiber".

Da die Größe von Bauunternehmen keinen nennenswerten Einfluß auf deren Erfolg hat,[601] das Personal aber durchaus, kann insbesondere vor dem Hintergrund stark rückläufiger Studentenzahlen im Bereich Bauingenieurwesen die These vertreten werden, daß nicht die Absatzmärkte, sondern die projektbezogen tätigen Mitarbeiter den Engpaßfaktor von bauausführenden Unternehmen darstellen. Auf jeden Fall sind solche Aspekte bei der Bewertung von Bauunternehmen zu berücksichtigen.

4.1.6   Risiken

Die Bautätigkeit ist mit einer Vielzahl an Risikoquellen verbunden, wobei – bedingt durch die schlechte Eigenkapitalausstattung von Bauunternehmungen –[602] Einzelrisiken in einem Umfang auftreten, die den Fortbestand der Unternehmung gefährden können. Aus empirischen Beobachtungen läßt sich ableiten, daß Risiken dann existenzgefährdend sind, wenn ihr Eintreten mindestens die Hälfte des Eigenkapitals aufzehrt.[603]

---

[599] Vgl. Zydra (Skanska 1999), S. 29.
[600] Deutsche Gesellschaft für Mittelstandsberatung (Bauwirtschaft 1996), S. 22.
[601] Vgl. Zydra (Skanska 1999), S. 29.
[602] S. Kapitel 4.1.4, „Finanzierung".
[603] Vgl. Füser/Gleißner/Meier (Risikomanagement 1999), S. 753.

Die Abbildung 29 gibt einen Überblick über das Risikopotential von Bauunternehmungen.

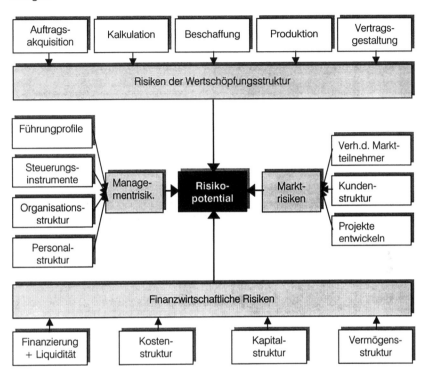

Abbildung 29: Determinanten des Risikopotentials eines Bauunternehmens

Einige der dargestellten Risikoquellen wurden bereits in den bisherigen Ausführungen zu den bewertungsrelevanten Besonderheiten der Bauwirtschaft erörtert. Weitere Risiken mit besonderer wirtschaftlicher Bedeutung werden im folgenden näher erläutert, um daraus Schlußfolgerungen für die Bewertung von Bauunternehmungen abzuleiten.

Da Bauunternehmungen nicht auf Lager produzieren können, kommt der Beschaffung eine besondere Bedeutung zu. Stoffe und insbesondere Leistungen durch Nachunternehmer müssen so beschaffen werden, daß sie zur erforderlichen Zeit, am erforderlichen Ort, in der erforderlichen Qualität und maximal in Höhe der kalkulierten Kosten zur Verfügung stehen. Wenn der Beschaffungsprozeß einer dieser vier Anforderungen nicht genügt, hat dies bereits negative wirtschaftliche Konsequenzen für das Projekt. Hierzu ist – trotz der in der Regel lokalen Ausrichtung von Bauunternehmungen – eine intensive Beobachtung der Beschaffungsmärkte erforderlich. Insbesondere die korrekte Einschätzung der Preise auf den

Beschaffungsmärkten ist notwendig, da zwischen der Preiskalkulation und der Vergabe von Lieferungen und Leistungen häufig weitere Zeitspannen liegen.

Ein wesentliches wirtschaftliches Risiko der Beschaffung liegt in einer möglichen Fehleinschätzung der wirtschaftlichen Leistungsfähigkeit von Nachunternehmern. Die Insolvenz eines Nachunternehmers, dessen Gewerk für das Projekt den kritischen Weg darstellt, führt in der Regel zu hohen Verlusten.

Ein weiteres Risikopotential liegt in der Vertragsgestaltung. Hierbei ist es insbesondere erforderlich, daß die Verträge mit den unterschiedlichen Vertragspartnern (Auftraggebern, Projektsteuerern, Arge-Partnern, Nachunternehmern und Lieferanten) aufeinander abgestimmt werden. So müssen zum Beispiel Pflichten gegenüber dem Auftraggeber entsprechend an Nachunternehmer durchgereicht werden, um nicht eine Vertragslücke entstehen zu lassen, die später zu Risikoquellen werden kann. Des weiteren müssen die nahezu unbegrenzten vertraglichen Risiken aus nicht termingerechter Fertigstellung angesprochen werden. Zwar begrenzt die Rechtsprechung die Pönale für diesen Fall auf 5%[604], einen nachweislichen Schaden kann der Auftraggeber aber in voller Höhe geltend machen. So kann z.B. bei einem nicht termingerecht fertiggestellten Kaufhausbau der Schaden den Auftragswert deutlich überschreiten.

Zur Beurteilung des Risikopotentials aus Verträgen ist die Art der Vertragsgestaltung zu analysieren. Das höchste Risiko beinhaltet eine vertragliche Bindung mit dem Auftraggeber in Form eines Pauschalvertrags, da eine oft nur funktional umschriebene Leistung mit einem pauschalen Preis vergütet wird.[605] Unvorhersehbare Schwierigkeiten gehen bei dieser Vertragsgestaltung zumeist zu Lasten des Auftragnehmers. Der Einheitspreisvertrag, bei dem die Leistung durch ein detailliertes Leistungsverzeichnis definiert wird, enthält ein deutlich geringeres Risikopotential für den Bauunternehmer. Das geringste Risiko beinhaltet der sogenannte „Cost-plus-fee" Vertrag, bei dem die nachgewiesenen Kosten zuzüglich eines Zuschlags vergütet werden. Diese Vertragsform kommt in der Regel nur bei geringen Auftragsvolumina zum Tragen. Der dargestellte Zusammenhang zwischen Risikopotential und Vertragsgestaltung gilt bei Verträgen mit Nachunternehmern im umgekehrten Verhältnis. Ein Beispiel für eine aus Risikogesichtspunkten extrem unausgeglichene Vertragsgestaltung ist ein Pauschalvertrag eines Bauunternehmens mit seinem Auftraggeber bei gleichzeitiger Beauftragung der Nachunternehmer mit Einheitspreis- oder Cost-plus-fee-Verträgen.

Auch die Bauproduktion ist mit zahlreichen technischen Risiken verbunden, die im Rahmen dieser Arbeit nicht vollständig erörtert werden können. Häufig ergeben sich technische Probleme durch die Beschaffenheit des Baugrundes. Tiefbauaktivitäten bringen z.B. aus diesem Grunde besondere technische Risiken mit sich.

---

[604] Diese Obergrenze ist noch im Sinne des § 11, Nr. 5 AGBG. Vgl. Ganten/Jagenburg/Motzke (VOB-Kommentar 1997), § 5, Nr. 4, Rdn. 40.

[605] Bei Pauschalverträgen erfolgt eine Pauschalierung der Gesamtleistung oder von bestimmten Leistungsbereichen mit Festpreis und Festtermin. Vgl. Pause (Bauunternehmung 1991), S. 246, u. Malkwitz (Frühindikatoren 1995), S. 21.

Mit ganz spezifischen Marktrisiken ist die Projektentwicklung verbunden. Dieses Geschäftsfeld zeichnet sich dadurch aus, daß ein zu bebauendes Grundstück erworben wird, um darauf eine Immobilie zu planen, zu bauen und sie anschließend insgesamt zu vermarkten.[606] Hierzu sind Mitarbeiter erforderlich, die andere Qualifikationen aufweisen, als in der Baubranche üblich ist. Insbesondere detaillierte Kenntnisse der Immobilienmärkte sind unverzichtbar. Besondere Schwierigkeiten ergeben sich dabei aus den langen Entwicklungszyklen. Wenn Bauunternehmungen dieses Geschäftsfeld betreiben, ist genau zu analysieren, ob diese Marktkenntnisse vorliegen oder ob dieses Feld nicht vielmehr zur Schaffung interner Baunachfrage betreten wird. Die wirtschaftlichen Probleme der Philipp Holzmann AG im Jahre 1999 sind u. a. auf Mißerfolge auf diesem Gebiet zurückzuführen.[607]

Häufig werden Probleme bei der Vermarktung einer Immobilie durch Mietgarantien oder Generalmietverträge kompensiert. Die langfristig garantierten Mieten der veräußerten Immobilie können bei ungünstiger Marktentwicklung zu hohen und nachhaltigen Verlusten führen. Im Rahmen einer Unternehmensbewertung sind solche Verträge zu berücksichtigen.

Unter den finanzwirtschaftlichen Risiken ist das Forderungsausfallrisiko hervorzuheben. Die dargestellten Zahlungsmodalitäten[608] bedingen, daß nennenswerte Teile der Bauleistung vorfinanziert werden, für die in der Regel keine Sicherheiten durchsetzbar sind. Nach einer Umfrage ergibt sich ein durchschnittlicher Zahlungsverzug der Auftraggeber von 66 Tagen zwischen Schlußrechnungsausgang und Zahlungseingang.[609] Hinzu kommt, daß bei Zahlungsunfähigkeit bzw. -unwilligkeit des Auftraggebers selbst bei sofortiger Einstellung der Bauaktivitäten noch erhebliche Folgekosten anfallen. Durch eine Analyse der Kundschaft der Bauunternehmung kann die Bedeutung dieses ständig vorhandenen Risikos beurteilt werden.

Die bisher dargestellten Risikopotentiale sind mit der allgemeinen Geschäftstätigkeit von Bauunternehmungen verbunden. Entscheidend für die Bewertung des spezifischen Unternehmensrisikos sind die Maßnahmen, die eingeleitet wurden, um diese Risiken zu managen.

Dieses Managementrisiko läßt sich anhand der Aufbau- und der Ablauforganisation beurteilen. Durch das Gesetz zur Kontrolle und Transparenz im Unternehmensbereich (KonTraG) wird ausdrücklich die Einrichtung eines Risikoüberwachungssystems in Aktiengesellschaften vorgeschrieben. Danach hat der Vorstand geeignete Maßnahmen zu treffen, damit den Fortbestand der Unternehmung gefährdende Entwicklungen früh erkannt werden.[610]

Auch für Bauunternehmungen, die nicht in der Rechtsform einer Aktiengesellschaft geführt werden, ist dies ein Desiderat. Neben geeigneten Controllingsystemen ist vor allem eine Führungskultur erforderlich, die einen frühzeitigen und konstruktiven Dialog über Fehlentwicklungen fördert. Darüber hinaus bedarf es risikobewußter

---

[606] Vgl. Motzel (Projektmanagement 1993), S. 85.
[607] Vgl. Pohl (Philipp 1999), S. 396 ff.
[608] S. Kapitel 4.1.4, „Finanzierung".
[609] Vgl. Betriebswirtschaftliches Institut der Bauindustrie (Informationen 1998), S. 46.
[610] Vgl. § 91, Absatz 2 AktG.

Mitarbeiter, die selbständig und projektnah auf allen Ebenen des Unternehmens agieren.[611]

Die Ausführungen zu den bauspezifischen Risiken verdeutlichen, daß ein pauschaler Risikoansatz bei der Bewertung von Bauunternehmungen die falsche Vorgehensweise ist. Vielmehr müssen die Risikoquellen im einzelnen und insbesondere das Risikomanagementsystem des Bewertungsobjekts beurteilt werden.

4.2 Überprüfung der Bewertungsmethoden auf ihre Anwendbarkeit für das Baugewerbe

Die Methoden zur Bewertung ganzer Unternehmen wurden bereits in Kapitel 2 aus theoretischer Sicht beurteilt.

Bei der Befragung von Experten, die Bewertungen von Bauunternehmungen durchgeführt haben, wurde die Hypothese bestätigt, daß ein Zusammenhang zwischen der Branchenzugehörigkeit des Bewertungsobjekts und der Bewertungsmethode besteht.[612] Bislang liegen indes keine Empfehlungen vor, wie eine solche branchenbezogene Auswahl bzw. Modifikation von Bewertungsmethoden vorzunehmen ist. Neben den theoretischen Anforderungen müßte ein solches Verfahren in der Lage sein, die dargestellten Branchenspezifika abzugreifen und methodisch zu berücksichtigen. Im folgenden werden die gängigen Bewertungsmethoden daraufhin untersucht, was sie in dieser Hinsicht zu leisten vermögen.

4.2.1 Anwendbarkeit substanzorientierter Methoden

Die substanzorientierten Methoden leiten den Unternehmenswert aus einer stichtagsbezogenen Analyse der Bestände des Bewertungsobjekts ab. Da zukünftige Unternehmensergebnisse nicht in die Bewertung einfließen, bieten diese Verfahren kein Vehikel, um wesentliche Spezifika des Baugewerbes zu berücksichtigen. Die dargestellten Besonderheiten, die sich aus Auftragsakquisition und -vergabe, der hohen Personenbezogenheit des Baugeschäfts und der branchenspezifischen Risiken ergeben, lassen sich methodisch nur über Planergebnisse in den Unternehmenswert einarbeiten.[613]

Durch die Bilanzierungs- und Finanzierungspraxis in der Bauwirtschaft kommt der Substanzbewertung jedoch eine besondere Bedeutung zu. Die hohen Bewertungsspielräume und die üblicherweise geringe Eigenkapitalausstattung erfordern eine intensive Analyse der wesentlichen Bestandspositionen. Eine solche Analyse hat offenzulegen, ob sich durch Neubewertungen Effekte für den Käufer ergeben, die sich im Kaufpreis niederschlagen, weil sie entweder unmittelbar nach dem Kauf, oder in der weiteren Zukunft liquiditätswirksam werden. Im folgenden werden solche Sachverhalte als **Einmaleffekte** bezeichnet, da sie den Ist-Zustand des Bewertungsobjekts auf eine für die Analyse der zukünftigen Unternehmensergebnisse „unbelastete" Basis stellen sollen. Das folgende Beispiel mag die Bedeutung dieser Einmaleffekte für die Bewertung verdeutlichen. Bauunternehmen

---

[611] Vgl. Pause (Bauunternehmung 1991), S. 244.
[612] S. Kapitel 3.3.3.5.1, „Bewertungsmethoden in der Praxis".
[613] S. Kapitel 4.2.2, „Anwendbarkeit erfolgsorientierter Methoden".

haben oftmals nennenswerte Bestände an Grundstücken und Immobilien im Umlaufvermögen. Diese Bestände stammen aus Projektentwicklungsaktivitäten, aber auch aus Auftraggeberinsolvenzen, wenn die Werklohnforderung über eine Grundbucheintragung abgesichert war. Wenn eine Verkehrsbewertung zu einem Unterschiedsbetrag führt, so ist dieser kaufpreiserhöhend bzw. –reduzierend zu berücksichtigen. Bei einer Bewertung auf Basis geplanter Zukunftserfolge würde ein solcher Sachverhalt ansonsten nicht angemessen berücksichtigt.

Die substanzorientierten Methoden sind, weil sie Bauspezifika nur in ungenügender Weise berücksichtigen, nicht als ausschließliches Bewertungsverfahren geeignet. Aufgrund der Einmaleffekte übernehmen sie aber eine wichtige Nebenfunktion, die methodisch in ein bauspezifisches Bewertungsmodell eingearbeitet werden sollte. Die Bedeutung der Substanzbewertung als methodische Ergänzung einer ertragsorientierten Bewertung wird auch durch die Befragungsergebnisse im empirischen Teil dieser Arbeit bestätigt.[614]

4.2.2   Anwendbarkeit erfolgsorientierter Methoden

Die erfolgsorientierten Methoden leiten den Unternehmenswert aus den geplanten handelsrechtlichen Ergebnissen bzw. Cash Flows ab. Über dieses methodische Vehikel lassen sich einige bewertungsrelevante Besonderheiten der Baubranche bei der Kaufpreisfindung berücksichtigen.

Im Rahmen der Due Diligence kann über noch darzustellende Analysen[615] das zu bewertende Unternehmen daraufhin untersucht werden, inwiefern es den Anforderungen aus der Akquisitions- und Auftragsvergabepraxis in der Baubranche Rechnung trägt. Untersuchungsgegenstände sind das technische Know how, die Flexibilität in bezug auf beschäftigungsbedingte Kapazitätsanpassungen sowie die Fähigkeit, den Grenzpreis korrekt zu ermitteln. Die Kostenstruktur muß nicht nur wegen der Auftragsvergabepraxis, sondern auch wegen des bereits beschriebenen Verhaltens der Marktteilnehmer untersucht werden, denn um am Markt bestehen zu können, muß das zu bewertende Unternehmen die Kostenführerschaft anstreben.[616] Die Analyseergebnisse liefern erforderliche Erkenntnisse, um eine bestehende Unternehmensplanung zu prüfen und gegebenenfalls zu korrigieren bzw. eine eigene Planung zu erstellen.

Aufgrund der Personenbezogenheit des Baugeschäfts ist auch die Fähigkeit des Personals, aus Bauaufträgen positive Ergebnisse zu erzielen, intensiv zu untersuchen. Sicherlich ist es schwer, ein solches Untersuchungsergebnis zu quantifizieren. Wenn diese Effekte jedoch nicht berücksichtigt werden, besteht das Risiko, den erfolgsorientierten Methoden falsche Eingangswerte zu Verfügung zu stellen, aus denen sich dann unter Umständen eine falsche Entscheidungsgrundlage für den Kaufinteressenten ergibt.

Als Zwischenergebnis läßt sich festhalten, daß bei den erfolgsorientierten Methoden die bewertungsrelevanten Besonderheiten methodisch berücksichtigt werden

---

[614] S. Kapitel 4.2.2, „Anwendbarkeit erfolgsorientierter Methoden".
[615] S. Kapitel 5.4.2.1.2, „Erfolgsfaktorenanalyse".
[616] S. Kapitel 4.1.2, „Verhalten der Marktteilnehmer – ein volkswirtschaftlicher Exkurs".

können, indem sie Planungsgrundlage für die zukünftigen Erfolge sind. Durch die Analyse der Bauspezifika und die Bewertung ihres Einflusses auf zukünftige Erfolge werden immerhin Eingangswerte für erfolgsorientierte Bewertungsmethoden zur Verfügung gestellt.

Die bisherigen Aussagen gelten für das Ertragswertverfahren und die Discounted Cash Flow-Methode gleichermaßen. Die Unterschiede zwischen den beiden Methoden in bezug auf ihre Eignung bei der Bewertung von Bauunternehmungen lassen sich aus der Bilanzierungspraxis der Branche und der abweichenden Behandlung von Risiken ableiten. Die unterschiedlichen Verfahren bei der Verarbeitung der Eingangswerte müssen somit vor dem Hintergrund dieser Spezifika untersucht werden.

4.2.2.1 Ertragswertmethode

Im Idealfall tragen die erfolgsorientierten Methoden den zu erwartenden zukünftigen Zahlungsüberschüssen des Kaufobjekts Rechnung.[617] Diese Erfolgsgrößendefinition ist auf den investitionstheoretischen Hintergrund dieser Verfahren zurückzuführen. Zur Komplexitätsreduktion werden alternative Erfolgsgrößen verwendet. Die Ertragswertmethode greift auf handelsrechtliche Ergebnisse zurück, die in der betriebswirtschaftlichen Literatur als Alternative zu den Zahlungsüberschüssen anerkannt sind.[618] In den Ausführungen zur Bilanzierungspraxis in der Baubranche wurde gezeigt, mit wie vielen Problemen sie behaftet ist. Aufgrund der langfristigen Fertigung, der Argebilanzierung sowie des „nicht repräsentativen Bilanzierungsstichtags" läßt sich die von den Befürwortern der Ertragswertmethode beabsichtigte Komplexitätsreduktion nicht realisieren. Außerdem ist der Zusammenhang zwischen Zahlungsüberschüssen und handelsrechtlichen Ergebnissen in Baubilanzen zu indirekt, als daß diese Erfolgsgröße theoretisch zu rechtfertigen wäre. So führt zum Beispiel ein Bauauftrag mit hoher Eigenleistung vor der Abnahme zu keinerlei handelsrechtlichen Erträgen[619], während Einzahlungen in Form von Abschlagszahlungen geflossen sind, die sich in der Regel an der Bauleistung orientieren.[620]

Das Ertragswertverfahren ist in seiner klassischen Ausprägung nicht zur Bewertung von Bauunternehmungen geeignet, so daß methodische Modifikationen erforderlich sind. Als Alternative zu den handelsrechtlichen Ergebnissen bietet sich die Differenz aus Kosten und Leistungen an, die im folgenden als wirtschaftliches Ergebnis[621] bezeichnet wird. Die Vorteile gegenüber der klassischen Erfolgsgröße der Ertragswertmethode lassen sich wie folgt zusammenfassen:

---

[617] Vgl. u.a. U.E.C.-Kommission für Fachfragen und Forschung (Empfehlung 1980), S. 3.
[618] Vgl. Institut der Wirtschaftsprüfer (IDW Standard 1999), S. 209 f.
[619] S. Kapitel 4.1.3, „Bilanzierung".
[620] S. Kapitel 5.3, „Definition der Erfolgsgröße".
[621] Die Inhalte dieses in der Baubranche üblichen Begriffes sind nicht mit der gleichnamigen Definition des IDW identisch. Vgl. Institut der Wirtschaftsprüfer (St/HFA 2/1983), S. 475.

- Durch die KLR Bau sind die Grundsätze der Kosten- und Leistungsrechnung in der deutschen Bauwirtschaft weitgehend einheitlich.

- Das wirtschaftliche Ergebnis bildet den Erfolg der Unternehmensaktivitäten vollständig und periodenbezogen ab. Auch die Ergebnisse aus Argen und assoziierten Unternehmen sind hierin enthalten.

- Die KLR Bau orientiert sich nicht am bilanziellen Vorsichtsprinzip und ist robust gegen Bilanzpolitik. Somit genügt sie auch einem wesentlichen Bewertungsgrundsatz des Institutes der Wirtschaftsprüfer.[622]

- Ein Zusammenhang zwischen projektbezogenen Zahlungsüberschüssen und wirtschaftlichen Baustellenergebnissen ist nachweisbar.[623]

Beim Ertragswertverfahren werden Risiken entweder pauschal über den Kapitalisierungszinsfuß oder über eine Korrektur der Planergebnisse berücksichtigt. Es läßt eine pauschale oder eine projekt- und risikoquellenbezogene Berücksichtigung von Einzelrisiken zu. Gerade die letztgenannte Variante kommt der Bewertung von Bauunternehmungen entgegen, da die hohe Anzahl an bedeutsamen Einzelrisiken eine selektive Risikoberücksichtigung erfordert.

4.2.2.2   Discounted Cash Flow-Methode

Die Discounted Cash Flow-Methode wählt den Free Cash Flow als Erfolgsgröße. Zwischen Vertretern der Ertragswert- und der Discounted Cash Flow-Methode ist strittig, mit welcher Erfolgsgröße die Komplexitätsreduktion besser realisiert werden kann.[624] Die Kritiker der Discounted Cash Flow-Methode bemängeln dabei die zu hohe Komplexität des Verfahrens[625], denn der Free Cash Flow wird aus dem handelsrechtlichen Ergebnis über mehrere Korrekturpositionen hergeleitet[626]. Zur Reduktion der Komplexität von Unternehmensbewertungen sei dieses Verfahren somit ungeeignet. Erst recht der Bilanzierungspraxis von Bauunternehmungen kann der Free Cash Flow nicht Rechnung tragen. Aufgrund der langfristigen Fertigung müßte eine Korrekturposition ergänzt werden, da die Veränderungen der nicht aktivierten Herstellungskosten als zahlungsunwirksame Bestandsveränderung bei der Ermittlung des Free Cash Flows zu berücksichtigen sind. Während diese Modifikation aus Praktikabilitätsüberlegungen heraus gerade noch zu vertreten wäre, stößt die Discounted Cash Flow-Methode mit der Argebilanzierung endgültig an ihre Grenzen. Für eine korrekte Abbildung des Free Cash Flows müßten alle Argen konsolidiert werden. Selbst wenn man sich nur auf die wertmäßig bedeutendsten Argen beschränkte, wäre diese Aufgabe praktisch unlösbar, zumal eine solche Konsolidierung für jedes Planjahr erfolgen müßte.

Mangels alternativer Erfolgsgrößen ist man hier endgültig in einer Sackgasse angelangt.

---

[622] Vgl. Institut der Wirtschaftsprüfer (IDW Standard 1999), S. 206.
[623] V. Kapitel 5.3, „Definition der Erfolgsgröße".
[624] Vgl. Sieben (Discounted 1995), S. 732 ff.
[625] Vgl. Peemöller (Stand 1993), S. 413.
[626] Vgl. Meyersiek (Unternehmenswert 1991), S. 235 f.

Die Kapitalmarktorientierung wird als Vorteil der Discounted Cash Flow-Methode betrachtet, bereitet allerdings bei der Bewertung von Bauunternehmungen Probleme. Nach dem Capital Asset Pricing-Modell (CAPM) wird das Risiko über die branchenabhängigen ß-Faktoren berücksichtigt. Diese lassen sich nur bei börsennotierten Unternehmen herleiten – allerdings gibt es in Deutschland nur elf solcher Bauaktiengesellschaften[627]. Die statistische Breite fehlt. Außerdem ist gegen das CAPM einzuwenden, daß es mit einem pauschalen Risikoansatz rechnet. Bei der dargestellten Anzahl der Risikoquellen und der Höhe der Einzelrisiken wird eine Pauschalierung der Bedeutung der Risiken nicht gerecht. Die gleichen Einwände können gegen alternative Kapitalmarktmodelle, die gelegentlich bei Discounted Cash Flow-Verfahren zum Einsatz kommen, geltend gemacht werden.[628]

4.2.3 Anwendbarkeit von Kombinationsmethoden

Auf den ersten Blick scheinen die Kombinationsmethoden die richtigen Antworten auf die Probleme im Zusammenhang mit der Bewertung von Bauunternehmungen zu geben, da das Bewertungsobjekt sowohl einer Ertragsbewertung als auch einer Substanzbewertung unterzogen wird. Die Ergebnisse werden dann je nach Methode unterschiedlich miteinander verknüpft. Alle Bauspezifika können so berücksichtigt werden. Tatsächlich müssen gravierende entscheidungstheoretische Einwände vorgebracht werden. Durch die Verknüpfung des Substanzwerts mit dem Ertragswert ergibt sich zwangsweise ein falscher Wert. Der Substanzwert liefert nur für das Entscheidungsproblem „Wertermittlung unter der Annahme der Liquidation des Bewertungsobjekts" eine gültiges Ergebnis. Dagegen weist der Ertragswert dem Kaufobjekt einen Wert unter der Annahme der Fortführung des Unternehmens zu. Durch die Verknüpfung der beiden getrennt voneinander ermittelten Werte heben sich die Vorteile im Hinblick auf die Bauspezifika auf. Hinzu kommt, daß die Ertragsbewertung im Rahmen dieser Methode zu pauschal ist.[629] Das erforderliche Vehikel zur Berücksichtigung der bewertungsrelevanten Besonderheiten steht somit nicht zur Verfügung.

4.2.4 Anwendbarkeit vergleichsorientierter Methoden

Bei den vergleichsorientierten Methoden bilden überwiegend Gewinn, Cash Flow oder Umsatz die Basis für die Unternehmensbewertung. Diese Kennzahlen werden dann mit branchenbezogenen Faktoren multipliziert, die aus anderen bereits getätigten Unternehmenskäufen abgeleitet werden.[630]

Eine solche Orientierung läßt lediglich Rückschlüsse auf mögliche Kaufpreise, nicht aber auf den Entscheidungsgrenzwert zu, da die Verhandlungsergebnisse der Parteien in einem so ermittelten Wert enthalten sind.[631] Die vergleichsorientierten Methoden verstoßen somit gegen die entscheidungs- bzw. investitionstheoretischen

---

[627] Vgl. o.V. (Börsendaten 2000), S. 147-153.
[628] Z.B. die Arbitage Pricing Theory (APT). Vgl. Barthel (Handbuch 1998), Bewertungsverfahren, S. 12.
[629] S. Kapitel 2.4.3, „Methode der Übergewinnkapitalisierung".
[630] Vgl. Barthel (Handbuch 1998), Umsatzverfahren, S. 2.
[631] Ebenda.

Grundlagen.[632] Außerdem ist die Übertragung spezifischer Verhandlungssituationen auf andere Unternehmenskäufe problematisch.[633]

Die vergleichsorientierten Methoden, insbesondere die Multiplikatormethode, sind aufgrund ihrer einfachen und nachvollziehbaren Anwendung in der Praxis weit verbreitet.[634] Um so erwähnenswerter ist es, daß die befragten Unternehmensbewerter den vergleichsorientierten Verfahren mit lediglich 12% Verwendungshäufigkeit für die Bewertung von Bauunternehmungen keine große Bedeutung beimessen.[635] Die Ursache hierfür ist vermutlich in der pauschalen Annahme zu suchen, die diesen Verfahren zugrundeliegt. Eine Berücksichtigung von bewertungsrelevanten Besonderheiten der Baubranche ist so nicht möglich. Gewinne, Cash Flows und Umsätze sind bei bauausführenden Unternehmen zu unstetig, als daß sie für eine Bewertung über die hieraus abgeleiteten Faktoren geeignet wären.

4.2.5   Anwendbarkeit marktorientierter Methoden

Die vor allem im angloamerikanischen Raum verbreiteten marktorientierten Verfahren unterstellen, daß auch Preise für ganze Unternehmen Marktpreise sein müssen. Deshalb leiten sie den Kaufpreis unmittelbar oder mittelbar aus dem Börsenwert ab. In Deutschland versagt ein solcher Ansatz allein schon wegen der geringen Anzahl an börsennotierten Bauunternehmungen. Darüber hinaus gilt die schon vorgebrachte Kritik gegen marktorientierte Verfahren bei der Baubranche in besonderem Maße. Der Börsenwert eines Unternehmens wird nur zufälligerweise mit einem Entscheidungsgrenzwert identisch sein, da die zukünftige Ertragslage durch externe Börsenteilnehmer nur unzureichend beurteilt werden kann. Die zu veröffentlichenden Bilanzen der deutschen Bauunternehmungen sind mit den bekannten Problemen behaftet. Deshalb orientieren sich die Börsenwerte dieser Unternehmen noch weniger an der tatsächlichen Ertragslage. Sehr anschaulich wird dieses Problem, wenn man sich die „Beinahe-Insolvenz" der Philipp Holzmann AG im Jahre 1999 vor Augen führt. Eine marktorientierte Bewertung hätte hier zu einem falschen, nämlich exorbitant höheren Unternehmenswert geführt als eine Bewertung auf Basis eines bauspezifischen Bewertungsmodells, wie es im Folgekapitel entworfen wird.

Die Recent Akquisitions-Methode ist aus den gleichen Gründen wie die vergleichsorientierten Verfahren für die Bewertung von bauausführenden Unternehmen ungeeignet.

---

[632] S. Kapitel 1.4, „Zielstellung und Vorgehensweise".
[633] Vgl. Beck (Unternehmensbewertung 1996), S. 118.
[634] Ebenda, S. 116.
[635] S. Kapitel 3.3.3.5.1, „Bewertungsmethoden in der Praxis", Tabelle 8.

4.2.6   Zusammenfassende Beurteilung

Die Tabelle 23 faßt die Beurteilungsergebnisse der Bewertungsverfahren ordinalskaliert zusammen.

Bewertungsrelevante Besonderheiten	SW	EW	DCF	KM	VM	MM
Akquisition und Auftragsvergabe	-	+	+	0	-	-
Verhalten der Marktteilnehmer	-	+	+	0	-	-
Bilanzierung	+	-	-	0	-	-
Finanzierung	+	-	-	0	-	-
Personenbezogenheit	-	+	+	0	-	-
Risiken	-	+	-	0	-	-

SW = Substanzwertverfahren
EW = Ertragswertmethode
DCF = Discounted Cash Flow-Methode
KM = Kombinationsmethoden
VM = Vergleichsorientierte Methoden
MM = Marktorientierte Methoden

Tabelle 23: Bauspezifische Beurteilung der Bewertungsmethoden

Das Substanzwertverfahren ist unter der going concern-Hypothese, die dieser Arbeit zugrunde liegt, nicht als geschlossenes Bewertungsverfahren geeignet. Dennoch ist eine Analyse der Substanz im Rahmen einer Bewertung eines Bauunternehmens erforderlich. Somit erfüllt dieses Verfahren eine wichtige Nebenfunktion.

Beide erfolgsorientierten Bewertungsmethoden werden in ihrer „klassischen" Ausgestaltung den Besonderheiten aus der Baubilanzierung und -finanzierung nicht gerecht. Während die Ertragswertmethode methodisch modifizierbar ist, muß die Discounted Cash Flow-Methode als ungeeignet für die Bewertung bauausführender Unternehmen bezeichnet werden.

Die Empfehlung lautet deshalb, aus einer methodisch modifizierten Ertragswertmethode unter Einbeziehung von Einmaleffekten (Substanzbewertung als Nebenfunktion) ein bauspezifisches Bewertungsmodell zu entwickeln.

Es versteht sich von selbst, daß ein solches Modell den theoretischen Anforderungen an eine Bewertungsmethode in vollem Umfang entsprechen muß. Trotz des Rückgriffs auf die Substanzbewertung handelt es sich nicht um eine Kombinationsmethode. Es werden nicht zwei getrennt voneinander ermittelte Unternehmenswerte verknüpft, sondern die Ertragsbewertung wird unter Beachtung des going concern-Prinzips ergänzt.[636] Dabei werden alle Bauspezifika im Rahmen der Planung zukünftiger Erfolge des Bewertungsobjekts berücksichtigt. Ist doch für ein bauspezifisches Bewertungsmodell die Integration einer Planungssystematik, die auf die Werttreiber von bauausführenden Unternehmen ausgerichtet ist, unabdingbar.

Das im folgenden weiter auszuführende Bewertungsmodell läßt sich somit sowohl analytisch als auch durch praktische Bewertungserfahrungen rechtfertigen.

---

[636] S. Kapitel 5.2, „Quantifizierung und methodische Berücksichtigung von Einmaleffekten".

5 Konzeption eines Modells zur Bewertung von bauausführenden Unternehmen

5.1 Vorbemerkungen

Sowohl die empirischen Untersuchungen als auch die eingehende Betrachtung der bewertungsrelevanten Besonderheiten der Bauwirtschaft haben verdeutlicht, daß die bisher in der Literatur vorgelegten Ansätze zur Bewertung von bauausführenden Unternehmen mit erheblichen Mängeln behaftet sind. Die Konsequenz solch mangelhafter Bewertungsmodelle verdeutlicht Abbildung 30.

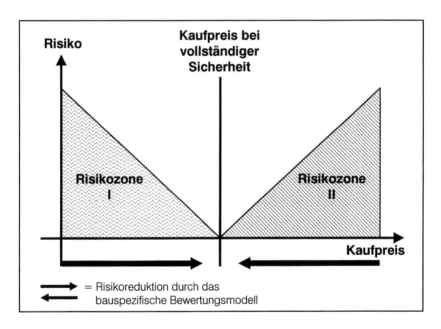

Abbildung 30: Risikomodell der Unternehmensbewertung

Die möglichen Unternehmenswerte, die ohne Berücksichtigung der Bauspezifika ermittelt würden, liegen in einer Spannweite um den Kaufpreis, den der Käufer bei vollständiger Sicherheit bezüglich der zukünftigen Entwicklung des Kaufobjekts ermittelt hätte.[637] Hieraus ergeben sich zwei Risikozonen. Die Zone I ist mit dem Risiko behaftet, daß ein zu geringer Kaufpreis ermittelt wird. Somit entsteht kein Einigungsbereich[638], und die Transaktion kommt deshalb nicht zustande. Hierdurch entgeht dem Kaufinteressenten die rentierlichste Kapitalverwendung, die der Kauf des Bewertungsobjekts zum Preis unter vollständiger Sicherheit darstellen würde.

---

[637] Die Darstellung in Abbildung 31 soll nicht auf einen objektivierten Unternehmenswert hindeuten. Für unterschiedliche Käufer würde sich schon alleine aufgrund unterschiedlicher Renditeerwartungen der „Kaufpreis bei völliger Sicherheit" anders darstellen.
[638] S. Kapitel 1.2.2, „Funktionenlehre der Unternehmensbewertung".

Das Risiko, das mit Zone II einhergeht, ist evident. Ein überhöhter Kaufpreis führt zu einer Kapitalverzinsung, die geringer ist als diejenige, die mit dem Kapitalisierungs- zinsfuß angestrebt wird.

Das im folgenden zu entwickelnde bauspezifische Bewertungsmodell wird nicht die Unsicherheit beseitigen können, die mit den zukünftigen Geschäftsjahren verbunden ist. Durch eine systematische Analyse der Werttreiber von Bauunternehmungen und durch methodische Modifikationen wird es jedoch gelingen, diese Risikozonen deut- lich zu verringern. Die möglichen Fehlbewertungen lassen sich um die Anteile reduzieren, die auf die Bewertungsmethodik zurückzuführen sind. Somit wird für den konkreten Entscheidungsfall „Unternehmenskauf" das Risiko einer Fehlentscheidung deutlich reduziert. Aufgrund der dargestellten bewertungsrelevanten Besonderheiten ist das Fehlbewertungsrisiko bei bauausführenden Unternehmen besonders hoch. Der Fall der Übernahme der Wayss & Freytag AG durch die Hollandsche Beton Groep unterstreicht dies. Kurz nach der Übernahme wies Wayss & Freytag erhebliche Fehlbeträge aus, die durch den neuen Eigentümer zu tragen waren. Dem Alteigentümer AGIV (Aktiengesellschaft für Industrie und Verkehrswesen) wurde vorgeworfen, er hätte unvollständige Informationen zur Verfügung gestellt. AGIV erklärte daraufhin, daß der Kaufvertrag „nach gründlicher und zeitaufwendiger Prüfung durch Experten der Hollandsche Beton Groep und deren externe Berater" zustande gekommen sei.[639]

Das bauspezifische Bewertungsmodell besteht aus einem modifizierten Ertrags- wertverfahren sowie aus konkreten Handlungshilfen für die Planung der zukünftigen Erfolge von Bauunternehmungen. Die vorgeschlagenen Modifikationen des Ertrags- wertverfahrens bestehen in der methodischen Einarbeitung von Einmaleffekten und der Verwendung einer zur reinen Lehre alternativen Erfolgsgröße. Eine erhöhte Planungssicherheit wird durch ein auf bauausführende Unternehmen ausgerichtetes Planungsmodell erreicht.

Die folgenden Ausführungen stehen unter der Arbeitshypothese, daß ein uneingeschränkter Eigentumsübergang des Kaufobjekts erfolgt und keine Einzel- risiken beim Alteigentümer verbleiben, zumal dies vertragsrechtlich schwer zu realisieren ist. Sollten bei einem Unternehmenskauf hiervon abweichend einzelne Vermögensgegenstände (z.B. nicht betriebsnotwendiges Vermögen) oder Risiken nicht auf den Neueigentümer übergehen, so sind die sich hierauf beziehenden Bewertungsschritte aus dem Modell herauszulösen.

5.2 Quantifizierung und methodische Berücksichtigung von Einmal- effekten

Unter Einmaleffekten sind die Sachverhalte zu verstehen, die kaufpreisbeeinflussend sind, im Rahmen der Ermittlung der zukünftigen Unternehmenserfolge aber nicht erfaßt werden können bzw. deren Berücksichtigung bei der Erfolgsplanung zu einer erhöhten Komplexität des Bewertungsmodells führen würde. Hierbei handelt es sich um Effekte aus einer eventuell anzupassenden Kapitalausstattung, der Neu-

---

[639] Stark (Hauptversammlung 1999).

bewertung von Teilen der Unternehmenssubstanz, Sonderrisiken und Rationalisierungsmaßnahmen.

Die Substanzbewertung ist somit eine Teilmenge der Bewertung von Einmaleffekten. Ihr kommt eine bedeutende Hilfsfunktion im bauspezifischen Bewertungsmodell zu. Die Notwendigkeit einer Substanzorientierung bei der Bewertung von Bauunternehmen wurde im empirischen Teil dieser Arbeit sowohl von den Unternehmensbewertern als auch von den Bauunternehmern hervorgehoben. [640]

Einmaleffekte sind wie folgt zu ermitteln :

Wie bereits dargestellt, sind deutsche Bauunternehmungen oft unterkapitalisiert.[641] Der Neueigentümer hat nicht nur wegen der Insolvenzgefahr, die hiermit verbunden ist, ein Interesse an einer gesunden Kapitalstruktur des Bewertungsobjekts.[642] Hat doch die Kapitalstruktur wesentlichen Einfluß auf die Ertragslage und ist somit bewertungsrelevant. Mit einer angemessenen Kapitalausstattung ist eine verbesserte Liquiditätsdisposition und Kapitalbeschaffung möglich. Beides schlägt sich positiv auf das Finanzergebnis nieder. Während dieser Aspekt für Unternehmen aller Branchen gleichermaßen gilt, hat die Kapitaldecke für Bauunternehmungen noch einen weiteren erfolgsrelevanten Aspekt. Branchenüblich ist das Herauslegen von Bürgschaften mit jedem Bauauftrag.[643] Eine unzureichende Kapitaldecke bedingt einen eingeschränkten Avalrahmen. Selbst wenn alle sonstigen Kapazitäten zur Verfügung stehen, kann hierdurch die Auftragsannahme verhindert werden. Insbesondere Großaufträge können aus diesem Grund zu Problemen führen. Aus den genannten Gründen wird der Neueigentümer somit eine eventuell vorhandene unzureichende Kapitalausstattung durch eine Kapitalerhöhung verbessern. Diese liquiditätswirksame Maßnahme muß als Einmaleffekt vom Kaufpreis abgesetzt werden.

Das bauspezifische Bewertungsmodell bemißt den zukünftigen Unternehmenserfolg auf Basis der Kosten- und Leistungsrechnung.[644] Da Kosten und Leistungen nur sachzielbezogene Geschäftsvorgänge abbilden, müssen alle sonstigen kaufpreisrelevanten Sachverhalte außerhalb der Ertragsbewertung berücksichtigt werden. Insbesondere zählen hierzu die nicht betriebsnotwendigen Vermögensgegenstände. Der Fokus sollte hierbei auf den Immobilien liegen, die nicht für Bauträgerentwicklungen vorgesehen bzw. hierfür ungeeignet sind und nicht betrieblich genutzt werden. Außerdem ist eine Analyse des Geräteparks erforderlich, da dieser häufig Geräte enthält, die ohne negativen Einfluß auf die Geschäftstätigkeit freigesetzt werden können. Es handelt sich entweder um Sondergerät, das für ein abgeschlossenes Projekt beschafft wurde, oder die Auslastung einzelner Gerätegruppen ist so gering, daß der Bestand ohne Not reduziert werden kann. Diese Vermögens-

---

[640] S. Kapitel 3.3.3.5.1, „Bewertungsmethoden in der Praxis", sowie Kapitel 3.4.6.2, „Erfolgs- versus substanzorientierte Wertauffassung von Bauunternehmen".

[641] S. Kapitel 4.1.4, „Finanzierung".

[642] Das Insolvenzrisiko kann auch durch eine Patronatserklärung des Eigners abgewendet werden. Hierbei handelt es sich somit nicht um eine liquiditätswirksame Maßnahme.

[643] S. Kapitel 4.1.4, „Finanzierung".

[644] S. Kapitel 5.3, „Definition der Erfolgsgröße".

gegenstände sind zu ihrem Verkehrswert dem Kaufpreis zuzuschlagen. Dieses Vorgehen läßt sich dadurch rechtfertigen, das eine Veräußerung zum Verkehrswert durch den Neueigentümer unmittelbar nach dem Unternehmenskauf möglich ist und dieser somit einen Liquiditätsvorteil hat. Wenn diese Liquidierung nicht vorgenommen wird, sind die späteren Wertveränderungen der Sphäre des Neueigentümers zuzurechnen.

Veränderungen bei Forderungen und Verbindlichkeiten schlagen zwar auf Kosten und Leistungen durch, aber gerade wenn sie durch abgeschlossene Projekte entstanden sind, müssen sie auf mögliche Einmaleffekte untersucht werden, da sie im Rahmen der Planung nicht systematisch erfaßt wurden. Einmaleffekte sind in Über- oder Unterbewertungen von Forderungen und Verbindlichkeiten begründet, da die hierdurch bedingten Liquiditätswirkungen auf den Neueigentümer durchschlagen. Überbewertungen von Forderungen sind bei Bauunternehmungen häufig in großem Umfang durch Nachtragsforderungen begründet, die sich als nicht realisierbar herausstellen. Ein weiteres Problem sind Forderungsausfälle, weil die Auftraggeber zahlungsunfähig geworden sind. Zu unterbewerteten Verbindlichkeiten kommt es häufig durch unterschätzte – noch nicht berechnete – Nachträge von Nachunternehmern. Die festgestellten Bewertungsdifferenzen sind direkt dem Kaufpreis zuzuschlagen oder von ihm abzuziehen.

Die Neubewertung sämtlicher sonstiger Aktiva und Passiva ist im bauspezifischen Bewertungsmodell nicht erforderlich, da sie sich im Zukunftserfolg widerspiegeln. Auch die Rückstellungen für drohende Verluste können unberücksichtigt bleiben, da sie durch die projektbezogene Planung in den Geschäftsjahren nach dem Unternehmenskauf erfaßt werden.

Sonderrisiken zeichnen sich dadurch aus, daß sie nicht in direktem Zusammenhang mit der zukünftigen operativen Geschäftstätigkeit stehen und somit ebenfalls nicht durch eine Ertragsbewertung auf Basis der Kosten- und Leistungsrechnung erfaßt werden.

Von besonderer Brisanz sind Risiken im Zusammenhang mit Absprachen, wobei die strafrechtlichen Konsequenzen an dieser Stelle ausgeklammert bleiben sollen. Indes sind sowohl die Strafzahlungen in Höhe der unterstellten Abschöpfungsgewinne als auch der drohende Ausschluß aus öffentlichen Vergabeverfahren[645] bewertungsrelevant, im ersten Fall als Einmaleffekt, im zweiten als Faktor bei der Planung zukünftiger Erfolge. Hinweise auf einen möglichen Kaufpreisabschlag geben entsprechende Strafen, die gegen das Unternehmen bereits früher verhängt wurden. Ein indirekter Hinweis kann sein, daß Mitbewerber mit solchen Strafen belegt wurden, die häufig Arge-Partner des zu bewertenden Unternehmens waren. In diesem Zusammenhang ist eine vom Management praktizierte Unternehmensethik zu beachten. Nicht von ungefähr hat der Hauptverband der deutschen Bauindustrie sich mit der Initiative „EthikManagement" dieser Thematik angenommen.[646] Verbandsmitglieder, die dieser Initiative beigetreten sind, verpflichten sich zu

---

[645] S. Kapitel 4.1.2, „Verhalten der Marktteilnehmer – ein volkswirtschaftlicher Exkurs".
[646] Vgl. Hess (EthikManagement 2000), S. 71 ff.

verstärkten Selbstkontrollen. Solche Selbstkontrollen sollten bei einer Unternehmensbewertung Berücksichtigung finden.

Wesentliche Sonderrisiken sind mit langfristigen Mietgarantien[647] verbunden. Solche vertraglichen Verpflichtungen werden zur Verkaufsförderung von Bauträgermaßnahmen eingesetzt. Häufig gelingt es nur über dieses Instrument, „Problemimmobilien" zu veräußern. Leerstände und Marktmieten, die unter dem garantierten Mietzins liegen können dabei zu erheblichen Verlusten führen. Der Bewerter muß somit die zu erwartenden Mieterträge für die Laufzeit der Garantie prognostizieren. Unterdeckungen gegenüber der Mietgarantie sind zu kapitalisieren und vom Kaufpreis abzuziehen.

Abschließend ist auf die Effekte im Zusammenhang mit Rationalisierungsmaßnahmen hinzuweisen. Wenn der Neueigentümer Rationalisierungsbedarf erkennt, müssen die hierfür erforderlichen Aufwendungen als Einmaleffekt direkt vom Kaufpreis abgezogen werden. Insbesondere sozialplanbedingte Aufwendungen führen unmittelbar zu tatsächlichen Liquiditätsabflüssen, so daß die direkte Berücksichtigung beim Kaufpreis gerechtfertigt ist. Die Rationalisierungsmaßnahmen zielen darauf ab, die operative Geschäftstätigkeit zu verbessern. Die hierdurch zu erwartende günstigere Ertragslage ist nicht Gegenstand der Bewertung von Einmaleffekten, sondern im Rahmen der Planung von zukünftigen Erfolgen zu berücksichtigen.

Dies gilt auch für strategische Aspekte einer Unternehmensbewertung. Ist zum Beispiel die Übernahme eines Konkurrenten beabsichtigt, um über eine Marktbereinigung bessere Preise zu erzielen, so wird sich diese Erwartung in der zukünftigen Ertragslage widerspiegeln. Der hierdurch erhöhte Kaufpreis kann als strategisch motivierter Zuschlag bezeichnet werden. Freilich muß hier auch auf die Marktmechanismen auf dem Baumarkt verwiesen werden. Verbesserte Auftragskonditionen werden – wenn überhaupt – aufgrund der geringen Markteintrittsbarrieren nur kurzfristig erzielbar sein. Entsprechend gering muß ein strategisch motivierter Kaufpreiszuschlag ausfallen.

Die wesentlichen Einmaleffekte bei der Bewertung von bauausführenden Unternehmen wurden dargestellt. Aufgrund ihres direkten Einflusses auf den Unternehmenswert können sie durchaus als Werttreiber bezeichnet werden. Da sie jedoch den Unternehmenswert außerhalb der ordentlichen betrieblichen Geschäftstätigkeit beeinflussen, werden sie im folgenden als „nichtbetriebliche Werttreiber" bezeichnet. Über die dargestellten Effekte hinaus sind noch weitere Einmaleffekte vorstellbar. Im Rahmen der Due Diligence ist das Bewertungsobjekt daraufhin zu untersuchen, ob es weitere Sachverhalte gibt, die unter die o.a. Definition des Einmaleffekts fallen. Entsprechende Kaufpreiskorrekturen wären dann vorzunehmen.

---

[647] Dieselben wirtschaftlichen Konsequenzen haben Generalmietverträge bei gleichzeitiger Untervermietung.

5.3   Definition der Erfolgsgröße

Durch die vorgeschlagene Bewertung der Einmaleffekte wurde das Bewertungsobjekt insofern bereinigt, als die weiteren Bewertungsschritte sich ausschließlich auf die Planung zukünftiger Erfolge aus der betrieblichen Geschäftstätigkeit beschränken können. Nun gilt es eine adäquate Erfolgsgröße für das bauspezifische Bewertungsmodell auszuwählen.

Aufgrund des investitionstheoretischen Hintergrunds der Ertragswertmethode empfehlen sich die zukünftigen Zahlungsüberschüsse als entscheidungstheoretisch richtige Basis für die Ermittlung des Unternehmenswerts. Zur Komplexitätsreduktion legt die betriebswirtschaftliche Literatur nahe, die Zahlungsüberschüsse durch Ertragsüberschüsse zu substituieren.[648] Moxter führt hierzu folgendes aus: „Überschüsse im Sinne einer Aufwands- und Ertragsrechnung sind nur dann geeignet zur fehlerfreien Herleitung von Unternehmenswerten, wenn diese Überschüsse Zahlungsüberschüssen äquivalent sind."[649]

Die Ausführungen zur Bilanzierungspraxis in der Bauwirtschaft verdeutlichen, daß diese von Moxter formulierte Bedingung in der Baubranche nicht erfüllbar ist.[650] Die im Rahmen dieser Arbeit befragten Unternehmensbewerter weisen ebenfalls darauf hin, daß sich aus der Bilanzierungspraxis der Bauunternehmen die schwerwiegendsten methodischen Probleme für die Unternehmensbewertung ergeben.[651] Auffällig ist dabei, daß die befragten Wirtschaftsprüfer eine Orientierung an der Kosten- und Leistungsrechnung zu 75% befürworteten und somit den Empfehlungen des Instituts der Wirtschaftsprüfer widersprechen.[652] Dieses rät nämlich, bei bedeutsamen Abweichungen zum Zahlungsüberschuß eine Bereinigung des Ertragsüberschusses vorzunehmen.[653] Im Bereich der Baubranche wären so viele Bereinigungen erforderlich, daß die dadurch entstehende Erfolgsgröße nicht mehr handhabbar – und vor allem nicht mehr planbar – wäre.[654]

Es gilt nachzuweisen, daß das Ergebnis der Kosten- und Leistungsrechnung (wirtschaftliches Ergebnis) die sowohl praktikablere als auch aus theoretischer Sicht eindeutig richtige Erfolgsgröße für die Bewertung von Bauunternehmungen auf Basis der Ertragswertmethode ist.

An anderer Stelle dieser Arbeit war bereits nachgewiesen worden, daß unter dem Gesichtspunkt der Praktikabilität das wirtschaftliche Ergebnis dem Ergebnis, das aus der Gewinn- und Verlustrechnung abgeleitet wird, überlegen ist.[655] Ob das wirtschaftliche Ergebnis auch den theoretischen Ansprüchen genügt, soll hier anhand der Vergleiche „Kosten und Auszahlungen" sowie „Leistung und Einzahlungen" voneinander getrennt untersucht werden.

---

[648] Vgl. Institut der Wirtschaftsprüfer (WP-Handbuch 1992), S. 42 ff.
[649] Moxter (Grundsätze 1983), S. 79.
[650] S. Kapitel 4.1.3, „Bilanzierung".
[651] S. Kapitel 3.3.3.5.4, „Bewertungsprobleme und notwendige Konsequenzen", Abbildung 12.
[652] Ebenda, Tabelle 13.
[653] Vgl. Institut der Wirtschaftsprüfer (WP-Handbuch 1992), S. 64 ff.
[654] S. Kapitel 4.1.3.5, „Fazit".
[655] S. Kapitel 4.1.3, „Bilanzierung".

Lücke hat bereits 1955 untersucht, ob Investitionsrechnungen auf der Grundlage von Kosten bzw. auf der Basis von Auszahlungen[656] zu gleichen oder zu abweichenden Ergebnissen führen.[657] Auf den ersten Blick scheint es plausibel zu sein, daß es zu abweichenden Ergebnissen kommen muß, da zwar Kosten und Auszahlungen über die Totalperiode identisch sind, in den einzelnen Teilperioden die Werte aber voneinander abweichen und deshalb durch die unterschiedliche Abdiskontierung der Teilwerte abweichende Gesamtergebnisse entstehen müssen. Die Abweichungen in den Teilperioden lassen sich an einem einfachen Beispiel verdeutlichen. Es wird in ein Aggregat investiert, das eine Gesamtlebensdauer von 2 Perioden hat und 100 GE kostet. Die Auszahlungen fallen in vollem Umfang in Periode I an, während die Kosten in Höhe der Abschreibungen sich gleichmäßig auf beide Perioden mit jeweils 50 GE erstrecken.

Lücke beweist jedoch, daß diese erste so plausibel erscheinende Annahme falsch ist. Unter der Voraussetzung, daß das Investitionsobjekt über die Totalperiode betrachtet wird, die Zahlenreihe also nicht vorzeitig abgebrochen wird, führt die Investitionsrechnung auf Basis der Auszahlungen zu demselben Ergebnis wie eine mit Kosten durchgeführte Rechnung.[658] Der Ausgleich der scheinbar zwingend entstehenden Abweichungen erfolgt durch die kalkulatorischen Zinsen. Lücke bezeichnet dies als „Ausgleichsfunktion der kalkulatorischen Zinsen"[659]. Als Voraussetzung müssen die kalkulatorischen Zinsen dem Kalkulationszinsfuß entsprechen und auf Basis des periodenbezogenen Ausgleichsbetrags zwischen Kosten und Auszahlungen ermittelt werden[660].

Lückes Aussagen zur Investitionsrechnung lassen sich auf eine Ertragswertmethode übertragen, die als Erfolgsgröße wirtschaftliche Ergebnisse verwendet. Zwar orientiert sich seine Argumentation an Kosten und Auszahlungen, aber die Ausgleichsfunktion der kalkulatorischen Zinsen gilt gleichermaßen für Leistung und Einzahlungen. Demnach erfolgt der Ausgleich zwischen wirtschaftlichen Ergebnissen und Zahlungsüberschüssen durch die Herleitung der kalkulatorischen Zinsen über den Kapitalisierungszinssatz.

In der Praxis werden die kalkulatorischen Zinsen nicht in der gleichen Weise ermittelt, wie Lücke es fordert. Dennoch wird das Ganze sehr viel genauer, wenn für die Unternehmensbewertung Kosten statt Aufwendungen verwendet werden. Griffe man zu den Aufwendungen, wären umfangreiche Bereinigungen erforderlich, um einen vergleichbaren Effekt zu erzielen.[661]

Um sicherzustellen, daß die Ausgleichsfunktion der kalkulatorischen Zinsen im bauspezifischen Bewertungsmodell wirkt, dürfen Risiken nicht pauschal im Kalkulationszinsfuß berücksichtigt werden, da ein solcher Risikozuschlag der beab-

---

[656] Lücke bezeichnet sie als Ausgaben. Vgl. Lücke (Investitionsrechnungen1955), S. 312.
[657] Ebenda, S.313 ff.
[658] Ebenda, S. 315.
[659] Ebenda.
[660] Ebenda, S. 323.
[661] Vgl. Institut der Wirtschaftsprüfer (WP-Handbuch 1992), S. 65.

sichtigten Angleichung von Zahlungsüberschüssen und wirtschaftlichen Ergebnissen entgegenwirken würde. [662]

Daß auch ohne die dargestellten Effekte die Bauleistung im Gegensatz zum Umsatz eine den Einzahlungen angenäherte Größe ist, ergibt sich aus den Zahlungsmodalitäten in der Baubranche. Die Vergütung durch den Auftraggeber orientiert sich grundsätzlich sowohl in der Höhe als auch in der Zeit an der Erbringung der Bauleistung. Gefördert wird diese Vorgehensweise durch entsprechende Regelungen in der VOB[663]. Als zusätzliches Regulativ wirken oft die projektfinanzierenden Banken, wenn sie die Auszahlung von projektbezogenen Darlehen vom Nachweis entsprechender Bauleistungen abhängig machen oder sich sogar vorbehalten, diese Prüfung selbst vorzunehmen. Zeitliche Abweichungen sind für die Ertragswertmethode weitgehend irrelevant, da die Referenzperiode jeweils ein Geschäftsjahr ist. Differenzen innerhalb eines Geschäftsjahrs sind somit für die Rechnung ergebnisneutral. Außerdem können diese Abweichungen wegen der üblicherweise vereinbarten Abschlagszahlungen mit kurzen Zahlungszielen vernachlässigt werden.[664] Der Höhe nach ergeben sich Abweichungen durch die ebenfalls üblichen Sicherheitseinbehalte. Auch diese Größe kann vernachlässigt werden, da es sich hierbei um ein relativ konstantes Volumen handelt, das somit nur einmalig zu berücksichtigen wäre. Außerdem wird dieser Effekt zum Jahresende zum Teil durch Vorauszahlungen überkompensiert.[665]

Nennenswerte geschäftsjahresübergreifende Abweichungen zwischen Einzahlungen und Leistung können sich durch Zahlungsvereinbarungen ergeben, die von der VOB abweichen. Im Falle von Vorauszahlungen durch den Auftraggeber oder von Bauzeitenfinanzierungen durch das Bauunternehmen werden jedoch für die Zahlungssalden – bezogen auf die Referenzgröße Bauleistung – Verzinsungen vereinbart. Diese Verzinsung gleicht die abweichenden Zahlenreihen wieder an. Es entsteht somit der gleiche Effekt, wie er von Lücke für die Zahlenreihen bestehend aus Kosten und Auszahlungen dargestellt wurde. Abweichungen beruhen lediglich auf Unterschieden zwischen Kapitalisierungs- und Finanzierungszinssatz.

Zusammenfassend kann festgehalten werden, daß das wirtschaftliche Ergebnis aus folgenden Gründen für das bauspezifische Bewertungsmodell die richtige Erfolgsgröße ist:

- Im Gegensatz zur Gewinn- und Verlustrechnung bildet die Kosten- und Leistungsrechnung die betrieblichen Aktivitäten eines Bauunternehmens vollständig ab.

- Das wirtschaftliche Ergebnis kommt ohne aufwendige Bereinigungen dem theoretischen Ideal wesentlich näher als ein bilanzielles Ergebnis (Ertragsüberschuß).

---

[662] Das bauspezifische Bewertungsmodell sieht keine pauschale Risikoberücksichtigung vor.
    S. Kapitel 5.5, „Kapitalisierung zukünftiger Erfolge".
[663] Vgl. VOB, § 16, Nr. 1.
[664] Vgl. VOB, § 16, Nr. 1, Abs. 1.
[665] S. Kapitel 4.1.4, „Finanzierung".

- Folgende Aussage von Lücke zur Investitionsrechnung gilt auch für die Unternehmensbewertung auf Basis des bauspezifischen Bewertungsmodells: „Zweifellos wird die Rechnung mit Kosten zweckmäßiger sein, da einmal das Kostendenken weiter verbreitet ist als das Ausgabendenken und zweitens die Kostenrechnung in den Betrieben stärker gepflegt wird als die Ausgabenrechnung"[666].

Auch bei Branchenanalysen spielen diese Aspekte eine Rolle, da die Bauleistung als Referenzgröße dem Umsatz vorgezogen wird.[667] Nicht von ungefähr halten Neubauer/Teichner fest: „Diese spiegelt deutlich besser den wahren Umfang aller Bauaktivitäten wider, da in sie anteilig die Leistung von Arbeitsgemeinschaften und assoziierten Unternehmen sowie die nicht abgerechneten Bauarbeiten mit einbezogen werden."[668]

5.4   Planung zukünftiger Erfolge (Zwei-Phasen-Modell)

5.4.1   Methodische Grundlagen

Der Erfolg einer Unternehmensbewertung hängt wesentlich von der Ergebnisplanung ab. Daß dabei sämtliche zukünftige Perioden des Bewertungsobjekts zu berücksichtigen sind, stellt eine besondere Problematik dieses Bestandteils des Bewertungsmodells dar. Durch die Kapitalisierung der Planergebnisse haben die frühen Perioden den größten Einfluß auf den Unternehmenswert. Es gilt daher den Planungsschwerpunkt auf diese Perioden zu legen. Das Institut der Wirtschaftsprüfer empfiehlt ein Drei-Phasen-Modell.[669] Im Triadenablauf soll für die erste Phase, die bis zu drei Jahre umfassen soll, eine genauere Ertragsvorschaurechnung vorgenommen werden. Grundlage der zweiten Phase, die bis zu fünf Jahre umfaßt, ist eine allgemeine Trenderwartung. Für die letzte Phase wird aufgrund der „völlig unübersehbaren fernen Zukunft" eine lineare Weiterentwicklung des Erfolgs empfohlen.

Für die Baubranche bietet sich ein Zwei-Phasen Modell an. Wegen der langfristigen Fertigung sollte die erste Phase etwa fünf Jahre betragen. Der Auftragsbestand zum Bewertungszeitpunkt sowie konkrete Zielprojekte, deren Auftragswahrscheinlichkeit relativ genau angegeben werden kann, stellen dabei ein solide Planungsbasis dar. Die bereits bestehenden Gewährleistungsverpflichtungen, die ebenfalls bewertungsrelevant sind, werden zum Teil in die zweite Phase hereinreichen. In den ersten fünf Jahren wird der Einfluß des neuen Eigentümers vergleichsweise gering sein. Zu beachten ist, daß diese Phase mit dem Zeitpunkt des möglichen Übergangs des Bewertungsobjekts auf den Neueigentümer beginnt. Dieser Zeitpunkt kann durchaus nennenswert vom Bewertungszeitpunkt abweichen. Eine Differenzierung zwischen den Planjahren sechs bis zehn sowie elf und folgende erscheint nicht sinnvoll, da die Planungsgrundlagen für beide Perioden gleichermaßen unübersehbar sind. Das bauspezifische Bewertungsmodell geht deshalb nur von einer zweiten Phase aus, in der pauschale Planungsansätze zur Anwendung kommen. In dieser Phase ist der Einfluß des Neueigentümers immer deutlicher spürbar.

---

[666] Lücke (Investitionsrechnungen 1955), S. 315.
[667] Vgl. Neubauer/Teichner (Baustudie), S. 91.
[668] Ebenda.
[669] Vgl. Institut der Wirtschaftsprüfer (WP-Handbuch 1992), S. 50.

Im Rahmen der Bewertung gilt es zu entscheiden, ob auf eine bestehende Planung aufgesetzt wird oder ob der Bewerter eine eigene Planung durchführt. Die befragten Unternehmensbewerter haben auf mangelhafte Unternehmensplanungen als ein schwerwiegendes Problem hingewiesen.[670] In einer Ergänzung zum Fragebogen wurde auch darauf verwiesen, daß Planungssysteme nur in den seltensten Fällen vorhanden seien.[671] Im folgenden wird ein durch den Bewerter durchzuführendes Planungsverfahren entwickelt.

Dieses Modell sieht für die Phase I eine getrennte Planung der projektbezogenen und der nicht projektbezogenen Ergebnisbestandteile vor.

Nicht projektbezogene Ergebnisbestandteile stammen im wesentlichen aus Verwaltungskostenstellen sowie Hilfsbetrieben. Hilfsbetriebe fallen jedoch in der Baubranche durch die gesunkene Bedeutung der Geräteparks und der dafür erforderlichen Reparaturbetriebe weniger stark ins Gewicht.[672]

Die KLR Bau sieht vor, die Ergebnisse der Verwaltungskostenstellen im Umlage-verfahren als sogenannte Geschäftskostenzuschläge auf die Baustellen zu ver-teilen.[673] Die wirtschaftlichen Ergebnisse können somit in folgende Bestandteile aufgelöst werden: in Deckungsbeiträge der Baustellen (projektbezogen) und primäre Kosten[674] der Verwaltungskostenstellen (nicht projektbezogen).

Diese Bestandteile werden getrennt voneinander geplant und anschließend zu-sammengeführt. Der Deckungsbeitrag ist dabei als Baustellenergebnis vor Umlage von Verwaltungsgemeinkosten definiert.[675] Diese Erfolgsgröße wird in beinahe jeder deutschen Bauunternehmung ermittelt.[676] Dennoch ist die Deckungsbeitrags-rechnung in der Baubranche kaum verbreitet.

Im Rahmen der Planung bietet die Auflösung der wirtschaftlichen Ergebnisse aber entscheidende Vorteile. Auf die Planung von Umlagen kann vollständig verzichtet werden, so daß der Planungsprozeß eine geringere Komplexität aufweist. Außerdem bieten sich für beide Komponenten jeweils unterschiedliche Planungsmethoden an.

Das Institut der Wirtschaftsprüfer beschreibt im Zusammenhang mit der Unterneh-mensbewertung folgende wissenschaftliche Planungsmethoden:[677]

---

[670] S. Kapitel 3.3.3.5.4, „Bewertungsprobleme und notwendige Konsequenzen".
[671] Anmerkung zu Frage 12 in Beckmann/Rohr (Unternehmensbewertung 2000), Anhang II.
[672] S. Kapitel 5.4.2.2.1, „Grundlagen der nicht projektbezogenen Planung".
[673] S. Kapitel 4.1.3.2.2, „Kosten- und Leistungsrechnung als Grundlage für die Baubilanzierung".
[674] Das Unterscheidungskriterium zwischen primären und sekundären Kosten ist die Herkunft der Einsatzgüter. Vgl. Huch/Behme/Ohlendorf (Controlling 1997), S. 5. Während bei primären Kosten die Quelle der Einsatzgüter außerhalb des Unternehmens liegt, sind sekundäre Kosten Gegenstand interner Leistungsverrechnungen und Kostenumlagen.
[675] In der Baubranche wird diese Erfolgsgröße als Baustellenergebnis vor Geschäftskosten bzw. als Arbeitsgemeinschaftsergebnis vor heimischen Kosten bezeichnet.
[676] S. Kapitel 4.1.3.2.2, „Kosten- und Leistungsrechnung als Grundlage für die Baubilanzierung".
[677] Institut der Wirtschaftsprüfer (WP-Handbuch 1992), S. 53 ff.

- mathematisch-statistische Verfahren

  - Zeitreihenanalyse

  - Regressionsanalyse

  - Diskriminanz- und Clusteranalyse

- intuitive Prognoseverfahren

- Expertensysteme.

Unter den mathematisch-statistischen Verfahren bietet sich in diesem Zusammenhang lediglich die Regressionsanalyse an. Sie bildet den Zusammenhang zwischen zwei Variablen in einer Funktion ab. Unter Annahme einer bestimmten Ausprägung einer Variablen läßt sich über diese Funktion die Ausprägung der korrespondierenden Variablen planen. Die lineare Regressionsanalyse ist einfach handhabbar, da sie nur mit linearen Funktionen arbeitet. Eine deutlich höhere Planungssicherheit bietet die nichtlineare oder multiple (nichtlineare) Regressionsanalyse. Bei der Zeitreihenanalyse, die grundsätzlich aufgebaut ist wie die Regressionsanalyse, ist eine Variable die Zeit, die als Analysevariable denkbar ungeeignet ist.[678] Die Diskriminanz- und Clusteranalyse basieren auf Unternehmensvergleichen und scheiden somit für diese Planungsaufgabe aus.[679]

Die intuitiven Prognoseverfahren beschränken sich nicht auf rein quantitativ erfaßbare Daten, sondern basieren auf einem breiterem Informationsspektrum und der Kreativität der Beteiligten. Hierzu zählen u.a. die Delphi-Methode, das Scenario-Writing und die morphologische Analyse.[680]

Seit einiger Zeit werden auch Expertensysteme für den Einsatz bei der Planung im Zusammenhang mit der Bewertung ganzer Unternehmungen diskutiert.[681] Hierbei handelt es sich um Systeme bei denen das Wissen von Experten nach Regeln abgespeichert wird, so daß eine spätere Verknüpfung mit dem Ziel, neues Wissen zu generieren, möglich wird.[682]

Neben den dargestellten wissenschaftlichen Planungsmethoden weist das Institut der Wirtschaftsprüfer in seinen Empfehlungen zur Unternehmensbewertung mit Recht darauf hin, daß auch Prognosen, die aus praxisorientierter Vergangenheitserfahrung abgeleitet werden, ihre Berechtigung haben.[683]

Die Planung der nicht projektbezogenen Ergebnisbestandteile im Rahmen des bauspezifischen Bewertungsmodells erfolgt anhand der Regressionsanalyse. Es existiert ein hinreichender Zusammenhang zwischen Leistung und den Ergebnissen der Verwaltungskostenstellen und Hilfsbetriebe, da diese Dienstleistungsfunktionen für die Bautätigkeit verrichten und sich somit ständig an das Bauvolumen anpassen müssen. Die Planung der Projektergebnisse kann nicht einer der o.a. Verfahren

---

[678] Vgl. Bretzke (Prognoseproblem 1975), S. 156.
[679] Institut der Wirtschaftsprüfer (WP-Handbuch 1992), S. 55.
[680] Ebenda.
[681] Vgl. u.a. Sieben/Diedrich/Kirchner/Krauthauser (Expertensystem 1990).
[682] Institut der Wirtschaftsprüfer (WP-Handbuch 1992), S. 56.
[683] Ebenda, S. 57.

zugeordnet werden. Vielmehr wird ein Verfahren dargestellt, das den intuitiven Planungsmethoden verwandt ist, aber auch praxisorientierte Vergangenheitserfahrung erfordert. Die projektbezogenen Ergebnisbestandteile werden in zwei Stufen geplant. Zunächst werden die zukünftig zu erwartenden Ergebnispotentiale aus dem aktuellen Auftragsbestand untersucht. Um Umfang und Ergebnis der zukünftig zu akquirierenden Projekte planen zu können, werden die betrieblichen Werttreiber analysiert. Diese Erkenntnisse werden in dem sogenannten „Projektplanungsschema" zusammengefaßt. In diesem Schema entsteht die Gesamtplanung der projektbezogenen Ergebnisbestandteile.

Neben den wirtschaftlichen Planergebnissen muß die projektbezogene Planung auch die Planleistung der Phase I ermitteln, da diese als Grundlage für die Planung der nicht projektbezogenen Ergebnisbestandteile benötigt wird.

Die Planung der zukünftigen Erfolge im bauspezifischen Bewertungsmodell weicht deutlich von den Empfehlungen des IDW ab.[684] Es wurde durch die bisherigen Ausführungen deutlich, daß eine Orientierung an den Einzelpositionen der Gewinn- und Verlustrechnung für Bauunternehmungen nicht sinnvoll ist.

5.4.2   Phase I : Mittelfristplanung

5.4.2.1   Projektbezogene Planung

5.4.2.1.1   Analyse des Auftragsbestands

Die Analyse des Auftragsbestands dient nicht der Bewertung von Istergebnissen oder der Dotierung von Rückstellungen für drohende Verluste[685], sondern ausschließlich der Planung von Bauleistung und Deckungsbeiträgen in der Phase I. Die Auftragslage des Kaufobjekts zum Bewertungszeitpunkt liefert hierfür die sicherste Grundlage, da vertragliche Ansprüche und Verpflichtungen bestehen, die je nach Größe des Auftrags mehr oder weniger weit in diese Planungsperiode hineinreichen. Die Planungssicherheit ist somit wesentlich größer als bei den noch zu akquirierenden Aufträgen. Andererseits hat der Neueigentümer auf die Ergebnisbeiträge aus dem Auftragsbestand nahezu keinen Einfluß, so daß für diesen Planungsschritt eine systematische Analyse angezeigt ist. Die geschilderten Probleme im Zusammenhang mit dem Kauf der Wayss & Freytag AG durch die Hollandsche Beton Groep zeigen die Notwendigkeit einer solchen Analyse.

Die Herleitung der anteiligen Planleistung aus den Auftragsbeständen ist vergleichsweise einfach. Sie ergibt sich aus dem voraussichtlichen Gesamtauftragswert zum Projektende abzüglich der zu Beginn der Phase I bereits erbrachten Bauleistung. Der Gesamtauftragswert setzt sich zusammen aus dem Hauptauftrag und den Nachträgen. Da die genaue Höhe der Nachträge oftmals erst nach Fertigstellung feststeht[686], kann somit zum Bewertungszeitpunkt bezogen auf den Auftragsbestand nur von voraussichtlichen Gesamtauftragswerten gesprochen werden. Das mögliche Nachtragsvolumen läßt sich von der Qualität der technischen Planungen,

---

[684] Vgl. Institut der Wirtschaftsprüfer (WP-Handbuch 1992), S. 58 f.
[685] Beides ist für das bauspezifische Bewertungsmodell irrelevant.
[686] Während der Bauphase werden Nachträge häufig zunächst nur dem Grunde nach beauftragt. Die Bewertung der Höhe nach erfolgt dann nach Fertigstellung.

angekündigten oder zu erwartenden Änderungswünschen des Auftraggebers sowie von Sonderwünschen des späteren Nutzers ableiten.

Abschließend ist die Aufteilung der Planleistung auf die Planjahre anhand der Baustellenterminpläne vorzunehmen. Diese Arbeiten können nur durch ein Mitglied des Due Diligence Teams erfolgen, das selbst Erfahrung in der Abwicklung von Bauprojekten hat. Bereits an dieser Stelle wird deutlich, daß die Analyse des Auftragsbestands durch ein Team erfolgen muß, das über entsprechende technische Kompetenzen verfügt.

Insbesondere für die Deckungsbeitragsplanung ist diese Kompetenz erforderlich, da sie einer Neukalkulation des Projekts, zumindest aber einer Plausibilitätsprüfung der bestehenden Arbeitskalkulation entspricht. Wesentliche Grundlage ist somit das Projektcontrolling. Ein solches ist aus den genannten Gründen zumindest für Großprojekte oder Projekte mit hohem Risikopotential gerechtfertigt und auch im Rahmen der Due Diligence leistbar. Die Deckungsbeiträge, die durch die Planung zu erfassen sind, ergeben sich aus der Differenz zwischen Prognosedeckungsbeitrag dieser Aufträge zum Bauende und deren Istdeckungsbeitrag zu Beginn der Planungsphase I. Die Prüfung der Istdeckungsbeiträge ist nicht erforderlich, da Fehler über diese Differenzrechnung bei der Kaufpreisbildung automatisch eliminiert werden. An dieser Stelle wird auch deutlich, daß die Bilanzposition „Rückstellungen für drohende Verluste" trotz ihrer hohen Bedeutung für bauausführende Unternehmen im bauspezifischen Bewertungsmodell irrelevant ist. Zu erwartende Verluste werden über den beschriebenen Mechanismus berücksichtigt.

Eine detaillierte Darstellung eines Projektcontrollingsystems sprengt den Rahmen dieser Arbeit. Die Literatur zu diesem Thema ist vielfältig.[687] Im folgenden werden lediglich die notwendigen Schritte kurz skizziert:

(1) Vergleich der Kalkulationen

Ein Vergleich von Angebotskalkulation, Vertragskalkulation und den Auftragskalkulationen gibt bereits wesentliche Aufschlüsse über die Ergebnisqualität des Bauauftrags. Ein solcher Vergleich läßt erkennen, dank welcher Nachlässe gegenüber dem ursprünglichen Angebot der Auftrag akquiriert wurde. Nachlässe sind daraufhin zu untersuchen, ob sie auf technische Optimierungen zurückzuführen sind oder zu Lasten der kalkulatorischen Gewinne gewährt wurden.

Über diese Analyseschritte lassen sich ergebnisrelevante Sachverhalte rekonstruieren.

(2) Analyse der Vergabeergebnisse

Die Kostenansätze in der Arbeitskalkulation für die einzelnen Gewerke bilden die Kostenbudgets. Bei Gewerken, die nicht in Eigenleistung, sondern durch Nachunternehmer ausgeführt werden, sind diese Budgets als „Grenzpreis der Vergabe" zu interpretieren. Wird ein Gewerk zu einem Auftragswert vergeben,

---

[687] S. Huch/Behme/Ohlendorf (Controlling 1997); Lachnit (Controllingkonzeption 1994).

der unterhalb dieses Limits liegt, so kann für diese anteilige Leistung ein Ergebnis realisiert werden, das höher ist als der kalkulatorische Gewinn. Dies setzt natürlich voraus, daß die Leistungsinhalte bei der Budgetbildung und der Vergabe identisch sind. Die Vergabeergebnisse sind insbesondere bei Aufträgen mit hohem Nachunternehmeranteil eine gute Grundlage für die Prognose des Ergebnisses zum Bauende.

(3) Gewerkebezogene Kostenplanung

Auf Basis der Vergabeergebnisse und der bisher angefallenen Istkosten der in Eigenleistung zu erbringenden Gewerke lassen sich die zu erwartenden Gesamt-kosten prognostizieren. Wichtig ist in diesem Zusammenhang, daß auch mögliche Nachtragsforderungen der Nachunternehmer erkannt und bewertet werden.

(4) Vertragsprüfung

Der Vertrag mit dem Auftraggeber sowie die Nachunternehmerverträge geben ebenfalls Aufschluß über die zukünftigen Ergebnisse aus Auftragsbeständen. Hier ist der Schwerpunkt darauf zu legen, daß Rechte und Pflichten gegenüber dem Auftraggeber an Nachunternehmer durchgereicht werden. Außerdem sind vertragliche Risiken wie z.B. Fertigstellungs-, Zwischentermine und Vertrags-strafen zu bewerten. Hierzu sollte zumindest bei großen Baustellen sowie bei Projekten mit kritischen vertraglichen Terminzusagen der aktuelle Terminplan auf Plausibilität überprüft werden. Für eine Beurteilung ist auch der aktuelle Stand der technischen Planungen heranzuziehen.

Wichtig ist die Prüfung der Zahlungsvereinbarungen und insbesondere die Absicherung der Zahlungsansprüche. Zahlungsausfälle wirken leistungs-mindernd und verschlechtern in vollem Umfang das Projektergebnis. Dieser Aspekt wird nicht durch eine Neubewertung der Forderungen[688] abgedeckt, da der überwiegende Teil der Zahlungsansprüche aus nicht vollständig ab-gearbeiteten Auftragsbeständen noch nicht berechnet ist.

Anhand dieser Analyseschritte können die Deckungsbeiträge auf die Planjahre aufgeteilt werden. Wird zum Beispiel ein Vergabegewinn beim Gewerk Haustechnik realisiert, so muß der entsprechende Ergebniseinfluß der Periode zugeordnet werden, in der die Haustechnik installiert wird. So wird sichergestellt, daß der Ergebnisausweis zeitlich mit dem Zahlungsüberschuß zusammenfällt, der sich aus der Differenz zwischen Einzahlungen für die anteilige Bauleistung „Haustechnik" und Auszahlungen an den Nachunternehmer „Haustechnik" ergibt. Da eine Kapitali-sierungsperiode des bauspezifischen Bewertungsmodells ein Geschäftsjahr ist, reicht eine grobe Periodenzuordnung aus.

---

[688] S. Kapitel 5.2, „Quantifizierung und methodische Berücksichtigung von Einmaleffekten".

5.4.2.1.2   Analyse der Werttreiber

Ein Großteil der Planleistung und Plandeckungsbeiträge der ersten fünf Jahre nach dem vorgesehenen Eigentumsübergang wird aus Projekten stammen, die zu diesem Zeitpunkt noch nicht in Auftrag gegeben sind. Diese Projekte werden im folgenden als Akquisitionsprojekte bezeichnet. Die Planung dieser Leistungs- und Deckungs-beitragsanteile erfolgt über die Analyse der Werttreiber des Bewertungsobjekts. Sie geben Auskunft über die Fähigkeit des zu bewertenden Unternehmens, Aufträge zu akquirieren und aus diesen Aufträgen Ergebnisse zu erzielen. Die im Zusam-menhang mit den bewertungsrelevanten Besonderheiten der Baubranche be-schriebenen Werttreiber[689] werden im folgenden einer näheren Betrachtung unter-zogen, da sie die wesentlichen Quellen für zukünftige Erfolge und zudem branchen-spezifisch[690] sind. Die an dieser Stelle vorgestellte Planung ist als ein neuartiges und grundlegendes Konzept dieser Art zu verstehen. Gegenstand weiterer betriebs-wirtschaftlicher Forschung sollte die Überprüfung dieser Planungsansätze sein.

Für die Leistungsplanung ist eine weitere Differenzierung der Akquisitionsprojekte in Zielprojekte und „unsichere" Projekte sinnvoll. Projekte, die sich zum Bewertungs-zeitpunkt in der Angebotsbearbeitung befinden, werden dabei im weiteren als Zielprojekte bezeichnet. Da hierzu konkrete Informationen über Kunden, Projektart und technische Anforderungen verfügbar sind, ist die Erfolgsquote die geeignete Planungsgrundlage. Sie beschreibt das Verhältnis aus Auftragseingang zur Summe der Angebote. Über die Erfolgsquoten des Bewertungsobjekts zurückliegender Jahre läßt sich die Planleistung aus den Zielprojekten ermitteln. Es empfiehlt sich dabei, die Erfolgsquoten nach Kunden und Projektarten (Produkt-Markt-Segmenten) zu differenzieren, da der Erfolg der Angebotsbearbeitung zwischen diesen Kategorien üblicherweise deutlich voneinander abweicht. Wie grundsätzlich bei Vergangenheits-analysen sind Sondereffekte zu bereinigen. Beispielsweise kann die Beauftragung außergewöhnlich großer Projekte die Erfolgsquote unrepräsentativ erhöhen. Durch das Produkt aus Erfolgsquote und Auftragsvolumen der Zielprojekte erhält man einen Planauftragseingang. Die hieraus abzuleitende Planleistung ist auf die Planjahre aufzuteilen.

Die letzte zu planende Leistungskomponente ist aus den „unsicheren" Projekten, also dem allgemeinen Marktvolumen, das sich noch nicht in der Angebotsbearbei-tung befindet, abzuleiten. Das Marktvolumen ist ein exogener Werttreiber. Es nimmt erheblichen Einfluß auf den Unternehmenswert, ist aber durch die Unternehmens-leitung nicht beeinflußbar. Ausgangspunkt für diesen Planungsschritt ist eine Markt-analyse. Hierbei sollen die Volumina der Teilmärkte, auf denen das Bewertungs-objekt tätig ist, prognostiziert werden. Im nächsten Schritt sind die durchschnittlichen Marktanteile dieser Produkt-Markt-Segmente auf Basis einer Reihe vergangener Jahre zu ermitteln.

---

[689] S. Kapitel 4.1, „Bewertungsrelevante Besonderheiten der Baubranche".
[690] Zur Notwendigkeit der Berücksichtigung von Branchenspezifika bei der Erfolgsfaktorenanalyse vgl. Brötzel/Schwilling (Erfolgsfaktor 1998), S. 18.

Die Analysen der Wettbewerbsfähigkeit, der Angebotspreisbildung, des Stammkundenanteils und des Beziehungsmanagements[691] geben dem Bewerter Aufschluß darüber, ob die durchschnittlichen Marktanteile der Vergangenheit auch für die Zukunft fortgeschrieben werden können. Wenn die Analyse beispielsweise deutliche Defizite offenlegt, kann davon ausgegangen werden, daß der Neueigentümer durch geeignete Maßnahmen die Anteile an den Absatzmärkten kontinuierlich steigern wird. Die Planmarktanteile werden demnach über den Durchschnittswerten der Vergangenheit liegen.

Hinweise über die Fähigkeit, wettbewerbsfähige Angebotspreise vorlegen zu können, geben insbesondere folgende Fragestellungen:

- Ist das technische Know how ausreichend, um Sondervorschläge zu erarbeiten, die den Kundennutzen steigern?

- Ist das Unternehmen so flexibel organisiert, daß Kapazitäten kurzfristig angepaßt werden können?

- Wie leistungsfähig ist die Kalkulation?[692]

  - Ist das Mengen- und Wertegerüst durch betriebsinterne Nachkalkulationen vorangegangener Projekte abgesichert?

  - Wie sind die Zuschlagssätze im Rahmen der Vollkostenrechnung zu würdigen?

Mit den so ermittelten Planmarktanteilen kann aus den erwarteten jährlichen Marktvolumina die Planleistung aus „unsicheren" Projekten hergeleitet werden. Die Marktvolumina sind dabei um die Leistung aus Auftragsbeständen und Zielprojekten zu bereinigen, so daß vermieden wird, daß Leistungsbestandteile mehrfach erfaßt werden.

Abschließend ist bei der Leistungsplanung die Limitierung zu beachten, die sich aus der mit jedem Auftrag üblicherweise verbundenen Besicherung[693] ergibt. Insbesondere Bauunternehmungen mit geringer Eigenkapitaldecke werden, bedingt durch ausgeschöpfte Avalrahmen, im Wachstum begrenzt, da mit jeden Auftrag Vertragserfüllungs- und Gewährleistungsbürgschaften verbunden sind. Wegen der geringen Krisenresistenz der Baubranche werden Auftraggeber nur selten darauf verzichten. Die Planleistung ist somit nach oben nicht offen. Sollte der Kaufinteressent eine bessere Kapitalausstattung mit entsprechend erweitertem Avalrahmen planen, so kann dieses Limit nach oben korrigiert werden. Dafür ist ein entsprechender Einmaleffekt zu berücksichtigen.[694]

Aus den Auftragsbeständen, den Zielprojekten und den „unsicheren" Projekten werden Leistungsansätze mit unterschiedlicher Planungssicherheit abgeleitet. Diese Dreistufigkeit bietet die Möglichkeit, bei Alternativszenarien (Sensitivitätsanalysen) mit differenzierten und somit angemessenen Wahrscheinlichkeiten zu arbeiten.

---

[691] S. Kapitel 4.1.1, „Akquisition und Auftragsvergabe".
[692] Wischhof/Windau (Erfolgsfaktorenanalyse 1995), S. 328.
[693] S. Kapitel 4.1.4, „Finanzierung".
[694] S. Kapitel 5.2, „Quantifizierung und methodische Berücksichtigung von Einmaleffekten".

Für die Ergebnisplanung wird nicht zwischen Zielprojekten und „unsicheren" Projekten unterschieden, da die folgenden Planungsschritte für das gesamte Akquisitionsvolumen gleichermaßen geeignet sind. Ausgangspunkt ist eine Normalrendite. Diese Rendite beschreibt den Quotienten aus Deckungsbeitrag und Bauleistung. Auch die Normalrendite wird über eine Vergangenheitsanalyse ermittelt. Es empfiehlt sich, die Normalrenditen je Produkt-Markt-Segment zu ermitteln, da die Ergebnisbeiträge der einzelnen Segmente sehr unterschiedlich sein werden. Zum Beispiel weichen die üblichen Renditen bei Projektentwicklungen deutlich von denen der Rohbauprojekte ab.

Im nächsten Schritt wird der Einfluß folgender Werttreiber auf die Normalrendite des Bewertungsobjekts analysiert:

(1)   Marktphase

(2)   Personal

(2.1) Management

(2.2) Projektleitungspersonal

(2.3) Projektteam

(3)   Risiken

Die Untersuchungsergebnisse ermöglichen dem Bewerter über Zu- oder Abschläge die Normalrendite in die Planrendite zu überführen. Dabei ist zu berücksichtigen, daß die Normalrendite mit der Ausprägung der Werttreiber zum Bewertungszeitpunkt korrespondiert. Zu- oder Abschläge müssen auf zu erwartende Änderungen in den fünf Jahren der Planungsphase I beruhen.

(1)   Marktphase

Auch für die Ergebnisplanung ist der Absatzmarkt der Ausgangspunkt der Betrachtungen. Die Marktvolumina wurden bereits für einen früheren Planungsschritt ermittelt. Das Verhalten der Marktteilnehmer führt bei veränderten Marktvolumina dazu, daß nicht nur absolute Ergebnisschwankungen über Leistungsschwankungen, sondern auch relative Einflüsse auf die Unternehmensergebnisse über die Renditen der Projekte zu verzeichnen sind. Bei rückläufigen Marktvolumina wird das Marktgleichgewicht gestört, und ein Preiskampf mit häufig unterpreisigen Angeboten setzt ein. Bei steigenden Marktvolumina können in der Anpassungsphase verbesserte Renditen erzielt werden. Die Anpassungsphase ist in der Regel kurz, da solche Marktbedingungen kurzfristig zur Bereitstellung zusätzlicher Kapazitäten führen. Für die Renditeplanung ist es somit erforderlich, festzustellen, in welcher Phase sich die Absatzmärkte des Bewertungsobjekts befinden. Ausgehend von diesen Marktphasen ist unter Berücksichtigung der üblichen Mechanismen auf den Absatzmärkten der Bauwirtschaft[695] eine Marktentwicklung zu prognostizieren. Hierüber können Renditezu- oder –abschläge hergeleitet werden.

---

[695] S. Kapitel 4.1.1.4, „Bewertungsrelevante Konsequenzen", u. 4.1.2, „Verhalten der Marktteilnehmer
     – ein volkswirtschaftlicher Exkurs".

(2)   Personal

Wie groß die Rolle des Personals als Werttreiber ist, war u.a. in der durchgeführten Befragung der Bauunternehmer bestätigt worden.[696] Indirekt war dies auch von den befragten Unternehmensbewertern bestätigt worden, die das Risiko aus der Personenbezogenheit der Bautätigkeit noch höher eingeschätzt hatten als technische Risiken.[697] Auch in der betriebswirtschaftlichen Diskussion ist immer wieder die Rede davon, daß das Personal ein wesentlicher Werttreiber ist, der im betriebswirtschaftlichen Instrumentarium aber noch keine Entsprechung gefunden hat.[698]

Wer im Rahmen von Unternehmensbewertungen die Notwendigkeit anerkennt, das Human Capital zu beurteilen, wird auch anerkennen müssen, daß dies in irgendeiner Weise zu quantifizieren ist.

Die folgenden Ausführungen geben hierzu eine Hilfestellung.

(2.1) Management

Der Markt, das Personal und die Risiken haben für den Erfolg von Bauunternehmungen eine herausragende Bedeutung. Dabei sind beim Management unterschiedliche Qualitäten gefragt. Während in kleineren und mittelständischen Unternehmungen akquisitorische Fähigkeiten von größter Bedeutung sind, werden in den Bauaktiengesellschaften die klassische Führungsqualitäten und ein funktionierendes Risikomanagementsystem von größerem Gewicht sein.

Nicht zuletzt wird sich die Stellung am Markt daran ermessen lassen, wie gut die Kontakte des Managements zu potentiellen Auftraggebern sind (Beziehungsmanagement).

Zur Überprüfung der Führungsqualitäten kann sich der Bewerter an folgenden Fragestellungen orientieren:[699]

- Ist die Personalarbeit schlüssig hinsichtlich Mitarbeiterzahl, Qualifikation und Altersstruktur?

- Existieren ergebnisorientierte Vergütungssysteme?

- Wird ein offener Umgang mit Fehlern (Fehlerkultur) gefördert?

- Weist das Unternehmen eine klare, logische Aufbau- und Ablauforganisation auf?

- Werden Auftragssituation, Auslastung, Kosten und Ergebnisse solide geplant und Abweichungsanalysen unterzogen?

Das Management ist verantwortlich für die Installation eines wirkungsvollen Risikomanagementsystems, das folgende Teilaufgaben erfüllen muß:[700]

- Identifikation der Risiken und Systematisierung nach relevanten Risikoarten,

---

[696] S. Kapitel 3.4.6.3, „Wertbildende Faktoren im Bauunternehmen".
[697] S. Kapitel 3.3.3.5.4, „Bewertungsprobleme und notwendige Konsequenzen", Abbildung 13.
[698] Vgl. Nolting (Mensch 2000), S. 156.
[699] Vgl. Wischhof/Windau (Erfolgsfaktorenanalyse 1995), S. 334.
[700] Vgl. Füser/Gleißner (Risikomanagement 1999), S. 753 ff.

- Bewertung der Risiken und Darstellung ihrer Abhängigkeiten („Ursache/Wirkung"-Beziehung),

- Bestimmung und Beurteilung von aggregierten Wechselwirkungen von Risiken auf das Unternehmen und

- Bewältigung des Risikos.

Gerade der letzte Punkt ist von höchster Bedeutung. Anhand entsprechender Maßnahmen, die eingeleitet wurden oder eben nicht, kann beurteilt werden, wie das Management dieser Aufgabe nachkommt. Folgende Strategien zur Risikobewältigung bieten sich für bauausführende Unternehmen an:[701]

- Risikovermeidung: Besonders risikobehaftete Projekte sind bei der Angebotsbearbeitung zu selektieren und nicht weiter zu bearbeiten (selektive Angebotsbearbeitung).

- Risikoverminderung (-begrenzung): Die Wahrscheinlichkeit und/oder die Höhe des risikobedingten Vermögensverlusts ist durch geschickte Vertragsgestaltung abzumindern.

- Risikoüberwälzung: Risiken aus dem Vertragsverhältnis mit dem Auftraggeber sind an Nachunternehmer durchzustellen.

- Risikokompensation: Risiken sollte man über Regionen (Inland–Ausland, Ballungszentren–Land) und über Produkt-Markt-Segmente hinweg streuen.

Nicht zuletzt ist für die Ergebnisplanung relevant, ob tragbare Nachfolgeregelungen für die Mitglieder des Managements getroffen wurden. Insbesondere ist ein Ausscheiden von bisherigen Inhabern mittelständischer Unternehmungen auf seine Folgen für die Ertragslage des zu bewertenden Unternehmens zu untersuchen.

Ein erfahrener Bewerter erhält aber über die dargestellten Analyseschritte ausreichend Hinweise darauf, ob z.B. durch eine gezielte Verstärkung des Managements ein Renditezuschlag gerechtfertigt ist.

(2.2) Projektleitungspersonal

Das Projektleitungspersonal hat hohen Einfluß auf den Erfolg oder Mißerfolg des Bewertungsobjekts. Neben technischer Kompetenz muß der Projektleiter betriebswirtschaftliche und vertragsrechtliche Kenntnisse vorweisen. Außerdem muß er ein Projektteam erfolgreich führen, Risiken frühzeitig erkennen und entsprechende Maßnahmen einleiten sowie eine Vielzahl von projektbezogenen Verträgen erfolgsorientiert gestalten können. Es wird nur schwerlich gelingen das Projektleitungspersonal anhand dieser Anforderungen zu beurteilen. Es bietet sich vielmehr eine andere Vorgehensweise an.

Eine Analyse abgeschlossener Bauvorhaben der einzelnen Projektleiter und der dabei erzielten Ergebnisse läßt – für die Unternehmensbewertung – eine relativ faire und genaue Beurteilung der Projektleiter zu. Um dabei Besonderheiten wie zum Beispiel ein aus strategischen Gründen bewußt akquiriertes Verlustprojekt zu

---

[701] Vgl. Füser/Gleißner (Risikomanagement 1999), S. 757.

bereinigen, sollten die „relativierten" Ergebnisse Gegenstand der Analyse sein. Ein „relativiertes" Ergebnis ergibt sich aus dem Vergleich des Endergebnisses mit dem Prognoseergebnis der ersten Arbeitskalkulation. So läßt sich erkennen, ob Projekte besser oder schlechter, als zum Baubeginn erwartet, abgeschlossen wurden. Um hieraus Rückschlüsse für die Planrenditen ziehen zu können, sind Altersstruktur der Projektleiter und Nachfolgeregelungen zu betrachten. Sicherlich werden Renditeabschläge erforderlich sein, wenn die erfolgreichsten Projektleiter innerhalb der Phase I ausscheiden und keine adäquate Nachfolge geregelt wurde. Zuschläge sind gerechtfertigt, wenn die Normalrenditen der Vergangenheit durch erfolglose Projektleiter belastet waren, die zwischenzeitlich weiterqualifiziert, ausgetauscht oder für andere Aufgaben herangezogen wurden.

Grundsätzlich ist es durchaus problematisch, nur Baustellenergebnisse als Personalbeurteilungskriterium heranzuziehen. Im Zusammenhang mit der Aufgabenstellung „Unternehmensbewertung" kann aber nur diese Größe von Relevanz sein.

(2.3) Projektteam

Ein Projektteam umfaßt alle einem Bauvorhaben zugeordneten Angestellten und wird durch den Projektleiter geführt. Der Erfolg ist ebenfalls direkt meßbar, und es bieten sich dieselben Analyseschritte an wie beim Projektleiter.

Die Beurteilung des Personals des zu bewertenden Unternehmens sollte in einen Vergleich der Planleistung mit der Anzahl an Projektteammitgliedern münden. Ein starkes Leistungswachstum ohne frühzeitigen Aufbau entsprechender Personalreserven führt oftmals zu „Notbesetzungen". Die überforderten Mitarbeiter erwirtschaften zwangsläufig schlechtere Ergebnisse. In der Regel werden in einer solchen Situation Risiken übersehen oder andere Fehler begangen, die ergebniswirksam werden. So läßt sich erklären, daß trotz der Sonderkonjunktur in den neuen Bundesländern viele Bauunternehmen eine schlechte Ertragslage zu beklagen hatten.[702] Wenn eine solche Entwicklung erkennbar ist, muß ein Renditeabschlag erfolgen.

(3)   Risiken

Im nächsten Schritt werden die Einflüsse des Risikos auf die Planrenditen beurteilt. Während das Risikomanagementsystem ein Urteil über die Unternehmensführung erlauben sollte, geht es nun um eine angemessene Berücksichtigung von Risiken in den Planergebnissen. Hierzu bietet es sich zunächst an, wiederum durch Vergangenheitsanalyse zu untersuchen, in welchem Umfang Risiken in den zurückliegenden Ergebnissen enthalten waren. Hierzu sollte nach Risikoquellen differenziert vorgegangen werden. Zum Beispiel sind alle Forderungsausfälle der vergangenen Jahre zu dokumentieren. In Höhe dieser Risiken ist in der Normalrendite ein Risikoabschlag enthalten, da die Auswirkung in der Vergangenheit bereits ergebnismindernd war. Für die Planrenditen gilt es nun zu untersuchen, ob der Risikoabschlag der vergangenen Jahre verändert werden muß. Das Ergebnis dieser Betrachtungen sind wiederum Zu- oder Abschläge, bezogen auf die Normalrendite.

---

[702] Vgl. Neubauer/Teichner (Baustudie 1996), S. 91.

Untersuchungsgegenstand sollte insbesondere sein, welche Maßnahmen nach den Risiken der Vergangenheit ergriffen wurden. So kann ein verbessertes Forderungsmanagement rechtfertigen, daß diese Risikoquelle für die Zukunft geringer eingeschätzt wird. Hier lassen sich Synergien nutzen, indem die Ergebnisse der Beurteilung des Risikomanagementsystems herangezogen werden. Ein risikobedingter Renditeabschlag wird zum Beispiel dann erforderlich, wenn Neukunden (bezogen auf Auftragsbestand und Zielprojekte) ein höheres Forderungsausfallrisiko darstellen als die Auftraggeber vergangener Projekte.[703]

Die projektbezogene Ergebnisplanung wird abgeschlossen, indem die Plandeckungsbeiträge über das Produkt aus Planrendite und korrespondierender Planleistung ermittelt werden.

Mit den dargestellten Planungshilfen ist die Herleitung von Planleistung und -deckungsbeitrag unter Berücksichtigung von bewertungsrelevanten Besonderheiten möglich. Die Zu- oder Abschläge sind vom Bewerter festzulegen und somit subjektiv. Deshalb sind Sensitivitätsanalysen erforderlich. Sie verdeutlichen, welche Auswirkung mit der Variation der Planungsannahmen verbunden ist.

5.4.2.1.3 Projektplanungsschema

Das Projektplanungsschema führt die unterschiedlichen Planungskomponenten zusammen. Den einzelnen Planungsschritten sind entsprechende Operationalisierungsregeln zugeordnet. Sie beschreiben zum einen die Rechenregel für Planleistung bzw. –ergebnis. Zum anderen bilden sie die Herleitung von Zu- und Abschläge auf die bereinigten Vergangenheitswerte ab. Durch das Projektplanungsschema wird der Planungsprozeß systematisiert und operationalisiert, so daß eine EDV-Unterstützung sowie eine Sensitivitätsanalyse ermöglicht wird. Außerdem kann sie Orientierungshilfen bei der Organisation der Due Diligence geben. Tabelle 24 beschreibt ihren Aufbau.

---

[703] Für eine solch differenzierte Berücksichtigung der Risiken haben sich 63% der befragten Unternehmensbewerter ausgesprochen. S. Kapitel 3.3.3.5.4, „Bewertungsprobleme und notwendige Konsequenzen", Tabelle 13.

Planungskomponente	Projektbezogene Werttreiber	Planjahr (t) der Phase I	
		Operationalisierungsregel	Band- breite
Planleistung			
Auftragsbestand		**Prognoseauftragswert – Istleistung (Periodenanteil)**	gering
Zielprojekte	Angebotserfolg	**Erfolgsquotenmatrix (Periodenanteil)**	mittel
„unsichere" Projekte	Marktvolumen	**Durchschnitts- →** **Planmarktanteilmatrix** ± Beziehungsmanagement ± Stammkundenanteil ± Wettbewerbsfähige Preise ± technisches Know how ± Flexibilität bei Anpassung von Kapazitäten ± Leistungsfähigkeit der Kalkulation	hoch
Leistungslimit	Kapitalausstattung	**Avalrahmen**	gering
SUMME PLANLEISTUNG		**Summe Planleistung ≤ Leistungslimit**	
Plandeckungsbeiträge			
Auftragsbestand	Projektabwicklung	**Prognoseergebnis zum Bauende – Istergebnis (Periodenanteil)**	gering
Akquisitionsvolumen		**Normal- →** **Planrenditematrix**	
	Marktphase	± Verhalten der Marktteilnehmer	hoch
	Personal ↳Management	± Stellung im Markt ± Führung und Risikomanagement	hoch
	↳Projektleitung	± personenbezogene Ergebnisanalyse ± Altersstruktur	
	↳Projektteams	± personenbezogene Ergebnisanalyse ± Kapazitäten bezogen auf die Planleistung	
	Risiken	± Risikofaktor (Risikomatrix)	gering
SUMME PLANDECKUNGS- BEITRÄGE		**Deckungsbeitrag Auftragsbestand + (Planleistung Zielproj. u. „unsichere" Projekte) x Planrendite**	

Tabelle 24: Projektplanungsschema

Das Projektplanungsschema weist für jedes Jahr der Phase I den Plandeckungs-beitrag aus. So ist es möglich, erwartete Neuausprägungen der Werttreiber zu berücksichtigen. So können z.B. Effekte aus organisatorischen Verbesserungen in die Planung eingearbeitet werden. Mit der Zuordnung von Bandbreiten wird die Unsicherheit zum Ausdruck gebracht, mit der die Ergebnisse des jeweiligen Planungsschritts verbunden sind. Dadurch werden differenzierte und aussagefähige Sensitivitätsanalysen ermöglicht. Die Bandbreiten sind im Rahmen der Bewertung individuell zu bestimmen. Die Tabelle 24 bietet hierzu lediglich ordinal skalierte Orientierungsgrößen an.

Einige Operationalisierungsregeln setzen den Aufbau von Matrizen voraus, um die Betrachtung nach Produkt-Markt-Segmenten zu differenzieren. Beispielhaft zeigt Tabelle 25 eine Risikomatrix, die Risikozu- oder – abschläge zur Überleitung in das Projektplanungsschema aufnimmt. Als Risikoquellen wurden all diejenigen Einzel-risiken herangezogen, denen in der Befragung der Unternehmensbewerter eine Bedeutung von größer 4 zugeordnet wurde.[704] Die Produkt-Markt-Segmentierung muß für das Bewertungsobjekt individuell erfolgen.

Risikoquelle	PMS 1	PMS 2	. . .	∅ - Risikofaktor
Marktrisiko (Absatz- und Beschaffungsmarkt)				∅ - **Marktrisiko**
Forderungsausfallrisiko				∅ - **Forderungsausfallrisiko**
sonstige Vertragsrisiken				∅ - **Vertragsrisiko**
Vermarktungsrisiken (nur Projektentwicklung)				∅ - **Vermarktungsrisiko**
personenbezogene Risiken (z.B. Kalkulationsfehler)				∅ - **personenbezogenes Risiko**
technische Risiken				∅ - **technisches Risiko**
∅ - **Risikofaktor**	∅-**PMS1**	∅-**PMS2**	∅-..	∅ - **GESAMTRISIKO**
PMS = Produkt-Markt-Segment				

Tabelle 25: Risikomatrix

Diese dem Projektplanungsschema hinterlegte Risikomatrix ermöglicht eine detaillierte Risikoberücksichtigung, wie sie einhellig in der Literatur zur Unterneh-mensbewertung empfohlen wird.[705] Die Risiken können nach Produkt-Markt-Segmenten und Risikoquellen differenziert dargestellt werden. Zur Komplexitäts-reduktion können Durchschnittswerte je Risikoquelle oder je Produkt-Markt-Segment gebildet werden. Eine weitere Komplexitätsreduktion erreicht der Bewerter durch die Bildung eines Gesamtdurchschnitts. Ein auf diese Art ermittelter Risikofaktor ist praktikabel und dennoch wesentlich genauer als ein pauschaler Risikoabschlag.

---

[704] S. Kapitel 3.3.3.5.4, „Bewertungsprobleme und notwendige Konsequenzen", Abbildung 12.
[705] Vgl. Bretzke (Risiken 1988), S. 184 f., u. Coenenberg (Monte-Carlo-Simulation 1992), S. 112 ff.

Für die weiteren Bewertungsschritte können dem Projektplanungsschema die gesamten Planleistungen und Plandeckungsbeiträge der Phase I entnommen werden.

5.4.2.2 Planung nicht projektbezogener Ergebnisse

5.4.2.2.1 Grundlagen der nicht projektbezogenen Planung

Um die wirtschaftlichen Planergebnisse für die erste Planperiode zu erhalten, müssen die Plandeckungsbeiträge der Projekte um die nicht projektbezogenen Ergebnisbestandteile ergänzt werden. Diese Ergebnisbestandteile stammen aus den Hilfsbetrieben und den Verwaltungskostenstellen des Bewertungsobjekts.

Die Hilfsbetriebe von Bauunternehmungen sind im wesentlichen auf den Gerätepark ausgerichtet.[706] Hier werden Leistungen im Zusammenhang mit Disposition, Transport, Reparatur und Instandsetzung von Baugeräten erbracht. Da Gerätehersteller zunehmend diese Leistungen im Verbund mit einer Geräteanmietung anbieten, nehmen die entsprechenden Bestände bei den Bauunternehmungen ab. Dadurch ist noch weniger Kapital gebunden. Aus diesem Grunde beschränken sich die Geräteparks zunehmend auf Spezial- und Kleingeräte, deren Anmietung kaum oder nur sehr unwirtschaftlich möglich ist. Die Bedeutung der Hilfsbetriebe nimmt somit ab. Nicht von ungefähr messen die befragten Bauunternehmer dem Gerätepark einen sehr geringen Einfluß auf den Wert ihrer Unternehmung/Niederlassung bei.[707] Aus diesem Grunde ist es vertretbar, sie bei der Planung der zukünftigen wirtschaftlichen Ergebnisse unberücksichtigt zu lassen.

Die Verwaltungskostenstellen haben für bauausführende Unternehmen eine wesentlich höhere Bedeutung. Die Gesamtkosten des Verwaltungsbereichs sind zwar niedriger als die projektbezogenen Kosten[708], sie lassen sich aber nicht kurzfristig disponieren. Ein exaktes Planungsmodell ist somit erforderlich. Die größten Kostenpositionen stellen dabei die Bereiche Geschäftsleitung, Finanz- und Rechnungswesen, Controlling, Personalwesen, Beschaffung, Angebotsbearbeitung (Kalkulation) sowie kaufmännischer und technischer Innendienst dar. Da für die Projekte zukünftige Deckungsbeiträge geplant wurden, kann sich, bezogen auf die Verwaltungsgemeinkosten, die Planung auf die primären Kosten beschränken. Das Bewertungsmodell ist somit davon unabhängig, ob alle Verwaltungsgemeinkosten auf Baustellen umgelegt werden oder ob beim Bewertungsobjekt einzelne Kostenstellen des Verwaltungsbereichs ohne Umlage als „Cost-Center" geführt werden.

Für die Planung der primären Kosten der Verwaltungskostenstellen bietet sich das sogenannte „Istkostenanalytische Verfahren"[709] nach Kilger an. Die Stufen dieses methodisch auf einer Regressionsanalyse basierenden Planungsmodells lassen sich wie folgt zusammenfassen:

---

[706] Hierunter zählen auch Wohnheime und Betonlabors, die aber von untergeordneter wirtschaftlicher Bedeutung sind.

[707] S. Kapitel 3.4.6.3.2, „Projektabwicklung".

[708] Es handelt sich hier im wesentlichen um bauprojektbezogene Einzelkosten.

[709] Vgl. Kilger(Plankostenrechnung 1993), S. 341 ff.

(1) Festlegung der Bezugsgrundlage für die Kostenplanung.

(2) Ermittlung von Vergangenheitswerten für die Bezugsgrundlage und die dazugehörige Ausprägung der primären Gemeinkosten.

(3) Bereinigung der Vergangenheitsdaten auf Basis von Annahmen über die Zukunft.

(4) Ermittlung einer Sollkostenfunktion anhand der Regressionsanalyse.

(5) Planung der primären Gemeinkosten durch Einsetzen der geplanten Ausprägung der Bezugsgrundlage in die Sollkostenfunktion.

Als Bezugsgrundlage (Bezugsgröße) bietet sich die Bauleistung an, da die Verwaltungskostenstellen hierauf ausgerichtet sind und somit ein hinreichender Zusammenhang unterstellt werden kann. Das interne Rechnungswesen des zu bewertenden Bauunternehmens dürfte ausreichend Informationen über Istleistung und Istkosten der Verwaltungskostenstellen vergangener Jahre zur Verfügung stellen. Um hiermit eine Sollkostenfunktion ermitteln zu können, die möglichst genaue Planzahlen liefert, sind die Vergangenheitswerte zu bereinigen. Zum einen müssen Sondereinflüsse der Vergangenheit eliminiert werden. Zum anderen sind die Auswirkungen von geplanten bzw. bereits eingeleiteten Maßnahmen im Verwaltungsbereich entsprechend zu berücksichtigen. Eine andere Möglichkeit, die Eingangsdaten für die Regressionsanalyse herzuleiten, bietet das Zero-Base Budgeting. Nach diesem Ansatz werden die Kostenstellen betrachtet, als seien sie im Neuaufbau, um sich von überflüssigen Funktionen und somit auch von den bisher dafür angefallenen Kosten trennen zu können.[710]

Mit den bereinigten Zahlenpaaren (Istleistung/Istverwaltungsgemeinkosten) können nun Sollkostenfunktionen ermittelt werden. Kilger empfiehlt, je Kostenart einer jeden Kostenstelle eine eigene Sollkostenfunktion zu ermitteln, wobei dann die lineare Regressionsanalyse zur Anwendung kommen soll.[711] Eine kostenartenbezogene Planung ist im Rahmen einer Unternehmensbewertung zu aufwendig. Eine hinreichende Planungsgenauigkeit kann dennoch erreicht werden, wenn je Kostenstelle eine Sollkostenfunktion ermittelt wird und dafür nichtlineare Verläufe dieser Funktionen unterstellt werden. Die Planungsgenauigkeit wird durch die multiple (nichtlineare) Regressionsanalyse so deutlich gesteigert[712], daß der Verzicht auf eine kostenartenbezogene Planung vertretbar ist. Dies gilt insbesondere für die Planung von Verwaltungsgemeinkosten, da sie überwiegend Personalkosten sowie von diesen abhängige Kostenarten enthalten.

Die multiple Regressionsanalyse ist mit dem Problem behaftet, daß im Gegensatz zum linearen Modell kein Funktionstyp definitiv feststeht und die Anzahl der Regressionsparameter in der Regel größer ist.[713] Für die nichtlineare Regression kann es also keinen einheitlichen Lösungsansatz geben. Es ist also erforderlich, einen anwendungsbezogenen Lösungsansatz zu entwickeln. Bei dem folgenden

---

[710] Vgl. Meyer-Piening (Zero-Base Budgeting 1982), S. 259 ff.
[711] Vgl. Kilger(Plankostenrechnung 1993), S. 343
[712] Vgl. Williams (Converting 1968), S. 25 ff.
[713] Vgl. Ratkowsky (Regression 1983), S. 10.

Verfahren handelt es sich um einen solchen.[714] Weil dies eine spezifische Variante einer multiplen Regressionsanalyse ist, ist eine differenzierte Darstellung erforderlich. Somit wird auch eine Übertragung auf ein EDV-System möglich.

5.4.2.2.2 Planungsmodell auf Basis der multiplen Regressionsanalyse

Grundlage dieses Modells ist die in der Literatur vorgeschlagene Rückführung multipler Regressionen auf den Sonderfall der linearen Regression.[715] Ungenauigkeiten, die sich daraus ergeben, nehmen kaum Einfluß auf die Rechengenauigkeit.[716] Das Verfahren besteht aus folgenden Bestandteilen bzw. Arbeitsschritten:

(1)   lineare Sollkostenfunktion

(2)   lineare Regressionsanalyse auf Basis der Methode der kleinsten Quadrate

(3)   Definition alternativer nichtlinearer Funktionstypen

(4)   Transformation

Zunächst ist zu überprüfen, ob eine Theorie den sich abzeichnenden nichtlinearen Trend erklärt, um so den Kreis der möglichen Funktionstypen zu beschränken.

Für jeden denkbaren Funktionstyp ist über Transformationen eine lineare Funktion herzuleiten. Anhand der auf die gleiche Weise transformierten Basisdaten erfolgt dann die Regressionsanalyse auf Basis der Methode der kleinsten Quadrate um den ursprünglichen Funktionstyp zu ermitteln. Das Bestimmtheitsmaß der vorliegenden Regressionsfunktionen macht im nächsten Schritt deutlich, mit welcher Funktionsvorschrift die Güte der Trendanalyse am höchsten ist. Die Funktion mit der höchsten Güte wird dann zur Planung der Verwaltungsgemeinkosten herangezogen.

(1)   lineare Sollkostenfunktion

Basis der multiplen Regressionsanalyse ist der lineare Sonderfall. Folgende Sollkostenfunktion ist somit Ausgangspunkt der Betrachtungen:

$$K^P = kv^P \times xp + FK^P$$

K^P = gesamte geplante primäre Gemeinkosten
kv^P = variable primäre Plangemeinkosten
xp = geplante Ausprägung der Bezugsgröße (= Planleistung)
FK^P = geplante fixe primäre Gemeinkosten

Formel 17: Lineare Sollkostenfunktion

[714] Dieses Verfahren wurde vom Verfasser dieser Arbeit im Rahmen einer Diplomarbeit an der Universität zu Köln im Jahre 1989 entwickelt und unter Turbo Pascal 5.0 programmiert.
[715] Vgl. Hays/Winkler (Statistics 1971), S. 651 ff.; Bortz (Lehrbuch 1989), S. 244 ff.; Humak/Bunke (Methoden 1983), S. 17.
[716] Vgl. Hartung/Elpelt/Klösener (Statistik 1991), S. 595.

Die Planleistung für die fünf Planjahre der Phase I kann dem Projektplanungsschema entnommen werden. Die gesamten Plankosten werden in fixe und variable Bestandteile aufgeteilt (Kostenauflösung[717]). Die Fixkosten stellen dabei das leistungsunabhängige Mindestkostenvolumen dar, um die Funktionsfähigkeit der jeweiligen Abteilung zu gewährleisten. Bei Leistungssteigerung fallen zusätzliche Verwaltungskosten an. Diese variablen Kosten werden sich aber nicht, wie es die Formel 17 unterstellt, linear zur Leistung verhalten. Auch Kostensprünge, wie sie für Verwaltungsgemeinkosten nicht unüblich sind, müssen durch eine Sollkostenfunktion adäquat abgebildet werden.

(2)   lineare Regressionsanalyse auf Basis der Methode der kleinsten Quadrate

Die Methode der kleinsten Quadrate schätzt anhand der Zahlenpaare Regressionsparameter, die eine Regressionsgerade so durch die Punktwolke führen, daß die Summe der Residuen nach oben und nach unten gleich groß und insgesamt minimal ist.[718] In dem hier betrachteten linearen Fall sind die zu schätzenden Regressionsparameter die Regressionskonstante und der Regressionskoeffizient[719], also der Ordinatenabschnitt (Fixkosten) und die Steigung der Sollkostenfunktion (variable Kosten). Unter den Residuen sind die Abweichungen der Istkosten von den Kosten, die mittels der Regressionsfunktion auf der Basis der Istbezugsgröße geschätzt wurden, zu verstehen.[720] Nach oben und nach unten gleich große Abweichungen sind durch die Führung der Kostenfunktion durch den Mittelwert sichergestellt. Die Minimierung der Gesamtabweichungen wird durch eine Minimumrechnung auf der Basis der Quadrate der Abweichungen erreicht. Zur Ermittlung der linearen Sollkostenfunktion werden die Regressionsparameter folgendermaßen ermittelt:

---

[717] Vgl. Huch/Behme/Ohlendorf (Controlling 1997), S. 34.
[718] Vgl. Silber (Grenzplankostenrechnung 1975), S. 119.
[719] Vgl. Bomsdorf (Statistik 1989), S. 105.
[720] Ebenda, S. 106.

$$C_1 = \frac{\sum_{j=1}^{J}\left(xp_j - \overline{xp}\right)\times\left(K_j - \overline{K}\right)}{\sum_{j=1}^{J}\left(xp_j - \overline{xp}\right)^2} = kv^p$$

$$C_0 = \overline{K} - kv^p \times \overline{xp} = FK^p$$

C_1	=	Regressionskoeffizient einer linearen Funktion
j	=	Index für die Istdaten verschiedener Perioden
J	=	Anzahl der Basis-Zahlenpaare
xp_j	=	Istbezugsgröße aus der Periode j
$\overline{xp}$	=	Mittelwert der Istbezugsgrößen
K_j	=	bereinigte primäre Istgemeinkosten aus der Periode j
$\overline{K}$	=	Mittelwert der bereingten primären Istgemeinkosten
kv^p	=	variable primäre Plangemeinkosten
C_0	=	Regressionskonstante
FK^p	=	geplante fixe primäre Gemeinkosten

Formel 18: Lineare Regressionsanalyse

Da bei der Methode der kleinsten Quadrate die Basisdaten in der Regel nicht genau auf der Funktion liegen, muß nach der Ermittlung der Vorschrift der Sollkosten-funktion die Güte der Regression festgestellt werden. Sie besagt, wie genau sich die Basisdaten durch die Funktion schätzen lassen und gibt somit Auskunft über die Güte der Kostenauflösung, was wiederum eine Aussage über die Sicherheit der Kostenplanung zuläßt.

Hierzu wird das Bestimmtheitsmaß (R^2), das auch als Determinationskoeffizient bezeichnet wird, herangezogen. Es ist folgendermaßen definiert:[721]

---

[721] Bomsdorf (Statistik 1989), S. 109 ff.

$$R^2 = \frac{\sum_{j=1}^{J} (\hat{K}_j - \overline{K})^2}{\sum_{j=1}^{J} (K_j - \overline{K})^2}$$

R^2	=	Bestimmtheitsmaß
j	=	Index für die Istdaten verschiedener Perioden
J	=	Anzahl der Basis-Zahlenpaare
$\hat{K}$	=	geschätzte bereinigte primäre Istgemeinkosten aus der Periode j
$\overline{K}$	=	Mittelwert der bereingten primären Istgemeinkosten
K_j	=	bereinigte primäre Istgemeinkosten aus der Periode j

Formel 19: Bestimmtheitsmaß

Es gilt $0 < R^2 < 1$, und je näher diese Größe an 1 liegt, desto besser ist die Anpassung der Regressionsgeraden an die Punktwolke.

(3)   Definition alternativer nichtlinearer Funktionstypen

Die Theorie zur Beschränkung der möglichen Funktionstypen ist in dieser konkreten Anwendung die Kostentheorie. Einige Funktionsverläufe können daraufhin ausgeschlossen werden. Dies gilt z.B. für alle Funktionsvorschriften, die bei steigender Bezugsgrößenausprägung fallende Abzissenwerte ausweisen. Auch Funktionen die solche fallenden Verläufe nur abschnittsweise vorsehen scheiden für diese Anwendung aus. Zwar kennt die Kostentheorie regressive Gesamtkostenfunktionen[722], für bereinigte Verwaltungsgemeinkosten kann dieser Fall aber ausgeschlossen werden.

Mit folgenden Funktionstypen lassen sich Funktionsvorschriften ermitteln, mit deren Hilfe alle für die Planung der primären Verwaltungsgemeinkosten denkbaren Kostenverläufe hinreichend genau darstellbar sind[723]:

---

[722] Vgl. Haberstock (Kostenrechnung 1984), S. 42.
[723] Zu den möglichen Kostenverläufen vgl. Huch/Behme/Ohlendorf (Controlling 1997), S. 12; Kloock/Sieben/Schildbach (Kosten 1999), S. 43 ff.; Haberstock (Kostenrechnung 1984), S. 42.

$$(1)\ K^P = C_0 + C_{11} \times xp + C_{12} \times xp^2 + C_{13} \times xp^3$$

$$(2)\ K^P = C_0 + C_1 \times xp^{1-l}$$

K^P = gesamte geplante primäre Gemeinkosten
C_0 = Regressionskonstante
C_1 = Regressionskoeffizient einer linearen Funktion
C_{1j} = Regressionskoeffizient des Gliedes j-ten Grades
xp = Istbezugsgröße
1-l = Exponent der Funktion vom Typ (2)

Formel 20: Alternative Funktionstypen

Beide Funktionstypen sind in der Lage, auch den Sonderfall der linearen Funktion abzubilden.[724]

(4)   Transformation

Die nichtlineare Funktionsvorschrift für den **Funktionstyp (1)** läßt sich recht einfach ermitteln, da die Exponenten vorgegeben sind. Durch folgende Substitutionen

$$xp = xp_1,\ xp^2 = xp_2,\ xp^3 = xp_3$$

entsteht die transformierte Variante des ursprünglichen Funktionstyps :

$$K^P = C_0 + \sum_{j=1}^{3} C_{1j} \times xp_j$$

K^P = gesamte geplante primäre Gemeinkosten
C_0 = Regressionskonstante
j = Index für die Istdaten verschiedener Perioden
C_{1j} = Regressionskoeffizient des Gliedes j-ten Grades
Xp_j = Istbezugsgröße des Gliedes j-ten Grades

Formel 21: Transformierte Sollkostenfunktion vom Typ (2)

---

[724] Bei Funktionstyp (1) ist dies für $C_{12} = 0$ und $C_{13} = 0$ und bei Funktionstyp (2) bei l = 0 der Fall.

Mit der Formel 21 liegt ein Funktionstyp vor, der sich über ein Gleichungssystem eindeutig lösen läßt.[725] Einen funktionalen Zusammenhang zwischen mehreren Regressoren und dem Regressanden zu schätzen war das ursprüngliche Anwendungsgebiet der multiplen Regression auf der Basis der Methode der kleinsten Quadrate.

Zur Ermittlung der Funktionsvorschrift für den **Funktionstyp (2)** sind mehr Arbeitsschritte erforderlich. Zunächst muß der Exponent ermittelt werden. Während einige Funktionstypen sich durch Logarithmierung direkt in eine lineare Funktion transformieren lassen, so daß anhand der logarithmierten Basisdaten die Methode der kleinsten Quadrate zur Anwendung kommen kann,[726] ist dies für den Funktionstyp (2) nicht möglich. Durch Transformation und Approximation kann er jedoch mit hoher Genauigkeit in einen linearisierbaren Funktionstypen überführt werden. Die Basisdaten (Istleistung und Istverwaltungsgemeinkosten) sind auf die gleiche Weise umzuformen.[727]

Die Logarithmierung ist lediglich wegen des absoluten Glieds nicht möglich. Durch Bildung der ersten Ableitung erhält man einen hierzu geeigneten Funktionstyp.

$$K^{p'} = (1 - l) \times C_1 \times xp^{-1}$$

$K^{p'}$	=	erste Ableitung der gesamten geplanten primären Gemeinkosten
1-l	=	Exponent der Funktion vom Typ (2)
C_1	=	Regressionskoeffizient einer linearen Funktion
xp	=	Istbezugsgröße (= Istleistung)

Formel 22: 1. Ableitung der transformierten Sollkostenfunktion vom Typ (2)

Die Basisdaten müssen also derart modifiziert werden, daß eine Regressionsanalyse mit den umgeformten Daten nicht mehr die ursprüngliche Funktion, sondern die erste Ableitung dieser Funktion ergibt. Um dies zu gewährleisten, müssen anstatt der bereinigten Verwaltungsgemeinkosten deren Differentialquotienten für die weiteren Schritte der Regressionsanalyse zugrundegelegt werden. Somit verbietet sich für die weiteren Berechnungen die Verwendung der ursprünglichen Bezugsgrößen-ausprägungen (Istleistungen). Vielmehr müssen die Leistungswerte verwendet werden, die in der Mitte desjenigen Intervalls liegen, das durch jeweils zwei benach-barte (ursprüngliche) Leistungswerte gebildet wird. Diese neu ermittelten Bezugs-

---

[725] Vgl. Hartung/Elpelt/Klösener (Statistik 1991), S. 595. Ein Zahlenbeispiel sowie die graphische Abbildung der beispielhaft ermittelten Sollkostenfunktion vom Typ (1) enthält der Anhang V.

[726] Ebenda, S. 588 ff.

[727] Anhang V verdeutlicht an einem Zahlenbeispiel die Arbeitsschritte zur Ermittlung der nichtlinearen Sollkostenfunktion vom Typ (2).

größenausprägungen werden den korrespondierenden Differentialquotienten der Verwaltungsgemeinkosten zugeordnet.

Mit dieser Approximation ist die Annahme verbunden, daß die Steigung eines linearen Teilstücks zwischen zwei Punkten der Basisdaten der Steigung des tatsächlich nichtlinearen Teilstücks in der Intervallmitte entspricht.

Die Basisdaten sind folgendermaßen zu substituieren:

-   Substitution der Istbezugsgrößen

$$xp'_2 = xp_1 + 0{,}5\,(xp_2 - xp_1), \ldots, xp'_J = xp_{J-1} + 0{,}5\,(xp_{J-1} - xp_J)$$

-   Substitution der bereinigten Istkosten

$$K_2^{p'} = \frac{K_2 - K_1}{xp_2 - xp_1}, \ldots, K_J^{p'} = \frac{K_J - K_{J-1}}{xp_J - xp_{J-1}}$$

Die nächste Transformation liegt in der Logarithmierung[728]:

$$\ln K^{p'} = \ln\big((1 - l) \times C_1\big) + (-1) \times \ln xp$$

ln	=	natürlicher Logarithmus
$K^{p'}$	=	erste Ableitung der gesamten geplanten primären Gemeinkosten
1-l	=	Exponent der Funktion vom Typ (2)
C_1	=	Regressionskoeffizient einer linearen Funktion
xp	=	Istbezugsgröße (= Istleistung)

Formel 23: Sollkostenfunktion vom Typ (2) nach Logarithmierung

Das auszuwertende Datenmaterial entsteht durch Logarithmierung der modifizierten Basisdaten:

-   Logarithmierung der substituierten Istbezugsgrößen

$$xp_2'' = \ln(xp_2'), \ldots, xp_J'' = \ln(xp_J')$$

-   Logarithmierung der substituierten bereinigten Istkosten

$$K_2'' = \ln(K_2'), \ldots, K_J'' = \ln(K_J')$$

Mit diesem Datenmaterial kann jetzt die Methode der kleinsten Quadrate wie beim linearen Fall zur Anwendung kommen. Der Regressionskoeffizient der ermittelten

---

[728] Vgl. Hartung/Elpelt/Klösener (Statistik 1991), S. 588.

Funktion ist (-1). Da somit der Exponent bekannt ist, können durch folgende Substitutionen der ursprünglichen Istbezugsgröße

$$xp* = xp^{1-l}$$

und mittels der ursprünglichen bereinigten Istverwaltungsgemeinkosten die restlichen Regressionsparameter wiederum mittels der Methode der kleinsten Quadrate bestimmt werden. Das Bestimmtheitsmaß der somit vollständig ermittelten Funktionsvorschriften läßt sich völlig analog zur linearen Regressionsfunktion bestimmen.

Nachdem für beide Funktionstypen die Funktionsvorschriften vorliegen, ist für die Planung der Verwaltungsgemeinkosten diejenige als Sollkostenfunktion auszuwählen, die sich den Basisdaten am besten anpaßt. Wenn die Funktion vom Typ (2) ein höheres Bestimmtheitsmaß ausweist als die des Typus (1), sind die Approximationen, die zur Ermittlung der Funktion Typ (2) notwendig wurden, gerechtfertigt.

5.4.2.2.3   Fazit

Je Verwaltungskostenstelle liegt nun eine nichtlineare Sollkostenfunktion vor. Durch Einsetzen der Planleistung können die Plankosten der jeweiligen Kostenstelle ermittelt werden. Dieser Vorgang ist für alle Planjahre der Phase I zu wiederholen, wobei immer dieselbe Sollkostenfunktion zur Anwendung kommt. Wenn die so ermittelten Verwaltungsgemeinkosten von den zuvor geplanten Deckungsbeiträgen abgezogen werden, liegen die wirtschaftlichen Planergebnisse vor. Die Planung der Phase I ist somit abgeschlossen.

Bei einer EDV-gestützten Verwendung dieses anwendungsbezogenen Lösungsansatzes läßt sich eine sehr hohe Planungssicherheit erzielen, die durch ein hohes Bestimmtheitsmaß dokumentiert wird. Der Bearbeitungsaufwand liegt dann lediglich in der Bereitstellung der Basisdaten. Wegen des großen Einflusses der Verwaltungsgemeinkosten auf die wirtschaftlichen Planergebnisse und damit auch auf den Unternehmenswert ist dieser Aufwand gerechtfertigt. Die Planungssicherheit läßt sich durch Sensitivitätsanalysen und graphische Darstellung der Sollkostenfunktionen weiter steigern. Entsprechende Softwarelösungen bieten beides ohne Zusatzaufwand. Ein Zusatznutzen liegt in der Kostenauflösung, die Grundlage für weitergehende Untersuchungen der Verwaltungskostenstellen sein kann.

5.4.3   Phase II: Langfristplanung

Für die Planungsphase I wurde eine differenzierte Planung empfohlen, da die ersten Planjahre durch die Kapitalisierung den größten Einfluß auf den Unternehmenswert haben, der Auftragsbestand hohe Planungssicherheit für die ersten Planjahre bietet, Zielprojekte zum Bewertungszeitpunkt bekannt sind (und ebenfalls eine gute Planungsgrundlage darstellen) und Marktentwicklungen für die ersten fünf Jahre noch vorhersehbar sind. Des weiteren sind für diesen Zeitraum Rückschlüsse über die Werttreiber des Bewertungsobjektes zulässig und es können Planungsgrundlagen für Regressionsanalysen des Gemeinkostenbereiches zur Verfügung gestellt werden können.

Für die Planungsphase II, die mit dem Jahr sechs nach vorgesehenem Kauf des Bewertungsobjekts beginnt und nach dem going concern-Grundsatz unbegrenzt läuft, gilt all das nicht. Deshalb wird der Einsatz differenzierter Planungsmethoden in der Phase II keine besseren Ergebnisse liefern als ein pauschaler Ansatz. Ein solcher Aufwand wäre somit nicht gerechtfertigt. Bereits das Planergebnis des sechsten Jahres fließt mit einem relativ geringen Anteil in den Unternehmenswert ein. Dieser Anteil nimmt von Jahr zu Jahr ab. Wird beispielsweise ein Kapitalisierungszins von 8 % unterstellt, fließt das Planergebnis des Planjahrs sechs nur noch mit etwa 60 % des ursprünglichen Planwertes in die Unternehmensbewertung ein.

Somit geht das bauspezifische Bewertungsmodell für die Phase II von einem pauschalen Planungsansatz aus.[729] Es werden gleichförmige Planergebnisse unterstellt. Wegen der Diskontinuität der Ergebnisse in der Baubranche empfiehlt es sich nicht etwa, das Planergebnis der letzten Periode der Phase I für die Phase II „einzufrieren", sondern ein durchschnittliches Planergebnis der Phase I zu ermitteln. Dieses wird als uniformes Ergebnis der Phase II verwendet.

5.5   Kapitalisierung zukünftiger Erfolge

Für die Kapitalisierung der zukünftigen Erfolge sind keine Besonderheiten der Baubranche zu berücksichtigen. Hier gelten grundsätzlich die Ausführungen der betriebswirtschaftlichen Literatur zur Ertragswertmethode.[730] Lediglich die Ausgestaltung des bauspezifischen Bewertungsmodells beinhaltet Vorgaben, die bei der Kapitalisierung zu berücksichtigen sind.

Da das Bewertungsmodell sicherheitsäquivalente Planergebnisse ermittelt, darf der Kapitalisierungszinssatz keinen Risikozuschlag enthalten. Die differenzierte Risikoberücksichtigung in den Planergebnissen verringert die in Abbildung 31 dargestellte Risikozone deutlich gegenüber einem pauschalen Risikozuschlag beim Kapitalisierungszins. Wenn sowohl differenzierte als auch pauschale Risikoansätze in die Bewertung einfließen, kommt es zu einer falschen Grenzpreisermittlung.[731]

Als Kapitalisierungszins wird die Zielrendite des Kaufinteressenten, also die Verzinsung einer imaginären Alternativinvestition, empfohlen.[732] Der empirische Teil dieser Arbeit bestätigt diese Auffassung: 65 % der befragten Unternehmensbewerter favorisieren einen auf diese Weise hergeleiteten Kapitalisierungszins.[733]

Als Kapitalisierungstechnik ist für die Phase I eine stufenweise Rechnung erforderlich, bei der die Planergebnisse einer jeden Periode individuell abdiskontiert werden.[734] Für die Phase II ist wegen der Uniformität der Planergebnisse sowie der

---

[729] Vgl. Institut der Wirtschaftsprüfer (IDW Standard 1999), S. 207.
[730] Vgl. u.a. Sieben/Zapf (Unternehmensbewertung 1981), S. 7 f.
[731] Vgl. Moxter (Grundsätze 1983), S. 120.
[732] S. Kapitel 2.3.3.3, „Kapitalisierung zukünftiger Erfolge".
[733] S. Kapitel 3.3.3.5.2, „Ausprägungen erfolgsorientierter Methoden".
[734] Vgl. Institut der Wirtschaftsprüfer (WP-Handbuch 1992), S. 90 f.

Unendlichkeit dieser Planungsphase die Formel der aufgeschobenen ewigen Rente zu verwenden.[735]

5.6   Ermittlung des Unternehmenswerts

Die Formel 24 dokumentiert die Herleitung des Unternehmenswerts nach dem bauspezifischen Bewertungsmodell.

$$UW_{BBM} = \sum_{x=1}^{X} EE_x + \sum_{t=1}^{T} we_t \left(1+i\right)^{-t} + we^r \left(1+i\right)^{-(T+1)}$$

mit:

$$we_t = DB - K^p$$

$$we^r = \left(\sum_{t=1}^{T} we_t \right) T^{-1} i^{-1}$$

UW_{BBM}	=	Unternehmenswert nach dem bauspezifischen Bewertungsmodell
EE_x	=	Wert eines Einmaleffekts
X	=	Anzahl der Einmaleffekte
we_t	=	geplantes wirtschaftliches Ergebnis der Planperiode
t	=	Planperiode
T	=	Ende der ersten Planungsphase (in der Regel das fünfte Planjahr)
i	=	Kapitalisierungszinssatz
we^r	=	ewige Rente der geplanten uniformen wirtschaftlichen Ergebnisse der zweiten Planungsphase
DB	=	gesamte geplante Deckungsbeiträge aus Projekten in einem Planjahr der Phase I
K^p	=	gesamte geplante primäre Verwaltungsgemeinkosten in einem Planjahr der Phase I

Formel 24: Unternehmenswert nach dem bauspezifischen Bewertungsmodell

Zu berücksichtigen ist, daß zur Ermittlung der wirtschaftlichen Ergebnisse der Planungsphase I einige vorgelagerte Rechen- und Planungsschritte erforderlich sind.

Die Einmaleffekte nehmen kurzfristig nach dem vorgesehenen Eigentumsübergang des Bewertungsobjekts Einfluß auf Liquidität bzw. den Erfolg des Unternehmens und somit auf den Kaufpreis. Eine Kapitalisierung ist somit nicht erforderlich. Für die von Sondereinflüssen bereinigten Planjahre erfolgt in der dargestellten Weise eine Ertragswertermittlung.

---

[735] Vgl. Institut der Wirtschaftsprüfer (WP-Handbuch 1992), S. 91 f.

Bei der Formel der aufgeschobenen ewigen Rente ist zu beachten, daß die Kapitalisierung T+1 – Jahre umfaßt. Ausgangspunkt ist also das erste Planjahr der Phase II, das in der Regel das sechste Planjahr sein sollte.

Fazit :

Mit dem bauspezifischen Bewertungsmodell wurde ein Konzept zur Bewertung bauausführender Unternehmen vorgelegt, das die Mängel der klassischen Bewertungsmethoden überwindet, die bauspezifischen Besonderheiten und die Lösungsvorschläge der empirischen Erhebungen berücksichtigt. Aufbauend auf dem Ertragswertverfahren wurden wirtschaftliche Ergebnisse als Erfolgsgröße sowie Einmaleffekte zur Berücksichtigung nicht betrieblicher Ergebniseinflüsse eingeführt. Dabei ist dieses Planungsmodell auch unabhängig von Unternehmensbewertungen anwendbar.

Grundlage des Modells ist die Identifikation und Berücksichtigung der Werttreiber von bauausführenden Unternehmen. In einem abschließenden Schritt soll untersucht werden, ob Elemente des bauspezifischen Bewertungsmodells dazu geeignet sind den Shareholder Value-Ansatz zu modifizieren.

5.7 Verwendung des bauspezifischen Bewertungsmodells zur strategischen Unternehmenssteuerung

5.7.1 Der Shareholder Value-Ansatz nach Rappaport

Der Shareholder Value-Ansatz wurde von Rappaport als Instrument zur Unternehmensführung entwickelt.[736] Hiernach muß es strategisches Ziel einer jeden Unternehmung sein, den Wert des Investments der Eigentümer (Shareholder) zu maximieren. Dieser zu maximierende Unternehmenswert wird dabei über den Discounted Cash Flow bestimmt.[737]

Rappaports zentrale These besagt, „daß der ökonomische Nutzen jeder Strategie bzw. Investition dem diskontierten Cash Flow entspricht, der durch die Investition oder Strategie erzielt wird. Das heißt, Strategie und erfolgreiches Auftreten am Markt sind im Rahmen der Planung und Kontrolle nach dem gleichen Verfahren zu bewerten wie Unternehmen und Unternehmensteile im Rahmen von Akquisitionen und Desinvestitionen."[738] Bei der wertorientierten Unternehmensführung muß sich das Management mit den Fragen befassen, welchen Beitrag zur Steigerung des Unternehmenswerts die Unternehmensplanung leistet, welche Geschäftsfelder hierzu einen Beitrag leisten und ob alternative Strategien nicht besser geeignet wären, Shareholder Value zu schaffen.[739]

Als Konsequenz aus Rappaports These ist zur Erfolgskontrolle der Unternehmensführung eine kontinuierliche Unternehmensbewertung erforderlich.

---

[736] Vgl. Rappaport (Shareholder 1999) [1. Auflage von 1986].
[737] Vgl. Börsig (Unternehmenswert 1993), S. 89.
[738] Rappaport (Selecting 1992), S. 240.
[739] Ebenda, S. 238.

Der Shareholder Value-Ansatz stellt die Verbindung zwischen Management-entscheidungen und Unternehmensbewertung her.[740] Dieser Zusammenhang wird im Shareholder Value Network verdeutlicht (s. Abbildung 31).[741]

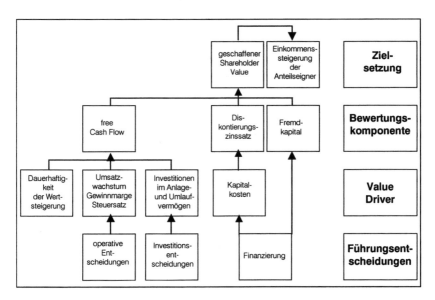

Abbildung 31: Shareholder Value Network

Der Shareholder Value wird über den Discounted Cash Flow gemessen und läßt sich somit über dessen Bewertungskomponenten beeinflussen.[742] Das Shareholder Value Network verdeutlicht, wie diese über die Value Driver (Werttreiber) gesteuert werden können. Während die Kapitalkosten Einfluß auf den Diskontierungszinssatz nehmen, wirken die anderen Werttreiber auf den Free Cash Flow. Die Dauerhaftigkeit der Wertsteigerung gibt dabei an, wie lange eine Investition Renditen erzielt, die über den Kapitalkosten liegen.[743] „Die betriebliche Gewinnmarge beschreibt das Verhält-nis zwischen dem Betriebsergebnis vor Zinsen und Steuern und dem Umsatz. Der Werttreiber Zusatzinvestitionen ins Anlagevermögen ist definiert als diejenigen Inve-stitionsausgaben, die den Abschreibungsaufwand übersteigen. Die Zusatz-investitionen ins Umlaufvermögen repräsentieren all jene Nettoinvestitionen in Debitoren-, Lager- und Kreditorenbestände und in Rückstellungen, die für die Stützung des Umsatzwachstums erforderlich sind."[744]

---

[740] Vgl. Börsig (Unternehmenswert 1993), S. 91.
[741] Vgl. Rappaport (Shareholder 1999), S. 68.
[742] Die Bewertungskomponenten sind ausführlich in Kapitel 2.3.4, „Discounted Cash Flow-Methode" dargestellt.
[743] Vgl. Börsig (Unternehmenswert 1993), S. 89.
[744] Rappaport (Shareholder 1999), S. 42 f.

Diese Werttreiber wurden von Rappaport allgemeingültig und somit branchen-unabhängig definiert. Die unternehmerischen Entscheidungen müssen sich an den Wirkungszusammenhängen des Shareholder Value Network ausrichten.

Diese Überlegungen haben wiederum Einfluß auf die Unternehmensbewertung auf Basis der Discounted Cash Flow-Methode genommen. Als Planungsmodell für die Erfolgsplanung läßt sich die Komplexität des Planungsprozesses reduzieren.[745]

Nach Rappaport ist der Discounted Cash Flow besser zur Messung des Unternehmenserfolgs und somit zur wertorientierten Unternehmenssteuerung ge-eignet als Return on Investment (ROI), Return on Equity (ROE) oder (bilanzieller) Gewinn.[746] Die Kritik an diesen Größen richtet sich im wesentlichen gegen deren statischen Charakter. Nach dem Shareholder Value-Ansatz soll sich das unter-nehmerische Handeln nicht an kurzfristigen, sondern an langfristigen Erfolgen ausrichten.[747] In diesem Punkt wird das Shareholder Value-Konzept in der Praxis oftmals fehlinterpretiert. Dem bilanziellen Gewinn wird aus folgenden Gründen die Eignung als Meßgröße des Unternehmenserfolges abgesprochen:[748]

- Geänderte Bewertungsverfahren im Jahresabschluß nehmen maßgeblichen Einfluß auf den Gewinn eines Unternehmens, während der ökonomische Wert sich dadurch nicht verändert.

- Erträge und Einzahlungen sowie Aufwendungen und Auszahlungen weichen signifikant voneinander ab.

- Der Zeitwert des Geldes (Zeitpräferenz) wird ignoriert.

Alle Kritikpunkte lassen sich grundsätzlich auch gegen ROI und ROE vorbringen, da ein handelsrechtliches Ergebnis den Zähler dieser Kennzahlen ausmacht.

5.7.2   Ein modifizierter Shareholder Value-Ansatz

5.7.2.1   Bauspezifisches Shareholder Value-Konzept

Beim Shareholder Value-Ansatz sind der betriebswirtschaftliche Grundgedanke und die Operationalisierung des Grundgedankens über dem Discounted Cash Flow und das Shareholder Value Network voneinander getrennt zu betrachten.

Der betriebswirtschaftliche Grundgedanke des Shareholder Value-Ansatzes ist überzeugend. Der Unternehmenseigner hat ein Interesse an einer maximalen Verzinsung des Kapitals, das er dem Unternehmen zugeführt hat. Für die Unterneh-menssteuerung muß demnach ein aus investitionstheoretischen Überlegungen abgeleiteter Unternehmenswert als Zielgröße vorgegeben werden. Das unter-nehmerische Handeln hat sich demnach auf die Maximierung dieser Größe aus-zurichten. Diesem Grundgedanken entsprechend ist es konsequent, als Maßstab für den Unternehmenswert das Ergebnis einer erfolgsorientierten Bewertungsmethode heranzuziehen, da nur diese Verfahren investitionstheoretischen Grundsätzen folgen.

---

[745] Vgl. Mandl/Rabel (Unternehmensplanung 1997), S. 654.
[746] Vgl. Rappaport (Shareholder 1999), S. 15 ff.
[747] Ebenda, S. 11.
[748] Ebenda, S. 15 ff.

Die Idee des Shareholder Value Network, aus strategischen Zielen über Werttreiber operative Handlungsempfehlungen für das Management abzuleiten, kann ebenfalls überzeugen.

Die Operationalisierung dieses Grundgedankens ist kritisch zu hinterfragen. Rappaport hat ein branchenunabhängiges Konzept entwickelt. Value Driver wie „Umsatzwachstum" und „Investitionen in Anlage- und Umlaufvermögen" lassen allerdings darauf schließen, daß stationär produzierende Branchen im Fokus seiner Überlegungen standen.

Weder Umsatzwachstum noch Investitionen ins Anlagevermögen zählen zu den Werttreibern von bauausführenden Unternehmen. Wegen der lokalen Märkte, die eine Dezentralisierung erfordern, lassen sich bei Bauunternehmen kaum Skalenvorteile realisieren.[749] Hohe Kapitalbindungen im Anlagevermögen schränken die erforderliche Flexibilität bei stark schwankenden Auslastungen ein. Beschäftigungsbedingter Zwang zu Akquisitionserfolgen stellt ein hohes Risiko dar. Ein weiteres Problem liegt darin, daß Rappaports Shareholder Value Network der zunehmenden Bedeutung des Human Capital nicht gerecht wird. Deutlich wird dies am Beispiel der sogenannten „neuen Ökonomie", in der die Bedeutung des Kapitals eine untergeordnete Rolle einnimmt, während die Mitarbeiter den entscheidenden Werttreiber bilden.[750] Daß dies auch für die Baubranche gilt, kann den bisherigen Ausführungen mit Fug und Recht entnommen werden.

Auch die Value Driver-Modelle nach Steward[751] und nach Copeland/Koller/Murrin[752] lösen diese Probleme nicht. Ihre vereinfachenden Annahmen führen dazu, daß die Anforderungen an eine Planungsrechnung im Zusammenhang mit Unternehmensbewertungen nicht erfüllt werden.[753] Im Umkehrschluß gilt, daß das Shareholder Value Network zur Unterstützung konkreter Führungsentscheidungen nur bedingt geeignet ist.

Zur Problemlösung soll das bauspezifische Bewertungsmodell in den Shareholder Value-Ansatz eingebunden werden. Ziel ist ein Modell, das sowohl Rappaports betriebswirtschaftlichem Grundgedanken als auch den Spezifika der Baubranche gerecht wird. Hierzu werden allgemeine Handlungsempfehlungen durch branchenspezifische Elemente ersetzt.

Im ersten Schritt wird der Discounted Cash Flow durch den Unternehmenswert des bauspezifischen Bewertungsmodells ersetzt. Er ist besser als strategische Zielgröße für Bauunternehmungen geeignet als der Discounted Cash Flow. Diese Hypothese wird durch die bisherigen Ausführungen bestätigt.

Nun gilt es zu überprüfen, ob dieser Unternehmenswert Rappaports Anforderungen an eine Zielgröße für die wertorientierte Unternehmenssteuerung genügt. Der modifizierte Ertragswert bietet denselben investitionstheoretischen Hintergrund wie

---

[749] Vgl. Zydra (Skanska 1999), S. 29.
[750] Vgl. Nölting (Mensch 2000), S. 154 ff.
[751] Vgl. Mandl/Rabel (Unternehmensplanung 1997), S. 662 ff.
[752] Ebenda, S. 665 ff.
[753] Ebenda, S. 669 f.

der Discounted Cash Flow. Über die Diskontierung zukünftiger Erfolge wird dem Zeitwert des Gelds (Zeitpräferenz) entsprochen. Der dynamische Ansatz fördert die Ausrichtung des unternehmerischen Handelns am langfristigen Erfolg. Mit dem wirtschaftlichen Ergebnis wird eine Erfolgsgröße verwendet, die stabil gegen bilanzielle Bewertungsänderungen ist. Außerdem sie eine den Zahlungsüberschüssen im hohen Maße angenäherte Erfolgsgröße. Rappaports Bedingungen sind somit erfüllt.

Im nächsten Schritt ist das bauspezifische Shareholder Value Network zu modellieren.

5.7.2.2   Bauspezifisches Shareholder Value Network

Nachdem die unternehmerische Zielgröße in der vorgeschlagenen Weise substituiert wurde, müssen branchenspezifische Werttreiber eingeführt werden. Sie bilden den Zusammenhang zwischen den Führungsentscheidungen in Bauunternehmungen und den Bewertungskomponenten des bauspezifischen Bewertungsmodells ab.

Aus diesen Überlegungen läßt sich das bauspezifische Shareholder Value Network ableiten (Abbildung 32).

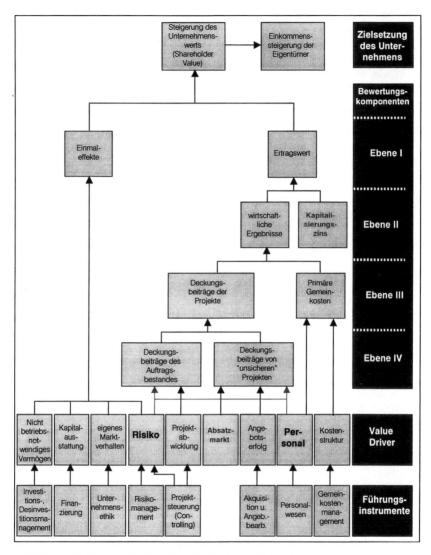

Abbildung 32: Bauspezifisches Shareholder Value Network

Wegen des höheren Detaillierungsgrads ist dieses Modell komplexer als das Shareholder Value Network nach Rappaport. Die Bewertungskomponenten werden über vier Ebenen dargestellt. So läßt sich der geschilderte Aufbau des Unternehmenswerts gemäß bauspezifischem Bewertungsmodell vollständig abbilden. Die Wirkungszusammenhänge zwischen Werttreibern und Bewertungskomponenten können auf diese Weise differenziert abgebildet werden.

Sämtliche Werttreiber bauausführender Unternehmen finden in diesem Shareholder Value Network Berücksichtigung. Von besonderer Bedeutung für die Unternehmensleitung sind die Werttreiber, die auf die wirtschaftlichen Ergebnisse und somit auf den Erfolg der betrieblichen Aktivitäten einwirken. Die „nicht betrieblichen" Werttreiber nehmen über die Bewertung der Einmaleffekte Einfluß auf den Unternehmenswert. Dabei fließen sie direkt, also ohne Kapitalisierung, in die unternehmerische Zielgröße ein.[754] Ihre Wirkung ist deshalb nicht unerheblich. Der Value Driver „Risiko" beinhaltet sowohl betriebliche Risiken als auch die im Zusammenhang mit den Einmaleffekten dargestellten Sonderrisiken.

Dieses Modell weist zwei exogene Größen aus, die nicht durch die Unternehmensführung beeinflußt werden können.[755] Der Kapitalisierungszinssatz ist abweichend von Rappaports Modell von Finanzierungsentscheidungen der Unternehmensleitung unabhängig. Lediglich die Eigentümer bestimmen über ihre risikofreien Renditeziele diese Bewertungskomponente.[756] Dies gilt auch für den in der Baubranche häufig anzutreffenden Fall, daß Eigentümer auch die Unternehmensleitung innehaben. Für dieses Modell ist eine solche Doppelfunktion formal aufzuspalten.

Die Absatzmärkte habe oligopolistische Strukturen. Sie sind somit durch das eigene Marktverhalten beeinflußbar. Dies aber nur in einem so geringen Maße und vor allem ohne Steuerungsmöglichkeiten der Marktentwicklung, daß sie als exogene Größe einzustufen sind. Sie sind dennoch als Werttreiber in diesem Modell unverzichtbar. Insbesondere die durch das Verhalten der Marktteilnehmer bedingte Marktentwicklung (Marktphase) nimmt Einfluß auf die Ergebnisqualität der Aufträge.[757]

Unter den von der Geschäftsleitung beeinflußbaren Werttreibern nehmen „Risiko" und „Personal" eine herausragende Bedeutung ein. Unterschiedliche Risikoquellen wirken über die Bewertungskomponenten auf das Unternehmensziel ein. Außerdem bringt das Geschäft eine Reihe von Einzelrisiken mit sich, die existenzbedrohende Ausmaße annehmen können. Das Risikomanagement ist somit ein entscheidendes Führungsinstrument.

Mit dem Werttreiber „Personal" wird der Bedeutung der Mitarbeiter für den Unternehmenserfolg Rechnung getragen. Somit wird abweichend von den Value Driver-Modellen nach Rappaport, Steward und Copeland/Koller/Murrin das Personalwesen als Führungsaufgabe innerhalb einer wertorientierten Unternehmenssteuerung eingeführt. Die Qualifikation und Motivation von Mitarbeitern soll dabei nicht als Aufgabe einer Abteilung, sondern als Führungsaufgabe des gesamten Managements verstanden werden. Ein besonderes Problem stellt die Messung des Einflusses der Mitarbeiter auf wirtschaftliche Planergebnisse dar. Ein entsprechender Vorschlag zur Operationalisierung wurde in Kapitel 5.4 dieser Arbeit formuliert.

---

[754] S. Kapitel 5.2, „Quantifizierung und methodische Berücksichtigung von Einmaleffekten".
[755] Auch Stewart hat exogene Value Driver in sein Modell aufgenommen. Vgl. Mandl/Rabel (Unternehmensplanung 1997), S. 662 ff.
[756] S. Kapitel 5.5, „Kapitalisierung zukünftiger Erfolge".
[757] S. Kapitel 4.1.2, „Verhalten der Marktteilnehmer – ein volkswirtschaftlicher Exkurs".

An einem konkreten **Beispiel** soll im folgenden der Zusammenhang zwischen einem Führungsinstrument und dem Unternehmenswert (Shareholder Value) dargestellt werden.

Das Bauunternehmen „Shareholder-Bau GmbH" plant für die nächsten fünf Jahre Deckungsbeiträge von 7 bis 9 % und erwartet primäre Verwaltungsgemeinkosten, bezogen auf die Planleistung, zwischen 5 und 6 %. Der aktuelle Unternehmenswert basiert auf wirtschaftlichen Planergebnissen von 2 bis 3 %. Einige nicht betriebsnotwendige Immobilien sollen veräußert werden. Dabei wurde festgestellt, daß die zu erwartenden Verkaufserlöse unter den Wertansätzen liegen, die für die Unternehmensbewertungen früherer Jahre herangezogen wurden. Aufgrund des negativen Einmaleffekts läßt eine aktualisierte Messung der unternehmerischen Zielgröße ein unbefriedigendes Ergebnis erwarten.

Da der erfolgsabhängige Teil der Vergütung an den Unternehmenswert gekoppelt ist, setzt die Geschäftsleitung auf Kompensationsmöglichkeiten aus einem verbesserten Risikomanagementsystem. Bisher enthalten die wirtschaftlichen Planergebnisse durchschnittliche Risikoabschläge über alle Risikoquellen und Produkt-Markt-Segmente. Eine differenzierte Analyse wird in Auftrag gegeben, um durch eine verbesserte Risikoidentifikation effizientere Strategien zur Bewältigung der Risiken entwickeln zu können.

Die Risikomatrix führt zu einer überraschenden Erkenntnis. Das Forderungsausfallrisiko im Produkt-Markt-Segment „Wohnungsbau" ist mit 6 %, bezogen auf die Leistung dieses Segments, deutlich höher als der bisher verwendete Gesamtdurchschnittswert. Da der Wohnungsbau 25 % der Gesamtleistung ausmacht, wurde ein Ergebnisverbesserungspotential erkannt. Bisher wurde dem Problem nicht die erforderliche Aufmerksamkeit gewidmet, da es keinen Einzelfall in exorbitanter Höhe gegeben hatte. Im Rahmen weiterer Untersuchungen stellte sich heraus, daß einige Niederlassungsleiter die Forderungsausfälle bisher nicht zu einem „großen Thema" machen wollten, da die Geschäftsleitung wegen der unbefriedigenden Ergebnisse bereits früher erwogen hatte, keinen Wohnungsbau mehr zu betreiben. Insbesondere für die „ländlicheren" Niederlassungen ist dieses Segment aber der wesentliche Leistungsträger.

Des weiteren brachte die Untersuchung zutage, daß die vertraglichen Regelungen zur Sicherung der Werklohnforderungen der Shareholder-Bau GmbH unbefriedigend und sehr uneinheitlich waren. „Der Kunde wollte einfach nicht auf unsere Wünsche eingehen", lautete der Kommentar eines Niederlassungsleiters. Ein weiterer ergänzte : „Bisher gab es mit diesem Kunden keine Probleme, aber mit dem letzten Projekt hat er sich wohl übernommen".

Die Rechtsanwaltskanzlei „Contract-Master" wurde beauftragt, eine Strategie zur Bewältigung dieses Risikos zu entwickeln. Contract-Master hat eine Vertragsvariante entworfen, die es ermöglichte, Zahlungssicherheiten nicht nur auf die Hauptauftragsleistung, sondern auch auf die Nachtragsleistungen wirksam werden zu lassen. Die Unternehmensleitung wies die Niederlassungsleiter an, zukünftig nur noch diese

Verträge zu verwenden. Außerdem wurde zwingend vorgeschrieben, daß als Zahlungssicherheit eine 20 %ige Bankbürgschaft zu vereinbaren war. Auf Basis dieser Regelungen wurde der Unternehmenswert neu ermittelt. Für die Planung konnten folgende Annahmen ergänzt werden. Das Wohnungsbauvolumen aus den „unsicheren" Projekten sank um etwa 20 %, da ein Teil der Kunden die neu eingeführten Regelungen nicht akzeptierte. Hieraus ergab sich ein um 0,5 % gestiegener Anteil der primären Gemeinkosten an der Planleistung des Wohnungsbaus. Die anderen Kunden würden erwarten, daß Shareholder-Bau die zusätzlichen Avalgebühren übernahm. Ein weiterer Abschlag in Höhe von 0,1 % wurde erforderlich.

Andererseits konnte davon ausgegangen werden, daß nach Abarbeitung des Auftragsbestands das Forderungsausfallrisiko auf 1 % sinken würde. Da die Aufträge im Wohnungsbau keine Langläufer sind, konnte diese Annahme bereits ab dem zweiten Planungsjahr herangezogen werden. Die Normalrenditen der vergangenen Jahre des Produkt-Markt-Segments Wohnungsbau konnten somit für vier Jahre der Planungsphase I mit einem Zuschlag von 5 % versehen werden. Die Maßnahme verbesserte die wirtschaftlichen Planergebnisse des Gesamtunternehmens um 0,5 %, bezogen auf die Planleistung.

Sehr zur Freude der Eigentümer und der Geschäftsleitung führte das verbesserte Risikomanagement zu einer Überkompensierung des negativen Einmaleffekts und somit zu einer Steigerung des Shareholder Value.

Abschließend ist anzumerken, daß durch die Einbindung des bauspezifischen Bewertungsmodells in das Shareholder Value-Konzept ein Lösungsansatz für die Bewertung, aber auch für die strategische Führung von Bauunternehmungen vorliegt. Dem Beteiligungscontrolling eröffnet sich die Möglichkeit, die Entscheidungsfindung (Unternehmenskauf) und die Erfolgskontrolle dieser Entscheidung nach denselben Grundsätzen durchzuführen.[758]

---

[758] Vgl. Epstein (Shareholder-Value-Orientierung 2000), S. 24.

6   Zusammenfassung

Die Theorie der Unternehmensbewertung hat eine Vielzahl an Methoden hervorgebracht. Die betriebswirtschaftliche Literatur empfiehlt einhellig die Anwendung der erfolgsorientierten Bewertungsverfahren. Sowohl das Ertragswertverfahren als auch die Discounted Cash Flow-Methode sind aus der Investitionstheorie abgeleitet. Sie unterscheiden sich lediglich durch unterschiedliche Erfolgsgrößen und abweichende Herleitung der Kapitalisierungszinssätze voneinander. Im angloamerikanischen Raum haben in den letzten Jahren die marktorientierten Verfahren an Bedeutung gewonnen. Hierbei ist zu berücksichtigen, daß in diesem Raum die Anzahl der börsennotierten Unternehmen deutlich höher ist als im deutschsprachigen Raum.

Obwohl die Branchenorientierung bei der Unternehmensbewertung gefordert wird, sind wissenschaftliche Arbeiten zur Übertragung der Bewertungsverfahren auf einzelne Branchen selten. Eine entsprechende Veröffentlichung zur Baubranche gibt es bisher nicht, obwohl diese Branche weiterhin volkswirtschaftlich von hoher Bedeutung ist und mit der Vielzahl an deutschen Bauunternehmungen eine große Anzahl an potentiellen Bewertungsfällen vorliegt.

In dieser Arbeit wurde ein Bewertungsmodell entwickelt, das den Besonderheiten der Baubranche Rechnung trägt. Zu diesem Zweck wurden zunächst zwei empirische Erhebungen durchgeführt und die bewertungsrelevanten Besonderheiten der Baubranche analysiert. Die Ergebnisse der Befragungen und Analysen lieferten die Grundlagen für die Auswahl eines geeigneten Bewertungsverfahrens und der Konzeption eines entsprechenden Bewertungsmodells.

Beide Umfragen wurden als Hypothesentest aufgebaut. Es wurden Unternehmensbewerter mit Erfahrung in der Baubranche und Bauunternehmer befragt. In der ersten Erhebung standen bewertungsmethodische Fragen im Zentrum, in der zweiten die Werttreiber von Bauunternehmungen. Beide Befragungen zeichneten sich durch relativ hohe Rücklaufquoten aus. Die vom Verfasser formulierten Hypothesen wurden weitgehend bestätigt. Die Unternehmensbewerter empfahlen die Verwendung der Ertragswertmethode, wobei einige Besonderheiten der Baubranche wie branchenspezifische Risiken, die Personenbezogenheit des Geschäfts sowie die Bilanzierungspraxis im Baugewerbe so große Probleme bereiten, daß Modifikationen erforderlich sind. Die Bauunternehmer hoben das Personal als wesentlichen Werttreiber bauausführender Unternehmen deutlich hervor.

Es wurde herausgearbeitet, daß ein modifiziertes Ertragswertverfahren am ehesten geeignet ist, die bauspezifischen Besonderheiten zu berücksichtigen. Im ersten Schritt wurde dieses Verfahren methodisch modifiziert. Als Erfolgsgröße wurden Ergebnisse aus der Kosten- und Leistungsrechnung (wirtschaftliche Ergebnisse) anstelle bilanzieller Ergebnisse verwendet. Hierdurch läßt sich eine deutlich höhere Annäherung an das theoretische Ideal der Zahlungsüberschüsse erreichen. Außerdem wurden Einmaleffekte eingeführt, um auch die bewertungsrelevanten Sachverhalte zu erfassen, die nicht oder nur mit erhöhtem Aufwand im Rahmen der Planung wirtschaftlicher Ergebnisse berücksichtigt werden können.

Im zweiten Schritt wurden Planungsmodelle entwickelt, um die Eingangswerte für die Ertragswertrechnung mit möglichst hoher Planungssicherheit zu generieren. Dabei wurde zwischen der projektbezogenen Planung und der Planung nicht projektbezogener Ergebnisbestandteile unterschieden. Bei der projektbezogenen Planung werden Zusammenhänge zwischen Werttreibern und wirtschaftlichen Ergebnissen aufgezeigt. Diese werden operationalisiert und im Projektplanungsschema zusammengefaßt. Die Planung nicht projektbezogener Ergebnisbestandteile erfolgt über eine anwendungsbezogene Variante der multiplen Regressionsanalyse.

Das bauspezifische Bewertungsmodell ist nicht nur als Instrument bei der Bewertung von Bauunternehmungen anwendbar, sondern auch in Anlehnung an Rappaport zur strategischen Steuerung von Bauunternehmungen geeignet. Ein entsprechend modifiziertes Shareholder Value-Modell verdeutlicht den Zusammenhang zwischen unternehmerischen Maßnahmen und dem Wert von Bauunternehmungen. Es fördert somit das Handeln im Sinne der Shareholder. Durch die Berücksichtigung der Branchenspezifika wird die Praktikabilität gegenüber Rappaports sehr allgemeinem Ansatz erhöht.

Mit der vorliegenden Arbeit wurden die Grundlagen zur Bewertung von Bauunternehmungen geschaffen. Weitere Forschungen sollten sich mit den hier erarbeiteten Planungsansätzen beschäftigen, um das bauspezifische Bewertungsmodell zu verfeinern. Zur Verringerung der Komplexität bietet sich die Übertragung des Modells auf ein EDV-System an. Dadurch würde sich auch die Möglichkeit eröffnen, die projektbezogene Planung durch Expertensysteme zu unterstützen.[759] Das Expertenwissen könnte dabei von einer unternehmensübergreifenden Institution wie dem Hauptverband der Deutschen Bauindustrie gebündelt und bereitgestellt werden.

---

[759] Zum Einsatz von Expertensystemen bei der Unternehmensbewertung vgl. Krauthäuser (Einsatzmöglichkeiten 1990), S. 158 ff.

Controlling und Unternehmensrechnung
Technische Universität Braunschweig
Prof. Dr. Burkhard Huch

TU Braunschweig
Institut für Wirtschaftswissenschaften
Abteilung Controlling und Unternehmensrechnung
Daniel Beckmann
Pockelsstraße 14
D-38106 Braunschweig

> **Bitte zurücksenden an:**

Unternehmensbewertung in der Baubranche

1. Sehen Sie einen Zusammenhang zwischen **Branchenzugehörigkeit** eines zu bewertenden Unternehmens und...

	Ja	Nein
... dem Bewertungsverfahren?	☐	☐
... der Vorgehensweise bei der Bewertung?	☐	☐

Haben Sie hierzu Anmerkungen? _____

_____

2. Wie gelangen Sie an **Informationen** zur käuferbezogenen Bewertung von Bauunternehmen?

	nie	selten	häufig	immer
Öffentlich zugängliche Quellen	☐	☐	☐	☐
Einzelne interne Daten des Kaufobjektes stehen zur Verfügung	☐	☐	☐	☐
Due Dilligence, d.h. eingehende Prüfung interner Daten durch Experten	☐	☐	☐	☐
Andere: _____	☐	☐	☐	☐

3. Wie oft haben Sie während der letzten 10 Jahre folgende **Methoden** zur Bewertung eines Bauunternehmens als Kaufobjekt genutzt?

Ertragswertmethode   ☐

Discounted Cash Flow-Verfahren   ☐

Substanzorientierte Verfahren   ☐

Vergleichsorientierte Verfahren
(z.B. Vergleichswertverfahren, Multiplikatormethode)   ☐

Marktorientierte Verfahren
(z.B. Börsenwert)   ☐

Kombinationsmethoden
(z.B. Mittelwertmethode, Stuttgarter Verfahren)   ☐

Andere/Anmerkungen: _____   ☐

4. Nutzen Sie für ein Objekt **mehrere Verfahren gleichzeitig?**

Ja ☐   Nein ☐

Haben Sie hierzu Anmerkungen?

_____

_____

_____

5. Findet eine **Ergebnisprognose** statt?

Ja, der Prognosehorizont liegt bei...   Nein ☐

☐ 1 - 2 Jahren   ☐ 3 - 5 Jahren   ☐ 6 - 10 Jahren   ☐ > 10 Jahren
☐ = 2 Jahren   ☐ = 5 Jahren   ☐ = 10 Jahren

6. Falls Sie die **Ertragswert-** oder **Discounted Cash Flow-Methode** bei der Bewertung von Bauunternehmen verwenden: Woran orientiert sich Ihr **Kapitalisierungszinssatz?**

☐ Mindestverzinsung des Investors (Zielrendite)
☐ Kapitalmarktzins
☐ WACC (gewichtete Eigen- und Fremdkapitalkosten unter Einbeziehung theoretischer
       Kapitalmarktmodelle wie z.B. das CAPM)
☐ _____

Haben Sie hierzu Anmerkungen? _____

_____

7. Falls Sie das **Ertragswertverfahren** anwenden:
Welche **Erfolgsgröße** legen Sie der Kaufpreisermittlung von Bauunternehmungen zugrunde?

☐ Jahresüberschuß   ☐ Einzahlungsüberschüsse
☐ EBT (Jahresüberschuß vor Steuern)   ☐ Wirtschaftliches Ergebnis
☐ EBIT (Jahresüberschuß vor Steuern und Zinsen)   (Differenz aus Kosten & Leistungen)
☐ Andere: _____

8. Welche **Kriterien** sind für Sie zur Wahl der Bewertungsmethode(n) bei beabsichtigtem Kauf einer Bauunternehmung maßgebend?

Bedeutung

◀ Sehr wichtig   Eher unwichtig ▶

Praktikabilität	☐	☐	☐	☐	☐ ☐
Theoretische Exaktheit	☐	☐	☐	☐	☐ ☐
Brancheneignung	☐	☐	☐	☐	☐ ☐
Möglichkeit zur Analyse von Werttreibern	☐	☐	☐	☐	☐ ☐
Vergangenheitsorientierung	☐	☐	☐	☐	☐ ☐
Zukunftsorientierung	☐	☐	☐	☐	☐ ☐
„Objektivität", d.h. Robustheit gegenüber Bilanzmanipulation	☐	☐	☐	☐	☐ ☐
Einbeziehung steuerlicher Faktoren	☐	☐	☐	☐	☐ ☐
Akzeptanz durch Verhandlungsparteien	☐	☐	☐	☐	☐ ☐
Andere: _____	☐	☐	☐	☐	☐ ☐
_____	☐	☐	☐	☐	☐ ☐
_____	☐	☐	☐	☐	☐ ☐

9. Welche **Bedeutung** messen Sie **Risiken des Baugeschäftes** im Rahmen einer Bauunternehmensbewertung bei?

	Bedeutung					
	◀ gering					hoch ▶
Vertragsrisiken	☐	☐	☐	☐	☐	☐
Forderungsausfallrisiken	☐	☐	☐	☐	☐	☐
Technische Risiken	☐	☐	☐	☐	☐	☐
Personenbezogenheit des Baugeschäftes	☐	☐	☐	☐	☐	☐
Projektentwicklung (z.B. Absatz- und Umweltrisiken)	☐	☐	☐	☐	☐	☐
Zinsrisiko	☐	☐	☐	☐	☐	☐
Konjunkturrisiko	☐	☐	☐	☐	☐	☐
Andere: _____	☐	☐	☐	☐	☐	☐
_____	☐	☐	☐	☐	☐	☐
_____	☐	☐	☐	☐	☐	☐

10. Auf welche Weise berücksichtigen Sie diese **Risiken** bei der Bewertung?

Berücksichtigung **im Diskontierungszinssatz:**
☐ *Pauschaler* Risikozuschlag im Kapitalisierungszins nach eigenem Ermessen
☐ *Branchenbezogener* Risikozuschlag im Kapitalisierungszins
☐ *Spezifischer* Risikozuschlag im Kapitalisierungszins in Abhängigkeit vom Bewertungsobjekt
☐ _____

Berücksichtigung **im zukünftigen Erfolg:**
☐ *Erwartungswert*   ☐ *Sicherheitsäquivalent* des Erwartungswertes
☐ *Differenzierte Bewertung einzelner Risiken*   ☐ _____

☐ *Pauschaler Absolutbetrag*

☐ _____

11. Welche Umstände führen speziell bei Bauunternehmungen zu **Bewertungsproblemen?**

	Ausprägung der Probleme					
	◀ gering					stark ▶
Baubilanzierung:						
Langfristfertigung	☐	☐	☐	☐	☐	☐
ARGE-Bilanzierung	☐	☐	☐	☐	☐	☐
Mangelhafte Unternehmensplanung	☐	☐	☐	☐	☐	☐
Nicht-betriebsnotwendiges Vermögen	☐	☐	☐	☐	☐	☐
Bewertung laufender Baustellen	☐	☐	☐	☐	☐	☐
Vertragsrisiken	☐	☐	☐	☐	☐	☐
Forderungsausfallrisiken	☐	☐	☐	☐	☐	☐
Technische Risiken	☐	☐	☐	☐	☐	☐
Personenbezogenheit des Geschäfts	☐	☐	☐	☐	☐	☐
Bewertung von Projektentwicklung	☐	☐	☐	☐	☐	☐
Zinsrisiko	☐	☐	☐	☐	☐	☐
Konjunkturrisiko	☐	☐	☐	☐	☐	☐
Andere: _____	☐	☐	☐	☐	☐	☐
_____	☐	☐	☐	☐	☐	☐
_____	☐	☐	☐	☐	☐	☐
_____	☐	☐	☐	☐	☐	☐

Erläuterung möglich: _____
_____
_____

12. Welche **Konsequenzen** haben Sie aus diesen speziellen Problemen gezogen?

- ☐ Orientierung an Kosten- und Leistungsrechnung statt an Bilanz
- ☐ Überprüfung des Planungssystems
- ☐ Begutachtung der Baustellen durch Experten
- ☐ Beurteilung des Führungspersonals inklusive Bauleitung
- ☐ Prüfung des Risikomanagementsystems
- ☐ Weitere:_____

_____
_____
_____

13. Wie hoch war der **durchschnittlich erzielte Kaufpreis** der von Ihnen bewerteten Bauunternehmen?

☐ 0 – 1 Mio. DM	☐ 1 – 5 Mio. DM	☐ 5 – 10 Mio. DM	☐ 10 – 20 Mio. DM
☐ 20 – 50 Mio. DM	☐ 50 – 100 Mio. DM	☐ > 100 Mio. DM	

14. Welcher Art von **Unternehmung** gehören Sie an?

☐ Bauunternehmung	☐ Unternehmensberatung	☐ Unternehmensvermittlung
☐ Wirtschaftsprüfung	☐ Andere: _____	

Wir bedanken uns für Ihre Mitarbeit.

☐ Ich wünsche einen **kostenlosen Kurzbericht** über die Forschungsergebnisse
(die Auswertung der Daten erfolgt selbstverständlich anonym).

Meine Anschrift lautet:

_____
_____
_____
_____
_____

Frage 1: Zusammenhang zwischen Branchenzugehörigkeit des Bewertungsobjektes und Wahl der Bewertungsmethode (1.1)/ Vorgehen bei der Bewertung (1.2)

Bandbreitenabschätzung ($p_{1,2} = p \pm \sqrt{\dfrac{p*(1-p)}{n}}$):

Frage 1.1   n = 32 p_1 = 97,2%   **Frage 1.2**   n = 29 p_1 = 99,0%
           p = 84% p_2 = 71,5%   p = 86% p_2 = 73,4%

Frage 2: Informationsbasis der Bewerter

(Arithmetisches Mittel: $x_M = \dfrac{1}{n} * \sum\limits_{i=1}^{n} x_i$ Varianz: $s^2 = \dfrac{1}{n-1} * \sum\limits_{i=1}^{n} (x_i - x_M)^2$ Streuung: s)

Gesamt:

	nie=1	selten=2	häufig=3	immer=4	k.A.	Probe	x_M	s^2	s
Öffentlich zugängliche Quellen	4	11	7	9	1	32	2,7	1,1	1,0
Einzelne interne Daten	1	5	11	13	2	32	3,2	0,7	0,8
Due Diligence	0	6	7	17	2	32	3,4	0,7	0,8

BU:

	nie=1	selten=2	häufig=3	immer=4	k.A.	Probe	x_M	s^2	s
Öffentlich zugängliche Quellen	3	9	0	1	1	14	1,9	0,6	0,8
Einzelne interne Daten	0	4	6	2	2	14	2,8	0,5	0,7
Due Diligence	0	2	4	7	1	14	3,4	0,6	0,8

UB:

	nie=1	selten=2	häufig=3	immer=4	k.A.	Probe	x_M	s^2	s
Öffentlich zugängliche Quellen	0	1	3	3	0	7	3,3	0,6	0,8
Einzelne interne Daten	0	0	0	7	0	7	4,0	0,0	0,0
Due Diligence	0	0	2	5	0	7	3,7	0,2	0,5

WP:

	nie=1	selten=2	häufig=3	immer=4	k.A.	Probe	x_M	s^2	s
Öffentlich zugängliche Quellen	1	0	1	2	0	4	3,0	2,0	1,4
Einzelne interne Daten	1	1	2	0	0	4	2,3	0,9	1,0
Due Diligence	0	0	1	3	0	4	3,8	0,3	0,5

SV:

	nie=1	selten=2	häufig=3	immer=4	k.A.	Probe	x_M	s^2	s
Öffentlich zugängliche Quellen	0	1	3	3	0	7	3,3	0,6	0,8
Einzelne interne Daten	0	0	3	4	0	7	3,6	0,3	0,5
Due Diligence	0	4	0	2	1	7	2,7	1,1	1,0

Frage 3: Anwendung der Bewertungsmethoden

a) Anwendungshäufigkeit von Bewertungsmethoden (je Befragungsteilnehmer)

Gesamt:

	Summe	x_M	s^2	s
Ertragswertmethode	147	4,9	42,6	6,5
Discounted Cash Flow-Verfahren	64	2,1	15,3	3,9
Substanzorientierte Verfahren	59	2,0	9,6	3,1
Vergleichsorientierte Verfahren	50	1,7	42,6	6,5
Marktorientierte Verfahren	23	0,8	13,5	3,7
Kombinationsmethoden	65	2,2	41,5	6,4
Sonstige	0	0,0	0,0	0,0
Gesamt	408	13,6	691,9	26,3

BU:

	14 Einzelergebnisse														Summe	x_M	s^2	s
Ertragswertmethode	10	1	1	1	2	7	2	1	0	2	1	1	3	0	32	2,3	7,9	2,8
Discounted Cash Flow-Verfahren	0	0	0	0	0	2	0	1	0	0	0	1	3	2	9	0,6	1,0	1,0
Substanzorientierte Verfahren	0	0	1	0	0	6	0	1	0	1	0	0	3	2	14	1,0	2,9	1,7
Vergleichsorientierte Verfahren	0	0	0	0	0	0	1	0	0	1	0	0	0	0	2	0,1	0,1	0,4
Marktorientierte Verfahren	0	0	0	0	0	0	0	0	0	0	0	0	0	0	0	0,0	0,0	0,0
Kombinationsmethoden	5	0	0	0	0	7	0	0	1	0	0	0	0	0	13	0,9	4,8	2,2
Sonstige	0	0	0	0	0	0	0	0	0	0	0	0	0	0	0	0,0	0,0	0,0
Gesamt	15	1	2	1	2	22	3	3	1	4	1	2	9	4	70	5,0	38,9	6,2

UB:

	7 Einzelergebnisse							Summe	x_M	s^2	s
Ertragswertmethode	3	10	1	30	10	3	0	57	8,1	109,1	10,4
Discounted Cash Flow-Verfahren	0	5	0	10	0	3	0	18	2,6	14,6	3,8
Substanzorientierte Verfahren	0	3	0	5	0	3	2	13	1,9	3,8	2,0
Vergleichsorientierte Verfahren	0	1	0	35	0	0	0	36	5,1	173,5	13,2
Marktorientierte Verfahren	0	0	0	20	0	3	0	23	3,3	55,6	7,5
Kombinationsmethoden	0	0	0	30	0	0	3	33	4,7	125,6	11,2
Sonstige	0	0	0	0	0	0	0	0	0,0	0,0	0,0
Gesamt	3	19	1	130	10	12	5	180	25,7	2151,9	46,4

WP:

	4 Einzelergebnisse				Summe	x_M	s^2	s
Ertragswertmethode	5	3	2	2	12	3,0	2,0	1,4
Discounted Cash Flow-Verfahren	5	3	0	2	10	2,5	4,3	2,1
Substanzorientierte Verfahren	0	0	0	0	0	0,0	0,0	0,0
Vergleichsorientierte Verfahren	0	3	0	0	3	0,8	2,3	1,5
Marktorientierte Verfahren	0	0	0	0	0	0,0	0,0	0,0
Kombinationsmethoden	0	0	0	0	0	0,0	0,0	0,0
Sonstige	0	0	0	0	0	0,0	0,0	0,0
Gesamt	10	9	2	4	25	6,3	14,9	3,9

SV:

	5 Einzelergebnisse (2x k.A.)					Summe	x_M	s^2	s
Ertragswertmethode	6	4	5	21	10	46	9,2	48,7	7,0
Discounted Cash Flow-Verfahren	0	0	10	17	0	27	5,4	60,8	7,8
Substanzorientierte Verfahren	6	4	10	12	0	32	6,4	22,8	4,8
Vergleichsorientierte Verfahren	0	0	0	9	0	9	1,8	16,2	4,0
Marktorientierte Verfahren	0	0	0	0	0	0	0,0	0,0	0,0
Kombinationsmethoden	0	0	0	19	0	19	3,8	72,2	8,5
Sonstige	0	0	0	0	0	0	0,0	0,0	0,0
Gesamt	12	8	25	78	10	133	26,6	869,8	29,5

b) Kontingenztest auf Basis der Verwendungshäufigkeit[1]

Befragungsergebnis:

	BU	UB	WP	SV	Summe
Ertragswertmethode	32	57	12	46	147
Discounted Cash Flow-Verfahren	9	18	10	27	64
Substanzorientierte Verfahren	14	13	0	32	59
Vergleichsorientierte Verfahren	2	36	3	9	50
Marktorientierte Verfahren	0	23	0	0	23
Kombinationsmethoden	13	33	0	19	65
Summe	70	180	25	133	n = 408

Erwartungswerte:

	BU	UB	WP	SV
Ertragswertmethode	25,22	64,85	9,01	47,92
Discounted Cash Flow-Verfahren	10,98	28,24	3,92	20,86
Substanzorientierte Verfahren	10,12	26,03	3,62	19,23
Vergleichsorientierte Verfahren	8,58	22,06	3,06	16,30
Marktorientierte Verfahren	3,95	10,15	1,41	7,50
Kombinationsmethoden	11,15	28,68	3,98	21,19

χ^2:

	BU	UB	WP	SV	Summe
Ertragswertmethode	1,82	0,95	0,99	0,08	3,84
Discounted Cash Flow-Verfahren	0,36	3,71	9,42	1,81	15,29
Substanzorientierte Verfahren	1,49	6,52	3,62	8,48	20,10
Vergleichsorientierte Verfahren	5,04	8,81	0,00	3,27	17,13
Marktorientierte Verfahren	3,95	16,28	1,41	7,50	29,13
Kombinationsmethoden	0,31	0,65	3,98	0,23	5,17
					90,66

Mit *Zeilenanzahl r = 5* und *Spaltenanzahl s = 4*
$\Rightarrow$ *min (r,s) = 4*

$$\Rightarrow V = \sqrt{\frac{\chi^2}{n * (\min(r,s) - 1)}} = 0,27$$

---

[1] Vgl. Hartung/Elpelt/Klösener (1991), S. 451f.

c) Kontingenztest auf Basis der Nennungen

Befragungsergebnis:

	BU	UB	WP	SV	Summe
Ertragswertmethode	12	6	4	5	27
Discounted Cash Flow-Verfahren	5	3	3	2	13
Substanzorientierte Verfahren	6	4	0	4	14
Vergleichsorientierte Verfahren	2	2	1	1	6
Marktorientierte Verfahren	0	2	0	0	2
Kombinationsmethoden	3	2	0	1	6
Summe	28	19	8	13	n = 68

Erwartungswerte:

	BU	UB	WP	SV
Ertragswertmethode	11,12	7,54	3,18	5,16
Discounted Cash Flow-Verfahren	5,35	3,63	1,53	2,49
Substanzorientierte Verfahren	5,76	3,91	1,65	2,68
Vergleichsorientierte Verfahren	2,47	1,68	0,71	1,15
Marktorientierte Verfahren	0,82	0,56	0,24	0,38
Kombinationsmethoden	2,47	1,68	0,71	1,15

χ^2:

	BU	UB	WP	SV	Summe
Ertragswertmethode	0,07	0,32	0,21	0,01	0,60
Discounted Cash Flow-Verfahren	0,02	0,11	1,41	0,09	1,64
Substanzorientierte Verfahren	0,01	0,00	1,65	0,65	2,31
Vergleichsorientierte Verfahren	0,09	0,06	0,12	0,02	0,29
Marktorientierte Verfahren	0,82	3,72	0,24	0,38	5,16
Kombinationsmethoden	0,11	0,06	0,71	0,02	0,90
					10,91

Mit *Zeilenanzahl r* = 5 und *Spaltenanzahl s* = 4

$\Rightarrow$ *min (r,s)* = 4

$$\Rightarrow V = \sqrt{\frac{\chi^2}{n*(\min(r,s)-1)}} = 0,23$$

Frage 4: simultane Anwendung von Bewertungsmethoden

a) Anzahl der Nennungen:

	BU	UB	WP	SV	Gesamt
Ja	8	4	3	7	22
Nein	6	3	1	0	10
Anz. beantworteter Fragebögen	14	7	4	7	32

b) Bandbreitenabschätzung: n = 32 p_1 = 85,1%

p = 69% p_2 = 52,4%

Frage 5: Prognosehorizont

a) Detailliertes Befragungsergebnis (Nennungen):

	BU	UB	WP	SV
1-2 Jahre	0	1	0	0
= 2 Jahre	0	1	0	1
3-5 Jahre	4	2	3	2
= 5 Jahre	2	1	0	0
6-10 Jahre	3	0	0	2
= 10 Jahre	0	0	0	1
> 10 Jahre	5	2	1	1
Probe	14	7	4	7

b) Kontingenztest

Aggregiertes Befragungsergebnis (Nennungen):

	BU	UB	WP	SV	Summe
1-2 Jahre	0	2	0	1	3
3-5 Jahre	6	3	3	2	14
6-10 Jahre	3	0	0	3	6
> 10 Jahre	5	2	1	1	9
Summe	14	7	4	7	n = 32

Erwartungswerte:

	BU	UB	WP	SV
1-2 Jahre	1,31	0,66	0,38	0,66
3-5 Jahre	6,13	3,06	1,75	3,06
6-10 Jahre	2,63	1,31	0,75	1,31
> 10 Jahre	3,94	1,97	1,13	1,97

χ^2:

	BU	UB	WP	SV	Summe
1-2 Jahre	1,31	2,75	0,38	0,18	4,62
3-5 Jahre	0,00	0,00	0,89	0,37	1,27
6-10 Jahre	0,05	1,31	0,75	2,17	4,29
> 10 Jahre	0,29	0,00	0,01	0,48	0,78
					10,17

Mit *Zeilenanzahl r = 4* und *Spaltenanzahl s = 4*
$\Rightarrow min\ (r,s) = 4$

$$\Rightarrow V = \sqrt{\frac{\chi^2}{n*(\min(r,s)-1)}} = 0,33$$

c) Bandbreitenabschätzung für Planungshorizont von mehr als 5 Jahren:

PEEMÖLLER ET AL.:		**Eigene Erhebung:**	
n = 61	$p_1 = 39,5\%$	n = 32	$p_1 = 64,5\%$
p = 28%	$p_2 = 16,5\%$	p = 47%	$p_2 = 29,2\%$

Frage 6: Kapitalisierungszins

Kontingenztest

Befragungsergebnis (Nennungen):

	BU	UB	WP	SV	Summe
Zielrendite	10	2	3	5	20
Kapitalmarkt	4	5	0	2	11
WACC	0	1	2	3	6
Summe	14	8	5	10	n = 37

Erwartungswerte:

	BU	UB	WP	SV
Zielrendite	7,57	4,32	2,70	5,41
Kapitalmarkt	4,16	2,38	1,49	2,97
WACC	2,27	1,30	0,81	1,62

χ^2:

	BU	UB	WP	SV	Summe
Zielrendite	0,78	1,25	0,03	0,03	2,09
Kapitalmarkt	0,01	2,89	1,49	0,32	4,70
WACC	2,27	0,07	1,74	1,17	5,25
					12,05

Mit *Zeilenanzahl r = 3* und *Spaltenanzahl s = 4*

$\Rightarrow min\ (r,s) = 3$

$$\Rightarrow V = \sqrt{\frac{\chi^2}{n*(\min(r,s)-1)}} = 0,40$$

Frage 7: Erfolgsgröße

Kontingenztest

Befragungsergebnis (Nennungen):

	BU	UB	WP	SV	Summe
Jahresüberschuß	5	0	1	2	8
EBT (Jahresüberschuß vor Steuern)	1	2	0	1	4
EBIT (Jahresüberschuß vor Steuern u. Zinsen)	0	3	0	2	5
Einzahlungsüberschuß	0	1	3	1	5
Differenz aus Kosten u. Leistungen	7	1	1	3	12
Sonstige	1	0	0	1	2
Summe	14	7	5	10	n = 36
Von ... Anwendern der Ertragswertmethode	12	6	4	5	27

Erwartungswerte:

	BU	UB	WP	SV
Jahresüberschuß	3,11	1,56	1,11	2,22
EBT (Jahresüberschuß vor Steuern)	1,56	0,78	0,56	1,11
EBIT (Jahresüberschuß vor Steuern u. Zinsen)	1,94	0,97	0,69	1,39
Einzahlungsüberschuß	1,94	0,97	0,69	1,39
Differenz aus Kosten u. Leistungen	4,67	2,33	1,67	3,33
Sonstige	0,78	0,39	0,28	0,56

χ^2 :

	BU	UB	WP	SV	Summe
Jahresüberschuß	1,15	1,56	0,01	0,02	2,74
EBT (Jahresüberschuß vor Steuern)	0,20	1,92	0,56	0,01	2,69
EBIT (Jahresüberschuß vor Steuern u. Zinsen)	1,94	4,23	0,69	0,27	7,14
Einzahlungsüberschuß	1,94	0,00	7,65	0,11	9,71
Differenz aus Kosten u. Leistungen	1,17	0,76	0,27	0,03	2,23
Sonstige	0,06	0,39	0,28	0,36	1,09
					25,58

Mit *Zeilenanzahl r* = *6* und *Spaltenanzahl s* = *4*
$\Rightarrow$ *min (r,s)* = *4*

$$\Rightarrow V = \sqrt{\frac{\chi^2}{n * (\min(r,s) - 1)}} = 0,49$$

Frage 8: Kriterien zur Wahl einer Bewertungsmethode

Gesamt:

	6	5	4	3	2	1	k.A.	Probe	x_M	s^2	s
Praktikabilität	12	12	7	0	0	0	1	32	5,2	0,6	0,8
Theoretische Exaktheit	4	10	4	7	3	2	2	32	4,0	2,2	1,5
Brancheneignung	9	15	3	1	0	0	4	32	5,1	0,6	0,8
Möglichkeit zur Analyse v. Werttreibern	3	8	8	2	4	4	3	32	3,7	2,6	1,6
Vergangenheitsorientierung	0	3	6	10	4	8	1	32	2,7	1,7	1,3
Zukunftsorientierung	19	10	2	0	0	0	1	32	5,5	0,4	0,6
Robustheit gegenüber Bilanzmanipulation	16	9	3	1	1	0	2	32	5,3	1,0	1,0
Einbeziehung steuerlicher Faktoren	3	5	13	9	1	0	1	32	4,0	1,0	1,0
Akzeptanz durch Verhandlungsparteien	5	6	10	4	4	2	1	32	3,9	2,1	1,5

BU:

	6	5	4	3	2	1	k.A.	Probe	x_M	s^2	s
Praktikabilität	3	9	1	0	0	0	1	14	5,2	0,3	0,6
Theoretische Exaktheit	1	4	2	4	1	0	2	14	4,0	1,5	1,2
Brancheneignung	4	7	1	0	0	0	2	14	5,3	0,4	0,6
Möglichkeit zur Analyse v. Werttreibern	1	2	2	2	3	3	1	14	3,0	2,8	1,7
Vergangenheitsorientierung	0	0	1	5	3	4	1	14	2,2	1,0	1,0
Zukunftsorientierung	5	7	1	0	0	0	1	14	5,3	0,4	0,6
Robustheit gegenüber Bilanzmanipulation	8	3	1	1	0	0	1	14	5,4	0,9	1,0
Einbeziehung steuerlicher Faktoren	0	2	4	6	1	0	1	14	3,5	0,8	0,9
Akzeptanz durch Verhandlungsparteien	0	2	5	1	4	1	1	14	3,2	1,7	1,3

UB:

	6	5	4	3	2	1	k.A.	Probe	x_M	s^2	s
Praktikabilität	4	2	1	0	0	0	0	7	5,4	0,6	0,8
Theoretische Exaktheit	1	1	2	1	1	1	0	7	3,6	3,0	1,7
Brancheneignung	2	4	1	0	0	0	0	7	5,1	0,5	0,7
Möglichkeit zur Analyse v. Werttreibern	0	3	3	0	1	0	0	7	4,1	1,1	1,1
Vergangenheitsorientierung	0	0	3	1	1	2	0	7	2,7	1,9	1,4
Zukunftsorientierung	4	2	1	0	0	0	0	7	5,4	0,6	0,8
Robustheit gegenüber Bilanzmanipulation	2	4	1	0	0	0	0	7	5,1	0,5	0,7
Einbeziehung steuerlicher Faktoren	0	1	4	2	0	0	0	7	3,9	0,5	0,7
Akzeptanz durch Verhandlungsparteien	2	1	2	1	0	1	0	7	4,1	3,1	1,8

WP:

	6	5	4	3	2	1	k.A.	Probe	x_M	s^2	s
Praktikabilität	2	0	2	0	0	0	0	4	5,0	1,3	1,2
Theoretische Exaktheit	1	3	0	0	0	0	0	4	5,3	0,3	0,5
Brancheneignung	1	1	1	0	0	0	1	4	5,0	1,0	1,0
Möglichkeit zur Analyse v. Werttreibern	1	0	2	0	0	1	0	4	3,8	4,3	2,1
Vergangenheitsorientierung	0	1	1	2	0	0	0	4	3,8	0,9	1,0
Zukunftsorientierung	3	1	0	0	0	0	0	4	5,8	0,3	0,5
Robustheit gegenüber Bilanzmanipulation	2	0	1	0	1	0	0	4	4,5	3,7	1,9
Einbeziehung steuerlicher Faktoren	1	2	1	0	0	0	0	4	5,0	0,7	0,8
Akzeptanz durch Verhandlungsparteien	1	1	1	1	0	0	0	4	4,5	1,7	1,3

SV:

	6	5	4	3	2	1	k.A.	Probe	x_M	s^2	s
Praktikabilität	3	1	3	0	0	0	0	7	5,0	1,0	1,0
Theoretische Exaktheit	1	2	0	2	1	1	0	7	3,6	3,3	1,8
Brancheneignung	2	3	0	1	0	0	1	7	5,0	1,2	1,1
Möglichkeit zur Analyse v. Werttreibern	1	3	1	0	0	0	2	7	5,0	0,5	0,7
Vergangenheitsorientierung	0	2	1	2	0	2	0	7	3,1	2,8	1,7
Zukunftsorientierung	7	0	0	0	0	0	0	7	6,0	0,0	0,0
Robustheit gegenüber Bilanzmanipulation	4	2	0	0	0	0	1	7	5,7	0,3	0,5
Einbeziehung steuerlicher Faktoren	2	0	4	1	0	0	0	7	4,4	1,3	1,1
Akzeptanz durch Verhandlungsparteien	2	2	2	1	0	0	0	7	4,7	1,2	1,1

Frage 9: Bedeutung branchenbezogener Risiken

Gesamt:

	1	2	3	4	5	6	k.A.	Probe	x$_M$	s²	s
Vertragsrisiken	0	0	0	9	11	12	0	32	5,1	0,7	0,8
Forderungsausfallrisiken	0	0	0	5	12	15	0	32	5,3	0,5	0,7
Technische Risiken	0	3	5	10	9	5	0	32	4,3	1,4	1,2
Personenbezogenheit	1	3	4	5	12	7	0	32	4,4	1,9	1,4
Projektentwicklung	0	0	3	5	12	11	1	32	5,0	0,9	1,0
Zinsrisiko	1	8	7	13	1	0	2	32	3,2	1,0	1,0
Konjunkturrisiko	1	3	5	12	7	4	0	32	4,0	1,6	1,3

BU:

	1	2	3	4	5	6	k.A.	Probe	x$_M$	s²	s
Vertragsrisiken	0	0	0	3	5	6	0	14	5,2	0,6	0,8
Forderungsausfallrisiken	0	0	0	3	8	3	0	14	5,0	0,5	0,7
Technische Risiken	0	1	0	4	7	2	0	14	4,6	1,0	1,0
Personenbezogenheit	0	3	1	0	5	5	0	14	4,6	2,6	1,6
Projektentwicklung	0	0	1	1	5	7	0	14	5,3	0,8	0,9
Zinsrisiko	1	3	3	5	1	0	1	14	3,2	1,3	1,1
Konjunkturrisiko	1	2	4	7	0	0	0	14	3,2	1,0	1,0

UB:

	1	2	3	4	5	6	k.A.	Probe	x$_M$	s²	s
Vertragsrisiken	0	0	0	1	4	2	0	7	5,1	0,5	0,7
Forderungsausfallrisiken	0	0	0	0	1	6	0	7	5,9	0,1	0,4
Technische Risiken	0	0	3	1	2	1	0	7	4,1	1,5	1,2
Personenbezogenheit	0	0	2	2	2	1	0	7	4,3	1,2	1,1
Projektentwicklung	0	0	1	1	3	2	0	7	4,9	1,1	1,1
Zinsrisiko	0	2	2	3	0	0	0	7	3,1	0,8	0,9
Konjunkturrisiko	0	0	0	4	2	1	0	7	4,6	0,6	0,8

WP:

	1	2	3	4	5	6	k.A.	Probe	x$_M$	s²	s
Vertragsrisiken	0	0	0	1	1	2	0	4	5,3	0,9	1,0
Forderungsausfallrisiken	0	0	0	1	1	2	0	4	5,3	0,9	1,0
Technische Risiken	0	0	0	2	0	2	0	4	5,0	1,3	1,2
Personenbezogenheit	0	0	0	2	1	1	0	4	4,8	0,9	1,0
Projektentwicklung	0	0	0	0	3	1	0	4	5,3	0,3	0,5
Zinsrisiko	0	2	1	1	0	0	0	4	2,8	0,9	1,0
Konjunkturrisiko	0	1	0	0	1	2	0	4	4,8	3,6	1,9

SV:

	1	2	3	4	5	6	k.A.	Probe	x$_M$	s²	s
Vertragsrisiken	0	0	0	4	1	2	0	7	4,7	0,9	1,0
Forderungsausfallrisiken	0	0	0	1	2	4	0	7	5,4	0,6	0,8
Technische Risiken	0	2	2	3	0	0	0	7	3,1	0,8	0,9
Personenbezogenheit	1	0	1	1	4	0	0	7	4,0	2,3	1,5
Projektentwicklung	0	0	1	3	1	1	1	7	4,3	1,1	1,0
Zinsrisiko	0	1	1	4	0	0	1	7	3,5	0,7	0,8
Konjunkturrisiko	0	0	1	1	4	1	0	7	4,7	0,9	1,0

Frage 10: Risikoberücksichtigung

a) im Diskontierungszins (Nennungen):

	BU	UB	WP	SV	Gesamt
Pauschaler...	1	1	0	1	3
Branchenbezogener...	0	3	3	4	10
Objektspezifischer Risikozuschlag	10	2	1	5	18
von	14	7	4	7	32

b) im künftigen Erfolg (Nennungen):

	BU	UB	WP	SV	Gesamt
Erwartungswert	2	2	1	3	8
Sicherheitsäquivalent des	0	0	0	2	2
Differenzierte Bewertung einzelner	7	5	4	4	20
Pauschaler Absolutbetrag	1	0	0	0	1
von	14	7	4	7	32

Frage 11: Größe branchenbezogener Bewertungsprobleme

Gesamt:

	1	2	3	4	5	6	k.A.	Probe	x_M	s^2	s
Bilanzierung bei Langfristfertigung	0	0	3	6	9	13	1	32	5,0	1,0	1,0
ARGE-Bilanzierung	0	2	3	4	11	11	1	32	4,8	1,5	1,2
Mangelhafte Unternehmensplanung	0	2	6	10	8	5	1	32	4,3	1,3	1,2
Nicht betriebsnotwendiges Vermögen	7	8	6	8	2	0	1	32	2,7	1,6	1,3
Bewertung laufender Baustellen	0	0	3	3	11	13	2	32	5,1	0,9	1,0
Vertragsrisiken	0	0	2	10	11	8	1	32	4,8	0,8	0,9
Forderungsausfallrisiken	0	1	3	7	11	9	1	32	4,8	1,2	1,1
Technische Risiken	0	2	7	12	6	4	1	32	4,1	1,2	1,1
Personenbezogenheit des Geschäfts	1	3	4	5	9	9	1	32	4,5	2,1	1,5
Bewertung von Projektentwicklung	0	0	5	4	13	9	1	32	4,8	1,1	1,0
Zinsrisiko	4	9	11	7	0	0	1	32	2,7	1,0	1,0
Konjunkturrisiko	4	4	8	8	4	3	1	32	3,4	2,2	1,5

BU:

	1	2	3	4	5	6	k.A.	Probe	x_M	s^2	s
Bilanzierung bei Langfristfertigung	0	0	0	0	7	7	0	14	5,5	0,3	0,5
ARGE-Bilanzierung	0	0	1	1	6	6	0	14	5,2	0,8	0,9
Mangelhafte Unternehmensplanung	0	2	3	4	5	0	0	14	3,9	1,2	1,1
Nicht betriebsnotwendiges Vermögen	3	1	5	4	1	0	0	14	2,9	1,6	1,3
Bewertung laufender Baustellen	0	0	0	0	4	9	1	14	5,7	0,2	0,5
Vertragsrisiken	0	0	0	2	6	6	0	14	5,3	0,5	0,7
Forderungsausfallrisiken	0	0	1	3	5	5	0	14	5,0	0,9	1,0
Technische Risiken	0	1	0	5	4	4	0	14	4,7	1,3	1,1
Personenbezogenheit des Geschäfts	0	2	2	0	4	6	0	14	4,7	2,4	1,5
Bewertung von Projektentwicklung	0	0	1	2	5	6	0	14	5,1	0,9	0,9
Zinsrisiko	3	2	6	3	0	0	0	14	2,6	1,2	1,1
Konjunkturrisiko	3	1	4	6	0	0	0	14	2,9	1,5	1,2

UB:

	1	2	3	4	5	6	k.A.	Probe	x_M	s^2	s
Bilanzierung bei Langfristfertigung	0	0	0	4	1	2	0	7	4,7	0,9	1,0
ARGE-Bilanzierung	0	0	0	2	4	1	0	7	4,9	0,5	0,7
Mangelhafte Unternehmensplanung	0	0	2	4	1	0	0	7	3,9	0,5	0,7
Nicht betriebsnotwendiges Vermögen	0	3	1	2	1	0	0	7	3,1	1,5	1,2
Bewertung laufender Baustellen	0	0	0	2	2	3	0	7	5,1	0,8	0,9
Vertragsrisiken	0	0	0	3	4	0	0	7	4,6	0,3	0,5
Forderungsausfallrisiken	0	0	0	3	3	1	0	7	4,7	0,6	0,8
Technische Risiken	0	0	4	2	1	0	0	7	3,6	0,6	0,8
Personenbezogenheit des Geschäfts	0	1	0	3	1	2	0	7	4,4	2,0	1,4
Bewertung von Projektentwicklung	0	0	0	2	4	1	0	7	4,9	0,5	0,7
Zinsrisiko	1	3	2	1	0	0	0	7	2,4	1,0	1,0
Konjunkturrisiko	1	1	2	2	1	0	0	7	3,1	1,8	1,3

WP:

	1	2	3	4	5	6	k.A.	Probe	x_M	s^2	s
Bilanzierung bei Langfristfertigung	0	0	0	1	0	3	0	4	5,5	1,0	1,0
ARGE-Bilanzierung	0	0	0	0	0	4	0	4	6,0	0,0	0,0
Mangelhafte Unternehmensplanung	0	0	0	2	0	2	0	4	5,0	1,3	1,2
Nicht betriebsnotwendiges Vermögen	1	2	0	1	0	0	0	4	2,3	1,6	1,3
Bewertung laufender Baustellen	0	0	1	0	2	1	0	4	4,8	1,6	1,3
Vertragsrisiken	0	0	0	2	1	1	0	4	4,8	0,9	1,0
Forderungsausfallrisiken	0	1	0	0	2	1	0	4	4,5	3,0	1,7
Technische Risiken	0	0	0	3	1	0	0	4	4,3	0,3	0,5
Personenbezogenheit des Geschäfts	0	0	1	1	1	1	0	4	4,5	1,7	1,3
Bewertung von Projektentwicklung	0	0	0	0	3	1	0	4	5,3	0,3	0,5
Zinsrisiko	0	2	0	2	0		0	4	3,0	1,3	1,2
Konjunkturrisiko	0	1	1	0	0	2	0	4	4,3	4,3	2,1

SV:

	1	2	3	4	5	6	k.A.	Probe	x_M	s^2	s
Bilanzierung bei Langfristfertigung	0	0	3	1	1	1	1	7	4,0	1,6	1,3
ARGE-Bilanzierung	0	2	2	1	1	0	1	7	3,2	1,4	1,2
Mangelhafte Unternehmensplanung	0	0	1	0	2	3	1	7	5,2	1,4	1,2
Nicht betriebsnotwendiges Vermögen	3	2		1	0	0	1	7	1,8	1,4	1,2
Bewertung laufender Baustellen	0	0	2	1	3	0	1	7	4,2	1,0	1,0
Vertragsrisiken	0	0	2	3	0	1	1	7	4,0	1,2	1,1
Forderungsausfallrisiken	0	0	2	1	1	2	1	7	4,5	1,9	1,4
Technische Risiken	0	1	3	2	0	0	1	7	3,2	0,6	0,8
Personenbezogenheit des Geschäfts	1	0	1	1	3	0	1	7	3,8	2,6	1,6
Bewertung von Projektentwicklung	0	0	4	0	1	1	1	7	3,8	1,8	1,3
Zinsrisiko	0	2	3	1	0	0	1	7	2,8	0,6	0,8
Konjunkturrisiko	0	1	1	0	3	1	1	7	4,3	2,3	1,5

Frage 12: Maßnahmen zur Verringerung der Bewertungsprobleme

Nennungen:

	BU	UB	WP	SV	Gesamt
Orientierung an KLR statt an Bilanz	8	3	3	5	19
Überprüfung Planungssystem	3	5	3	4	15
Begutachtung der Baustellen durch	11	5	3	1	20
Beurteilung des Führungspersonals	11	6	3	5	25
Prüfung Risikomanagementsystem	9	6	2	3	20
von	14	7	4	7	32

Frage 13: durchschnittlicher Kaufpreis der bewerteten Bauunternehmen

detaillierte Darstellung:

[Mio. DM]	BU	UB	WP	SV	Gesamt
0 – 1	1	0	0	0	1
1 – 5	1	2	1	4	8
5 – 10	4	1	0	1	6
10 – 20	2	1	1	0	4
20 – 50	2	0	0	0	2
50 – 100	1	2	1	0	4
> 100	0	0	0	0	0
k.A.	3	1	1	2	7
Probe	14	7	4	7	32

Frage 14: Einordnung in Teilnehmergruppe

(ohne ergänzende Auswertungen oder Berechnungen)

Controlling und
Unternehmensrechnung
Technische Universität Braunschweig
Prof. Dr. Burkhard Huch

TU Braunschweig
Institut für Wirtschaftswissenschaften
Abteilung Controlling und Unternehmensrechnung
Herrn Daniel Beckmann
Pockelsstraße 14
D-38106 Braunschweig

Bitte zurücksenden an:

Wertbildende Faktoren in Bauunternehmen

1. **Mit wie vielen Unternehmen** steht Ihr Unternehmen/Ihre Niederlassung **in direktem Wettbewerb**?

    ca. _____

2. Wie hoch war die **Bauleistung** Ihres Unternehmens/Ihrer Niederlassung im Jahre 1999?

< 1	☐	1 – 5	☐	5 – 20	☐	20 – 100 ☐
100 – 500	☐	500 – 1000	☐	> 1000	☐	Mio. DM

3. Wie viele **Mitarbeiter** waren im Jahresdurchschnitt 1999 in Ihrem Unternehmen/Ihrer Niederlassung beschäftigt?

< 20	☐	20 – 49	☐	50 – 99	☐	100 – 199 ☐
200 – 499	☐	500 – 999	☐	> 999	☐	

4. In **welchen Bausparten** ist Ihr Unternehmen/Ihre Niederlassung überwiegend tätig?

    Hochbau ☐   Tiefbau ☐   in beiden Sparten ☐

5. Was macht Ihrer Einschätzung nach den **Wert eines Bauunternehmens** aus?

	◀ nicht maßgebend				maßgebend ▶
Nachhaltig positive Jahresergebnisse	☐	☐ ☐ ☐ ☐		☐
Vorhandenes Vermögen	☐	☐ ☐ ☐ ☐		☐

6. Beurteilen Sie bitte den **Einfluss folgender Faktoren** auf den **Wert Ihres Unternehmens/Ihrer Niederlassung**!

	◀ gering	Einfluss	stark ▶
Auftragsakquisition			
Akquisiteure Ihres Unternehmens/Ihrer Niederlassung	☐ ☐	☐ ☐	☐ ☐
Stammkundenbeziehungen	☐ ☐	☐ ☐	☐ ☐
Zusammenarbeit mit Behörden und Planern	☐ ☐	☐ ☐	☐ ☐
Kalkulatoren	☐ ☐	☐ ☐	☐ ☐
Marktanteil	☐ ☐	☐ ☐	☐ ☐
Weitere: _____	☐ ☐	☐ ☐	☐ ☐
_____	☐ ☐	☐ ☐	☐ ☐

    Fortsetzung auf Rückseite...

    b.w.

...Fortsetzung zu Frage 6:

	◀ gering		Einfluss			stark ▶

Projektabwicklung

Projekt-/Bauleitungspersonal	☐	☐	☐	☐	☐	☐
Gewerbliches Personal	☐	☐	☐	☐	☐	☐
Kostenstruktur	☐	☐	☐	☐	☐	☐
Gerätepark	☐	☐	☐	☐	☐	☐
Einkäufer	☐	☐	☐	☐	☐	☐
Zusammenarbeit mit Nachunternehmern und Lieferanten	☐	☐	☐	☐	☐	☐
Technisches Know-How	☐	☐	☐	☐	☐	☐
Weitere: _____	☐	☐	☐	☐	☐	☐

Verwaltung

Rechtsabteilung	☐	☐	☐	☐	☐	☐
Kaufmännische Verwaltung	☐	☐	☐	☐	☐	☐
Risikomanagement	☐	☐	☐	☐	☐	☐
Controlling	☐	☐	☐	☐	☐	☐
EDV	☐	☐	☐	☐	☐	☐
Weitere: _____	☐	☐	☐	☐	☐	☐

Sonstige

Werbung/Öffentlichkeitsarbeit	☐	☐	☐	☐	☐	☐
Kapitalausstattung	☐	☐	☐	☐	☐	☐
Umsatz	☐	☐	☐	☐	☐	☐
Arbeitsgemeinschaften	☐	☐	☐	☐	☐	☐
Weitere: _____	☐	☐	☐	☐	☐	☐

7. Bilden Sie bitte für die drei wichtigsten aller in **Frage 6** genannten **Faktoren** eine Rangfolge!

(1) _____

(2) _____

(3) _____

8. Welchen Einfluss haben folgende Risiken auf den **Wert Ihres Unternehmens/Ihrer Niederlassung?**

	◀ gering		Einfluss			hoch ▶
Vertragsrisiken	☐	☐	☐	☐	☐	☐
Forderungsausfallrisiken	☐	☐	☐	☐	☐	☐
Technische Risiken	☐	☐	☐	☐	☐	☐
Personenbezogenheit des Baugeschäftes	☐	☐	☐	☐	☐	☐
Projektentwicklung (z.B. Absatz- u. Umweltrisiken)	☐	☐	☐	☐	☐	☐
Zinsrisiko	☐	☐	☐	☐	☐	☐
Konjunkturrisiko	☐	☐	☐	☐	☐	☐
Andere: _____	☐	☐	☐	☐	☐	☐

9. Wie intensiv würden Sie folgende Punkte bei der **Bewertung eines Bauunternehmens** analysieren?

	◀ gering		Analyseintensität			hoch ▶
Laufende Baustellen	☐	☐	☐	☐	☐	☐
Planungsqualität	☐	☐	☐	☐	☐	☐
Qualität des Führungspersonals inkl. Bauleitung	☐	☐	☐	☐	☐	☐
Bilanzen	☐	☐	☐	☐	☐	☐
Kosten- und Leistungsrechnung	☐	☐	☐	☐	☐	☐
Vermögen wie Immobilien, Sachanlagen etc.	☐	☐	☐	☐	☐	☐
Risikomanagement	☐	☐	☐	☐	☐	☐
Andere: _____	☐	☐	☐	☐	☐	☐

Frage 1: Einschätzung der Wettbewerbsintensität

$$\left(\text{Arithmetisches Mittel: } x_M = \frac{1}{n} * \sum_{i=1}^{n} x_i \right) \qquad \text{Varianz: } s^2 = \frac{1}{n-1} * \sum_{i=1}^{n} (x_i - x_M)^2 \qquad \text{Streuung: } s)$$

Bei Angabe einer Zahlenspanne wurde der Mittelwert zugrundegelegt.

	\multicolumn{20}{c}{geschätzte Anzahl Konkurrenten}				
	6	8	10	12	12,5	13,5	15	20	22	25	27,5	30	40	50	75	100	150	200	550	600	k.A.	Probe	x_M	s
Gesamt	1	2	8	1	1	1	12	8	1	5	2	7	4	7	1	3	1	1	1	1	8	76	48	98
HB	0	0	2	0	0	1	5	1	1	1	0	1	3	4	0	0	0	1	0	0	3	23	36	41
TB	0	1	3	0	1	0	5	5	0	1	1	3	1	3	0	0	0	0	1	1	1	27	66	151
HB/ TB	1	1	3	1	0	0	2	2	0	3	1	3	0	0	1	3	1	0	0	0	4	26	38	40
K 1	0	0	0	0	0	0	1	0	0	1	0	0	1	0	0	0	0	0	0	0	0	3	27	12
K 2	0	1	3	0	1	0	3	3	0	0	0	1	1	2	0	1	0	0	0	0	0	16	27	24
K 3	1	0	3	0	0	1	6	2	0	2	1	0	2	2	1	0	0	0	1	0	2	24	48	113
K 4	0	0	2	0	0	0	2	3	0	1	1	5	0	3	0	2	1	1	0	0	2	23	48	49
K 5	0	0	0	1	0	0	0	0	0	1	0	1	0	0	0	0	0	0	0	1	1	5	167	289
K 6	0	1	0	0	0	0	0	0	1	0	0	0	0	0	0	0	0	0	0	0	3	5	15	10

Fragen 2 und 3: Bauleistung und Beschäftigtenzahl

$$\text{Pearsonscher Korrelationskoeffizient: } r_{xy} = \frac{\sum_{i=1}^{n} x_i y_i - n * x_M * y_M}{\sqrt{\left(\sum_{i=1}^{n} x_i^2 - n * x_M^2\right)\left(\sum_{i=1}^{n} y_i^2 - n * y_M^2\right)}}$$

Berechnung: n = 6 (Anzahl der Wertepaare i) $x_M = y_M = 76/6 = 12,7$

	Beschäftigtenzahl		Bauleistung		
i	x_i	x_i^2	y_i	y_i^2	$x_i * y_i$
1	8	64	3	9	24
2	21	441	17	289	357
3	19	361	29	841	551
4	18	324	22	484	396
5	5	25	1	1	5
6	5	25	4	16	20
Summe	76	1240	76	1640	1353

$r_{xy} = 0{,}90$

i	Beschäftigtenzahl		Unternehmensgröße		
	x_i	x_i^2	y_i	y_i^2	$x_i^*y_i$
1	8	64	3	9	24
2	21	441	16	256	336
3	19	361	24	576	456
4	18	324	23	529	414
5	5	25	5	25	25
6	5	25	5	25	25
Summe	76	1240	76	1420	1280

$r_{xy} = 0,89$

i	Bauleistung		Unternehmensgröße		
	x_i	x_i^2	y_i	y_i^2	$x_i^*y_i$
1	3	9	3	9	9
2	17	289	16	256	272
3	29	841	24	576	696
4	22	484	23	529	506
5	1	1	5	25	5
6	4	16	5	25	20
Summe	76	1640	76	1420	1508

$r_{xy} = 0,98$

Frage 4: Spartenzugehörigkeit (-)

Frage 5: Wertauffassung

Gesamtergebnis:

Klassen 1 bis 6 / alle Sparten	1	2	3	4	5	6	k.A.	Probe	x_M	s^2	s
Nachhaltig positive Jahresergebnisse	0	1	3	3	17	51	1	76	5,5	0,7	0,9
Vorhandenes Vermögen	1	4	13	21	18	16	3	76	4,4	1,5	1,2

Spartenergebnis:

Klassen 1 bis 6 / Hochbau	1	2	3	4	5	6	k.A.	Probe	x_M	s^2	s
Nachhaltig positive Jahresergebnisse	0	0	2	0	4	16	1	23	5,5	0,8	0,9
Vorhandenes Vermögen	1	1	6	6	6	2	1	23	4,0	1,6	1,3

Klassen 1 bis 6 / Tiefbau	1	2	3	4	5	6	k.A.	Probe	x_M	s^2	s
Nachhaltig positive Jahresergebnisse	0	0	1	1	7	18	0	27	5,6	0,6	0,8
Vorhandenes Vermögen	0	2	3	9	6	6	1	27	4,4	1,5	1,2

Klassen 1 bis 6 / Hoch- und Tiefbau	1	2	3	4	5	6	k.A.	Probe	x_M	s^2	s
Nachhaltig positive Jahresergebnisse	0	1	0	2	6	17	0	26	5,5	0,9	0,9
Vorhandenes Vermögen	0	1	4	6	6	8	1	26	4,6	1,5	1,2

Klassenergebnis:

Klasse 1 / alle Sparten	1	2	3	4	5	6	k.A.	Probe	x_M	s^2	s
Nachhaltig positive Jahresergebnisse	0	0	1	0	1	1	0	3	4,7	2,3	1,5
Vorhandenes Vermögen	0	0	0	3	0	0	0	3	4,0	0,0	0,0

Klasse 2 / alle Sparten	1	2	3	4	5	6	k.A.	Probe	x_M	s^2	s
Nachhaltig positive Jahresergebnisse	0	0	2	2	6	6	0	16	5,0	1,1	1,0
Vorhandenes Vermögen	0	0	2	5	6	2	1	16	4,5	0,8	0,9

Klasse 3 / alle Sparten	1	2	3	4	5	6	k.A.	Probe	x_M	s^2	s
Nachhaltig positive Jahresergebnisse	0	1	0	0	5	18	0	24	5,6	0,8	0,9
Vorhandenes Vermögen	0	3	5	4	4	8	0	24	4,4	2,2	1,5

Klasse 4 / alle Sparten	1	2	3	4	5	6	k.A.	Probe	x_M	s^2	s
Nachhaltig positive Jahresergebnisse	0	0	0	1	3	18	1	23	5,8	0,3	0,5
Vorhandenes Vermögen	1	1	4	6	5	4	2	23	4,2	1,9	1,4

Klasse 5 / alle Sparten	1	2	3	4	5	6	k.A.	Probe	x_M	s^2	s
Nachhaltig positive Jahresergebnisse	0	0	0	0	0	5	0	5	6,0	0,0	0,0
Vorhandenes Vermögen	0	0	2	1	1	1	0	5	4,2	1,7	1,3

Klasse 6 / alle Sparten	1	2	3	4	5	6	k.A.	Probe	x_M	s^2	s
Nachhaltig positive Jahresergebnisse	0	0	0	0	2	3	0	5	5,6	0,3	0,5
Vorhandenes Vermögen	0	0	0	2	2	1	0	5	4,8	0,7	0,8

Frage 6: Werttreiber

Frage 6.1: Auftragsakquisition

Gesamtergebnis:

Klassen 1 bis 6 / alle Sparten	1	2	3	4	5	6	k.A.	Probe	x_M	s^2	s
Akquisiteure	4	7	6	14	17	28	0	76	4,5	2,4	1,5
Stammkundenbeziehungen	0	7	3	12	23	30	1	76	4,9	1,6	1,3
Zusammenarb. mit Behörden u. Planern	0	11	17	18	21	9	0	76	4,0	1,6	1,3
Kalkulatoren	0	4	7	16	29	20	0	76	4,7	1,2	1,1
Marktanteil	4	14	12	13	19	9	5	76	3,8	2,2	1,5

Spartenergebnis:

Klassen 1 bis 6 / Hochbau	1	2	3	4	5	6	k.A.	Probe	x_M	s^2	s
Akquisiteure	0	2	4	2	6	9	0	23	4,7	1,9	1,4
Stammkundenbeziehungen	0	0	0	3	10	9	1	23	5,3	0,5	0,7
Zusammenarb. mit Behörden u. Planern	0	6	7	4	3	3	0	23	3,6	1,9	1,4
Kalkulatoren	0	3	4	3	11	2	0	23	4,2	1,5	1,2
Marktanteil	2	1	4	5	7	2	2	23	4,0	2,0	1,4

Klassen 1 bis 6 / Tiefbau	1	2	3	4	5	6	k.A.	Probe	x_M	s^2	s
Akquisiteure	3	3	1	5	5	10	0	27	4,3	3,2	1,8
Stammkundenbeziehungen	0	7	2	4	5	9	0	27	4,3	2,7	1,6
Zusammenarb. mit Behörden u. Planern	0	2	5	7	9	4	0	27	4,3	1,4	1,2
Kalkulatoren	0	0	2	6	7	12	0	27	5,1	1,0	1,0
Marktanteil	1	6	4	1	7	6	2	27	4,0	2,8	1,7

Klassen 1 bis 6 / Hoch- und Tiefbau	1	2	3	4	5	6	k.A.	Probe	x_M	s^2	s
Akquisiteure	1	2	1	7	6	9	0	26	4,6	2,0	1,4
Stammkundenbeziehungen	0	0	1	5	8	12	0	26	5,2	0,8	0,9
Zusammenarb. mit Behörden u. Planern	0	3	5	7	9	2	0	26	4,1	1,4	1,2
Kalkulatoren	0	1	1	7	11	6	0	26	4,8	1,0	1,0
Marktanteil	1	7	4	7	5	1	1	26	3,4	1,8	1,3

Klassenergebnis:

Klasse 1 / alle Sparten	1	2	3	4	5	6	k.A.	Probe	x_M	s^2	s
Akquisiteure	0	1	1	0	1	0	0	3	3,3	2,3	1,5
Stammkundenbeziehungen	0	0	0	1	2	0	0	3	4,7	0,3	0,6
Zusammenarb. mit Behörden u. Planern	0	1	1	1	0	0	0	3	3,0	1,0	1,0
Kalkulatoren	0	1	1	1	0	0	0	3	3,0	1,0	1,0
Marktanteil	0	1	2	0	0	0	0	3	2,7	0,3	0,6

Klasse 2 / alle Sparten	1	2	3	4	5	6	k.A.	Probe	x_M	s^2	s
Akquisiteure	1	0	1	4	5	5	0	16	4,7	1,8	1,4
Stammkundenbeziehungen	0	2	0	3	4	6	1	16	4,8	1,9	1,4
Zusammenarb. mit Behörden u. Planern	0	2	4	4	5	1	0	16	3,9	1,4	1,2
Kalkulatoren	0	1	1	6	4	4	0	16	4,6	1,3	1,2
Marktanteil	0	4	4	4	2	1	1	16	3,5	1,6	1,2

Klasse 3 / alle Sparten	1	2	3	4	5	6	k.A.	Probe	x_M	s^2	s
Akquisiteure	1	4	1	3	6	9	0	24	4,5	2,7	1,6
Stammkundenbeziehungen	0	2	1	2	9	10	0	24	5,0	1,5	1,2
Zusammenarb. mit Behörden u. Planern	0	5	5	5	6	3	0	24	3,9	1,9	1,4
Kalkulatoren	0	1	3	3	12	5	0	24	4,7	1,2	1,1
Marktanteil	0	2	5	3	8	5	1	24	4,4	1,7	1,3

Klasse 4 / alle Sparten	1	2	3	4	5	6	k.A.	Probe	x_M	s^2	s
Akquisiteure	1	2	1	6	5	8	0	23	4,6	2,2	1,5
Stammkundenbeziehungen	0	2	1	4	5	11	0	23	5,0	1,7	1,3
Zusammenarb. mit Behörden u. Planern	0	3	3	6	6	5	0	23	4,3	1,8	1,3
Kalkulatoren	0	0	2	4	8	9	0	23	5,0	1,0	1,0
Marktanteil	2	6	1	4	7	2	1	23	3,6	2,6	1,6

Klasse 5 / alle Sparten	1	2	3	4	5	6	k.A.	Probe	x_M	s^2	s
Akquisiteure	1	0	2	0	0	2	0	5	3,8	4,7	2,2
Stammkundenbeziehungen	0	1	0	2	1	1	0	5	4,2	2,2	1,5
Zusammenarb. mit Behörden u. Planern	0	0	3	1	1	0	0	5	3,6	0,8	0,9
Kalkulatoren	0	0	0	1	2	2	0	5	5,2	0,7	0,8
Marktanteil	1	0	0	2	0	1	1	5	3,8	4,3	2,1

Klasse 6 / alle Sparten	1	2	3	4	5	6	k.A.	Probe	x_M	s^2	s
Akquisiteure	0	0	0	1	0	4	0	5	5,6	0,8	0,9
Stammkundenbeziehungen	0	0	1	0	2	2	0	5	5,0	1,5	1,2
Zusammenarb. mit Behörden u. Planern	0	0	1	1	3	0	0	5	4,4	0,8	0,9
Kalkulatoren	0	1	0	1	3	0	0	5	4,2	1,7	1,3
Marktanteil	1	1	0	0	2	0	1	5	3,3	4,3	2,1

Frage 6.2: Projektabwicklung

Gesamtergebnis:

Klassen 1 bis 6/ alle Sparten	1	2	3	4	5	6	k.A.	Probe	x_M	s^2	s
Projekt-/Bauleitungspersonal	0	1	1	6	21	46	1	76	5,5	0,7	0,8
Gewerbliches Personal	1	6	6	14	33	15	1	76	4,6	1,5	1,2
Kostenstruktur	0	2	10	12	34	16	2	76	4,7	1,1	1,0
Gerätepark	4	11	11	18	21	9	2	76	3,9	2,0	1,4
Einkäufer	1	5	8	21	24	16	1	76	4,5	1,5	1,2
Zusammenarbeit mit NU und Lieferanten	1	0	8	21	28	16	2	76	4,7	1,0	1,0
Technisches Know how	0	1	0	7	29	38	1	76	5,4	0,6	0,8

Spartenergebnis:

Klassen 1 bis 6/ Hochbau	1	2	3	4	5	6	k.A.	Probe	x_M	s^2	s
Projekt-/Bauleitungspersonal	0	1	1	1	6	14	0	23	5,3	1,1	1,1
Gewerbliches Personal	1	4	2	4	9	3	0	23	4,1	2,2	1,5
Kostenstruktur	0	0	4	4	13	2	0	23	4,6	0,8	0,9
Gerätepark	4	4	4	4	6	0	1	23	3,2	2,3	1,5
Einkäufer	0	3	3	5	6	6	0	23	4,4	1,9	1,4
Zusammenarbeit mit NU und Lieferanten	0	0	3	6	9	5	0	23	4,7	0,9	1,0
Technisches Know how	0	1	0	2	11	9	0	23	5,2	0,9	0,9

Klassen 1 bis 6/ Tiefbau	1	2	3	4	5	6	k.A.	Probe	x_M	s^2	s
Projekt-/Bauleitungspersonal	0	0	0	2	12	12	1	27	5,4	0,4	0,6
Gewerbliches Personal	0	1	2	3	14	6	1	27	4,8	1,0	1,0
Kostenstruktur	0	2	1	4	12	7	1	27	4,8	1,3	1,1
Gerätepark	0	2	2	5	9	8	1	27	4,7	1,5	1,2
Einkäufer	0	2	2	8	9	5	1	27	4,5	1,3	1,1
Zusammenarbeit mit NU und Lieferanten	1	0	3	8	9	5	1	27	4,5	1,4	1,2
Technisches Know how	0	0	0	2	9	15	1	27	5,5	0,4	0,6

Klassen 1 bis 6/ Hoch- und Tiefbau	1	2	3	4	5	6	k.A.	Probe	x_M	s^2	s
Projekt-/Bauleitungspersonal	0	0	0	3	3	20	0	26	5,7	0,5	0,7
Gewerbliches Personal	0	1	2	7	10	6	0	26	4,7	1,1	1,0
Kostenstruktur	0	0	5	4	9	7	1	26	4,7	1,2	1,1
Gerätepark	0	5	5	9	6	1	0	26	3,7	1,3	1,2
Einkäufer	1	0	3	8	9	5	0	26	4,5	1,4	1,2
Zusammenarbeit mit NU und Lieferanten	0	0	2	7	10	6	1	26	4,8	0,8	0,9
Technisches Know how	0	0	0	3	9	14	0	26	5,4	0,5	0,7

Klassenergebnis:

Klasse 1 / alle Sparten	1	2	3	4	5	6	k.A.	Probe	x_M	s^2	s
Projekt-/Bauleitungspersonal	0	1	0	2	0	0	0	3	3,3	1,3	1,2
Gewerbliches Personal	0	0	0	1	2	0	0	3	4,7	0,3	0,6
Kostenstruktur	0	0	1	1	0	1	0	3	4,3	2,3	1,5
Gerätepark	0	0	0	3	0	0	0	3	4,0	0,0	0,0
Einkäufer	0	0	2	0	1	0	0	3	3,7	1,3	1,2
Zusammenarbeit mit NU und Lieferanten	0	0	2	0	1	0	0	3	3,7	1,3	1,2
Technisches Know how	0	1	0	0	1	1	0	3	4,3	4,3	2,1

Klasse 2/ alle Sparten	1	2	3	4	5	6	k.A.	Probe	x_M	s^2	s
Projekt-/Bauleitungspersonal	0	0	0	2	7	7	0	16	5,3	0,5	0,7
Gewerbliches Personal	0	0	1	2	10	3	0	16	4,9	0,6	0,8
Kostenstruktur	0	1	1	3	10	1	0	16	4,6	0,9	1,0
Gerätepark	0	1	3	3	7	1	1	16	4,3	1,2	1,1
Einkäufer	0	2	1	7	4	2	0	16	4,2	1,4	1,2
Zusammenarbeit mit NU und Lieferanten	1	0	1	9	5	0	0	16	4,1	1,0	1,0
Technisches Know how	0	0	0	1	9	6	0	16	5,3	0,4	0,6

Klasse 3/ alle Sparten	1	2	3	4	5	6	k.A.	Probe	x_M	s^2	s
Projekt-/Bauleitungspersonal	0	0	1	0	7	16	0	24	5,6	0,5	0,7
Gewerbliches Personal	1	2	0	5	8	8	0	24	4,7	2,0	1,4
Kostenstruktur	0	1	3	4	10	6	0	24	4,7	1,3	1,1
Gerätepark	2	3	4	4	8	3	0	24	3,9	2,3	1,5
Einkäufer	1	2	3	5	5	8	0	24	4,5	2,3	1,5
Zusammenarbeit mit NU und Lieferanten	0	0	2	7	7	8	0	24	4,9	1,0	1,0
Technisches Know how	0	0	0	1	9	14	0	24	5,5	0,3	0,6

Klasse 4/ alle Sparten	1	2	3	4	5	6	k.A.	Probe	x_M	s^2	s
Projekt-/Bauleitungspersonal	0	0	0	1	6	15	1	23	5,6	0,3	0,6
Gewerbliches Personal	0	4	2	6	7	3	1	23	4,1	1,7	1,3
Kostenstruktur	0	0	4	3	8	6	2	23	4,8	1,2	1,1
Gerätepark	1	6	2	5	5	3	1	23	3,7	2,4	1,5
Einkäufer	0	1	2	6	10	3	1	23	4,5	1,0	1,0
Zusammenarbeit mit NU und Lieferanten	0	0	3	4	8	6	2	23	4,8	1,1	1,0
Technisches Know how	0	0	0	4	7	11	1	23	5,3	0,6	0,8

Klasse 5/ alle Sparten	1	2	3	4	5	6	k.A.	Probe	x_M	s^2	s
Projekt-/Bauleitungspersonal	0	0	0	1	1	3	0	5	5,4	0,8	0,9
Gewerbliches Personal	0	0	1	0	3	1	0	5	4,8	1,2	1,1
Kostenstruktur	0	0	0	1	2	2	0	5	5,2	0,7	0,8
Gerätepark	0	0	1	2	0	2	0	5	4,6	1,8	1,3
Einkäufer	0	0	0	2	1	2	0	5	5,0	1,0	1,0
Zusammenarbeit mit NU und Lieferanten	0	0	0	1	3	1	0	5	5,0	0,5	0,7
Technisches Know how	0	0	0	1	1	3	0	5	5,4	0,8	0,9

Klasse 6/ alle Sparten	1	2	3	4	5	6	k.A.	Probe	x_M	s^2	s
Projekt-/Bauleitungspersonal	0	0	0	0	0	5	0	5	6,0	0,0	0,0
Gewerbliches Personal	0	0	2	0	3	0	0	5	4,2	1,2	1,1
Kostenstruktur	0	0	1	0	4	0	0	5	4,6	0,8	0,9
Gerätepark	1	1	1	1	1	0	0	5	3,0	2,5	1,6
Einkäufer	0	0	0	1	3	1	0	5	5,0	0,5	0,7
Zusammenarbeit mit NU und Lieferanten	0	0	0	0	4	1	0	5	5,2	0,2	0,4
Technisches Know how	0	0	0	0	2	3	0	5	5,6	0,3	0,5

Frage 6.3: Verwaltung

Gesamtergebnis:

Klassen 1 bis 6/ alle Sparten	1	2	3	4	5	6	k.A.	Probe	x_M	s^2	s
Rechtsabteilung	9	13	12	21	16	4	1	76	3,5	2,1	1,4
Kaufmännische Verwaltung	0	5	18	24	22	7	0	76	4,1	1,2	1,1
Risikomanagement	1	6	8	20	25	15	1	76	4,4	1,5	1,2
Controlling	0	1	9	19	24	23	0	76	4,8	1,1	1,1
EDV	1	2	8	32	21	12	0	76	4,4	1,1	1,0

Spartenergebnis:

Klassen 1 bis 6/ Hochbau	1	2	3	4	5	6	k.A.	Probe	x_M	s^2	s
Rechtsabteilung	3	4	6	5	5	0	0	23	3,2	1,8	1,3
Kaufmännische Verwaltung	0	1	5	12	4	1	0	23	4,0	0,8	0,9
Risikomanagement	1	1	1	7	9	4	0	23	4,5	1,5	1,2
Controlling	0	0	2	7	8	6	0	23	4,8	0,9	1,0
EDV	0	1	0	14	7	1	0	23	4,3	0,6	0,8

Klassen 1 bis 6/ Tiefbau	1	2	3	4	5	6	k.A.	Probe	x_M	s^2	s
Rechtsabteilung	3	6	3	8	5	2	0	27	3,4	2,3	1,5
Kaufmännische Verwaltung	0	3	4	8	9	3	0	27	4,2	1,4	1,2
Risikomanagement	0	2	3	7	7	7	1	27	4,5	1,5	1,2
Controlling	0	0	5	6	7	9	0	27	4,7	1,3	1,1
EDV	1	0	6	8	7	5	0	27	4,3	1,5	1,2

Klassen 1 bis 6/ Hoch- und Tiefbau Sparten	1	2	3	4	5	6	k.A.	Probe	x_M	s^2	s
Rechtsabteilung	3	3	3	8	6	2	1	26	3,7	2,2	1,5
Kaufmännische Verwaltung	0	1	9	4	9	3	0	26	4,2	1,3	1,2
Risikomanagement	0	3	4	6	9	4	0	26	4,3	1,6	1,3
Controlling	0	1	2	6	9	8	0	26	4,8	1,2	1,1
EDV	0	1	2	10	7	6	0	26	4,6	1,1	1,1

Klassenergebnis:

Klasse 1/ alle Sparten	1	2	3	4	5	6	k.A.	Probe	x_M	s^2	s
Rechtsabteilung	2	1	0	0	0	0	0	3	1,3	0,3	0,6
Kaufmännische Verwaltung	0	1	0	2	0	0	0	3	3,3	1,3	1,2
Risikomanagement	1	0	1	1	0	0	0	3	2,7	2,3	1,5
Controlling	0	0	1	0	2	0	0	3	4,3	1,3	1,2
EDV	0	0	0	2	1	0	0	3	4,3	0,3	0,6

Klasse 2/ alle Sparten	1	2	3	4	5	6	k.A.	Probe	x_M	s^2	s
Rechtsabteilung	3	2	2	6	3	0	0	16	3,3	2,1	1,4
Kaufmännische Verwaltung	0	0	3	7	6	0	0	16	4,2	0,6	0,8
Risikomanagement	0	1	1	9	2	2	1	16	4,2	1,0	1,0
Controlling	0	0	1	7	5	3	0	16	4,6	0,8	0,9
EDV	0	0	2	11	3	0	0	16	4,1	0,3	0,6

Klasse 3/ alle Sparten	1	2	3	4	5	6	k.A.	Probe	x_M	s^2	s
Rechtsabteilung	4	4	5	4	7	0	0	24	3,3	2,2	1,5
Kaufmännische Verwaltung	0	2	8	5	7	2	0	24	4,0	1,3	1,2
Risikomanagement	0	2	4	3	10	5	0	24	4,5	1,6	1,3
Controlling	0	0	5	5	4	10	0	24	4,8	1,5	1,2
EDV	0	0	4	7	8	5	0	24	4,6	1,0	1,0

Klasse 4/ alle Sparten	1	2	3	4	5	6	k.A.	Probe	x_M	s^2	s
Rechtsabteilung	0	3	5	9	3	2	1	23	3,8	1,3	1,1
Kaufmännische Verwaltung	0	1	6	6	7	3	0	23	4,2	1,3	1,1
Risikomanagement	0	2	2	5	9	5	0	23	4,6	1,4	1,2
Controlling	0	1	1	6	7	8	0	23	4,9	1,2	1,1
EDV	1	1	2	7	6	6	0	23	4,5	1,8	1,3

Klasse 5/ alle Sparten	1	2	3	4	5	6	k.A.	Probe	x_M	s^2	s
Rechtsabteilung	0	2	0	1	1	1	0	5	3,8	3,2	1,8
Kaufmännische Verwaltung	0	1	1	1	0	2	0	5	4,2	3,2	1,8
Risikomanagement	0	1	0	2	1	1	0	5	4,2	2,2	1,5
Controlling	0	0	1	1	2	1	0	5	4,6	1,3	1,1
EDV	0	1	0	2	1	1	0	5	4,2	2,2	1,5

Klasse 6/ alle Sparten	1	2	3	4	5	6	k.A.	Probe	x_M	s^2	s
Rechtsabteilung	0	1	0	1	2	1	0	5	4,4	2,3	1,5
Kaufmännische Verwaltung	0	0	0	3	2	0	0	5	4,4	0,3	0,5
Risikomanagement	0	0	0	0	3	2	0	5	5,4	0,3	0,5
Controlling	0	0	0	0	4	1	0	5	5,2	0,2	0,4
EDV	0	0	0	3	2	0	0	5	4,4	0,3	0,5

Frage 6.4: Sonstige

Gesamtergebnis:

Klassen 1 bis 6/ alle Sparten	1	2	3	4	5	6	k.A.	Probe	x_M	s^2	s
Werbung/Öffentlichkeitsarbeit	10	16	18	15	14	3	0	76	3,2	2,0	1,4
Kapitalausstattung	0	3	6	14	30	23	0	76	4,8	1,1	1,1
Umsatz	1	8	15	22	22	7	1	76	4,0	1,4	1,2
Arbeitsgemeinschaften	16	20	17	12	10	0	1	76	2,7	1,8	1,3

Spartenergebnis:

Klassen 1 bis 6/ Hochbau	1	2	3	4	5	6	k.A.	Probe	x_M	s^2	s
Werbung/Öffentlichkeitsarbeit	1	5	7	4	5	1	0	23	3,4	1,7	1,3
Kapitalausstattung	0	1	2	5	11	4	0	23	4,7	1,1	1,0
Umsatz	1	2	6	5	7	2	0	23	3,9	1,7	1,3
Arbeitsgemeinschaften	8	5	7	1	2	0	0	23	2,3	1,6	1,3

Klassen 1 bis 6/ Tiefbau	1	2	3	4	5	6	k.A.	Probe	x_M	s^2	s
Werbung/Öffentlichkeitsarbeit	9	4	6	5	3	0	0	27	2,6	2,0	1,4
Kapitalausstattung	0	0	2	3	10	12	0	27	5,2	0,8	0,9
Umsatz	0	3	4	10	7	3	0	27	4,1	1,3	1,2
Arbeitsgemeinschaften	7	7	3	6	4	0	0	27	2,7	2,1	1,5

Klassen 1 bis 6/ Hoch- und Tiefbau	1	2	3	4	5	6	k.A.	Probe	x_M	s^2	s
Werbung/Öffentlichkeitsarbeit	0	9	6	5	6	0	0	26	3,3	1,4	1,2
Kapitalausstattung	0	2	2	6	9	7	0	26	4,7	1,4	1,2
Umsatz	0	3	5	7	8	2	1	26	4,0	1,4	1,2
Arbeitsgemeinschaften	1	8	7	5	4	0	1	26	3,1	1,4	1,2

Klassenergebnis:

Klasse 1/ alle Sparten	1	2	3	4	5	6	k.A.	Probe	x_M	s^2	s
Werbung/Öffentlichkeitsarbeit	0	1	2	0	0	0	0	3	2,7	0,3	0,6
Kapitalausstattung	0	1	1	1	0	0	0	3	3,0	1,0	1,0
Umsatz	0	0	1	2	0	0	0	3	3,7	0,3	0,6
Arbeitsgemeinschaften	2	1	0	0	0	0	0	3	1,3	0,3	0,6

Klasse 2/ alle Sparten	1	2	3	4	5	6	k.A.	Probe	x_M	s^2	s
Werbung/Öffentlichkeitsarbeit	2	4	5	1	4	0	0	16	3,1	1,9	1,4
Kapitalausstattung	0	0	1	2	9	4	0	16	5,0	0,7	0,8
Umsatz	0	2	6	3	5	0	0	16	3,7	1,2	1,1
Arbeitsgemeinschaften	4	5	4	2	1	0	0	16	2,4	1,5	1,2

Klasse 3/ alle Sparten	1	2	3	4	5	6	k.A.	Probe	x_M	s^2	s
Werbung/Öffentlichkeitsarbeit	4	6	4	4	5	1	0	24	3,1	2,4	1,5
Kapitalausstattung	0	1	3	2	10	8	0	24	4,9	1,3	1,2
Umsatz	0	2	4	7	5	6	0	24	4,4	1,6	1,3
Arbeitsgemeinschaften	5	7	6	3	3	0	0	24	2,7	1,7	1,3

Klasse 4/ alle Sparten	1	2	3	4	5	6	k.A.	Probe	x_M	s^2	s
Werbung/Öffentlichkeitsarbeit	2	5	6	7	3	0	0	23	3,2	1,4	1,2
Kapitalausstattung	0	1	0	7	9	6	0	23	4,8	1,0	1,0
Umsatz	1	3	2	7	8	1	1	23	4,0	1,7	1,3
Arbeitsgemeinschaften	3	5	6	4	4	0	1	23	3,0	1,7	1,3

Klasse 5/ alle Sparten	1	2	3	4	5	6	k.A.	Probe	x_M	s^2	s
Werbung/Öffentlichkeitsarbeit	2	1	1	1	0	0	0	5	2,2	1,7	1,3
Kapitalausstattung	0	0	1	1	0	3	0	5	5,0	2,0	1,4
Umsatz	0	0	1	2	2	0	0	5	4,2	0,7	0,8
Arbeitsgemeinschaften	1	1	1	2	0	0	0	5	2,8	1,7	1,3

Klasse 6/ alle Sparten	1	2	3	4	5	6	k.A.	Probe	x_M	s^2	s
Werbung/Öffentlichkeitsarbeit	0	1	1	1	2	0	0	5	3,8	1,7	1,3
Kapitalausstattung	0	0	0	1	2	2	0	5	5,2	0,7	0,8
Umsatz	0	1	1	1	2	0	0	5	3,8	1,7	1,3
Arbeitsgemeinschaften	1	1	0	1	2	0	0	5	3,4	3,3	1,8

Frage 7: Rangfolgenbildung der Werttreiber

$$P_{kum.} = 3*n_1 + 2*n_2 + n_3 \qquad\qquad n_i = Anzahl\ der\ Nennungen\ in\ Rang\ i$$

Gesamtergebnis:

Klassen 1 bis 6/ alle Sparten	Rang 1	Rang 2	Rang 3	$P_{kum.}$
Auftragsakquisition				
Akquisiteure Unternehmen/Niederlassung	8	5	0	34
Stammkundenbeziehungen	9	2	1	32
Zusammenarbeit mit Behörden und Planern	0	2	0	4
Kalkulatoren	5	6	3	30
Marktanteil	2	1	3	11
Projektabwicklung				
Projekt-/Bauleitungspersonal	18	18	5	95
Gewerbliches Personal	2	6	1	19
Kostenstruktur	4	2	3	19
Gerätepark	0	0	4	4
Einkäufer	0	2	3	7
Zusammenarbeit mit Nachuntern. u. Lieferanten	0	1	3	5
Technisches Know how	4	6	8	32
Verwaltung				
Rechtsabteilung	0	0	1	1
Kaufmännische Verwaltung	0	1	0	2
Risikomanagement	0	1	6	8
Controlling	1	2	9	16
EDV	0	0	2	2
Sonstige				
Werbung/Öffentlichkeitsarbeit	0	0	0	0
Kapitalausstattung	4	3	6	24
Umsatz	0	1	2	4
Arbeitsgemeinschaften	0	0	0	0
Summe	57	59	60	

Spartenergebnis:

Klassen 1 bis 6/ Hochbau	Rang 1	Rang 2	Rang 3	$P_{kum.}$
Auftragsakquisition				
Akquisiteure Unternehmen/Niederlassung	3	2	0	13
Stammkundenbeziehungen	3	1	0	11
Zusammenarbeit mit Behörden und Planern	0	0	0	0
Kalkulatoren	1	2	1	8
Marktanteil	0	0	0	0
Projektabwicklung				
Projekt-/Bauleitungspersonal	5	4	3	26
Gewerbliches Personal	1	1	0	5
Kostenstruktur	2	0	1	7
Gerätepark	0	0	0	0
Einkäufer	0	0	2	2
Zusammenarbeit mit Nachuntern. u. Lieferanten	0	0	2	2
Technisches Know how	1	2	2	9
Verwaltung				
Rechtsabteilung	0	0	0	0
Kaufmännische Verwaltung	0	0	0	0
Risikomanagement	0	0	1	1
Controlling	0	2	1	5
EDV	0	0	1	1
Sonstige				
Werbung/Öffentlichkeitsarbeit	0	0	0	0
Kapitalausstattung	0	2	1	5
Umsatz	0	0	2	2
Arbeitsgemeinschaften	0	0	0	0
Summe	16	16	17	

Klassen 1 bis 6/ Tiefbau	Rang 1	Rang 2	Rang 3	$P_{kum.}$
Auftragsakquisition				
Akquisiteure Unternehmen/Niederlassung	3	2	0	13
Stammkundenbeziehungen	3	0	0	9
Zusammenarbeit mit Behörden und Planern	0	2	0	4
Kalkulatoren	3	3	1	16
Marktanteil	2	1	1	9
Projektabwicklung				
Projekt-/Bauleitungspersonal	6	6	2	32
Gewerbliches Personal	0	4	0	8
Kostenstruktur	1	1	1	6
Gerätepark	0	0	4	4
Einkäufer	0	1	1	3
Zusammenarbeit mit Nachuntern. u. Lieferanten	0	0	0	0
Technisches Know how	1	1	2	7
Verwaltung				
Rechtsabteilung	0	0	0	0
Kaufmännische Verwaltung	0	0	0	0
Risikomanagement	0	1	3	5
Controlling	1	0	4	7
EDV	0	0	1	1
Sonstige				
Werbung/Öffentlichkeitsarbeit	0	0	0	0
Kapitalausstattung	2	1	2	10
Umsatz	0	1	0	2
Arbeitsgemeinschaften	0	0	0	0
Summe	**22**	**24**	**22**	

Klassen 1 bis 6/ Hoch- und Tiefbau	Rang 1	Rang 2	Rang 3	P_{kum.}
Auftragsakquisition				
Akquisiteure Unternehmen/Niederlassung	2	1	0	8
Stammkundenbeziehungen	3	1	1	12
Zusammenarbeit mit Behörden und Planern	0	0	0	0
Kalkulatoren	1	1	1	6
Marktanteil	0	0	2	2
Projektabwicklung				
Projekt-/Bauleitungspersonal	7	8	0	37
Gewerbliches Personal	1	1	1	6
Kostenstruktur	1	1	1	6
Gerätepark	0	0	0	0
Einkäufer	0	1	0	2
Zusammenarbeit mit Nachuntern. u. Lieferanten	0	1	1	3
Technisches Know how	2	3	4	16
Verwaltung				
Rechtsabteilung	0	0	1	1
Kaufmännische Verwaltung	0	1	0	2
Risikomanagement	0	0	2	2
Controlling	0	0	4	4
EDV	0	0	0	0
Sonstige				
Werbung/Öffentlichkeitsarbeit	0	0	0	0
Kapitalausstattung	2	0	3	9
Umsatz	0	0	0	0
Arbeitsgemeinschaften	0	0	0	0
Summe	19	19	21	

Klassenergebnis:

Klasse 1/ alle Sparten	Rang 1	Rang 2	Rang 3	P_{kum.}
Auftragsakquisition				
Akquisiteure Unternehmen/Niederlassung	0	0	0	0
Stammkundenbeziehungen	1	0	0	3
Zusammenarbeit mit Behörden und Planern	0	0	0	0
Kalkulatoren	0	0	0	0
Marktanteil	0	0	0	0
Projektabwicklung				
Projekt-/Bauleitungspersonal	0	0	0	0
Gewerbliches Personal	1	1	0	5
Kostenstruktur	1	0	0	3
Gerätepark	0	0	0	0
Einkäufer	0	0	0	0
Zusammenarbeit mit Nachuntern. u. Lieferanten	0	0	0	0
Technisches Know how	0	1	1	3
Verwaltung				
Rechtsabteilung	0	0	0	0
Kaufmännische Verwaltung	0	0	0	0
Risikomanagement	0	0	0	0
Controlling	0	1	1	3
EDV	0	0	1	1
Sonstige				
Werbung/Öffentlichkeitsarbeit	0	0	0	0
Kapitalausstattung	0	0	0	0
Umsatz	0	0	0	0
Arbeitsgemeinschaften	0	0	0	0
Summe	3	3	3	

Klasse 2/ alle Sparten	Rang 1	Rang 2	Rang 3	P_kum.
Auftragsakquisition				
Akquisiteure Unternehmen/Niederlassung	0	1	0	2
Stammkundenbeziehungen	2	0	1	7
Zusammenarbeit mit Behörden und Planern	0	0	0	0
Kalkulatoren	2	1	0	8
Marktanteil	0	0	0	0
Projektabwicklung				
Projekt-/Bauleitungspersonal	2	3	1	13
Gewerbliches Personal	0	2	0	4
Kostenstruktur	0	0	1	1
Gerätepark	0	0	3	3
Einkäufer	0	1	1	3
Zusammenarbeit mit Nachuntern. u. Lieferanten	0	0	0	0
Technisches Know how	1	2	1	8
Verwaltung				
Rechtsabteilung	0	0	0	0
Kaufmännische Verwaltung	0	0	0	0
Risikomanagement	0	0	1	1
Controlling	0	0	1	1
EDV	0	0	0	0
Sonstige				
Werbung/Öffentlichkeitsarbeit	0	0	0	0
Kapitalausstattung	2	1	0	8
Umsatz	0	0	1	1
Arbeitsgemeinschaften	0	0	0	0
Summe	9	11	11	

Klasse 3/ alle Sparten	Rang 1	Rang 2	Rang 3	P$_{kum.}$
Auftragsakquisition				
Akquisiteure Unternehmen/Niederlassung	2	2	0	10
Stammkundenbeziehungen	3	2	0	13
Zusammenarbeit mit Behörden und Planern	0	1	0	2
Kalkulatoren	1	1	0	5
Marktanteil	2	0	1	7
Projektabwicklung				
Projekt-/Bauleitungspersonal	8	6	1	37
Gewerbliches Personal	1	1	1	6
Kostenstruktur	1	0	2	5
Gerätepark	0	0	1	1
Einkäufer	0	0	2	2
Zusammenarbeit mit Nachuntern. u. Lieferanten	0	1	2	4
Technisches Know how	0	1	3	5
Verwaltung				
Rechtsabteilung	0	0	1	1
Kaufmännische Verwaltung	0	0	0	0
Risikomanagement	0	0	0	0
Controlling	1	1	1	6
EDV	0	0	0	0
Sonstige				
Werbung/Öffentlichkeitsarbeit	0	0	0	0
Kapitalausstattung	1	1	3	8
Umsatz	0	1	1	3
Arbeitsgemeinschaften	0	0	0	0
Summe	20	18	19	

Klasse 4/ alle Sparten	Rang 1	Rang 2	Rang 3	P_kum.
Auftragsakquisition				
Akquisiteure Unternehmen/Niederlassung	4	2	0	16
Stammkundenbeziehungen	3	0	0	9
Zusammenarbeit mit Behörden und Planern	0	1	0	2
Kalkulatoren	2	2	3	13
Marktanteil	0	1	1	3
Projektabwicklung				
Projekt-/Bauleitungspersonal	6	6	2	32
Gewerbliches Personal	0	1	0	2
Kostenstruktur	2	2	0	10
Gerätepark	0	0	0	0
Einkäufer	0	0	0	0
Zusammenarbeit mit Nachuntern. u. Lieferanten	0	0	1	1
Technisches Know how	2	2	1	11
Verwaltung				
Rechtsabteilung	0	0	0	0
Kaufmännische Verwaltung	0	1	0	2
Risikomanagement	0	1	4	6
Controlling	0	0	6	6
EDV	0	0	0	0
Sonstige				
Werbung/Öffentlichkeitsarbeit	0	0	0	0
Kapitalausstattung	0	1	2	4
Umsatz	0	0	0	0
Arbeitsgemeinschaften	0	0	0	0
Summe	19	20	20	

Klasse 5/ alle Sparten	Rang 1	Rang 2	Rang 3	P$_{kum.}$
Auftragsakquisition				
Akquisiteure Unternehmen/Niederlassung	1	0	0	3
Stammkundenbeziehungen	0	0	0	0
Zusammenarbeit mit Behörden und Planern	0	0	0	0
Kalkulatoren	0	1	0	2
Marktanteil	0	0	1	1
Projektabwicklung				
Projekt-/Bauleitungspersonal	1	3	1	10
Gewerbliches Personal	0	0	0	0
Kostenstruktur	0	0	0	0
Gerätepark	0	0	0	0
Einkäufer	0	0	0	0
Zusammenarbeit mit Nachuntern. u. Lieferanten	0	0	0	0
Technisches Know how	1	0	0	3
Verwaltung				
Rechtsabteilung	0	0	0	0
Kaufmännische Verwaltung	0	0	0	0
Risikomanagement	0	0	0	0
Controlling	0	0	1	1
EDV	0	0	0	0
Sonstige				
Werbung/Öffentlichkeitsarbeit	0	0	0	0
Kapitalausstattung	1	0	1	4
Umsatz	0	0	0	0
Arbeitsgemeinschaften	0	0	0	0
Summe	4	4	4	

Klasse 6/ alle Sparten	Rang 1	Rang 2	Rang 3	P_kum.
Auftragsakquisition				
Akquisiteure Unternehmen/Niederlassung	1	0	0	3
Stammkundenbeziehungen	0	0	0	0
Zusammenarbeit mit Behörden und Planern	0	0	0	0
Kalkulatoren	0	1	0	2
Marktanteil	0	0	0	0
Projektabwicklung				
Projekt-/Bauleitungspersonal	1	1	0	5
Gewerbliches Personal	0	0	0	0
Kostenstruktur	0	0	0	0
Gerätepark	0	0	0	0
Einkäufer	0	1	0	2
Zusammenarbeit mit Nachuntern. u. Lieferanten	0	0	0	0
Technisches Know how	0	0	2	2
Verwaltung				
Rechtsabteilung	0	0	0	0
Kaufmännische Verwaltung	0	0	0	0
Risikomanagement	0	0	1	1
Controlling	0	0	0	0
EDV	0	0	0	0
Sonstige				
Werbung/Öffentlichkeitsarbeit	0	0	0	0
Kapitalausstattung	0	0	0	0
Umsatz	0	0	0	0
Arbeitsgemeinschaften	0	0	0	0
Summe	2	3	3	

Frage 8: Einfluß der Branchenrisiken

Gesamtergebnis:

Klassen 1 bis 6/ alle Sparten	1	2	3	4	5	6	k.A.	Probe	x_M	s^2	s
Vertragsrisiken	3	6	7	13	24	22	1	76	4,5	2,0	1,4
Forderungsausfallrisiken	6	6	12	12	20	20	0	76	4,2	2,5	1,6
Technische Risiken	1	9	17	24	17	7	1	76	3,9	1,4	1,2
Personenbezogenheit	4	10	15	15	22	9	1	76	3,9	2,0	1,4
Projektentwicklung	6	16	17	27	4	2	4	76	3,2	1,4	1,2
Zinsrisiko	11	24	19	17	2	1	2	76	2,7	1,3	1,1
Konjunkturrisiko	2	6	9	16	25	18	0	76	4,4	1,8	1,3

Spartenergebnis:

Klassen 1 bis 6/ Hochbau	1	2	3	4	5	6	k.A.	Probe	x_M	s^2	s
Vertragsrisiken	0	0	2	4	8	9	0	23	5,0	1,0	1,0
Forderungsausfallrisiken	0	2	2	3	10	6	0	23	4,7	1,5	1,2
Technische Risiken	0	5	6	7	3	2	0	23	3,6	1,5	1,2
Personenbezogenheit	1	2	5	5	7	3	0	23	4,0	1,9	1,4
Projektentwicklung	2	6	5	8	1	1	0	23	3,1	1,6	1,3
Zinsrisiko	3	8	4	5	2	0	1	23	2,8	1,5	1,2
Konjunkturrisiko	1	4	3	5	8	2	0	23	3,9	2,0	1,4

Klassen 1 bis 6/ Tiefbau	1	2	3	4	5	6	k.A.	Probe	x_M	s^2	s
Vertragsrisiken	3	3	2	4	10	5	0	27	4,1	2,7	1,6
Forderungsausfallrisiken	5	2	5	3	6	6	0	27	3,8	3,3	1,8
Technische Risiken	1	1	7	7	9	2	0	27	4,0	1,4	1,2
Personenbezogenheit	3	3	3	5	8	5	0	27	4,0	2,7	1,6
Projektentwicklung	3	3	6	8	2	1	4	27	3,3	1,7	1,3
Zinsrisiko	6	7	3	9	0	1	1	27	2,7	1,9	1,4
Konjunkturrisiko	1	1	1	7	7	10	0	27	4,8	1,7	1,3

Klassen 1 bis 6/ Hoch- und Tiefbau Sparten	1	2	3	4	5	6	k.A.	Probe	x_M	s^2	s
Vertragsrisiken	0	3	3	5	6	8	1	26	4,5	1,9	1,4
Forderungsausfallrisiken	1	2	5	6	4	8	0	26	4,3	2,2	1,5
Technische Risiken	0	3	4	10	5	3	1	26	4,0	1,4	1,2
Personenbezogenheit	0	5	7	5	7	1	1	26	3,7	1,5	1,2
Projektentwicklung	1	7	6	11	1	0	0	26	3,2	1,0	1,0
Zinsrisiko	2	9	12	3	0	0	0	26	2,6	0,6	0,8
Konjunkturrisiko	0	1	5	4	10	6	0	26	4,6	1,4	1,2

Klassenergebnis:

Klasse 1/ alle Sparten	1	2	3	4	5	6	k.A.	Probe	x_M	s^2	s
Vertragsrisiken	0	1	1	1	0	0	0	3	3,0	1,0	1,0
Forderungsausfallrisiken	0	1	0	1	1	0	0	3	3,7	2,3	1,5
Technische Risiken	0	2	0	1	0	0	0	3	2,7	1,3	1,2
Personenbezogenheit	0	0	2	0	1	0	0	3	3,7	1,3	1,2
Projektentwicklung	0	3	0	0	0	0	0	3	2,0	0,0	0,0
Zinsrisiko	1	1	1	0	0	0	0	3	2,0	1,0	1,0
Konjunkturrisiko	0	1	1	1	0	0	0	3	3,0	1,0	1,0

Klasse 2/ alle Sparten	1	2	3	4	5	6	k.A.	Probe	x_M	s^2	s
Vertragsrisiken	1	2	1	2	7	3	0	16	4,3	2,4	1,5
Forderungsausfallrisiken	1	1	1	1	5	7	0	16	4,8	2,4	1,6
Technische Risiken	0	2	4	6	4	0	0	16	3,8	1,0	1,0
Personenbezogenheit	0	2	4	2	4	4	0	16	4,3	2,1	1,4
Projektentwicklung	0	4	2	8	1	0	1	16	3,4	1,0	1,0
Zinsrisiko	1	4	3	6	1	0	1	16	3,1	1,3	1,1
Konjunkturrisiko	1	0	1	4	7	3	0	16	4,6	1,6	1,3

Klasse 3/ alle Sparten	1	2	3	4	5	6	k.A.	Probe	x_M	s^2	s
Vertragsrisiken	2	2	2	2	9	6	1	24	4,4	2,6	1,6
Forderungsausfallrisiken	2	1	5	3	6	7	0	24	4,3	2,6	1,6
Technische Risiken	1	3	6	4	7	2	1	24	3,8	1,9	1,4
Personenbezogenheit	3	4	3	3	6	4	1	24	3,7	3,0	1,7
Projektentwicklung	3	7	7	7	0	0	0	24	2,8	1,1	1,0
Zinsrisiko	6	9	4	4	1	0	0	24	2,4	1,4	1,2
Konjunkturrisiko	0	2	1	4	11	6	0	24	4,8	1,3	1,2

Klasse 4/ alle Sparten	1	2	3	4	5	6	k.A.	Probe	x_M	s^2	s
Vertragsrisiken	0	1	2	6	6	8	0	23	4,8	1,4	1,2
Forderungsausfallrisiken	2	2	5	4	5	5	0	23	4,0	2,5	1,6
Technische Risiken	0	1	4	9	5	4	0	23	4,3	1,2	1,1
Personenbezogenheit	0	3	4	7	8	1	0	23	4,0	1,3	1,1
Projektentwicklung	3	2	4	8	3	1	2	23	3,4	2,0	1,4
Zinsrisiko	2	9	7	3	0	1	1	23	2,7	1,3	1,1
Konjunkturrisiko	1	3	3	2	6	8	0	23	4,4	2,6	1,6

Klasse 5/ alle Sparten	1	2	3	4	5	6	k.A.	Probe	x_M	s^2	s
Vertragsrisiken	0	0	1	1	1	2	0	5	4,8	1,7	1,3
Forderungsausfallrisiken	1	0	1	1	1	1	0	5	3,8	3,7	1,9
Technische Risiken	0	0	2	2	1	0	0	5	3,8	0,7	0,8
Personenbezogenheit	1	1	1	2	0	0	0	5	2,8	1,7	1,3
Projektentwicklung	0	0	2	1	0	1	1	5	4,0	2,0	1,4
Zinsrisiko	1	0	3	1	0	0	0	5	2,8	1,2	1,1
Konjunkturrisiko	0	0	0	4	0	1	0	5	4,4	0,8	0,9

Klasse 6/ alle Sparten	1	2	3	4	5	6	k.A.	Probe	x_M	s^2	s
Vertragsrisiken	0	0	0	1	1	3	0	5	5,4	0,8	0,9
Forderungsausfallrisiken	0	1	0	2	2	0	0	5	4,0	1,5	1,2
Technische Risiken	0	1	1	2	0	1	0	5	3,8	2,2	1,5
Personenbezogenheit	0	0	1	1	3	0	0	5	4,4	0,8	0,9
Projektentwicklung	0	0	2	3	0	0	0	5	3,6	0,3	0,5
Zinsrisiko	0	1	1	3	0	0	0	5	3,4	0,8	0,9
Konjunkturrisiko	0	0	3	1	1	0	0	5	3,6	0,8	0,9

Frage 9: Analyseintensität einzelner Bewertungsinhalte

Gesamtergebnis:

Klassen 1 bis 6/ alle Sparten	1	2	3	4	5	6	k.A.	Probe	x_M	s^2	s
Laufende Baustellen	1	2	5	7	19	40	2	76	5,2	1,4	1,2
Planungsqualität	0	2	10	24	27	13	0	76	4,5	1,0	1,0
Qualität d. Führungspersonals	0	0	0	2	22	52	0	76	5,7	0,3	0,5
Bilanzen	0	1	7	19	26	22	1	76	4,8	1,0	1,0
Kosten- u. Leistungsrechnung	0	0	3	15	27	29	2	76	5,1	0,8	0,9
Vermögen	2	7	11	20	18	16	2	76	4,3	1,8	1,4
Risikomanagement	0	2	8	23	24	18	1	76	4,6	1,1	1,0

Spartenergebnis:

Klassen 1 bis 6/ Hochbau	1	2	3	4	5	6	k.A.	Probe	x_M	s^2	s
Laufende Baustellen	0	1	2	2	7	10	1	23	5,0	1,4	1,2
Planungsqualität	0	2	1	8	10	2	0	23	4,4	1,1	1,0
Qualität d. Führungspersonals	0	0	0	2	9	12	0	23	5,4	0,4	0,7
Bilanzen	0	0	2	5	11	5	0	23	4,8	0,8	0,9
Kosten- u. Leistungsrechnung	0	0	1	5	11	6	0	23	5,0	0,7	0,8
Vermögen	0	3	6	5	3	6	0	23	4,1	2,0	1,4
Risikomanagement	0	0	1	7	9	5	1	23	4,8	0,7	0,9

Klassen 1 bis 6/ Tiefbau	1	2	3	4	5	6	k.A.	Probe	x_M	s^2	s
Laufende Baustellen	0	1	1	4	6	14	1	27	5,2	1,2	1,1
Planungsqualität	0	0	4	8	10	5	0	27	4,6	0,9	1,0
Qualität d. Führungspersonals	0	0	0	0	8	19	0	27	5,7	0,2	0,5
Bilanzen	0	0	3	8	7	9	0	27	4,8	1,1	1,0
Kosten- u. Leistungsrechnung	0	0	1	7	9	9	1	27	5,0	0,8	0,9
Vermögen	2	3	1	6	9	5	1	27	4,2	2,3	1,5
Risikomanagement	0	2	3	7	10	5	0	27	4,5	1,3	1,2

Klassen 1 bis 6/ Hoch- und Tiefbau	1	2	3	4	5	6	k.A.	Probe	x_M	s^2	s
Laufende Baustellen	1	0	2	1	6	16	0	26	5,3	1,6	1,3
Planungsqualität	0	0	5	8	7	6	0	26	4,5	1,1	1,1
Qualität d. Führungspersonals	0	0	0	0	5	21	0	26	5,8	0,2	0,4
Bilanzen	1	2	6	8	8	1	0	26	3,9	1,4	1,2
Kosten- u. Leistungsrechnung	0	0	1	3	7	14	1	26	5,4	0,7	0,9
Vermögen	0	1	4	9	6	5	1	26	4,4	1,3	1,1
Risikomanagement	0	0	4	9	5	8	0	26	4,7	1,2	1,1

Klassenergebnis:

Klasse 1/ alle Sparten	1	2	3	4	5	6	k.A.	Probe	x_M	s^2	s
Laufende Baustellen	0	0	1	0	2	0	0	3	4,3	1,3	1,2
Planungsqualität	0	0	0	1	2	0	0	3	4,7	0,3	0,6
Qualität d. Führungspersonals	0	0	0	1	1	1	0	3	5,0	1,0	1,0
Bilanzen	0	0	0	0	3	0	0	3	5,0	0,0	0,0
Kosten- u. Leistungsrechnung	0	0	1	0	1	1	0	3	4,7	2,3	1,5
Vermögen	0	0	0	3	0	0	0	3	4,0	0,0	0,0
Risikomanagement	0	0	1	1	0	0	1	3	3,5	0,5	0,7

Klasse 2/ alle Sparten	1	2	3	4	5	6	k.A.	Probe	x_M	s^2	s
Laufende Baustellen	0	0	1	4	6	4	1	16	4,9	0,8	0,9
Planungsqualität	0	1	1	6	6	2	0	16	4,4	1,1	1,0
Qualität d. Führungspersonals	0	0	0	0	5	11	0	16	5,7	0,2	0,5
Bilanzen	0	0	0	5	7	4	0	16	4,9	0,6	0,8
Kosten- u. Leistungsrechnung	0	0	0	4	8	4	0	16	5,0	0,5	0,7
Vermögen	1	2	2	2	6	3	0	16	4,2	2,4	1,6
Risikomanagement	0	2	1	8	4	1	0	16	4,1	1,1	1,1

Klasse 3/ alle Sparten	1	2	3	4	5	6	k.A.	Probe	x_M	s^2	s
Laufende Baustellen	1	1	1	1	6	14	0	24	5,2	1,9	1,4
Planungsqualität	0	1	2	10	7	4	0	24	4,5	1,0	1,0
Qualität d. Führungspersonals	0	0	0	1	5	18	0	24	5,7	0,3	0,6
Bilanzen	0	0	2	4	7	10	1	24	5,1	1,0	1,0
Kosten- u. Leistungsrechnung	0	0	0	7	8	8	1	24	5,0	0,7	0,8
Vermögen	0	1	4	6	4	7	2	24	4,5	1,6	1,3
Risikomanagement	0	0	3	7	6	8	0	24	4,8	1,1	1,1

Klasse 4/ alle Sparten	1	2	3	4	5	6	k.A.	Probe	x_M	s^2	s
Laufende Baustellen	0	1	1	2	2	16	1	23	5,4	1,3	1,1
Planungsqualität	0	0	4	2	10	7	0	23	4,9	1,1	1,1
Qualität d. Führungspersonals	0	0	0	0	6	17	0	23	5,7	0,2	0,4
Bilanzen	0	0	5	6	6	6	0	23	4,6	1,3	1,1
Kosten- u. Leistungsrechnung	0	0	2	3	5	12	1	23	5,2	1,0	1,0
Vermögen	1	2	4	7	5	4	0	23	4,1	1,9	1,4
Risikomanagement	0	0	2	5	9	7	0	23	4,9	0,9	0,9

Klasse 5/ alle Sparten	1	2	3	4	5	6	k.A.	Probe	x_M	s^2	s
Laufende Baustellen	0	0	1	0	0	4	0	5	5,4	1,8	1,3
Planungsqualität	0	0	1	3	1	0	0	5	4,0	0,5	0,7
Qualität d. Führungspersonals	0	0	0	0	3	2	0	5	5,4	0,3	0,5
Bilanzen	0	1	0	1	2	1	0	5	4,4	2,3	1,5
Kosten- u. Leistungsrechnung	0	0	0	1	3	1	0	5	5,0	0,5	0,7
Vermögen	0	1	1	1	1	1	0	5	4,0	2,5	1,6
Risikomanagement	0	0	1	2	2	0	0	5	4,2	0,7	0,8

Klasse 6/ alle Sparten	1	2	3	4	5	6	k.A.	Probe	x_M	s^2	s
Laufende Baustellen	0	0	0	0	3	2	0	5	5,4	0,3	0,5
Planungsqualität	0	0	2	2	1	0	0	5	3,8	0,7	0,8
Qualität d. Führungspersonals	0	0	0	0	2	3	0	5	5,6	0,3	0,5
Bilanzen	0	0	0	3	1	1	0	5	4,6	0,8	0,9
Kosten- u. Leistungsrechnung	0	0	0	0	2	3	0	5	5,6	0,3	0,5
Vermögen	0	1	0	1	2	1	0	5	4,4	2,3	1,5
Risikomanagement	0	0	0	0	3	2	0	5	5,4	0,3	0,5

Beispiel 1 zum Funktionstyp (1)

Anhand der folgenden Zahlenpaare wurde auf Basis der im Hauptteil dieser Arbeit entwickelten Verfahrensregeln eine Funktion von Typ (1) ermittelt.

Zahlenpaar	Ist-Leistung	Ist-Kosten	Sollkosten
1	40.000	3.600,00	3601,40
2	50.000	3.900,00	3920,75
3	60.000	4.200,00	4171,56
4	70.000	4.400,00	4384,03
5	80.000	4.600,00	4588,34
6	90.000	4.800,00	4814,69
7	**100.000**	**5.000,00**	**5093,24**
8	110.000	5.500,00	5454,20
9	120.000	6.000,00	5927,74
10	130.000	6.500,00	6544,06

Sollkostenfunktionsbeschreibung

$KP = 1034,97 + 100,00389 \times xp - 1,09731935 \times xp^2 + 0,00503108003108 \times xp^3$

Das Bestimmtheitsmaß beträgt 0,99740983

Durch Einsetzen der Ist-Leistung aus Zahlenpaar 7 erhält man als gesamte Plan-Kosten einen Wert, der den ursprünglichen Ist-Kosten des Zahlenpaars 7 sehr nahekommt.

Ergebnisse bei Plan-Leistung von 100.000
→ geplante variable Kosten   = 4058,28
→ geplante fixe Kosten (K_{fix})   = 1034,97
→ **geplante gesamte Kosten (K_{ges})**   = **5093,24**
→ variable Gemeinkosten je Leistungseinheit =   40,58

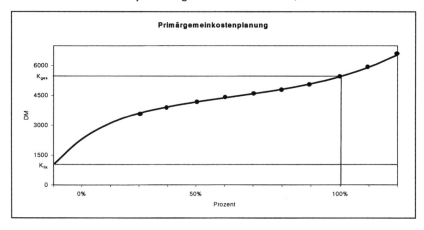

Beispiel 2 zum Funktionstyp (2)

Aus einer vorgegebenen Funktion werden Zahlenpaare ermittelt. Mit diesen Basisdaten wird anhand der dargestellten Variante der multiplen Regressionsanalyse die ursprüngliche Funktion (Typ 2) rekonstruiert. So können die Genauigkeit der Methode sowie jeder Rechenschritt demonstriert werden. Die verwendeten Symbole sind im Symbolverzeichnis definiert. Es bleibt anzumerken, daß hier mit einer Genauigkeit von lediglich 7 Dezimalstellen gerechnet wird.

Folgende Funktion wird vorgegeben:

$$K^p = 100 + 5 \times xp^{1,5}$$

Basisdaten:

j	xp_j	K_j
1	10	258,1138830
2	11	282,4143635
3	15	390,4737510
4	17	450,4639782
5	20	547,2135955
6	25	725,0000000
7	27	801,4805770
8	29	880,8488970

Erste Substitution der Basisdaten:

j	$xp_j`$	$K_j`$
1	/	/
2	10,5	24,3004805
3	13,0	27,0148469
4	16,0	29,9951136
5	18,5	32,2498724
6	22,5	35,5572809
7	26,0	38,2402885
8	28,0	39,6841600

Logarithmierung dieser Daten (mit dem natürlichen Logarithmus):

j	$xp_j``$	$K_j``$
1	/	/
2	2,3513753	3,1904961
3	2,5649494	3,2963866
4	2,7725887	3,4010345
5	2,9177707	3,4735141
6	3,1135153	3,5711449
7	3,2580965	3,6438897
8	3,3322045	3,6809521

Methode der kleinsten Quadrate zur Ermittlung des Exponenten:

Die Mittelwerte werden auf der Basis j-1 ermittelt, da der Regressionsanalyse in dieser Phase wegen der Substitution der Basisdaten ein Zahlenpaar weniger zur Verfügung steht.

$$\overline{xp}` = 2{,}9015001 \quad ; \quad \overline{K}` = 3{,}4653454$$

j	$A_j = (xp_j`` - \overline{xp}``)$	$B_j = (K_j`` - \overline{K}``)$	$A_j \times B_j$	A_j^2
1	/	/	/	/
2	-0,5501248	-0,2748493	0,1512014	0,3026373
3	-0,3365507	-0,1689588	0,0568632	0,1132664
4	-0,1289114	-0,0643109	0,0082904	0,0166181
5	0,0162706	0,0081687	0,0001329	0,0002647
6	0,2120152	0,1057995	0,0224311	0,0449504
7	0,3565964	0,1785443	0,0636683	0,1271610
8	0,4307044	0,2156067	0,0928628	0,1855063
Σ			0,3954500	0,7904043

Der Regressionskoeffizient entspricht (-l)

$$(-l) = \frac{0{,}3954500}{0{,}7904039} = 0{,}5003137$$

Ermittlung des Exponenten:

$$1 + (-l) = (1-l) = 1{,}5003137$$

Zweite Substitution der Basisdaten:

j	xp_j^*	K_j
1	31,6227766	258,1138830
2	36,4828727	282,4143635
3	58,0947502	390,4737510
4	70,0927956	450,4639782
5	89,4427190	547,2135955
6	125,0000000	725,0000000
7	140,2961154	801,4805770
8	156,1697794	880,8488970

Methode der kleinsten Quadrate zur Ermittlung der restlichen Regressionsparameter:

$$\overline{xp}` = 88,4002261 \quad ; \quad \overline{K}` = 542,00113077$$

j	$A_j = (xp_j{}^* - \overline{xp})$	$B_j = (K_j - \overline{K})$	$A_j \times B_j$	$A_j{}^2$
1	-56,7774495	-283,8872477	16118,3938700	3223,6787717
2	-51,9173534	-259,5867672	13477,0579307	2695,4115841
3	-30,3054759	-151,5273797	4592,1093537	918,4218695
4	-18,3074305	-91,5371525	1675,8100576	335,1620115
5	1,0424929	5,2126468	5,4341473	1,0867914
6	36,5997739	182,9988693	6697,7172403	1339,5434495
7	51,8958893	259,4794463	13465,9166208	2693,1833262
8	67,7695533	338,8477663	22963,5617589	4592,7123545
Σ			78996,0009792	15799,2001585

Ermittlung des Regressionskoeffizienten:

$$C_1 = \frac{78996,0009792}{15799,2001585} = 5,0000000$$

Ermittlung der Regressionskonstanten:

$$C = 542,0011307 - 5 \times 88,4002261 = 100,0000002$$

Es wurde folgende Funktion ermittelt:

$$K^p = 100,0000002 + 5 \times xp^{1,5003137}$$

Literaturverzeichnis

Achleitner, Ann-Kristin/Behr, Georgio (Accounting 1998)
International Accounting Standards. Ein Lehrbuch zur internationalen
Rechnungslegung, München 1998.

Ahlert, Dieter/Franz, Klaus-Peter (Kostenrechnung 1992)
Industrielle Kostenrechnung, 5. Aufl., Düsseldorf 1992.

Ahlert, Dieter/Franz, Klaus-Peter/Kaefer, Wolfgang (Grundlagen 1991)
Grundlagen und Grundbegriffe der Betriebswirtschaft, Düsseldorf 1991.

Aigner, Helmut/Holzer, H. Peter (Subjektivität 1990)
Die Subjektivität der Unternehmensbewertung, in: DB 1990, Heft 45, S. 2229 – 2232.

Arbeitskreis Bau-Unternehmensbewertung (Bau 1995)
Bau-Unternehmensbewertung, in: Bauorg – Unternehmer-Handbuch für
Bauorganisation und Baubetriebsführung, Bonn 1995.

Baetge, Jörg/Krumbholz, Markus (Überblick 1991)
Überblick über die Akquisition und Unternehmensbewertung, in: Baetge, Jörg
[Hrsg.]: Akquisition und Unternehmensbewertung, Düsseldorf 1991, S. 1 – 30.

Ballwieser, Wolfgang (Unternehmensbewertung 1998)
Unternehmensbewertung mit Discounted Cash Flow-Verfahren, in: Wpg 1998, Heft 3,
S. 81 – 92.

Ballwieser, Wolfgang/Leuthier, Rainer (Steuerberatung 1986)
Betriebswirtschaftliche Steuerberatung: Grundprinzipien, Verfahren und Probleme
der Unternehmensbewertung (Teil I), in: DStR 1986, Heft 16/17, S. 545 – 551.

Bamberger, Burkhard (Erfolg 1994)
Der Erfolg von Unternehmensakquisitionen in Deutschland, Bergisch Gladbach/Köln
1994.

Bartels, Reinhard (Behandlung 1961)
Die Behandlung der Lastenausgleichsabgaben und der Ertragssteuern bei der
Unternehmenswertermittlung, Köln 1961.

Barthel, Carl W. (Handbuch 1998)
Handbuch der Unternehmensbewertung, Karlsfeld bei München 1998.

Barthel, Carl W. (Unternehmenswert 1990)
Unternehmenswert: Der Markt bestimmt die Bewertungsmethode, in: DB 1990, Heft
23, S. 1145 – 1152.

Barthel, Carl W. (Unternehmenswert 1996)
Unternehmenswert: Die vergleichsorientierten Bewertungsverfahren, in: DB 1996,
Heft 4, S. 149 – 163.

Beck, Peter (Unternehmensbewertung 1996)
Unternehmensbewertung bei Akquisitionen: Methoden – Anwendungen – Probleme,
Wiesbaden 1996.

Beckmann, Daniel/Lohr, Burkhard (Werttreiber 2000)
Werttreiber im Baugewerbe: Ergebnisse einer empirischen Untersuchung,
Arbeitsbericht des Instituts für Wirtschaftswissenschaften, Bandnr. 00/12, Technische
Universität Braunschweig, Braunschweig 2000.

Beckmann, Daniel/Rohr, Martin (Unternehmensbewertung 2000)
Unternehmensbewertung im Baugewerbe: Eine empirischen Untersuchung,
Arbeitsbericht des Instituts für Wirtschaftswissenschaften, Bandnr. 00/05, Technische
Universität Braunschweig, Braunschweig 2000.

Behringer, Stefan (Unternehmensbewertung 1999)
Unternehmensbewertung der Mittel- und Kleinbetriebe: betriebswirtschaftliche
Verfahrensweisen, Berlin 1999.

Bellinger, Bernhard/Vahl, Günter (Unternehmensbewertung 1992)
Unternehmensbewertung in Theorie und Praxis, 2. Aufl., Wiesbaden 1992.

Berekoven, Ludwig/Eckert, Werner/Ellenrieder, Peter (Marktforschung 1996)
Marktforschung: methodische Grundlagen und praktische Anwendung, 7. Aufl.,
Wiesbaden 1996.

Berens, Wolfgang/Brauner, Hans U. (Diligence 1998)
Due Diligence bei Unternehmensakquisitionen, Stuttgart 1998.

Betriebswirtschaftliches Institut der Bauindustrie (Informationen 1998)
Bauwirtschaftliche Informationen, Düsseldorf 1998.

Binder, Peter M./Lanz, Rudorf (Diligence 1993)
`Due Diligence´: Systematisches und professionelles Instrument für erfolgreiche
Firmen-Akquisitionen, in: INDEX 1993, Heft 4-5, S. 15 – 20.

BKartA (Tätigkeitsbericht 1999)
Tätigkeitsbericht 1997/98, Bundeskartellamt, o.O. 1999.

Bomsdorf, Eckart (Statistik 1989)
Deskriptive Statistik: mit einem Anhang zur Bevölkerungs- und Erwerbsstatistik, 4.
Aufl., Bergisch Gladbach 1989.

Borchers, Stefan/Vollradt, Volker (Konzerncontrolling 1998)
Konzerncontrolling in der Bauindustrie, Arbeitsbericht des Instituts für
Wirtschaftswissenschaften, Bdnr.98/02, Technische Universität Braunschweig,
Braunschweig 1998.

Bortz, Jürgen (Lehrbuch 1989)
Lehrbuch für Statistik, Berlin 1989.

Börsig, Clemens (Unternehmenswert 1993)
Unternehmenswert und Unternehmensbewertung, in: ZfbF 1993, Heft 1, S. 79 – 91.

Böventer, Edwin von/Illing, Gerhard (Einführung 1997)
Einführung in die Mikroökonomie, 9. Aufl., München/Wien 1997.

Bretzke, Wolf-Rüdiger (Prognoseproblem 1975)
Das Prognoseproblem bei der Unternehmensbewertung. Ansätze zu einer
risikoorientierten Bewertung ganzer Unternehmen auf der Grundlage
modellgestützter Erfolgsprognosen, Düsseldorf 1975.

Bretzke, Wolf-Rüdiger (Nutzung 1977)
Die Nutzung von Prognoseverfahren und die Berücksichtigung des Risikos in der
Praxis der Unternehmensbewertung, in: Goetzke, Wolfgang/Sieben, Günter [Hrsg.]:
Moderne Unternehmensbewertung und Grundsätze ihrer ordnungsmäßigen
Durchführung, Bericht von der 1. Kölner BFuP-Tagung am 18. und 19. November
1976 in Köln, S. 201-224.

Bretzke, Wolf-Rüdiger (Risiken 1988)
Risiken in der Unternehmensbewertung, in: ZfbF 1988, Heft 9, S. 813 – 823.

Brötzel, Stefan/Schwilling, Andreas (Erfolgsfaktor 1998)
Erfolgsfaktor Wertmanagement – Unternehmen wert- und wachstumsorientiert
steuern, München/Wien 1998.

Bruns, Carsten (Unternehmensbewertung 1998)
Unternehmensbewertung auf der Basis von HGB- und IAS-Abschlüssen:
Rechnungslegungsunterschiede in der Vergangenheitsanalyse, Herne/Berlin 1998.

Buchner, Robert (Marktorientierte 1995)
Marktorientierte Unternehmensbewertung, in: Seicht, Gerhard [Hrsg.]: Jahrbuch für
Controlling und Rechnungswesen, Wien 1995, S. 401 – 427.

Buchner, Robert/Englert, Joachim (Bewertung 1994)
Die Bewertung von Unternehmen auf der Basis des Unternehmensvergleichs, in: BB
1994, Heft 23, S. 1573 – 1580.

Burke, Frank M. (Valuation 1981)
Valuation and Valuation Planning for Closey Held Business, Englewool Cliffs/New
Jersey 1981.

Busse von Colbe, Walther (Zukunftserfolg 1957)
Der Zukunftserfolg, Wiesbaden 1957.

Busse von Colbe, Walther (Gesamtwert 1992)
Gesamtwert der Unternehmung, in: Busse von Colbe, Walther/Coenenberg Adolf G.
[Hrsg.]: USW-Schriften für Führungskräfte, Band 25: Unternehmensakquisition und
Unternehmensbewertung, Stuttgart 1992, S. 55 – 65.

Busse von Colbe, Walther/Geiger, Klaus/Haase, Heidrun/Reinhard,
Herbert/Schmitt, Günter (Ergebnis 1991)
Ergebnis nach DVFA/SG, Stuttgart 1991.

Canepa, Ancillo (Diligence 1998)
Die Due Diligence im M&A-Prozess (Management Weiterbildung, 00015),
Bern/Stuttgart/Wien 1998.

Coenenberg, Adolf G. (Monte-Carlo-Simulation 1992)
Unternehmensbewertung mit Hilfe der Monte-Carlo-Simulation, in: Busse von Colbe,
Walther/Coenenberg Adolf G. [Hrsg.]: USW-Schriften für Führungskräfte, Band 25:
Unternehmensakquisition und Unternehmensbewertung, Stuttgart 1992,
S. 111 – 120.

Coenenberg, Adolf G. (Jahresabschluß 1997)
Jahresabschluß und Jahresabschlußanalyse, Landsberg am Lech 1997.

Deutsche Gesellschaft für Mittelstandsberatung (Bauwirtschaft 1996)
Bauwirtschaft: Positionen. Perspektiven. Strategien, Neu Isenburg 1996.

Diederichs, Claus J. (Grundlagen 1996)
Grundlagen der Projektentwicklung, in: Diederichs, Claus J. [Hrsg.]: Handbuch der
strategischen und taktischen Bauunternehmensführung, Wiesbaden/Berlin 1996, S.
345 – 382.

Dörner, Wolfgang (Anwendung 1991)
Zur Anwendung der Grundsätze zur Durchführung von Unternehmensbewertungen
bei Bewertungen in der „DDR" nach den Stellungnahmen des
Hauptfachausschusses des Institutes der Wirtschaftsprüfer 2/1983 und 2/1990, in:
BFuP 1991, Heft 1, S. 1 – 10.

Drukarczyk, Jochen (Unternehmensbewertung 1998)
Unternehmensbewertung, München 1998.

EIC (Mergers 1996)
European International Contracters (EIC) [Hrsg.], Mergers & Acquisitions der
Europäischen Bauwirtschaft, Wiesbaden 1996.

EIC (Mergers 1998)
European International Contracters (EIC) [Hrsg.], Mergers & Acquisitions der
Europäischen Bauwirtschaft, Wiesbaden 1998.

Engeleiter, Hans-Joachim (Unternehmensbewertung 1970)
Unternehmensbewertung, Stuttgart 1970.

Epstein, Rolf (Shareholder-Value-Orientierung 2000)
Wenig Shareholder-Value-Orientierung im Controlling, in: Frankfurter Allgemeine
Zeitung, 21.08.2000, S. 24.

Franz, Klaus-Peter (Kosten 1993)
Kalkulatorische Kosten, in: Chiemlewicz, Klaus/Schweitzer, Marcell [Hrsg.]:
Handwörterbuch des Rechnungswesens Bd. 3, Stuttgart 1993, S. 1043 – 1048.

Franz, Klaus-Peter (Kostenverursachung 1993)
Kostenverursachung und Kostenzurechnung, in: Wittmann et al [Hrsg.]:
Handwörterbuch der Betriebswirtschaft, Stuttgart 1993, Sp. 2418 – 2426.

Fritz, Wolfgang (Schlüsselfaktor 1990)
Marketing – ein Schlüsselfaktor des Unternehmenserfolges? Eine kritische Analyse
vor dem Hintergrund der empirischen Erfolgsfaktorenforschung, in: Marketing ZFP
1990, Heft 2, S. 91 – 110.

Funk, Joachim (Aspekte 1995)
Aspekte der Unternehmensbewertung in der Praxis, in: ZfbF 1995, Heft 5, S. 491 –
514.

Füser, Karsten/Gleißner, Werner/Meier, Günter (Risikomanagement 1999)
Risikomanagement (KonTraG) – Erfahrungen aus der Praxis, in: DB 1999, Heft 15,
S. 753 – 758.

Ganten, Hans/Jagenburg, Walter/Motzke, Gerd (VOB-Kommentar 1997)
Beck`scher VOB-Kommentar, Teil B, München 1997.

Gassner, Ulrich (Kartellrecht 1999)
Grundzüge des Kartellrechts, München 1999.

Gerling, Klaus (Unternehmensbewertung 1985)
Unternehmensbewertung in den USA, Bergisch Gladbach/Köln 1995.

Gutenberg, Erich (Grundlagen 1957)
Grundlagen der Betriebswirtschaftslehre, Bd. I: Die Produktion, Wiesbaden 1957.

Haberstock, Lothar (Kostenrechnung 1984)
Kostenrechnung, Bd. I, Hamburg/Berlin 1984.

Hafner, Ralf (Unternehmensbewertungen 1993)
Unternehmensbewertungen als Instrumente zur Durchsetzung von
Verhandlungspositionen, in: BFuP 1993, Heft 2, S. 79 – 89.

Hartung, Joachim/Elpelt, Bärbel/Klösener, Karl-Heinz (Statistik 1999)
Statistik: Lehr- und Handbuch der angewandten Statistik, 12. Aufl., München/Wien
1999.

Hauptverband der deutschen Bauindustrie (Baustatistik 1999)
Baustatistisches Jahrbuch 1998, Frankfurt am Main 1999.

Hauptverband der deutschen Bauindustrie (Bauwirtschaft 1999)
Bauwirtschaft im Zahlenbild 1999, Frankfurt am Main 1999.

Hauptverband der deutschen Bauindustrie (Wichtige Daten 2000)
Wichtige Daten, Berlin 2000.

Hauschildt, Jürgen/Leker, Jens/Clausen, Susanne (Bau 1995)
Auf dem Bau herrschen andere Gesetze, Bilanzen von Bauunternehmen als
Grundlage von Insolvenzdiagnosen, in: DBW 1995, Heft 3, S. 287 – 301.

Hauser, Siegfried (Wahrscheinlichkeitstheorie 1979)
Wahrscheinlichkeitstheorie und Schließende Statistik, Stuttgart et al. 1979.

Hax, Karl/Wessels, Theodor (Handbuch 1958)
Handbuch der Wirtschaftswissenschaften, Bd. 1: Betriebswirtschaft, Köln 1958.

Hays, William Lee/Winkler, Robert (Statistics 1971)
Statistics: probability, inference and decision, New York 1971.

Heddäus, Birgit (Grundsätze 1997)
Handelsrechtliche Grundsätze ordnungsgemäßer Bilanzierung für
Drohverlustrückstellungen, Univ. Frankfurt/M Dissertation, Düsseldorf 1997.

Heiermann, Wolfgang/Riedl, Richard/Rusam, Martin (Handkommentar 1992)
Handkommentar zur VOB, Teile A und B, 6. Aufl., Wiesbaden/Berlin 1992.

Helbling, Carl (Unternehmensbewertung 1989)
Unternehmensbewertung in der Praxis – Ergebnisse einer Umfrage, in: Der
Schweizer Treuhänder 1989, Heft 12, S. 561 – 565.

Helbling, Carl (Unternehmensbewertung 1995)
Unternehmensbewertung und Steuern, 8. Aufl., Düsseldorf 1995.

Henze, Arno (Marktforschung 1994)
Marktforschung: Grundlage für Marketing und Marketingpolitik, Stuttgart 1994.

Hess, Gerhard (EthikManagement 2000)
Erfolg durch Werte – das EthikManagement der Bauwirtschaft, in: Partner des
Wandels - 25 Jahre Institut für Praktische Unternehmensführung, München 2000.

Hoffmann, Klaus/Student, Dietmar (Umbau 1998)
Umbau total, in : Manager Magazin 1998, Heft 3, S. 54-61.

Holland, Heinrich (Stichprobengüte 1999)
Stichprobengüte, in: Pepels, Werner [Hrsg.]: Moderne Marktforschungspraxis –
Handbuch für mittelständische Unternehmen, Neuwied/Kriftel 1999, S. 61 – 75.

Huch, Burkhard/Behme, Wolfgang/Ohlendorf, Thomas (Controlling 1997)
Rechnungswesen-orientiertes Controlling, 3. Aufl., Heidelberg 1997.

Humak, K.M.S./Bunke, Helga (Methoden 1983)
Humbold-Universität zu Berlin [Hrsg.], Statistische Methoden der Modellbildung,
Berlin 1983.

Ingenstau, Heinz/Korbion, Hermann (VOB-Kommentar 1993)
VOB Teil A und B, Kommenat, 12. Aufl., Düsseldorf 1993.

Institut der Wirtschaftsprüfer (Bilanzierung 1993)
Stellungnahmen HFA 1/1993: Zur Bilanzierung von Joint Ventures, in: Wpg 1993,
Heft 14, S. 441 – 450.

Institut der Wirtschaftsprüfer (DDR 1990)
Bewertung von Unternehmen in der DDR: Stellungnahmen des Instituts der
Wirtschaftsprüfer (IDW) und Hinweise des Ministeriums der Finanzen der DDR,
Düsseldorf 1990.

Institut der Wirtschaftsprüfer (IDW Standard 1999)
Entwurf IDW Standard: Grundsätze zur Durchführung von
Unternehmensbewertungen (IDW ES 1), in: Wpg 1999, Heft 5, S. 200 – 216.

Institut der Wirtschaftsprüfer (St/HFA 2/1983)
Stellungnahmen HFA 2/1983: Grundsätze zur Durchführung von
Unternehmensbewertungen, in: Wpg 1983, Heft 15/16, S. 468 – 480.

Institut der Wirtschaftsprüfer (Stellungnahme 1998)
Stellungnahmen HFA 6/1997: Besonderheiten der Bewertung kleinerer und mittlerer
Unternehmen, in: Wpg 1998, Heft 1, S. 26 – 29.

Institut der Wirtschaftsprüfer (WP-Handbuch 1992)
Handbuch für Rechnungslegung, Prüfung und Beratung, Bd. II, Düsseldorf 1992.

Jacob, Dieter (Bilanzierung 1988)
Bilanzierung von Baukonzernen – Amerikanische und deutsche Praxis im Vergleich,
in: Wpg 1988, Heft 7, S. 189 – 201.

Jacob, Dieter (Finanzanalyse 1985)
Externe Finanzanalyse bei Bauunternehmen mit Hilfe von Kennzahlen –
insbesondere auch unter Berücksichtigung unterschiedlicher Bilanzierungsweisen,
Wiesbaden/Berlin 1985.

Jaensch, Günter (Unternehmensbewertung 1992)
Unternehmensbewertung bei Akquisitionen in den USA, in: Busse von Colbe,
Walther/Coenenberg Adolf G. [Hrsg.]: USW-Schriften für Führungskräfte, Band 25:
Unternehmensakquisition und Unternehmensbewertung, Stuttgart 1992,
S. 377 – 387.

Jonas, Martin (Unternehmensbewertung 1995)
Unternehmensbewertung: Zur Anwendung der Discounted-Cash-Flow-Methode in
Deutschland, in: BFuP 1995, Heft 1, S. 83 – 98.

Jung, Willi (Rechnungslegung 1979)
US-amerikanische und deutsche Rechnungslegung, Düsseldorf/Frankfurt am Main
1979.

Kilger, Wolfgang (Plankostenrechnung 1993)
Flexible Plankostenrechnung und Deckungsbeitragsrechnung, 10. Aufl., Wiesbaden
1993.

Kittner, Michael (Human 1997)
„Human Ressources" in der Unternehmensbewertung, in: DB 1997, Heft 46,
S. 2285 – 2289.

Klein, Klaus-Günter/Jonas, Martin (Due 1998)
Due Diligence und Unternehmensbewertung, in: Berens, Wolfgang/Brauner, Hans U.
[Hrsg.]: Due Diligence bei Unternehmensakquisitionen, Stuttgart 1998, S. 157 – 174.

Klien, Wolfgang (Wertsteigerungsanalyse 1995)
Wertsteigerungsanalyse und Messung von Managementleistungen: Technik, Logik
und Anwendung, Wiesbaden 1995.

Kloock, Josef/Sieben, Günter/Schildbach, Thomas (Kosten 1999)
Kosten- und Leistungsrechnung, 8. Aufl., Düsseldorf 1999.

Knechtel, Erhard F. (Wirtschaft 1984)
Bauausführende Wirtschaft, in: Peemöller, Volker H. [Hrsg.]: Handbuch der
Unternehmensbewertung mit ausführlichem aktuellen Branchenteil (Teil II),
Landsberg am Lech 1984.

Knüsel, Daniel (Unternehmensbewertung 1992)
Unternehmensbewertung in der Schweiz, in: Der Schweizer Treuhänder 1992, Heft 6,
S. 309 – 314.

Kohl, Steffen (Gewinnrealisierung 1994)
Gewinnrealisierung bei langfristigen Aufträgen: Eine kritische Analyse zur
Anwendung des Realisationsprinzips in Handels- und Steuerbilanz, Univ.
Saarbrücken Dissertation 1993, Düsseldorf 1994.

**Kölblinger-Engelmann, Elisabeth/Müller, Nikolaus/Pirker, Sabine
(Bilanzierung 1997)**
Die Bilanzierung langfristiger Auftragsfertigung im internationalen Vergleich, in: Bertl,
Romuald/Mandl, Gerwald [Hrsg.]: Rechnungswesen und Controlling, Festschrift für
Anton Egger zum 65. Geburtstag, Wien 1997.

Kraus-Grünewald, Marion (Ertragsermittlung 1982)
Ertragsermittlung bei Unternehmensbewertung – dargestellt am Beispiel der
Brauindustrie, Wiesbaden 1982.

Krautheuser, Rüdiger M. (Einsatzmöglichkeiten 1990)
Einsatzmöglichkeiten der automatisierten Informationsverarbeitung bei
Unternehmensbewertungen – Zum Nutzenpotential konventioneller ADV und
Expertensystemen, Bergisch Gladbach 1990.

Künnemann, Martin (Objektivierte 1985)
Objektivierte Unternehmensbewertung, Frankfurt am Main 1985.

Küting, Karlheinz (Baubilanzen 2000)
Baubilanzen bergen viele Geheimnisse, in: Handelsblatt, 04.01.2000, S. 45.

Küting, Karlheinz/Weber, Claus Peter (Handbuch 1995)
Handbuch zur Rechnungslegung, Stuttgart 1995

Lachnit, Laurenz (Controllingkonzeption 1994)
Controllingkonzeption für Unternehmen mit Projektleistungsfähigkeit, Modell zur
systemgestützten Unternehmensführung bei auftragsgebundener Einzelfertigung,
Großanlagenbau und Dienstleistungen, München 1994.

Lange, Wolfgang (Kooperation 1994)
Kooperation von Bauunternehmen, in: BuW 1994, Heft 7, S. 241 – 243.

Lasry, George (Valuing 1979)
Valuing Common Stock – The Power of Prudence, New York 1979.

Laux, Helmut (Entscheidungstheorie 1998)
Entscheidungstheorie, 4. Aufl., Berlin et al. 1998.

Leimböck, Egon (Bilanzen 1997)
Bilanzen und Besteuerung der Bauunternehmen, Wiesbaden/Berlin 1997.

Leimböck, Egon/Schönnenbeck, Hermann (KLR Bau 1992)
KLR Bau und Baubilanz: Grundlagen – Zusammenhänge – Auswertungen,
Wiesbaden/Berlin 1992.

Leinemann, Ralf/Weihrauch, Oliver (Vergabe 1999)
Die Vergabe öffentlicher Aufträge, Köln et al. 1999.

Leuthier, Rainer (Interdependenzproblem 1988)
Das Interdependenzproblem bei der Unternehmensbewertung, Frankfurt am Main et
al. 1988.

Löhr, Dirk (Grenzen 1993)
Die Grenzen des Ertragswertverfahrens: Kritik und Perspektiven, Frankfurt am Main
et al. 1994.

Lücke, Wolfgang (Investitionsrechnungen 1955)
Investitionsrechnungen auf der Grundlage von Ausgaben oder Kosten?, in: ZfhF-NF
1955, S. 310 – 324.

Ludwig, Hiltrud (Unternehmensbewertung 1995)
Unternehmensbewertung als Instrument der strategischen Steuerung von
Krankenhäusern, Bergisch Gladbach/Köln 1995.

Mag, Wolfgang (Entscheidungstheorie 1990)
Grundzüge der Entscheidungstheorie, München 1990.

Malkwitz, A. (Frühindikatoren 1995)
Frühindikatoren für die Ergebnissteuerung in Bauunternehmen, Dissertation,
Wuppertal 1995.

Mandl, Gerwald/Rabel, Klaus (Unternehmensbewertung 1997)
Unternehmensbewertung: eine praxisorientierte Einführung, Wien 1997.

Mandl, Gerwald/Rabel, Klaus (Unternehmensplanung 1997)
Unternehmensplanung und Unternehmensbewertung – Komplexitätsreduktion durch
Einsatz von „value drivers"?, in: Bertl, Romuald/Mandl, Gerwald [Hrsg.]:
Rechnungswesen und Controlling, Festschrift für Anton Egger zum 65. Geburtstag,
Wien 1997, S. 453 – 472.

Marhold, Knut (Baumarketing 1996)
Baumarketing, in: Diederichs, Claus J. [Hrsg.]: Handbuch der strategischen und
taktischen Bauunternehmensführung, Wiesbaden/Berlin 1996, S. 309 – 344.

Matuschka, Albrecht Graf (Risiken 1990)
Risiken von Unternehmensakquisitionen, in: BFuP 1990, Heft 2, S. 104 – 113.

Mellerowicz, Konrad (Wert 1952)
Der Wert der Unternehmung als Ganzes, Essen 1952.

Meyer-Piening, Albert (Zero-Base Budgeting 1982)
Zero-Base Budgeting, in: ZfO 1982, Heft 5-6, S. 257 – 266.

Meyersiek, Dietmar (Unternehmenswert 1991)
Unternehmenswert und Branchendynamik, in: BFuP 1991, Heft 3, S. 233 – 240.

Mielicki, Ulrich (Liquiditätsinformation 1996)
Liquiditätsinformationen aus dem Jahresabschluß von Bauunternehmen, in: BWI
[Hrsg.]: Bauwirtschaftliche Informationen, Düsseldorf 1996, S. 9 – 15.

Miller, William D. (Bank 1988)
Bank Pricing and Valuation, New York 1988.

Motzel, Erhard (Projektmanagement 1993)
Projektmanagement in der Baupraxis bei industriellen und öffentlichen Bauprojekten, Berlin 1993.

Moxter, Adolf (Grundsätze 1983)
Grundsätze ordnungsmäßiger Unternehmensbewertung, 2. Aufl., Wiesbaden 1983.

Münstermann, Hans (Wert 1966)
Wert und Bewertung der Unternehmung, Wiesbaden 1966.

Münstermann, Hans (Zukunftsentnahmewert 1980)
Der Zukunftsentnahmewert der Unternehmung und seine Beurteilung durch den Bundesgerichtshof, in: BFuP 1980, Heft 2, S. 114 – 124.

Neubauer, Andreas / Teichner, Maximilian (Baustudie 1996)
Baustudie 1996 – Grand mit Zweien, Studie der Deutsche Morgan Grenfell, Frankfurt 1996.

Niehues, Karl (Unternehmensbewertung 1993)
Unternehmensbewertung bei Unternehmenstransaktionen, in: BB 1993, Heft 32, S. 2241 – 2250.

Nölting, Andreas (Mensch 2000)
Werttreiber Mensch, in: Manager Magazin 2000, Heft 4, S. 154 – 165.

o.V. (Bau 1994)
Wer gehört zu wem am Bau?, Berlin 1994.

o.V. (Börsendaten 2000)
Börsendaten, in: Wirtschaftswoche 2000, Heft 1/2, S. 147 – 153.

o.V. (Geschäfte 1999)
Geschäfte von Skanska laufen gut, in: Süddeutsche Zeitung, 14.12.1999, S. 29.

o.V. (Milliardenverluste 1999)
Milliardenverluste bei Holzmann, in: Süddeutsche Zeitung, 16.11.1999, S. 25.

o.V. (Punkte 2000)
Die zentralen Punkte der Reform, in: Süddeutsche Zeitung, 15./16.07.2000, S. 5.

o.V. (Wayss 1996)
Wayss & Freytag auf der Verkaufsliste, in: Handelsblatt, 12.12.1996.

OECD (Zukunftschancen 1981)
Die Zukunftschancen der Industrienationen, OECD-Report, Wissenschaft und Technik im neuen wirtschaftlichen und gesellschaftlichen Umfeld, Frankfurt am Main/New York 1981.

Olbrich, Christian (Unternehmensbewertung 1981)
Unternehmensbewertung: ein Leitfaden für die Praxis, Berlin 1981.

Pause, Hans (Bauunternehmung 1991)
Die Bauunternehmung in der freien Marktwirtschaft, in: Berlin – Brandenburgische Bauwirtschaft 1991, Heft 9, S. 243 – 248.

Peemöller, Volker H. (Bilanzanalyse 1993)
Bilanzanalyse und Bilanzpolitik: Einführung in die Grundlagen, Wiesbaden 1993.

Peemöller, Volker H. (Handbuch 1984)
Handbuch der Unternehmensbewertung (Teil I) mit ausführlichem aktuellen Branchenteil (Teil II), Landsberg am Lech 1984.

Peemöller, Volker H. (Stand 1993)
Stand und Entwicklung der Unternehmensbewertung, in: DStR 1993, Heft 11, S. 409 – 416.

Peemöller, Volker H./Bömelburg, Peter/Denkmann, Andreas (Unternehmensbewertung 1994)
Unternehmensbewertung in Deutschland, in: Wpg 1994, Heft 22, S. 741 – 749.

Peemöller, Volker H./Meyer-Pries, Lars (Unternehmensbewertung 1995)
Unternehmensbewertung in Deutschland – Ergebnisse einer Umfrage bei dem steuerberatenden Berufsstand, in: DStR 1995, Heft 31, S. 1202 – 1208.

Pohl, Manfred (Philipp 1999)
Philipp Holzmann: Geschichte eines Bauunternehmens, München 1999.

Prietze, Oliver/Walker, Andreas (Kapitalisierungszinsfuß 1995)
Der Kapitalisierungszinsfuß im Rahmen der Unternehmensbewertung, in: DBW 1995, Heft 55, S. 199 – 211.

Rall, Lothar/Wied-Nebbeling, Susanne (Preisbildung 1977)
Preisbildung auf Märkten mit homogenen Massengütern – Gutachten im Auftrag des Bundesministers für Wirtschaft, Tübingen 1997.

Rall, Lothar/Wied-Nebbeling, Susanne (Marktabsprachen 1977)
Die Zementindustrie zwischen Marktabsprachen und Preiskämpfen, in: Blick durch die Wirtschaft 1977, Nr. 28.

Rappaport, Alfred (Selecting 1992)
Selecting Strategies that create Shareholder Value; in: Busse von Colbe, Walther/Coenenberg, Adolf G. [Hrsg.]: USW-Schriften für Führungskräfte, Bd. 25: Unternehmensakquisition und Unternehmensbewertung, Stuttgart 1992.

Rappaport, Alfred (Shareholder 1999)
Shareholder Value, 2. Aufl., Stuttgart 1999.

Ratkowsky, David A. (Regression 1983)
Nonlinear Regression Modeling, New York 1983.

Refisch, Bruno (Kooperationen 1998)
Zwischenbetriebliche Kooperationen in Zeiten des Strukturwandels, in: BWI [Hrsg.]: Bauwirtschaftliche Informationen, Düsseldorf 1998, S. 1 – 10.

Rheindorf, Michael (Controlling 1991)
Controlling in der Bauindustrie, Bonn 1991.

Richter, Martin (Gewinnrealisierung 1998)
Gewinnrealisierung bei langfristiger Fertigung, in Ballwieser, Wolfgang [Hrsg.]: US-amerikanische Rechnungslegung, 4. Aufl., Stuttgart 1998.

Rogge, Hans-Jürgen (Erhebungsverfahren 1999)
Erhebungsverfahren, in: Pepels, Werner [Hrsg.]: Moderne Marktforschungspraxis – Handbuch für mittelständische Unternehmen, Neuwied/Kriftel 1999, S. 44 – 60.

Rußig, Volker/Deutsch, Susanne/Spillner, Andreas (Branchenbild 1996)
Branchenbild Bauwirtschaft, Schriftenreihe des ifo Instituts für Wirtschaftsforschung, Berlin/München 1996.

Sanfleber-Decher, Martina (Unternehmensbewertung 1992)
Unternehmensbewertung in den USA, in: Wpg 1992, Heft 20, S. 597 - 603.

Schanz, Günther: Erkennen (1988)
Erkennen und Gestalten: Betriebswirtschaftslehre in kritisch-rationaler Absicht, Stuttgart 1988.

Schildbach, Thomas (Funktionenlehre 1993)
Kölner versus phasenorientierte Funktionenlehre der Unternehmensbewertung; in: BFuP 1993, Heft 1, S. 25 – 38.

Schindelbeck, Konrad (Bilanzierung 1988)
Bilanzierung und Prüfung bei langfristiger Fertigung, Frankfurt am Main 1988.

Schmalenbach, Eugen (Beteiligungsfinanzierung 1966)
Die Beteiligungsfinanzierung, Köln 1966.

Schmidt, Peter (Entwurf 1993)
Entwurf einer Sollkonzeption für ein produktionswirtschaftliches Controllingsystem in der Bauindustrie, Düsseldorf 1993.

Schmitt-Hagstotz, Karin/Pepels, Werner (Befragung 1999)
Schriftliche Befragung, in: Pepels, Werner [Hrsg.]: Moderne Marktforschungspraxis –
Handbuch für mittelständische Unternehmen, Neuwied/Kriftel 1999, S. 156 – 169.

Schneider, Dieter (Geschichte 1981)
Geschichte betriebswirtschaftlicher Theorie, München/Wien 1981.

Schnell, Rainer/Hill, Paul/Esser, Elke (Methoden 1993)
Methoden der empirischen Sozialforschung, 5. Aufl., München/Wien 1995.

Serfling, Klaus/Pape, Ulrich (Theoretische 1995)
Theoretische Grundlagen und traditionelle Verfahren der Unternehmensbewertung,
in: WISU 1995, Heft 10, S. 808 – 819.

Sieben, Günter (Discounted 1995)
Unternehmensbewertung: Discounted Cash-Flow-Verfahren und
Ertragswertverfahren – Zwei völlig unterschiedliche Ansätze?, in: Lanfermann, J.
[Hrsg.]: Internationale Wirtschaftsprüfung, Festschrift zum 65. Geburtstag von Prof.
Dr. Dr. hc. Hans Havermann, Düsseldorf 1995, S. 713 – 737.

Sieben, Günter (Entscheidungswert 1976)
Der Entscheidungswert in der Funktionenlehre der Unternehmensbewertung, in:
BFuP 1976, Heft 6, S. 491 – 504.

Sieben, Günter (Substanzwert 1963)
Der Substanzwert der Unternehmung, Wiesbaden 1963.

Sieben, Günter (Substanzwert 1992)
Wesen, Ermittlung und Funktionen des Substanzwertes als vorgeleistete Ausgaben,
in: Busse von Colbe, Walther/Coenenberg, Adolf G. [Hrsg.]: USW-Schriften für
Führungskräfte, Bd. 25: Unternehmensakquisition und Unternehmensbewertung,
Stuttgart 1992, S. 67 – 88.

Sieben, Günter (Unternehmensbewertung 1993)
Unternehmensbewertung, in: Wittmann, W. et al. [Hrsg.]: Handwörterbuch der
Betriebswirtschaft, Bd. 3, Stuttgart 1993, Sp. 4315 – 4331.

Sieben, Günter (Unternehmenserfolg 1988)
Der Unternehmenserfolg als Determinante des Unternehmenswerts – Berechnung aus der Basis künftiger Entnahme- oder künftiger Ertragsüberschüsse? in Domsch, M./Ordelheide, D./Eisenführ, F./Perlitz, M [Hrsg.]: Unternehmenserfolg, Festschrift für Busse von Colbe, Wiesbaden 1988, S. 361 – 375.

Sieben, Günter/Diederich, Ralf (Aspekte 1990)
Aspekte der Wertfindung bei strategisch motivierten Unternehmensakquisitionen, in: ZfbF 1990, Heft 9, S. 794 – 809.

Sieben, Günter/Diederich, Ralf/Kirchner, Martin/Krauthauser, Rüdiger (Expertensystem 1990)
Expertensystemgestützte Ergebnisprognose zur Unternehmensbewertung, in: DB 1990, Heft 1, S. 1 – 8.

Sieben, Günter/Schildbach, Thomas (Stand 1979)
Zum Stand der Entwicklung der Lehre von der Bewertung ganzer Unternehmen, in: DStR 1979, S. 455 – 461.

Sieben, Günter/Zapf, Bernhard (Unternehmensbewertung 1981)
Unternehmensbewertung als Grundlage unternehmerischer Entscheidungen, Bericht des Arbeitskreise „Unternehmensbewertung im Rahmen der unternehmerischen Zielsetzung", Stuttgart 1981.

Silber, Gerhard (Grenzplankostenrechnung 1975)
Grenzplankostenrechnung mit EDV, München 1975.

Staehle, Wolfgang H. (Management 1994)
Management: eine verhaltenswissenschaftliche Perspektive, 7. Aufl., München 1994.

Stark, Udo G. (Hauptversammlung 1999)
Veröffentlichte Rede auf der Hauptversammlung der Aktiengesellschaft für Industrie und Verkehrswesen (AGIV), Frankfurt 1999.

Stier, Winfried (Forschungsmethoden 1999)
Empirische Forschungsmethoden, 2. Aufl., Berlin et al. 1999.

Suckut, Stefan (Unternehmensbewertung 1992)
Unternehmensbewertung für internationale Akquisitionen: Verfahren und Einsatz, Wiesbaden 1992.

Termühlen, B. (Controlling 1982)
Controlling als Wertinformationssystem und Führungsinstrument der Bauunternehmung, Dissertation, Aachen 1982.

Tichy, Geiserich E. (Unternehmensbewertung 1994)
Unternehmensbewertung in Theorie und Praxis, Wien 1994.

UEC-Kommission für Fachfragen und Forschung (Empfehlung 1980)
Empfehlung zur Vorgehensweise von Wirtschaftsprüfern bei der Bewertung ganzer
Unternehmen, in: Statements, Empfehlungen, Recommondation, München 1980.

Viel, Jacob/Bredt, Otto/Renard, Maurice (Bewertung 1975)
Die Bewetung von Unternehmungen und Unternehmensanteilen, Stuttgart 1975.

Voigt, Jörn F. (Intuition 1995)
Intuition und Analyse – Tendenzen in der praxisbezogenen Unternehmensbewertung,
in: Blick durch die Wirtschaft, 1995.

Vygen, Klaus (Bauvertragsrecht 1991)
Bauvertragsrecht nach VOB und BGB, Wiesbaden 1991.

Weis, Hans C./Steinmetz, Peter (Marktforschung 1995)
Marktforschung, 2. Aufl., Ludwigshafen 1995.

Williams, E. R. (Converting 1968)
Converting to a Direct Costing System, in: Management Accounting 1968, Heft 1.

Wischof, Karsten/Windau, Peter von (Erfolgsfaktorenanalyse 1995)
Erfolgsfaktorenanalyse im Rahmen des Risikomanagements: Fallstudie
Bauunternehmen, in: Handbuch Firmenkundengeschäft, München 1995.

Wöhe, Günter (Einführung 2000)
Einführung in die Allgemeine Betriebswirtschaftslehre, 20. Aufl., München 2000.

Zentralverband des Deutschen Baugewerbes (Bauorg 1995)
Bauorg – Unternehmerhandbuch für Bauorganisation und Baubetriebsführung, Bonn
1995.

Zentralverband des Deutschen Baugewerbes (Jahrbuch 1998)
Jahrbuch des deutschen Baugewerbes, Bonn 1998.

Zydra Markus (Skanska 1999)
Baukonzern auf globalem Fundament – Geschäfte von Skanska laufen gut,
in: Süddeutsche Zeitung, 14.12.1999, S. 29.